我的编年史

苔菲回忆录

（俄）苔菲 著　谷兴亚 译

Моя Летопись

Тэффи

广西师范大学出版社
· 桂林 ·

目　录

无与伦比的苔菲

斯·尼科年科

大约半个世纪之前，我偶然得到一本小册子，书名为《旋转木马》。作者嘛，是某个叫作苔菲的人。不过，刚读没几行，我便明白了，作者是位女士。小故事写得都很棒，而最使我吃惊的是一篇叫作《睁开双眼》的。两位俄罗斯人，一位法官与一位地主，坐在国外疗养地的饭厅里，为了消遣，开始凭外貌判断每个人的身份。他们于同在这里疗养的人们当中发现了杀人犯、澡堂服务生、刽子手与铁路大盗。他们自然说的是俄语。等从老板娘那里得知每个人的真正身份之后，他们两个都笑瘫了：铁路大盗们原来是来自美国的歌手，杀妻凶手是智商低下的百万富翁，澡堂服务生则是法国记者，刽子手嘛，竟然是位公证员，等等，等等。然而，最令他们惊诧的还在后面。三两天过后，他们收到一封信，是用俄文写的。"从这个贼窝里逃命吧！"俄国女地主霍尔金娜大声呼号，她已经逃之夭夭了。"你们让我睁开了双眼，认清了我们身边的罪犯。可是，我也认清了你们的真面目。'这是整整一个伪币制造集团，'你们刚进来的时候用午餐者当中有人说。赶紧逃跑吧，趁现在还来得及。也许你们还能悔过自新。"这个短篇非常可笑。同时又很聪明。它不仅逗人笑，而且还提醒人们：外貌，这还不是人，外貌经常是骗人的，而受骗经常发生在各个方面：或者将聪明人认成白痴，或者将恶棍当作善人。与此同时，苔菲在往事回忆中也时常坦然承认自己的错误。

在她回忆鲍里斯·潘捷列伊蒙诺夫时我们读到：

"来的是一位文雅的高个子先生，四十五岁左右……

我们作家的眼睛是敏锐的。我立刻就明白了——他是英国人。

他原来是地道的俄国人，西伯利亚人，五十八岁，化学家……"

这种惊变当然可以认定是作者的一个手法，她成功地将其找到并运用了半个世纪。

然而，事情未必仅仅在于手法。

是的，苔菲熟知奥斯卡·王尔德的名言：第一印象最可靠，不以貌相取人者必错无疑。苔菲恰恰不以表象论是非：她力图进入到人的灵魂深处，剖析每一个人，理解每一个人。她取得了卓越的成效。而且，她完成这一切时总是面带微笑，幽默诙谐，甚至还似乎带着几许歉意，做到惊人地自然，有分寸——这里谈的首先是她的文艺创作，但也适用于她的回忆录。她的回忆录同样是具有高度艺术性的作品。

关于苔菲本人有许多回忆文章，所有这些文章照例都是赞赏有加。回忆录作者们直白地赞赏她的俏皮、俊美、机智、善良和聪明。

俄罗斯最鼎鼎大名的人都把褒扬的修饰语奉献给苔菲。不过，很少有谁指出过她的罕见的毅力与勇气，因为苔菲一向力争把高高兴兴无忧无虑的面目呈现给外部世界。按照数以百万计读者的观点，幽默故事的作者正应该是这个样子的。但这并不是伪装面具，而是性格特征——不将自己的苦恼与艰辛展现出来。每个人他自己的困难已经够多的了。

回忆录的作者们一般总是从讲述自己的童年开始。讲自己的双亲，祖先，家族的传统习惯，自己的成长过程。在苔菲的回忆录中这一切都找不到。当然，在其回忆录中不时也闪过某些片段和只言片语，家庭生活的某些场景，然而没有关于亲人们的细节描写，更没有家族的历史。1932 年出版于巴黎的那本书，虽然命名为《回忆录》，实际上讲的仅仅是一件事，尽管是作者生活中重要的一件事——她与祖国诀别的延续了将近一年半的过程：1918 年秋天，苔菲与阿韦尔琴科以及几个演员出发去基辅巡回演出，从那儿又继续向南，于 1919 年底竟然……到达了君士坦丁堡。二十年过后，苔菲试图出版一部新的回忆录。现在她将其定名为《我的编年史》——因为讲述的不是作者本人，而是其他人(须知编年史作者写的不是自己，而是他有幸成为见证人的那些事件)。

能否从苔菲的回忆文字中得知关于她本人的某些事情呢？

当然能。因为，无论作者如何力求客观，他也必定要在某些地方透露出自己的心灵，必定要表达出他对其描写的人抑或人生际遇的态度。那时候我们就会看到，他，即作者，是谁，是位什么样的人。在这种情况下，我们就会看到苔菲其人，即同时代人所描绘的那样的人——幽默，善良，魅力十足。

因为苔菲在回忆录中很少谈及她本人，现在我把其他传记作家搜集到的关于她的某些资料讲述给大家。

娜杰日达·亚历山德罗夫娜·洛赫维茨卡娅(这就是她出生时的名字)于 1872 年 4 月末生于彼得堡。4 月末——为何如此含混不确呢？这是因为在一些百科全书式的出版物与苔菲研究者们所写的传记作品中，采用了各自不同的日期：4 月 21 日，24 日，26 日，27 日，甚至还有的说是 5 月 9 日(用公历则相应地为 5 月 3 日，6 日，8 日，9 日与 21 日)！原因是作家本人有意尽量搞乱这个问题。因而，在 1960 年代初期苏联出版界一般都说，苔菲出生于 1876 年(我自己在 1967 年出版她的短篇小说集的时候，也是这样界定她的出生时间的)。1928 与 1935 年巴黎省发给苔菲的证件上，她的出生年月日则注明为 1885 年 4 月 26 日。

如此看来，其真实情况尚需进一步挖掘。

不过，我们确切地知道，她的父亲亚历山大·弗拉基米罗维奇·洛赫维茨基(1830—1884)出身于一个古老的贵族家庭，是刑侦学教授，律师，《司法通报》的编辑与出版人，多种法学著作的作者，出色的演讲家，一位十分机智的人。苔菲的母亲就其出身讲是法国人(娘家姓诺埃尔)，熟知欧洲文学，尤其是她最热爱的诗歌。

　　然而，爱好文学的不仅仅是她的双亲，她的祖先更是如此。"自己作家的天赋我可以归功于返祖现象，因为我的曾祖父孔德拉季·洛赫维茨基曾经是亚历山大一世时代的共济会会员，撰写过神秘主义的诗篇，其中一部分以'论圣母的兄弟之爱'为总题目收藏于基辅科学院的历史文献之中。"——苔菲自传登记表中这样写道。她的祖父弗拉基米尔·孔德拉季耶维奇则集哲学家与文学家的才能于一身。

　　那么，至少可以用家族传统来解释一个现象，即苔菲的三姐妹（玛丽娅、瓦尔瓦拉和叶连娜）都写诗和剧本，甚至很严肃的哥哥尼古拉（1868—1933），他后来选择了军旅生涯（第一次世界大战中他以将军的身份在法国指挥一支俄国远征军），在幼年时期他也写过诗。洛赫维茨基家族中最著名的文学家是两姐妹——玛丽娅，笔名米拉（1869—1905），和娜杰日达。

　　娜杰日达在位于铸造街上的女子学校毕业之后，嫁给了圣彼得堡大学法律系毕业生弗拉季斯拉夫·布钦斯基，然后随他去了季赫温。丈夫在那里谋到了一个律师的职位。

　　生了两个女儿和儿子扬之后，大约在1900年，苔菲与丈夫分手，返回彼得堡，并在这里开始了她的文学生涯。关于她的孩子，人们几乎一无所知。他们留在了父亲身边。

　　苔菲在晚年同长女瓦列里娅（1892—1964；婚后姓格拉博夫斯卡娅）来往密切，她们经常通信。1953年瓦列里娅·弗拉季斯拉沃夫娜将母亲的档案资料赠给了哥伦比亚大学（在纽约市）巴赫梅捷夫档案馆。

　　在半个世纪的创作生涯中，娜杰日达·亚历山德罗夫娜·苔菲成果丰硕：革命前便在期刊上发表了几百篇诗歌、短篇小说、随笔、评论、特写和回忆录，还出版了几大部短篇小说集（《幽默故事集》两部，《于是便成了这样》《旋转木马》《生活》《僵死的野兽》等），一部诗集《七重火焰》（1910），几个剧本（在俄国一些最大的剧院里上演）；侨居国外后她始终与一些报纸杂志合作，又出版了十九部著作，其中有诗集《沙姆拉姆》和《Passiflora》（两者均于1923年在柏林出版），短篇小说集《快步跑》《小城》《六月的书》《关于温柔》《女巫》《再谈爱情》《冬日的彩虹》和惟一的一部长篇小说——《冒险的故事》……还可以补充的是,苔菲是文学团体"绿灯社"的稳定参与者,她与俄国的戏剧活动家和电影工作者合作,是巴黎俄国作家记者协会执委会成员。如此这般,她还有用于所谓个人生活的时间吗?关于这点,她在自己的回忆录中只字未提。然而,如果浏览一下她在侨居期间的一些著述,便会发现,其中许多书与许多短篇小说是献给帕维尔·安德烈耶维奇·季克斯通的(《沙姆拉姆》《六月的书》等)。帕维尔·安德烈耶维奇·季克斯通(1873—1935)革命前是彼得堡的大银行家,是苔菲的亲密朋友与未举行过宗教仪式的丈夫。温柔而深沉的爱把他们联系在了一起。帕维尔·安德烈耶维奇身染重病后,娜杰日达·亚历山德罗夫娜始终照顾他,一直到最后时刻也未曾离开过他的病榻。

这一切,我再重复一遍,我们在回忆录中根本就找不到。纯属私生活的东西苔菲深藏于内心,只留给她自己。

苔菲度过了漫长的一生。她的晚年是沉重的:疾病缠身,日常生活艰难,稿酬减少(战后的巴黎俄语出版物开始缩减,较少出书,而且它们的发行量也太小),然而她勇敢地坚持到了最后。在她写给纽约的安德烈·谢德赫与马克·阿尔达诺夫的信中依然保持着思维敏捷、判断缜密、诙谐幽默,与对人的善意。

娜杰日达·亚历山德罗夫娜于1952年10月6日在最亲密的人们的围拢中辞世,安葬在了巴黎城郊的一座公墓中。

关于苔菲写了和印了许许多多的文字。然而,她在其祖国至今并不怎么驰名,虽说不久前出版了她的五卷选集以及几部短篇小说集。在二十世纪的第二个十年中苔菲曾名声煊赫,可以与公认的王牌幽默作家阿尔卡季·阿韦尔琴科相提并论,甚至还常常将首席的桂冠奉献给她。然而,我们的时代是如此多元的时代,如今"布克"比布宁的知名度更大,苔菲则常常被当作"台非"奖的创设人。前不久有人问我:"苔菲,这是个新俄罗斯人,是个企业家?真机灵啊。先是发大财,现在又在一本一本地写书。"在革命之前,虽然缺少如此大规模群众性的信息手段,如电视与无线广播,苔菲的名字却全国知晓。

苔菲加盟《萨蒂利孔》周刊与后来的《新萨蒂利孔》杂志,结果是双方受益:她的短篇小说和随笔给杂志带来了巨大的声望,招来了新的读者;同时,借助杂志,苔菲的名声也变得越来越响亮。

形形色色的批评家都在评论苔菲,她的诗歌与随笔布尔什维克的出版物也刊登,她不仅赢得了工人读者群的好感,他们的主要读物是布尔什维克的《前进》报和《新生活》报;她不仅赢得了所谓小市民即城市居民、商人、店员,最后是知识分子们的好感——他们是《萨蒂利孔》周刊的订户,而且还有沙皇宫廷的订户。就在1903年,庆祝罗曼诺夫王朝三百周年的前夕,当问及邀请哪些当代作家入选纪念文集的时候,尼古拉二世回答道:"苔菲,只要苔菲一个人。"

苔菲仿佛一下子就确定了自己的创作风格、手法和文体。有别于其他许多幽默作家,她无须杜撰可笑的场景以赢得滑稽效果。她能在生活中,在每天都会接触到的日常环境中,在人们的相互关系中,发现确实可笑的东西。

关于苔菲发表在《萨蒂利孔》周刊上的优秀短篇小说,伊·阿·布宁说过,它们写得"健康,朴实,非常机智,有敏锐的观察力,是绝妙的嘲讽"。

苔菲的主题范围广,而且多种多样。使她感兴趣的有日常生活场景,有社会现实问题,有人的心理状况,有社会政治局势。她用几笔线条、寥寥文字,便能传达出人的内心世界,窥视他们的心灵,并将其展示给我们看。用少量的几页篇幅,通过几个短小的片段,苔菲就能塑造出鲜明、充实和令人难以忘怀的性格。

苔菲的关于儿童的短篇小说同样充满了精致的心理描写与关爱。诗人与批评家尤里·捷拉皮亚诺公正地指出:"苔菲作品中的孩子——是一个完整的'小宇宙'。"

苔菲到巴黎侨居之后,她常常在记忆中返归俄罗斯,但她写得更多的是侨民们的日常生活。她的短篇小说《Ke фep?》(法语"做什么?")作为在巴黎俄国式生活的象征成了俗语。

苔菲的许多侨民小说散发着忧郁的情调。不过，她以前貌似十分可笑的作品也往往透过言语的组织散发出一缕缕忧愁。总的说来，她从来不曾是位职业的幽默作家，从来不将逗人发笑视为自己的任务。阅读她的短篇小说时，笑声会自然而然地产生：小说总是那么轻松自然。它们是多层次多角度的，全看它以哪个方面朝向读者的内心世界，——于是便激起相应的反响，因为在核心深处的某个地方，在语言背后，在人物言辞背后，在小说提供的场景背后，隐藏着一个巨大的人的情感与感受的世界。

境外的俄罗斯人总是以焦急的心情期待着苔菲的新书，宛如某种礼物，因为，女作家甚至以自己忧伤的故事支撑着同胞们的精神，给他们以力量与信心。

时至今日，作为最优秀的俄罗斯国外文学批评家之一的格奥尔基·阿达莫维奇所说的关于苔菲的几句话，依然保持着自己的公正性：

"……苔菲不想谴责任何人，也不想教会任何人什么东西……同时代人与同胞们从她的书中发现并嘲笑自己……

苔菲无意取悦于世人，她不想欺骗他们，也不害怕真理。但是却坚持不懈而又委婉地，仿佛在不经意间告诉人们，无论人们生存得多么恶劣多么丑陋，生活总归是美好的，如果其中有阳光、天空、孩子、大自然，最后，还有爱情的话。"

很想再引用一位作家的话，对于该作家严格的审美趣味和经验未必有谁会加以怀疑。"有过许多次，当人们打算赞扬苔菲的时候，就会说，她写得就跟男人一样。在我看来，每十位写作的男子当中，就会有九个应该向她学习那种无可挑剔的俄罗斯语言，"——亚历山大·伊万诺维奇·库普林这样说。

无论在苔菲生前还是身后，对待她的态度向来不是单一的赞许。苔菲的辛辣与严厉的谴责有时会引起相关人的恼火、愤怒，甚至是仇恨。譬如，她对安德烈·别雷《灰烬》一书的否定评价，便成了季娜伊达·吉皮乌斯与瓦列里·勃留索夫攻击苔菲的动因。

虽然随着时间的推移,苔菲某种程度上和缓了自己的风格,但是有些作家依然惧怕她尖刻的语言,不太喜欢她。弗拉基米尔·兹洛宾,梅列日科夫斯基夫妇的朋友与秘书,在自己关于季娜伊达·吉皮乌斯的书《沉重的心灵》(华盛顿,1970)中说——譬如,苔菲在回忆录中讲到,当梅列日科夫斯基夫妇得知他们的亲密朋友德米特里·弗拉基米罗维奇·菲洛索福夫的死讯时反应冷漠,就此兹洛宾写道:"他们不过是不想与苔菲谈论自己的痛苦而已。德米特里·梅列日科夫斯基不太喜欢她,认为她虚伪。"

否定对待苔菲回忆梅列日科夫斯基夫妇文章的还有玛·萨·采特林娜女士(纽约《新杂志》的出版人之一)。苔菲甚至被迫给她写了几封回信辩白。将一封回信中的某些片段引述在这里还是很有必要的:

"某些说法传到了我这里,对此我是无论如何既不能也不愿意相信的。然而传闻得到了证实,因为已经一年有余,我未曾从您那里收到只言片语!这些传闻是,您似乎在生我的气,为的是……对梅列日科夫斯基夫妇性格的不好的评价!可是,要知道,我写得很诚实,不过是我的所见所闻而已。关于所有的人我都如实记述——关于巴尔蒙特,关于库普林,关于阿列克谢·托尔斯泰,关于索洛古勃……我收到一位重要社会活动家写来的一封关于梅列日科夫斯基夫妇的信。他也不满意,然而却有所不同。'如果说实话,那就应当说出全部的实话,而不是欲言又止。您写道,他们,梅列日科夫斯基夫妇,没有卖身投靠。他们恰恰是卖身投靠……而且是一贯为之:投靠毕苏斯基,投靠墨索里尼,投靠希特勒……'我回答道:这些我不仅不知道,而且也不想知道……

我的回忆录与其说过分尖刻,不如说是过分温柔。我不会放弃任何一个词。全都是实情,甚至还不是十足的实情。您不了解他们,没有贴近观察过……"

回忆录《关于梅列日科夫斯基夫妇》刊登于1950年1月份的《新俄罗斯言论》杂志,苔菲信中注明的日期为当年的4月25日。而1951年3月17日苔菲则通知安德烈·谢德赫:"我在重读我的《梅列日科夫斯基夫妇》

与《吉皮乌斯》，请相信每句话，而且，本应说出来的东西我连一半也没有说出来。可是我不想涮洗脏衬衫（原文为法语）。他们要凶狠得多，而且还不是可笑的凶狠，而是魔鬼般的凶狠。季娜还有趣味。他则没有。有时候她身上还能显示出一点人性来。他却从来不会。"

顺便提一下，格奥尔基·阿达莫维奇说过某些与苔菲相似的想法，这似乎能印证她的正确性：

"梅列日科夫斯基对于我曾经而且现在依然是个谜。应该说老实话：作为一位作家，在我看来，他是低档次的；而作为思想家，他几乎不值一提……她，季娜伊达·尼古拉耶夫娜，是位普普通通的人，有才气，很聪明（面对面时比在文章中更聪明些），但就其全部构成来讲，是与你我大家同样的人。而他——却不是。

单独与他面对时总感到有点'不自在'，而且还不是我一个人有这种感觉。谈话时断时续：您面前这位的思想与情绪带有与生俱来的诡异色彩，全身枯燥乏味，有点像'火星人'。同时，他身上还有某种琐细生活的气质，精打细算，但这是某种非本地的东西，是某一特种天赋，很难界定它。"

回忆录——不是日记。日记一般记录事件与感受，在时间上几乎与其同步（诚然，日记有时候也包含着回忆录）。因此，日记似乎更接近真情实况，比回忆录更可靠。回忆录作者能够稍稍美化一下自己的角色，稍稍歪曲一下发生的事件，在情势的制约下改变对人对事对某些现象的评价。确实如此。可是，任何人的回忆录都从来不会被视为在时间和事件上惟一可靠的信息来源。回忆录的珍贵价值恰恰在于对某个事件的个人观点上，在于对某些人物在世界性悲喜剧中的个人评价上。正是由于比较形形色色的作者的回忆录，后来者们才能够更好地理解逝去的时间。

在《回忆录》（它首次发表在巴黎的《复兴》*报上）中，苔菲涉及的是刚

---

* 《复兴》：1. 1924—1935 年，巴黎，日报。2. 1936—1940 年，巴黎，周报。3. 1949—1974 年，巴黎，文学政治杂志，共出刊243 期。（此为译注，后同，不另标出。依据《列宁著作资料汇编》，页730；《二十世纪俄罗斯文学词典》，页 203）

刚过去不久的时间,它还未来得及将记忆的色彩、细节与精确度冲淡。所以,早已消失在时间的云雾中而又在回忆录页面上闪烁的人物才有可能那么活生生地呈现在我们面前。乌克兰小镇火车站月台上的小男孩儿,挺身保护无辜者的马克西米利安·沃洛申,敖德萨卫戍司令格里申-阿尔马佐夫,与苔菲一起开始南下旅程的阿尔卡季·阿韦尔琴科,还有许多其他人物让本书的页面生辉,使无形的时间成为几乎可以触摸的实体。某些人物,譬如用化名的古西金,是作为散文作家的苔菲无可置疑的成功。因为古西金已经不是具体的历史人物,而是文学典型,它体现了寄生在艺术上的整个阶级的性格特征。当然,他还相当渺小,并无大害,这么说吧,他才刚刚出生。然而,正是从古西金这样的群体中诞生了那个猛兽般的阶级,它今天披着羔羊般老板文雅的外衣,用自己的獠牙与利爪控制着艺术的躯体,控制着艺术消费者的钱包。

在苔菲的《回忆录》中有许多闪光的篇章,作者在那里以自己特有的幽默与深入性格本质的技巧,简洁而令人信服地再现了时代的风貌。苔菲的著作帮助我们理解,一些人为什么要在内战的高潮中,或者在国内战争刚刚结束后,便告别了俄罗斯。内战——这并非历史中的常见现象。在这样的时期很难保持中立,只好站在这一方或那一方,尽管往往以消极的形式。要做出选择。苔菲也就这样做了……她写的就是这个。她也顺便交代了一下,她如何与马克西米利安·沃洛申一起,从志愿军的监牢里拯救因虚假情报被白军逮捕的库兹明娜-卡拉瓦耶娃。

苔菲没有描写志愿军的监狱(她也不可能了解这方面的情况,因为在国内战争期间,与在其他战争中一样,宣传的作用被扩张。如果说白卫军的报纸夸大报道红军的残忍,则红军的报纸也同样竭力攻击白军的兽行),却几次写到显然是被红军使用过的绞刑架。

苔菲的书能帮助我们理解那些俄罗斯人——他们现身于白卫军阵营,告别了故国的海岸,怀抱着回归故国的期望,却终生未能再次踏上俄罗斯的大地。

在苔菲建议命名为《我的编年史》的这本书中,包含着一些异样题材的作品。在这里她想讲述关于某些格外引人注目(在不同方面)的人与事,她曾经与他们相遇,并且曾在多年间与其交往,抑或仅仅接触过两三次(例如,拉斯普京),可是这些人太不同凡响,他们或在文学史上,或在俄国与俄国侨民的命运中,最后,在苔菲个人的命运中,发挥过显著作用。她的《我的编年史》里的主人公,无论在才能与知名度上,无论在生活的各个不同领域中自己发挥的作用上,都是不均等的。然而,他们全都在作家的生活中出现过,并在其中留下了鲜明的印迹。

立刻会引起读者注意的是,在《编年史》的章节中没有一章是关于目前仍然在世者的。诚然,在《格奥尔吉·丘尔科夫与梅耶荷德》中作者附带说明:"我不知道格奥尔吉·丘尔科夫是否还活着。"不过,显然她已经听到了一些传闻,说此时丘尔科夫已经不在人世。那么,这一原则得到了遵守。关于仍然在世者,她或者一带而过,或者以某个大写字母来代替。大概,这其中有内在的分寸感在发挥作用:苔菲知道,并非每个人都乐意让别人写他们,——有时候会遭受伤害。突然,她谈及的某人此刻正在苏联——他便有可能因为"白卫军作家"写到了他,因此便被宣布为"人民的敌人"……

苔菲的命运在不同的时期与其笔下人物的命运发生过交集,他们之间的关系各式各样,从她口中得知关于甚至早已熟知的人的一点什么新鲜事,或者关于早已被忘怀的人物的什么新闻——这永远是很有趣的。所以,她《编年史》的每一章,或者某篇特写——都是艺术作品,主人公在其中生活与行动的时代有时与我们相隔半个多世纪,或四分之三个世纪,有时候几乎是一个世纪(布尔什维克的《新生活报》发行于1905年!),从过去人们的相互关系中,从他们的探索与迷惘中,我们会看到某些属于我们的同时代人才具备的特征。

我们会得知关于尼古拉二世与列宁的人格中的某些新东西,了解到当代俄国读者几乎对其一无所知的洛洛,我们会对亚·伊·库普林感到更加亲切,关于季·尼·吉皮乌斯和德·谢·梅列日科夫斯基这类"怪人"我们也会有新的发现。

深情厚谊与相知相交的纽带将伊·布宁、苔菲与鲍·潘捷列伊蒙诺夫这三位俄罗斯作家联系在了一起。他们在遥远的巴黎度过了自己最后的岁月。除去一些第三者的回忆,还保存有友好圈子成员的物证。在一张拍摄于1949年的照片上,在摆放在花园里的桌子旁边,他们置身于其他作家之间:头戴鸭舌帽的布宁、苔菲与站在旁边的潘捷列伊蒙诺夫。有苔菲给安德烈·谢德赫寄到纽约的信,有写在书页上的题词。这是苔菲赠给潘捷列伊蒙诺夫的诗集《沙姆拉姆》,上面的题词是:"给亲爱的精神上的兄弟鲍·潘捷列伊蒙诺夫。请晚上转身向着东方,并回忆那逝去的一切"。这是写在潘捷列伊蒙诺夫的作品《圣弗拉基米尔》上的题词:"赠给迷人的,无与伦比的,聪慧与超凡脱俗的娜杰日达·亚历山德罗夫娜·苔菲。感谢您的鲍·潘捷列伊蒙诺夫"。

这是一张从记事本上扯下来的方格纸。上面有苔菲在去世前几天,也许是前几个小时,写下来的几行字:

> 如果谁将自己的吗啡赠给自己的兄弟,那就再也没有比这更
> 高尚的爱了。
> 正是如此!!
>
> 娜·苔

写这条札记的时候,苔菲已经被疾病折磨得连说话都很困难了。在这里,她感谢已于两年前去世的鲍·潘捷列伊蒙诺夫的遗孀塔玛拉。她为苔菲送来了吗啡。吗啡能让她在短时间内摆脱痛苦。正如我们所看到的,即使在自己最艰难的时刻,苔菲也未曾失去精神力量,也未曾失去对幽默与戏谑的偏好。

在一生中她始终是这样的——勇敢无畏,言辞犀利,幽默诙谐,聪明机智,魅力十足,卓尔不群,无与伦比。

苔 菲

玛丽娅与娜杰日达·洛赫维茨卡娅姐妹。她们双双将扬名于俄国文学史。一位将以笔名米拉·洛赫维茨卡娅成为著名诗人，另一位则以笔名苔菲成为卓越作家。

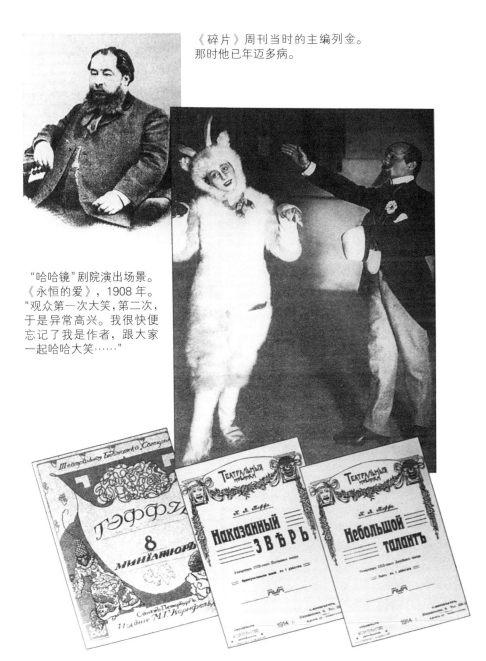

《碎片》周刊当时的主编列金。
那时他已年迈多病。

"哈哈镜"剧院演出场景。
《永恒的爱》，1908 年。
"观众第一次大笑，第二次，
于是异常高兴。我很快便
忘记了我是作者，跟大家
一起哈哈大笑……"

苔菲不久便成了俄国最驰名的作者之一。

1905 年，在革命思潮的影响下，苔菲在布尔什维克的《新生活报》任职。

"报纸的政治方向应该由以列宁为首
的社会民主党人决定。"

"在这伙人当中，最引人注目的
是柯伦泰。她是一位上流社会人
士，非常漂亮的年轻太太。"

《萨蒂利孔》周刊与《新萨蒂利孔》——俄罗斯幽默文学史上整整一个时代。

《萨蒂利孔》周刊

《新萨蒂利孔》

《新萨蒂利孔》杂志画家业绩展。左起第一人为拉德洛夫，第四人为拉达科夫；右起第三人为阿韦尔琴科。

"流浪狗"演艺卡巴莱第一场文艺舞会。1913 年。

"那个坐在沙发上瘦瘦的女士,是谁?"
"她是安娜·阿赫玛托娃,诗人。"
"她是安娜·阿赫玛托娃呢?"
"他们这些人中谁是阿赫玛托夫呢?"
"古米廖夫就是阿赫玛托夫。"

米哈伊尔·库兹明。"亚述人的大脑袋，古人在博物馆石棺的大理石中活了许多世纪的巨大的眼睛……发型是奇巧精致的——稀疏的头发强拉硬扯地垂到鬓角上。"

伊戈尔·谢维里亚宁。"身高，脸长，面部特征是黑眉毛又大又重。"

"索洛古勃刮掉了胡须，大家都开始说，他像一个衰败时期的罗马人……他的妻子，阿纳斯塔西娅·切博塔廖夫斯卡娅，在他周围制造了一种不安而紧张的气氛。"

庆祝罗曼诺夫王朝三百周年的前夕，当问及邀请哪些当代作家入选纪念文集的时候，尼古拉二世回答道："苔菲，只要苔菲一个人。"

苔菲的天才还有一个崇拜者——格里戈里·拉斯普京。"关于拉斯普京，人们什么不说啊：是催眠疗法医生，又是催眠术家，是花花公子，又是酒色之徒，是圣者，又是精神病人。"

身着护士服的苔菲

阿尔卡季·阿韦尔琴科
"革命时期出现在了克
里米亚。他写传单，飞
行员将这些传单倾泻在
饥饿的苏维埃士兵头
上：'我们今天吃得好
极啦。'"

逃向国外。"码头上挤满了人，木箱皮箱，大包小包。我随着人群向甲板攀爬。
轮船上越来越挤。已经再也无法动弹了……"

"列昂尼德·安德烈耶夫在芬兰有自己的别墅——叫作'白夜'。"

"巴尔蒙特喜欢故作姿态。长期处于被崇拜之中，他认为自己的言谈举止应该，按他的意见，像一位伟大的诗人所表现的那样。"

"我与阿列克谢·托尔斯泰友谊甚笃，甚至以'你'相称。"

季娜伊达·吉皮乌斯、德·弗·菲洛索福夫与德米特里·梅列日科夫斯基。
1920 年代在巴黎。

库普林与妻子伊丽莎白·马夫利基耶夫娜。1937 年。"他的难民生
活结局十分凄惨。重病缠身，视物不清，很难听懂别人对他说的话。"

坐在前排的，自左向右：格奥尔基·阿达莫维奇、伊万·布宁；右面第一个——苔菲。手握烟斗站在旁边的是鲍·潘捷列伊蒙诺夫。1949 年。

与亚历山大·阿廖欣坐在棋盘前。帕·尼·米留可夫给苔菲支招儿。

第三期《萨蒂利孔》
在巴黎出版

巴黎咖啡馆 Le Dome——俄国侨民，
作家和艺术家们经常聚会的场所。

在巴黎达鲁街上的俄国教堂里。"我们，所谓的'俄侨们'，过着最怪异的，
不像别种生活的生活。"

列·格·蒙施泰因（洛洛）与薇·尼·伊利纳尔斯卡娅。"在侨居中，洛洛继续自己的报业工作，写一些俏皮的诗体小品文，随同'面具'剧社在欧洲巡演。薇拉·尼古拉耶夫娜演他的短小喜剧，参加合唱。"

"伊利亚·丰达明斯基是一位义人。"

鲍里斯·潘捷列伊蒙诺夫与妻子。"尽管长着英国人的外貌，有的却是最最难以抑制的俄罗斯人的天性。"

苔菲写给鲍·潘捷列伊蒙诺夫的遗孀塔玛拉·伊万诺夫娜·克里斯京的字条："如果谁将自己的吗啡赠给自己的兄弟，那就再也没有比这更高尚的爱了。正是这样！！娜·苔。"

苔菲（签名）

回忆录

ВОСПОМИНАНИЯ

作者认为有必要预先告知，在这篇《回忆录》①中，读者既找不到所描述的那个时代声名赫赫的英雄形象，以及他们那些意义深远的话语，找不到对这种或那种政治路线的揭露，同样，也找不到任何"阐释与论断"。他读到的仅仅是普普通通然而却是真实的叙述：作者如何随着与她同属于市民的人所组成的巨大浪潮，穿越整个俄罗斯，作不由自主的旅行。读者读到的几乎都是一些异常平凡的人，而并非历史性的人物，他们显得是那么滑稽或者有趣，还有一些那么引人入胜的奇遇。再者，如果作者必须谈及自己，那么，这并非因为她认为自己属于读者所感兴趣的人物，而只是因为她本人参与了所记述的那些事件，体验了因为这些人与事所产生的感受；而如果从叙述中剔除这一主轴，这一活的灵魂，那么，这一叙事将会变得死气沉沉。

作　者

---

① 本书第一部分是娜·亚·苔菲的《回忆录》。它首次刊登于《复兴》报（巴黎），从 1928 年 12 月中旬起连载，历时一年半，并于 1932 年由该报出版社出版单行本。（此为原注，后同，不另标出）

一

深秋的莫斯科。寒气袭人。

我在彼得堡的生活彻底毁灭了。《俄罗斯言论报》①被查封。看不到任何前途。

不过，前景倒还有一个。它每天以吊眼睛的经纪人敖德萨人古西金的身份出现，动员我跟他去基辅和敖德萨，举办我的文学演出晚会。

其说辞十分阴郁。

"您今天吃了白面包啦？明天您可就吃不上喽。凡是能走的人都在奔向乌克兰。只不过谁也走不成。可是我要带您走，我支付给您六成的票房收入，'伦敦'饭店②的高档房间业已电报订妥，它坐落于大海之滨。阳光灿烂。您读上一两个小故事，收收钱，买上一些奶油、火腿肠。吃得饱饱的，在咖啡馆里一坐。您能损失什么呢？关于我，您可以去打听打听。我，人

① 《俄罗斯言论报》，莫斯科自由主义倾向的日报（1895—1917，11，26/12，9）。出版人为 И. Д. 瑟京和 В. М. 多罗舍维奇，自 1902 年起，实际编辑为 А. В. 阿姆菲捷阿特罗夫、П. Д. 博博雷金、瓦·伊·涅米罗维奇-丹钦科。1917 年发行量为 60—80 万份。1917 年 1 月—1918 年 7 月，以《新言论报》《我们的言论报》的名义发行。7 月，因"反对布尔什维克"被彻底查封。在 1910 年代苔菲是这家报纸的经常撰稿人。

② "伦敦"饭店，敖德萨最好的宾馆之一。

人皆知。我的化名为古西金。姓氏我也有，只是它叫起来复杂得吓人。真的，咱们走吧！住‘国际’饭店①的高档房间。”

“您刚说的是‘伦敦’饭店吧？”

“就算是‘伦敦’饭店吧。‘国际’饭店您觉得不好呀？”

我四处奔走，广泛征求意见。许多人的确心向乌克兰。

“这个化名‘古西金’的人——有点怪怪的。”

“怎么就怪呢？”阅历丰富的人们回答我说，“它并不比别的名字怪。他们都是些这样的人，这些小班主们。”

使这些疑虑终结的是阿韦尔琴科②。原来，要带他去基辅的是另一位使用某个化名的人。也是去巡回演出。我们决定一同上路。阿韦尔琴科的那位化名人还带着两位女演员，她们将演出一些小喜剧。

“喂，您看！”古西金欢欣鼓舞。“现在您只须准备出行啦，到那里将会万事如意。”

需要说明的是，我仇视一切当众表演。甚至我自己也搞不清楚，这是因为什么。是某种特异反应。这里还有匿名的古西金及其提成。他将其说成“骑成”。然而，周围一片艳羡声：“您要走了——真幸福呀！”“幸福的人哪——基辅处处是奶油馅饼。”甚至还更直截了当：“幸福啊……有奶油！”

这一切的结果便是：必须上路。周围所有人都在张罗出行，而如果不张罗，不抱任何成功的希望，那也是满怀憧憬。而充满希望的人们则猛然在自己身上找到了乌克兰血统，或者线索与联系。

“我的干亲家在波尔塔瓦有一座房子。”

“说实话，我的姓不是涅费金，而是涅赫韦金，来自‘赫韦季科’，是小俄

罗斯后裔。”

"我喜欢吃洋葱拌腌猪油！"

"波波娃已经在基辅啦。还有鲁奇金家、梅利宗家、科利金家、普平家、菲克家、施普鲁克家。全都已经在那里啦。"

古西金展开了活动。

"明天三点，我把边防火车站上最恐怖的政委给您带来。简直就是头野兽。他刚刚才摧毁了整座'蝙蝠'剧院①。把一切都没收了。"

"啊，如果他们连蝙蝠都要扒层皮，那我们还能有活路呀！"

"所以我才把他领来，认识认识。你们同他套套近乎，请求他网开一面。晚上我带他去剧院。"

我开始张罗出行。首先去了某个领导演艺事务的机关。那里面有一位无比慵懒的太太，她梳着克莱奥·德梅罗德②式发型，上面散布着厚厚一层头屑，还装饰着一支褪了色的铜发箍。她给了我一张巡回演出的许可证。

接着，在一些或许是营房或许是板棚里，于无穷无尽的漫长排队中，挨过了无数个小时。最后，一位背着刺刀的士兵接过我的证件，拿着去见领导。突然，一间办公室的大门遽然大开，一位大人"亲自"走了出来。他是谁，我不知道。但，正如人们常说的那样——他"浑身绑满了机枪子弹"。

"您是什么什么人吗？"

"是的。"我认可道。（反正此刻也不能否认了。）

"女作家吗？"

我默默地点点头。我感到一切都完了，——否则，他又何必跳出来呢。

---

① "蝙蝠"剧院，俄罗斯第一家有歌舞表演的卡巴莱酒馆，1908—1920年存在于莫斯科，在Н.Ф.巴利耶夫领导之下；1920年以后继续在巴黎营业。演员、导演尼基塔·费奥多罗维奇·巴利耶夫（原名姆克尔季奇·阿斯瓦杜罗维奇·巴良；1876—1936）创建了剧院，实际上，是从莫斯科艺术剧院的"圆白菜"文艺表演会发展起来的。巴利耶夫作为报幕人与戏拟表演者，为俄罗斯戏剧业确立了新形式。

② 克莱奥·德梅罗德（1874—1966），法国著名舞蹈演员，时尚带头人。

"那就劳驾,把您的尊姓大名写在这个本子上。就这样。再注明年月日。"

我写字的手在颤抖。今天是何月何日,想不起来。今年是何年,也忘了。身后某个小心翼翼的声音提示了我。

"是这……样!""亲自"阴郁地说。他扬起眉毛。他读了一遍。突然,那张威严的嘴巴缓缓咧向一侧,露出一个贴心的微笑:"这是我……想拥有您的一个签名!"

"非常荣幸!"

通行证到手了。

古西金的活动开展得越来越得力。政委被拉来了。恐怖的政委。他不是人,只是鼻子加套靴。有种生物名为头足纲动物。而他是鼻足纲动物。一张巨大的鼻子,两条腿固定在鼻子上。在一条腿里,显然,装着一颗心,在另一条腿里则进行消化。腿上是黄皮靴子,系带子的,高过膝盖。显然,政委因这双靴子激动不已,为它感到骄傲。这即所谓的阿喀琉斯之踵。* 它就在这双靴子里,于是,蛇便开始准备启用自己的芯子。

"人们告诉我,您酷爱艺术……"我从远处开始,然后……突然一下子,幼稚而格外女性地,仿佛无法抑制冲动,自己打断了自己的话:"哎呀,您的这双靴子太美妙啦!"

大鼻子红了,还稍稍涨大了一点点。

"嗯……艺术么……我喜欢观剧,虽然机会难得……"

"令人惊叹的靴子啊!这靴子中简直有某种骑士的气势。不知为什么,我觉得,您是一位非同寻常的人物!"

"不敢当,这是从何说起呢……"政委略作推辞,"这么说吧,我从小热爱美与英雄主义……为人民效力……"

---

* 希腊神话中,阿喀琉斯除脚踵外,全身都刀枪不入。后被人用箭射中脚踵而死。"阿喀琉斯之踵",现转意为致命的弱点或薄弱环节。

"英雄主义与效力"——在我的事物中是危险的词语。因为"效力"剥夺了"蝙蝠"剧院。必须赶紧在美上站稳脚跟。

"啊,不,不,您不必否认!我感觉到,您有浓郁的艺术气质。您热爱艺术,您庇护着艺术,使其深入到民众中间。是的,到民众中。到深层次,到底部。您有一双美妙的靴子。托夸多·塔索①穿过这样一双靴子……不过,这也未必属实。您是天才人物!"

最后这几个词决定了一切。两袭连衣裙晚装与一瓶香水将作为生产工具放行。

晚上,古西金带领政委来到剧场。上演的是轻歌剧《叶卡捷琳娜大帝》。两位编剧是——洛洛②与我。

政委软化了,动了真情,他吩咐转告我,他"自己确实有艺术天赋",说我可以需要什么便带什么,——他将"沉默得如同以头撞冰的鱼"。

此后我再也未见到过政委。

在莫斯科的最后几天过得匆忙而又紊乱。

卡扎-罗扎③从彼得堡来了。她曾经是"老剧院"的歌唱演员。在这些值得纪念的日子里,她突然展现出了一种奇特的才能:她知道谁有什么物件,谁需要什么东西。

她来了,用她那充满灵感的黑眼睛望着空中,说道:

"在阿尔巴特斜街上,在街角,在粗布店④里还剩有一块一个半俄尺的

---

① 托夸多·塔索(1544—1595),意大利诗人。

② 洛洛(原名列昂尼德·格里戈里耶维奇·蒙施泰因,1866/67—1947),讽刺诗人,杂文作家,剧作家,戏剧评论家,翻译家,出版家(《舞台与生活》杂志在1909—1918年间的出版人与编辑是洛洛,该杂志是最著名的戏剧界刊物),回忆录作者。他与苔菲一起写了一些喜剧,其中包括一些音乐喜剧。音乐喜剧《叶卡捷琳娜二世》由Ж.奥芬巴赫作曲,1918年9月在莫斯科埃尔米塔日剧院首演。

③ 贝拉·格里戈里耶夫娜·卡扎-罗扎(卡扎罗娃;1885—1926),歌唱家、画家亚历山大·雅科夫列夫的妻子。亚·雅科夫列夫是《萨蒂利孔》周刊和《新萨蒂利孔》周刊的经常撰稿人。在"老剧院"卡扎-罗扎扮演伪德米特里,而在"流浪狗"中则演唱苔菲作词的歌曲。

④ 革命前出售丝绸、棉纺和轻毛呢面料的商店称作粗布店。

麻纱布。您一定要把它买下来。"

"可是我不需要呀。"

"不,您需要。一个月过后,等您回来时,无论什么地方都不会再有了。"

另一次,她气喘吁吁地跑来。

"您需要马上做一件天鹅绒连衣裙!"

"啊?"

"您自己知道,这您必不可少。在街角的化工制品店里,老板娘在卖一块帷幔。刚刚扯下来,完全是新的,还带着钉子呢。能做成一条绝妙的晚装连衣裙。您必须买。这样的机会永远不会再来了。"

满脸庄重,简直是一副悲壮面孔。

我非常不喜欢"永远不会"这个词组。假如有人说我永远不会头疼,我大概也会被吓坏的。

我听从卡扎-罗扎的话,买下了那块全新的带着七枚钉子的豪华幔帐。

这最后几天是诡异的。

沿着黑黝黝的,行人常常被抢劫、被杀死的街道,我们跑着去听轻歌剧《席尔瓦》①。或者在破破烂烂的咖啡馆里,听年轻诗人们朗诵自己的或相互朗诵新创作的诗篇,饿着肚子声嘶力竭地拼命呐喊。咖啡馆里挤满了听众,褴褛不堪的大衣散发着湿乎乎的狗肉的腥味儿。这样的年轻诗人那时候成了时尚,甚至勃留索夫②也不耻以自己高傲的大名领衔其某个"情色晚会"!

---

① 《席尔瓦》(1915,又译《西尔娃》《吉卜赛公主》),匈牙利作曲家埃梅里希·卡尔曼(1882—1953)的轻歌剧。

② 瓦列里·雅科夫列维奇·勃留索夫(1873—1924),诗人,散文作家,剧作家,批评家,文艺学家,翻译家,社会活动家;俄国象征派领袖和理论家之一。象征派主要机构,由 C. A. 波利亚科夫设立的"天蝎"出版社(1899—1916)和《天平》杂志(1904—1908)的发起人与领导者。在 1900 年代领导了科学、文学、政治刊物《俄国思想》月刊(莫斯科,1880—1918)的文学部。

大家都渴望置身于"人间"……

孤身一人，面对四壁，是恐怖的。

必须随时知道什么事情正在发生，互相打听对方的消息。

有时候什么人消失了，很难得知他现在在哪里。在基辅吗？抑或在那个永远也回不来的地方？

人们仿佛生活在关于毒蛇格雷内奇的童话之中。这条蛇王每年必须得到十二个童女和十二个童男的贡品。似乎当知道格雷内奇在吞噬他们最好的孩子的时候，童话中的人们也能在世界上生活下去。这让人想到，那时候，在莫斯科，格雷内奇的农奴们大概也往剧院里跑，也给自己购买连衣裙。人在任何地方都能活下去，我亲眼目睹，一个活生生的人被水兵们拖着到冰上去枪毙的时候，他如何跳过水洼，以便不弄湿自己的脚，又如何把大衣领子竖起来，以免让风吹到胸脯。自己生命之中的这几步，他凭着本能，也要尽可能地以最舒适的方式走过。

我们也是如此。去购买某些"最后的布头"，去最后一次欣赏最后一出轻歌剧，听取最后的最精致的爱情诗朗诵。好也罢，不好也罢，还不都一样——只要不意识到，不想到，不准确知道，我们正在被拖到冰上去，那就好。

从彼得堡传来消息：一位著名女演员因朗诵我的几个短篇小说而被捕。在契卡那里，她被迫当着严厉法官的面重复朗读一部短篇小说。可以设想，站在端着刺刀的两位武装人员之间的女演员，以何等欢快愉悦的语调朗诵这个幽默滑稽的片段。突然——啊，一个令人忍俊不禁的奇迹！——听完几句最初的怯生生的话语之后，其中一位法官的脸上竟然绽放出了笑容。

"我在列宁的晚会上听到过这篇故事。它与政治完全无关。"

静下心来的法官们请静下心来的被告继续朗诵，但已经是在"突发性的娱乐氛围之中"了。

不过，总的说来，哪怕离开一个月也是好的。换换气候嘛。

而古西金一直在继续自己的活动。大概主要是因为激动，而不是必须。为了什么点事他跑到了阿韦尔琴科家。

"您懂吗，真可怕，"他抖动着双手描述说，"今天早上十点钟，我去了一趟阿韦尔琴科家，可是他却睡得鼾声雷动。他这样可是会赶不上火车的呀！"

"可是，我们五天之后才要坐车走嘛。"

"可列车九点钟发车。如果他今天睡成这样，那么，一星期之后怎么就会不睡呢？而一辈子又会怎么样呢？他就将这样睡，而我们还必须等他？这事可真新鲜呀！"

他跑来跑去。他激动不已。他心急如焚。他搅动空气，宛如一条空转的传送带。假如没有他如此充沛的精力，谁又知道，我的命运会是个什么样子呢。向您致敬，使用化名的古西金。我不知道，您现在在哪里……

二

预定的出发日期一拖再拖。

忽而有某个人的通行证被延误；忽而发现，我们的希望，我们的依托，我们的政委，穿大靴子的大鼻子，还没来得及回到自己的边防站。

我上路前的准备几乎已经就绪。行李箱已经装好。另一个装着俄罗斯古老披巾（这是我最后的欢乐）的箱子已经送到了洛洛家。

"如果在这段时间里，突然宣布某周为济贫周，或者相反，为文明周，要把这些东西统统没收，那可如何是好呢？"

我要求，在危险时刻，就声称这个箱子出身于无产阶级，属于前厨娘费多西雅所有。为使人充分相信，得享尊重，还在上面放了一张列宁像，画像上的题词是："亲爱的费尼奇卡留念 爱你的沃瓦"。

后来发现，这也并未帮上什么忙。

在莫斯科的最后几天忙得头昏脑胀。人们从迷雾中现身，转了一转，又在迷雾中消失。一些新人则又在雾中显现。就像在春天的薄暮中站在海岸看流冰。你看见，冰块载浮载沉，缓缓旋转，一会儿如装载着干草的大马车，一会儿如茅草屋。而在另一座大冰块上似乎有一条狼，和一些被烧焦的木块。冰块旋转着，翻滚着，然后被潮流裹挟而去，永远消失。说实话，您甚至分辨不清，这一切是否确实存在过。

出现了某些工程师、医生、记者，来了某位女演员。

一位熟悉的地主从彼得堡去了喀山自己的庄园。他从喀山写道，他的庄园被农民们洗劫一空，他走遍一座座木屋，赎购绘画与书籍。在一座木屋里他发现了奇迹：在红角*里悬挂着一幅我的画像，是画家普列伊费尔的手笔。并排悬挂着显灵者尼古拉的像。将这幅画像据为己有的那位农妇，不知何故，认定我是一位大殉教者……

利季娅·亚沃尔斯卡娅①出乎意料地来到了我们这里。她一如既往，还是那么优雅。她说，我们应当团结起来，搞个什么组织。而搞个什么样的组织，谁也不明白。陪伴她的是一位裸露着膝盖的童军。她庄重地称他为"索博列夫先生"。冰块转了个身，他们便在雾霭中远去……

米罗诺娃突然出现了。在郊区一座小剧场里演了几场什么话剧，也同样消失。

后来，一位非常有名的外省女演员进入了我们的小组。她的钻石饰物被窃，为了寻找这些钻石，她求助于从事刑事侦查的政委。政委是位十分殷勤可爱的人，在这个案子中帮了她的忙，得知她将在作家圈子里度过一个夜晚，便请求她把他也带上。他酷爱文学，从未见过一位活生生的作家，渴望看我们一眼。女演员获取了我们的许可，把政委带来了。这是我平生见到的最庞大的人物。在头顶上方某处他的嗓音嗡嗡作响，但说出来的话语却是最最多情善感的：竟是文学选读课本中的儿童诗，并一再声称，在遇到我们以前他一直仅仅靠理智生活（"理智"一词他把第一个字说得很重，结果说成了"利智"），现在他开始用心灵生活了。

他整天整天地逮捕盗匪。他组建了一座犯罪陈列馆，向我们展示收藏的异常复杂的器具，盗贼用它们剪断门链，无声地锯开钢锁与铁螺栓。让

---

　　* 红角，俄罗斯民宅内放置圣像画的角落。

　　① 利季娅·鲍里索夫娜·亚沃尔斯卡娅（1871—1921），戏剧演员，剧作家、散文作家弗拉基米尔·弗拉基米罗维奇·巴里亚京斯基公爵（1874—1941）的第一任妻子（从1896年起）。

我们看职业盗贼去开展业务时随身携带的工具箱。每个工具箱里一定有隐秘的手电筒、小吃和一瓶古龙水。古龙水让我感到惊讶。

"怪事——居然会有这样的文明需求，竟如此雅致，而且，还是在这样的时刻。在这分秒必争的当口儿，他们怎么还能想得起来去抹古龙水呢？"

其答案非常简单：古龙水是他们的伏特加的代用品。当时伏特加是无法搞到手的。

抓捕一阵子强盗，政委晚间便来我们小组。他充满柔情，惊讶于这便是"我们本人"，还送我回家。深夜，沿着寂寥漆黑的街巷，跟这么个大块头一起走，真有点吓人。周围是可怕的窸窣声，偷偷的脚步声，惊叫声，有时候还有射击声。但最恐怖的终归还是这位护卫着我的巨人。

有时候黑夜会响起电话铃声。这是停止靠理智（读"利智"）生活的"护卫天使"来询问，我们这里是否一切都好。

被电话铃声惊呆的人们逐渐平静下来，便开始朗诵：

> 折磨人的梦神展翅翱翔
> 在罪人们的头顶上方，
> 而体贴人的护卫天使
> 则与孩子们闲话家常。

护卫天使一直到我们登车启程也没有抛弃我们，他送我们到火车站，看守我们的行李。车站上的契卡分子对我们的行李非常感兴趣。

所有我们这些将要乘车远行的人都有许多感伤——既有大家共有的，也有每个人独具的。在瞳孔的某个深处，这个感伤的标志在闪烁，就像"死亡骑士"头盔上画着的骨骼与颅骨。然而，谁也未曾谈及这悲情。

我记得一位年轻竖琴女演奏家的柔美身影，三个多月之后她遭遇出卖,被枪毙了。我记得我对年轻朋友廖尼亚·坎涅季谢尔[①]的苦苦思念。在刺杀乌里茨基的前几天,他得知我来到了彼得堡,便给我打电话,说非常想见一见我,但要在某块中立的土地上。

"为什么不在我这儿呢?"

"到时候我告诉您为什么。"

我们谈妥,在共同的熟人那里一起吃顿午饭。

"我不想把监视着我的人引到您的住宅去,"我们见面后,坎涅季谢尔解释道。

那时候我把这些话视为年轻人的故作姿态。当时,我们的许多年轻人都装出一副神秘面孔,说的是谜语般的话语。

我表示感谢,再没多问。

那天晚上他异常忧郁,有点文文静静的样子。

啊,我们后来一再回忆起,我们的朋友在最后一次见面时那双忧伤的眼睛和那苍白的嘴唇。后来我们永远知道,那时候应该做的是什么,应该抓住朋友的手,把他带离黑暗的阴影。然而,存在着某种神秘定律,它不允许我们将其打破,影响已经为我们制定好了的速度。这绝对不是自私与冷漠,因为有时候停下脚步比从一旁走过更轻松。正是这样,按照悲剧小说《坎涅季谢尔的一生》的提纲,它的伟大的作者需要我们保持速度,从旁边走过。宛如在梦中——我看见了,感觉到了,也几乎知道了,但却不能停下脚步……

正是这样,按照法国一位当代文学家的说法,我们作家是"上帝创作性工作的模仿者",我们创造世界和人,决定他们的命运,有时是不公正的、残酷的。我们不知道,为什么要这样做,而不是另一种样子——我们不知道。

---

① 列昂尼德·约阿基莫维奇·坎涅季谢尔(1896—1918),诗人,翻译家。与叶赛宁交好。作为诗人,他受到了茨维塔耶娃、格·伊万诺夫、И.奥多耶夫采娃等人的高度评价。生前他仅发表了几首诗作。1918 年 8 月 30 日坎涅季谢尔枪杀了彼得格勒最高委员会主席 M.C. 乌里茨基,被判处死刑。

我们不能够有别种做法。

我记得,有一次,在排练我的一个剧本时,一位年轻女演员走到我面前,腼腆地说道:

"我可以提个问题吗? 您不会生气吧?"

"可以。我不生气。"

"在您的剧本中,这个头脑迟钝的小男孩儿被工作单位赶走了。您为什么这样做呢? 您怎么这样凶啊? 您怎么不想一想,哪怕为他找个别的工作也好哇? 而且,在您的一个剧本中,一个倒霉蛋推销员丑态百出。这可让他非常尴尬呀。为什么要这样做呢? 这一切难道就不能改一改吗? 为什么?"

"不知道……不能……这并不取决于我……"

她是那样可怜地求我,她的嘴唇在颤抖,她是那样动人,我便答应单另写一篇故事,在其中将把我在所有小说与剧本中亏待过的人联合在一起,给所有的人以补偿。

"太好啦!"那位女演员说。"这将会是天堂啊!"

她还亲吻了我。

"我就怕一件事,"我制止了她,"只怕我们的天堂安慰不了任何人,因为大家都会感到,这是我们杜撰出来的,没有人会相信咱们……"

于是——清晨,我们乘车去火车站。

从昨天起,古西金便从我这儿奔向阿韦尔琴科,从阿韦尔琴科奔向他的巡回演出经纪人,从经纪人奔向一个个演员。忙中出错,他闯入了别人的住宅,拨错了电话号码。于清晨七点跑进我家时,他满身大汗,嗓音嘶哑,活像一匹饮伤了的马。他看了我一眼,绝望地摆了摆手。

"唉,当然啦。真是新鲜事。我们赶不上火车啦!"

"不可能! 现在几点啦?"

"七点十分。十点发车。全完了。"

人们给了古西金一块白糖。啃着这块款待鹦鹉的慰劳品,他稍稍平静了一些。

楼下响起了马达的轰鸣声,这是护卫天使派来的汽车。

一个美好的秋天的早晨。一个难忘的早晨。蔚蓝色的早晨,配有金色的穹顶——这是在那儿,在上面。而在下面——则是灰色的、沉甸甸的早晨,连同那一双双因深深的忧伤而变得呆滞的眼睛。红军士兵在押送一批被捕的人……一位高个子、戴着河狸皮帽子的老头子,背着一个用女人的鲜红头巾做成的包袱……一位身穿士兵军大衣的老妇人举着镶有绿松石的单柄眼镜瞄准我们观察……牛奶铺前面排着长队,它的橱窗里摆放着皮靴……

"别了,莫斯科,亲爱的莫斯科。不会太久的。仅仅是一个月。一个月之后我便回来了。过一个月。然后又会如何呢,关于这个绝对不能去想。"①

"当你走钢丝的时候,"一位杂技演员告诉我,"任何时候也不能想你可能会掉下去。恰恰相反。要相信,一切都会顺利,还一定要小声唱歌。"

《席尔瓦》中的欢快曲调,配以震撼人心的胡闹,在耳畔鸣响:

> 爱情是恶魔,
> 爱情是火鸡,
> 爱情把一切男子
> 全都变成大瞎子……

哪位笨牛编造了这个歌剧脚本呢?……

古西金与巨人政委等候在车站门旁。政委已不再靠理智(要读成"利智")生存了。

"莫斯科,亲爱的,别了。我们一个月后再见。"

从那时起,十年过去了……

———————————

① 苔菲再也没有回到莫斯科。

三

我们的旅行开始时相当顺利。

我们坐的是二等车厢,每个人都坐在自己的座位上。既不是在座椅下面,也不是在行李袋子上,而是像旅客一般应该坐的那样。

化名为古西金的人,即我的经纪人,激动不安。——为什么列车久久不开动呀;当火车开动后——又开始认定,火车提前开了。

"这不是好兆头!结果如何,你们会看到的。"

一进入车厢,古西金的模样瞬间而且怪异地变了。似乎他已经在旅途中度过了十天,而且还是在最恶劣的条件下:皮鞋的带子开了,活领子解了下来,喉结下面的绿色铜圆扣露了出来。而完全不可思议的是,他的脸蛋子上盖满了须毛,好像他四五天以前就开始留胡须了。

除了我们这伙人,在这个车厢里的邻近座位上,还坐着三位太太。谈话压低声音进行,有时候则完全是说悄悄话,话题则贴近眼前的现实:谁,用什么方法,将钻石与金钱运到了国外。

"听说了吗?普罗金家把全部财产都运走啦。都藏在了老祖母身上。"

"为什么没检查老祖母呀?"

"嗬,看您说的!她的模样那么令人厌恶。谁下得了这个决心呀!……"

"而科尔金家想得那么巧妙。完全是福至心灵！科尔金娜太太已经被查过了，便站在一旁。突然——'哎呀，哎呀！'——她一只脚崴了。一步也走不了啦。还未通过检查的丈夫对红军战士说：'请把我的手杖递给她，让她拄着吧。'那位战士便递给了她。可是他们那根手杖是挖空的，里面塞满了钻石。够机灵的吧？"

"布尔津家的茶壶是双层底的。"

"法尼奇卡运走了一颗特大钻石，您简直难以相信——塞在了自己鼻子里。"

"哦，她运气好，鼻子里塞得下五十克拉。不是人人都这么幸运呀。"

后来又谈起了一个不幸的事件。某位富克太太很狡猾，把钻石藏进了鸡蛋里。她在生鸡蛋的蛋壳上钻了一个小洞，把钻石塞了进去，然后将其煮熟。来吧，请找吧。她把鸡蛋与食物一起放进篮子里，便面带微笑，静静地坐着。红军战士走进车厢，检查行李。突然，一个战士拿起那个鸡蛋，将蛋皮扒掉，就当着富克太太的面把它吞掉了。不幸的女人没有再继续旅行。她下了火车，眼睛不离开那个讨厌的红军战士，就像盯着自己的婴儿那样，跟在他后面走了三天。

"结果呢？"

"唉，有什么用呢！毫无收获，只好回家。"

人们开始回忆形形色色的奇思妙计，讲起了战争年代①抓特务的故事。

"这些特务什么花招没用上啊！想想吧：他们开始把要塞的地图画在自己的脊背上，上面再涂上颜料。不过，军事侦察部门也不傻——立马便猜到了。开始给所有怀疑对象洗背。当然啦，也发生过遗憾的差错。在我们格罗德诺，一位先生被抓住了。乍一看，一头黑发，十分可疑。便给他洗了个澡，原来是个淡黄发小伙儿，最诚实不过了。侦察机关一再道歉……"

有这样的惊险话题为伴，旅行愉快而舒适。然而，走了不到三小时，列

---

① 指的是第一次世界大战（1914—1918）。

车突然停下来,要求所有旅客全都下车。下了车,搬出行李,在月台上站了两小时,爬上了另一列火车。全列车都是三等车厢,挤得几乎没有立足之地。坐在我们对面的竟是几位凶恶的灰眼睛女人。我们未能赢得她们的好感。

"坐火车,"一个长着赘疣的麻脸女人针对我们说,"坐火车。为什么坐火车,什么目的,自己也不知道。"

"就像脱缰的野马,"另一个女人附和她的看法。她围着一条脏头巾,正在用头巾的下角擦自己的鸭嘴鼻子。

最让她们恼火的是一只中国京巴儿犬。一条毛茸茸的小狗,我们之中的一位老年女演员始终用双手抱着它。

"嘿,还带着一条狗! 自己戴着呢帽,还带着大狗!"

"应该留在家里。人们连坐的地方都没有,可她还带着一条大狗!"

"它并不碍您什么事,"女演员以颤抖的声音开始为自己的"大狗"辩解,"反正我也不能把您放到我的膝盖上。"

"大概,我们是不会把狗带进车厢里来的,"女人们仍不肯罢休。

"把它自己留在家里不行。它很娇贵。比婴儿更需要照料。"

"啥?"

"哎呀,这成何体统啊?"麻脸婆终于发狂了,竟然从座椅上跳了起来。"喂! 大家听一听啊,这说的是什么话。就是那个戴呢帽的说,咱们的孩子还不如狗! 难道我们就应该忍受这个吗?"

"谁——呀? 咱们吗? 咱们是狗,她却不是?"响起了一片恶狠狠的抱怨声。

真不知道这场纠纷将如何结束,假如不是一声野性的尖叫将其打断的话。人们都从椅子上跳起来,跑过去看个究竟。麻脸婆也挤了过去,回来后十分友好地给我们讲述,那里如何抓住一个小偷,并打算把他"塞到车厢下面"去,可那个小偷在列车行驶中跳下去了。

"这些可怕的家伙,"阿韦尔琴科说,"尽量努力什么也不要留意。只想一些高兴的事吧。"

我便想。啊,今天晚上剧院里将灯火辉煌,人们汇聚到一起,各就各位,开始听:

> 爱情是恶魔,
>
> 爱情是火鸡,
>
> 爱情把一切男子,
>
> 全都变成大瞎子……

为什么我就知道回忆呢!这四行白痴歌词又来纠缠不休啦!就像病一样!

周围的女人们在快活地闲聊,说要是把小偷塞到车厢下面去该有多好啊,那他此刻就会脑袋轧碎躺着不动了。

"对他们这些人就该用私刑!挖眼睛,割舌头,削耳朵,然后脖子上系石头扔进水里去!"

"在我们乡下,是把他们用绳子拴住,在冰下面从这个冰窟窿里拉出来,再扔到另一个冰窟窿里去……"

"还经常用火烧他们……"

啊,有意思,——假如没有抓小偷事件扭转情绪的话,因为这条狗,她们会如何收拾我们呢?

> 爱情是恶魔,
>
> 爱情是火鸡……

"太可怕啦!"——我对阿韦尔琴科说。

"小点声……"他制止了我。

"我说的不是她们。我有自己的苦痛。我放不下《席尔瓦》。我将一直想,她们会怎样生煎了我们(也许,这倒有益)。我设想,坐在我对面的麻脸婆将会怎样奔忙!她是个闲不住的人。她一定会大事声张……古西金会怎么说呢?他会大喊大叫:'对不起,我们是订了合同的呀!您妨碍她执行合同,也将使我作为经纪人破产!要让她先支付给我违约金!'"

"火鸡与恶魔"开始逐渐离去,沉寂,熄灭。

列车驶近一座车站,携带包袱的女人们开始忙乎,士兵们的大靴子咚咚响。大麻袋、椴树皮编织袋和柳条筐遮住了上帝的世界。突然,在窗玻璃外面出现了古西金那张被恐惧扭曲了的脸:最后几个小时他坐在了另一个车厢。他出什么事啦?

他惊惶万状,惨无人色,气喘吁吁。

"赶快下车!路线有变。决不能走这条线。以后再解释。"

不能就不能吧。我们下了火车。我动作慢了一点,是最后一个下来的。我刚一跳到月台上,突然便有一个穿得破破烂烂的讨饭的小男孩儿走到我面前,清清楚楚地说道:

"爱情是恶魔,爱情是火鸡。请给半个卢布吧!"

"什么——?"

"半个卢布!爱情是恶魔,爱情是火鸡。"

完啦。我疯了。幻听。看来,羸弱的我无力承受这轻歌剧《席尔瓦》与民众愤怒的综合。

我寻求友谊的支撑。用眼睛寻找我们的人。阿韦尔琴科做作而世故地盯着自己的手套,不回应我的呼叫。我塞给小男孩儿半个卢布。我什么都不明白,虽然我猜想……

"现在实话实说吧!"我对阿韦尔琴科说。

他不好意思地笑了。

"趁您在车厢里收拾行李时,"他说,"我教这个男孩子:你想挣一点钱吗?我说。可以这样干。从这个车厢马上就下来一位戴着红呢帽的女乘客。你走到她跟前,对她说:'爱情是恶魔,爱情是火鸡。'她为此总是给人家半个卢布。小家伙原来是个机灵鬼儿。"

古西金一直在行李车厢旁边为我们的箱子忙乎,这时候走了过来。他被吓得浑身大汗淋淋。

"真新鲜呀!"他悲痛地压低声音说。"这个强盗被枪毙了。"

"哪个强盗?"

"唉,就是你们那个政委。你们怎么就不懂呢?啊?因为抢劫,因为受贿,把他枪毙了。不能穿过这条国境线了。那边不仅抢东西,还杀人。咱们试着穿过另一条国境线。"

过另一条就过另一条吧。两小时过后,我们坐上另一趟列车,便朝着另一个方向驶去。

傍晚,我们抵达边境火车站。很冷,很困。等待我们的是什么样的前景呢?能否很快就放行,我们将如何继续向前走啊?

古西金与阿韦尔琴科的"化名人"到站房里去谈判,并探察情况,严厉要求我们留在原地等待。种种预兆令人不安。

月台上空旷无人。远处出现了一个黑黝黝的人影,不知是个更夫,还是个穿着大衣的女人。他怀疑地看了看我们,又走了。我们等了很久。古西金终于回来了。他不是一个人。跟他在一起的还有四个人。

四人之中的一个人急跑两步,来到我们跟前。我永远也忘不了这个人:小,瘦,黑,鼻子歪,戴着一顶大学生帽子,穿着一件异常肥大的豪华河狸皮大衣。皮大衣拖地,宛如画像上某位帝王在金殿上穿的皇袍。皮袍是崭新的,看来,是刚刚从什么人身上扒下来的。

这个人跑到我们面前,左手提了提裤子,看来是习惯动作,兴奋而庄重地举起右手,高声喊道:

"您是苔菲吗?您是阿韦尔琴科?太棒啦,太棒啦,太棒啦。站在你们面前的是此地的艺术政治委员。对你们有莫大的请求。你们,我们的贵宾们,请在我们这里下榻,帮助我举办一系列包括有你们节目的音乐会,上演一系列的戏剧。在这期间,他们,即当地的无产阶级,将在你们的指导下,演出你们的剧本。"

带小狗的女演员轻轻地"啊"了一声，便坐在了月台上。我环顾四周。暮色沉沉。一座小车站，带有一座小花园。远处是几座本地特色的简陋房子，一个被木板钉死的小商铺。泥泞，一棵光秃秃的柳树，一只乌鸦，还有这位罗伯斯庇尔①。

"我们，当然，很高兴，"阿韦尔琴科从容地答道，"不过，很遗憾，为我们的晚会基辅已经订好了剧场，我们应当赶紧走。"

"这完全不可能！"罗伯斯庇尔叫道。他突然又压低了声音："如果我不为你们格外求情，永远也不会放你们穿越边界。而我为什么替你们求情呢？因为你们满足了我们无产阶级的需求。那时候我甚至能请求放过你们的行李！……"

这时候，古西金突然跳了出来，张罗道：

"政委先生。啊，当然，他们同意。我虽然因为这个延误将损失大量资金，我本人也要亲自说服他们，尽管我马上便明白，他们已经乐意为我们亲爱的无产阶级服务。不过，请您注意，政委先生，只演一个晚上。可这是什么样的晚会呀！您将为它大声喝彩。一定会这样的！明天举办晚会，后天一早上路。啊，您已经同意了，您已经满意了。那么，咱们让咱们的客人在哪里过夜呢？"

"请在这里稍等一下。我们立刻都安排好。"罗伯斯庇尔吼了一声便跑，河狸随后将他的踪迹扫除干净。三个轮廓，显然是他的随从，紧紧跟在他身后。

"倒霉啦！正好落入了虎穴！天天都在枪毙人。三天前活活烧死了一位将军。行李全部没收。必须设法脱身。"

"说不定，只得向后转，回莫斯科。"

_____

①　罗伯斯庇尔(1758—1794)，十八世纪末法国资产阶级革命的杰出活动家，雅各宾党的领袖之一。苔菲在这里当然是寓意嘲讽。

"嘘！……"古西金赶忙制止。"他们放您回莫斯科，以便让您去散布，他们如何抢劫您吗？他们不会放您走的！"他把着重点放在恐怖的"不会"上，说完便缄口不语了。

阿韦尔琴科的经纪人回来了。他把脑袋缩进脖子里贴紧墙根走，还不停地回头张望。

"您去哪儿啦？"

"我做了一番小小的侦察。糟糕……无处可去，到处都挤满了人。"

我不解地四下张望。这些话无法与这些空旷的街道，寂静，以及不为灯光切割的蓝色暮霭联系在一起。

"这些人都在哪里呀？他们为何逗留在这里不走呢？"

"为什么！人们在这里一待便是两三个星期。哪儿都不放他们走。这里成了什么地方啦！我不能说！……嘘！……"

我们的罗伯斯庇尔抖动着河狸皮大袍子，宛如一只展开翅膀的大鸟，沿着月台飞来了。身后是三个随从。

"为你们找到房间了。两间屋子。此刻正在腾房子。里面塞了多少人啊……带着孩子……掀起了一片嚎啕大哭声！但是我有证件。我为无产阶级的需要而实施征用。"

他又用左手提了提裤子，右手则满含激情地向斜上方一伸，似乎要指明通向邈远星辰的道路。

"您知道吗，"我说，"这对我们很不合适。请您不要赶走他们。我们不能去那儿住。"

"是的，"阿韦尔琴科接着说，"他们有孩子，知道吗，这样做不行。"

古西金突然高兴地摊开双手。

"啊，他们就是这样一些人，嘿—嘿！毫无办法！您不必费心了，我们随便在什么地方凑合一下吧。他们就是这样一些人……"

他用快活的手势激发公众的惊骇，说我们就是这样一伙子怪人，但他在内心里，当然，是与我们站在一起的。

罗伯斯庇尔不知如何是好了。这时候一个人突然站了出来。此前他一直谦卑地藏在扈从们的身后。

"我倒可—可以为此提—提供这,这个……"

"什么?"

"房—房子。"

他是什么人? 不过,还不是都一样嘛。

他带领我们走进车站后面一座官方样式的房子。这个磕巴原来是某位前铁路职工的女婿。

罗伯斯庇尔很得意。

"好吧,我给你们提供了住宿保障。安顿一下吧,我晚上再来。"

磕巴哼唧着鞠了一躬。

我们安顿下来了。

单独给了我和女演员们一间屋子。磕巴让阿韦尔琴科跟他住在一起,"化名者"们被藏进了一个贮藏室。

房子里很安静。一位老女人在各个房间里走来走去,她是那么苍白,一副疲惫不堪的模样,以致使人觉得她是在闭着眼睛走路。有什么人在厨房里忙乎,却不到房间里来:好像是磕巴的妻子。

让我们喝够了茶。

"可以去弄一点火—火腿来,"磕巴小声说,"趁天色还不太—太晚……"

"不,已经黑天了,"老太婆悄悄回答道,随即闭上了眼睛。

"老妈妈,如果不点灯,只靠火柴……"

"如果你不怕,那就去吧。"

磕巴瑟缩了一阵,留了下来。这意味着什么? 他们为什么只在白天才吃火腿肠? 提问不方便。一般来说,什么问题都不能问。最普通的问题也会把主人们吓一大跳,而回避作任何答复。当一位女演员问老太婆,她丈夫是否在这里的时候,老太婆惊恐地抬起颤抖的手,用一根手指无声地吓唬了她一下,朝着黑洞洞的窗口默默地看了好久。

我们彻底地老实了,大家挤在一起。挺身出来活跃气氛的只有一个古西金。他大声喘气,大声议论各种稀奇古怪的事:

"我发现,你们这儿刚下过雨。街道上很湿。当敖德萨下雨的时候,敖德萨便湿乎乎的。在敖德萨下雨,在尼古拉耶夫却潮湿,这种事从来没有过。哈—哈! 什么地方下雨,什么地方就湿漉漉的。当不下雨的时候,但愿不要太干燥。啊,谁喜欢下雨呢,我问你们? 没人喜欢,真的。唉,我不撒谎。嘿!"

古西金是个天才,活跃而朴实。当房门大开,罗伯斯庇尔在强化为六人卫队的伴随下闯进来时,他发现安适的一伙人围拢在茶几周围,正听着风趣的说书人讲故事。

"好极啦,"罗伯斯庇尔喊道。他用左手提了提裤子,没有脱去大衣便坐在了椅子上。* 扈从们也都就座。

"好极啦。八点钟开始。工棚用云杉球果装饰好了,可以容纳一百五十个人。早晨我们去张贴告示。现在咱们来座谈一下艺术吧。谁更重要一些——导演,还是乐队?"

我们不知所措,但并非所有的人都如此。我们一位年轻的女演员,像一匹听到号角声的战马,立刻跳起来,冲了出去——兜圈子,不停地蹦跳,一再急转弯。一连串术语不断闪现:梅耶荷德①和他的"力的三角关系",叶夫列伊诺夫②及其"为自己的剧院",假面戏剧(意大利语),演员的创造性,"打倒舞台脚灯",聚合式演剧,特拉—嗒—拉—拉—嗒—拉—嗒。

罗伯斯庇尔陶醉了。

---

　　* 在俄罗斯进屋不脱大衣是非常粗俗无礼的。

　　① 弗谢沃洛德·埃米利耶维奇·梅耶荷德(1874—1940),革新派导演,莫斯科艺术剧院演员(1898 年起),戏剧活动家。这里指的是梅耶荷德的主张:"三角形的上面那个点是导演,下面两个点是作者和演员。观众通过导演的创作来领会后面这两个人的创作……"

　　② 尼古拉·尼古拉耶维奇·叶夫列伊诺夫(1879—1953),俄国导演,剧作家,戏剧理论家和戏剧史学家。

"这正是我们所需要的！您留在我们这吧，开几个关于艺术的讲座。就这样定啦。"

倒霉的姑娘脸一下子白了，手足无措地望着我们。

"我有合同……一个月之后我可以……我回来……我发誓……"

现在轮到罗伯斯庇尔奔腾了。他有自己的节目：用玄妙的语言演出的话剧。动作夸张的话剧。公众自编话剧并当场上演。演员充当公众的角色，这比老一套的演艺更需要才能。

一切进行得都很顺利。干扰了这个文化享受的安适场景的只有那条小狗。罗伯斯庇尔使它显然产生了不祥的印象。这条只有毛线手套大小的微型狗却龇开两排珍珠般的小牙，像老虎那样对着他怒吼，又突然仰起头，像被链子拴住的看家犬那样嗥了起来。凭借艺术的翅膀正向着陌生领域飞翔的罗伯斯庇尔，不知何故，突然吓了一大跳，一句话未说完便停了下来。

女演员抱走了小狗。

瞬间人们全都不吱声了。这时候，在离家不远的地方，从铁道路基那里，传来了一声非人的，似乎是山羊的哀叫，其中有动物无尽的恐惧与绝望。接着就是三声冷漠、清晰而干练的枪响。

"你们听到了吗？"我问道。"这可能是怎么回事呢？"

无人回答我。似乎谁也没有听见。

女主人面色苍白，闭上眼睛坐着一动不动。一直默不作声的男主人下巴急速颤动，似乎连想事都磕巴了。罗伯斯庇尔热烈地谈起了明天的晚会，比先前明显提高了嗓门。由此我懂得，他听到了什么……

随从们一直默默地吸烟，未参与谈话。其中一个长着鹰钩鼻子、穿一件红褐色破烂军便服的年轻人掏出来一个很大的金烟盒，上面还有浇铸的组合字。* 有人伸过来一只粗糙的、指甲折断了的大手；而手上微微闪烁着

---

* 组合字指的是姓名起首字母的组合花字，表明物主身份（通常是贵族），此处是在暗示这个烟盒是充公或搜刮来的。

一块弧面抛光的红宝石,它深深镶嵌在老式戒指上的巨大边框里。我们的这些怪异的客人啊!……

年轻女演员满腹心事地绕着桌子走了一圈,便站在了墙旁边。我觉得她在用眼睛召唤我,但是我没有站起来。她望着罗伯斯庇尔的后背,神秘地抽动了几下嘴唇……

"奥廖努什卡,"我说道,"咱们该睡觉了。明天一早还要排练呐。"

我们向大家鞠躬告别,然后向自己的房间走去。文静的女主人举着蜡烛跟在我们身后。

"请熄灯,"她悄声说,"摸着黑脱衣服吧……而窗帘,看在上帝分上,不要放下来。"

我们开始匆匆安排就寝。她熄灭了蜡烛。

"那么,请记住关于窗帘的事。看在上帝的分上……"

她走了。

在我身边有什么人温暖的气息。这是女演员奥廖努什卡。

"在他这件豪华皮大衣的后背上有个洞……"她偷偷地说,"周围还有点黑……有点吓人。"

"睡吧,奥廖努什卡。我们都累了,还有点紧张不安。"

小狗整夜不老实,不停地吠叫,哀嚎。

黎明时分,奥廖努什卡以吓人的大嗓门说梦话:

"我知道它为什么嚎哭。他的皮大衣被枪打穿了,鲜血干结在了上面。"

我的心咚咚跳,使我有点恶心。我没有仔细察看过那件皮大衣,但现在我明白,这不看自明……

早晨,我们很晚才醒。一个灰蒙蒙的寒冷的日子。下着雨。窗户外面是板棚、仓库,稍远一点是铁道路基。满目空旷。看不到一个人。

女主人给我们送来了茶水、面包、火腿肠。

她小声说道:

"天刚亮的时候女婿取来的。它藏在板房里。夜里,如果提着灯去取——就会有人告密。可白天也有人能看见。会来搜查的。我们这里天天搜查。"

今天她比较喜欢说话。不过,她的脸依然"沉默"。脸如礁石,仿佛她怕脸说的比她自己想说的更多。

古西金来敲门。

"你们快了吗?本地的……青年们已经跑来两趟了。"

女主人走了。我把门打开一条缝,把古西金叫过来:

"古西金,请告诉我,一切还好吗?放我们离开这里吗?"我小声问。

"笑一笑,为了上帝,笑笑吧,"古西金悄悄说。他努力咧开嘴,做出一个野兽之微笑,像个"笑面人"①*那样。

"当你们说话的时候就笑吧,或许,上帝保佑,有人正在窥视。答应放行,还给派护卫。从这儿开始是四十俄里的警戒区。那里有人抢劫。"

"谁抢劫呀?"

"嘿!谁?就是他们抢劫嘛。可如果是来自地狱最核心的人护送,他们还是怕一点的。有一点我必须说清楚:我们应该明天离开这里。否则,说实话,如果有一天能见到自己的妈妈,我将会感到非常意外。"

这个意思很复杂,不过,显然并不让人乐观。

"今天一天你们都在家里坐着。不要出去。都累了,还要排练。大家都要排练,都累了。"

"您知道吗,男主人在什么地方?"

"不确切知道。他或者被毙了,或者跑了。也许他就蹲在这里的地板下面。否则,他们何必如此害怕呢?整天整夜门窗都敞开着。为什么不敢关上呀?何必装作什么都没藏的样子呢?可咱们想这个干什么?讨论这

---

① 原文为法语:L'homme qui rit。

* 指雨果长篇小说《笑面人》(1869)中的主人公。

个干什么？为此付款给咱们吗？发给咱们荣誉公民证书吗？他们这里有事，有那种但愿我们摊不上的事。这一位为什么变成磕巴啦？三个星期就能成为磕巴。咱们可不愿意磕巴，咱们最好还是带上行李走人，还有人护送。"

饭厅里有人在移动椅子。

"快开始排练吧！"古西金从门旁边跳开，大声喊道。"赶快起床！真的，十一点啦，可她们还睡得呼呼的！"

我和奥廖努什卡借口累了，在自己房间里待了一整天……阿韦尔琴科、经纪人和带狗的女演员承担了同兴奋的"文化载体"座谈的重任。甚至还与他们一起散了步。

"非常有趣的故事，"阿韦尔琴科回来以后说道，"看见那个破棚子了吗？人们讲，两个月之前，这里的布尔什维克处境困难，他们的一位头号政委必须赶紧逃走。他跳上机车，命令一位铁路职工送他走。那一位刚启动机车，便全速对准车库墙撞去。布尔什维克被活活烧死了。"

"那个人呢？"

"没能找到。"

"或许……他便是咱们的男主人？……"

四

这一天被拖得无限漫长。晦暗,潮湿。

我们躲藏在我们的"女士"房间里,阿韦尔琴科也在其中。仿佛已经约定,谁也不谈及此刻大家最关心的事……我们回忆在莫斯科最后的日子,谈在最后的日子里留在那里的伙伴。关于现在与未来,则闭口不谈。

"伟大的(论个头)庇护人"现况如何?是否依然靠心灵生活,还是业已靠理智(读作利智)活命啦?……

我回忆起来,在离开的前一天我去向一位前男爵夫人告别。赶上前男爵夫人正在从事非常不符合爵位的工作:她在洗地板。身材颀长面黄肌瘦的她,长着一张纯种马的脸,正蹲踞着将单柄绿松石眼镜贴近眼睛,在厌恶地察看地板。另一只手则用两根手指优雅地夹着一小块花边往地板上淋水。

"地板我过一会儿再擦,等我的瓦朗西安①花边干了之后……"

我们回忆起了在莫斯科最后几天的面包,两种面包:用锯末做的,像沙子一样往下掉;另一种是用黏土做的——苦的,带点绿色,总也干不了……

---

① 瓦朗西安,法国城市,生产特种薄花边。

阿韦尔琴科看了看表：

"啊，快到晚上啦。已经五点了。"

"似乎有人敲窗户，"奥廖努什卡警觉起来。

古西金在窗下。

"苔菲太太！阿韦尔琴科先生！"他大声喊道。"你们应该稍稍走一走。真的，在晚会之前，嗓音需要有一颗清醒的头脑。"

"可是，正下着雨呀！"

"雨不大，这是必须要做的。我告诉你们。"

"他也许想说点什么，"我小声对阿韦尔琴科说，"您先出去，看他是否一个人。如果罗伯斯庇尔跟他在一起，我不出去。我不能。"

我最害怕与这位罗伯斯庇尔握手。我可以回答他的问话，看着他，但是触及他——我觉得，我可能做不到。对这个家伙我有种神经质的反感。我控制不住自己，我不敢保证我不喊叫，不哭号，不弄出点什么不可挽回的事来。到那时候，必须付出代价的不仅仅是我个人，而且还有我们所有的人。我觉得，我生理上不能忍受这个家伙。

阿韦尔琴科出现在窗外，并招呼我。

"您不要向右走，"站在走廊上的女主人装作正在给我寻找套鞋，小声对我说。

"咱们走街道中间，"古西金压低声音，"我们自己散步，为了新鲜空气。"

我们开始有节奏地自由自在地向前走，并不时地仰望天空，——对，主要是望着天空。我们在散步，仅此而已。

"不要看我，只看雨，"古西金喃喃地说。

他回头看，向四周看，放心了，这才说道：

"我总算打听到了点什么啦。这里最主要的人物是女政委 X。"

他说出了一个响亮的姓氏，它听起来有点像狗吠声。

"X 是个年轻姑娘，高等女校的学生，也许是个报务员——我说不准。

在这里她就是一切。一个疯子——像人说的那样，一条疯母狗。野兽。"他说得很吓人，最后的语气很肯定。"大家都听她的话。她亲自搜查，亲自审判，亲自枪毙人：坐在台阶上，就地审问，就地枪毙。如果是夜里，在路基上，那就已经不是她了。无论干什么都毫无顾忌。当着女士的面我甚至都无法说，我最好告诉阿韦尔琴科先生一个人。他是作家，他善于以诗歌的形式让人搞明白。嗯，总之，一句话，最普通的红军战士有时候会离开台阶，到什么地方去一会儿，而这位女政委从不离开，也不接受任何约束。这真是恐怖啊！"

他回头看了一眼。

"咱们稍稍转下身子，换个方向。"

"关于咱们的事听到什么啦？"我问。

"答应放行。只是女政委尚未发话。一周前来了位将军。证件全都合格。她开始搜查。——找到一张克伦斯基政府时期发行的纸币。他缝在自己裤子上的彩色饰条里了。她便说道：'对于他，用子弹是浪费……用枪托打。'打了一会儿，她问：'还活着吗？'人们回答：'还活着。'——'那就浇上煤油，用火烧。'于是，倒上了煤油，烧死了。不要看我，看雨……咱们正在遛弯儿。今天早晨搜查了一个女工厂主。她随身带着许多东西。有钱。有皮毛。有钻石。有位经理同她在一起。而丈夫在乌克兰。她去找丈夫。全部都没收了。真正的全部。仅剩下了穿在身上的那条连衣裙。一位老太婆把自己的头巾给了她。还不知道是否放她走……唉，我们去哪里呀！赶快往回走吧！"

我们几乎走到路基了。

"不要往那儿看！别看！"古西金有点嘶哑了。"呃，快些回去吧！……咱们什么也没看……静悄悄地走……咱们只是在散步。咱们今天有音乐会，咱们散散步。"他在说服什么人，用失去血色的嘴唇笑了笑。

我迅速转过身去，却几乎什么也没看到。我甚至不明白，不能看的到底是什么。一个穿军大衣的身影弯腰捡起石头，向一群正在啃什么东西的狗扔过去。不过,它们都在相当远的地方,在路基下面。一条在地上拖着什么东西的狗跑了。这一切都是瞬间的事……我觉得,它拖的……或许是……我觉得……是一条胳臂……一块乱糟糟的东西,和一只手,我看见了手指……不过,这不可能。要知道,它不可能是在啃手呀……

我记得鬓角和嘴旁边凉森森的汗珠,还有让我战栗恶心的痉挛。因此我很想像野兽那样嚎叫。

"咱们走吧,走吧!"

阿韦尔琴科挽着我的胳臂,架着我走。

"女主人可是警告过的呀,"我想这样说,可是我的嘴张不开,什么也说不出来。

"咱们要点热茶,"古西金喊道,"偏头疼马上就会过去! 喝点凉东西偏头疼总能见好。什么—么?"

当我们走近房子的时候,他小声说道:

"不要对女演员们吐露半个字。反正都一样,即便拼命叫喊,也来不及确立新秩序——咱们早晨必须离开。什么—么?"

古西金的"什么—么?"既不表示提问题,也不要求答复。这不过是一种风格和讲话的修辞技巧。虽然有时候觉得,在古西金身上有两个人:一个人讲话,而另一个人则惊讶地重复发问。

回家后看到的是温馨场面:灯火,茶炊。一个女演员在喂小狗牛奶,另一个在排练晚会上的一段独白。

可我要朗诵什么呢? 我们将有什么样的听众啊? 罗伯斯庇尔说,"全都是抛掉锁链的高尚的人"——难道是苦役犯吗? 并且还是"艺术的深刻鉴赏者与行家"。什么艺术呢? 阿韦尔琴科认为是"盗贼音乐"①。

该朗诵什么呢?

"必须朗诵温情脉脉的诗歌,"奥廖努什卡肯定地说,"诗歌使人高尚。"

---

① "盗贼音乐",指的是盗贼的黑话。

"我还是读一个发生在警察地段里的小故事比较好。不是那么高尚，但较为亲切。"阿韦尔琴科说。

奥廖努什卡还在争论。她在西部巡回演出时朗诵过我的《费多西亚》。

"残疾香客费多西亚到处流浪"……这是演员们很喜欢并经常朗诵的作品。

"哦，你们想想看，幕间休息时，一个普普通通的年老的异教徒跑到后台找我，流着眼泪对我说：'亲爱的演员太太，请再读一遍这个莫尔科维娅吧。'那里面讲的可是耶稣啊。"奥廖努什卡充满激情地劝说道，"对于异教徒，这可能有点别扭，可还是打动了他。"

"亲爱的奥廖努什卡，"我说道，"您的'异教徒'这里可能不会再有。最好读一点关于飞机或者烤羊肉吧……"

从走廊里传来了罗伯斯庇尔兴奋的声音。

我从房间里走出来。

晚上，八点钟。

是出发去参加著名的音乐会的时候了。

如何穿戴？这是一个严肃的问题。

大家想啊，想啊——决定穿短上衣和裙子。

"如果我们穿得再华贵一些，可能就要抢劫我们，"带小狗的那位女演员说，"不应该向他们显示：我们有像样子的衣服。"

"好吧。"

只能徒步去，穿过围墙，跨越铁路路基，然后再从仓库旁边经过……下着雨。泥泞较稀薄的地方噼啪噼啪地响，泥泞较浓密的地方则扑哧扑哧地响。在黑暗中，泥泞仿佛在沸腾，在移动。

奥廖努什卡立刻陷了进去，尖声大叫，说她的"胶皮套鞋呛水了"。

古西金将一盏没有亮光的灯举在路的上方，仿佛在向雨水与黑夜顶礼膜拜。

通向"教育与文化俱乐部"之路是何等艰苦啊。

"怎样做他们才能觉得更好一点?"一个不熟悉的声音说,"那儿反正任何时候都没有来过任何人。"

有个人在我身边弄得又噼啪又扑哧地响。是某个外人。必须备加小心谨慎。

尽管如此,即便我们能设法到达,——两条腿上沾满泥泞,如何能爬上舞台呢?

阿韦尔琴科的巡演组织者建议脱掉皮鞋和袜子,赤脚走,到俱乐部后再要一桶水,洗干净脚,再穿鞋。或者相反,——就这样子走,到俱乐部要桶水,洗洗脚,赤着脚上舞台。或者,最好是,在俱乐部连袜子也洗一洗——至于袜子是湿的,那很少有谁能发现。

"你们会洗吗?"有个声音忧郁地问。

古西金用自己那双半高勒糙皮鞋搅动着泥泞,无声地捧着灯。奥廖努什卡的裸脚不时地闪现。我下不了决心脱掉皮鞋。罗伯斯庇尔白天在这条小路上走过,或许还在什么地方吐过痰。

"这是您的吗?"

有人给我递过来一个东西,圆的,黑的。这是什么讨厌玩意儿啊?

"您的套鞋……里面有只布鞋。"

"古西金!"我大声喊道。"我不能再走啦。我会死的。"

古西金干练地走过来。

"您不能走啦?那就骑到我的脖子上来吧。"

我把这个邀请理解为一个隐喻:您就要断送整个事业,然而,我要把您带出去。

"古西金,我真的不能。您看,我像一只鹭鸶,单腿独立……我的一只鞋全在泥里……我怎么能穿上它呢,因为罗伯斯庇尔可能吐过痰……古西金,救救我吧!"

"我不是说了嘛——骑到我的脖子上来,我背您走。"

我怎么也弄不明白。

"您个头这么大,古西金,我爬不上去。"

"您先站在篱笆上……或者,那里有人个头不太高,似乎是个年轻人……可以先爬到他身上去。"

我骑在古西金的背上走,就像铁匠瓦库拉骑在魔鬼身上那样吗?[①]

我一生中曾多次去参加音乐会。轿式马车,汽车,出租马车,都坐过。可是,骑到自己经纪人身上去——还从未有过。

"谢谢,古西金。您太高大了,我会头晕的。"

古西金不知所措了。

"那么……您愿意穿我的皮鞋吗?"

虽然没有任何高度,这时候我的头也晕了起来。

就像在精神高度紧张的时刻那样——全部逝去的生活,以尖锐的曲折线形式,在我的内心视野中闪过:童年,初恋……战争……第三次爱情……文学声誉……二次革命,还有……所有这一切均以古西金不可忘记的"皮鞋"而终结。在黑夜,在荒郊,在泥泞之中——何等不光彩的结局呀!因为,您知道,这是无法承受的……

"谢谢,古西金。您是位精神高尚的人。我这样也能走到。"

当然,也就走到了。

在一座简易木屋里有一间陋室,它是给演员先生们用作化妆室的。趁用报纸给我们擦皮鞋的时候,我们透过墙上的缝隙观察我们的观众。

木屋里容纳了大约一百人。在右侧的撑柱和方木上挂着类似顶层楼座样的东西,但也许不过就是座干草棚。

在前排就座的是——"将军们和贵族们"。他们全都裹在皮子(当然,我说的不是自己的人皮,而是牛皮、羊皮,一句话,就是革命的皮,即用这种

---

① 指的是果戈理中篇小说《圣诞前夜》(1832)中的一个场景:铁匠瓦库拉给魔鬼画十字,然后骑到魔鬼身上,强迫它驮着自己在空中飞驰。

皮子缝制成的夹克与带有高护腿的大靴子)里。许多人都"穿着机枪(子弹带)",带着武器。有些人挎着两把手枪,仿佛他们不是出席音乐会,而是来进行危险的武装侦察、突袭,或是来与占优势的敌人厮杀的。

"请看这一位,在那儿——中间第一排……"古西金偷偷地说,"这就是她。"

一个矮壮的短腿姑娘,她长着一张睡意惺忪的脸,庸俗,扁平,仿佛她正在把脸紧紧地贴在玻璃上瞭望。她身穿一件漆布面的夹克衫。帽子也是漆布面的。

"一头野兽!"古西金对着我的耳朵恐怖而又肯定地小声说。

"野兽"?我看不像。我不明白。她的双腿够不到地板。一个横宽的女人。扁平的脸上没有光泽,似乎刚被人用海绵擦过似的。一切都不吸引人的目光。也没有眼睛,没有眉毛,没有嘴——一切都被擦掉了,消失了。没有任何"地狱的"东西。一块枯燥的肉。拥有这种外貌的女人在穷人医院里排队看病,在办事处里排队等候当女佣。眼睛竟然那样昏昏欲睡。这双眼睛我怎么似曾相识呀?我见过,见过……很久以前……在乡村……洗碗女工。对,对,想起来啦。当需要宰鸡的时候,她总是主动帮助厨师老汉动手。没人请她,她自愿帮忙,从不放过机会。正是这双眼睛,就是它们,我记得的……

"唉,不要看这么久嘛,"古西金小声提醒道,"难道能看这么久吗!……"

我不耐烦地摇了摇头,他便走了。而我则继续看。

她把头慢慢地转向我这个方向,睡眼惺忪地直视着我的眼睛,虽然她不能穿过后台的窄缝看到什么。就像猫头鹰,虽然被白天的光线照得看不见什么,却能用眼睛感受到人的目光,于是便总是朝着有人看它的那个方向看。

我们两个在这种奇异的交汇中呆住了。

我对她说:

"我什么都知道。你的生活因极度无聊而无聊,'野兽'。靠自己那两条短腿你可能哪里也去不了。人生幸福的困难道路需要有两条较长些的腿……苦熬到三十来岁,那时候你或许会用一条老吊裤带吊死,或许吞黑鞋油而自杀——你的生命之歌就是如此。命运给你准备的就是这样的盛宴! 你喝够了人生烈性的温暖的酒,喝醉了。好! 是吧?用酒来浇自己病态的黑色的性冲动。而且不是在角落里秘密地、淫荡地和羞怯地喝,而是放开喉咙大口大口地喝,彻底丧失理智地喝。你的那些同志,穿着皮夹克拿着手枪的——只不过是普通的杀人犯,抢劫犯,犯罪的庶民。你鄙夷地把施舍抛给他们——皮袄,戒指,金钱。他们或许正是因这点无私,因'思想性',而听从你,尊重你。然而,我知道,为了世界上的所有宝物,你不会将自己肮脏的、'黑色的'工作转让给他们。你把这个工作留给自己。

不知道,我如何能目视着你而不像野兽那样吼叫,无声地吼叫——不是因为恐惧,而是因为替你害怕,为了一个人——'上帝手中的黏土'①。上帝在理性所不能认知的愤怒与厌恶的时刻塑就了你的命运……"

聚集了很多人。是一些红军战士,黑压压的一大票人。女人不多,大部分人都穿着士兵大衣。两个穿皮夹克的矮个子政委不时相互对视,并按顺序迈着严格的革命步伐走出板房,然后又返回原地,再整理整理自己的"机枪(子弹带)",仿佛匆匆捍卫了革命成果,又可以来了解艺术成果了。

我们的罗伯斯庇尔不知何故安静下来了,站在旁边一个地方,既无兴奋的姿态,又无屈从。

该开始了。

我回到演员化妆室,得知一切均已决定,也已安排妥当。主要是——这是古西金本人的主意——我们将有一位报幕人,为了活跃演出,他是必不可少的。遗憾的是,早先未想到这一点。但是,谢天谢地,完全想不到的

————————————

① 在圣经中,有几个地方将人比作陶器匠(造物主)手中的黏土。

是,我们的磕巴男主人意外地同意帮这个忙。

"真没想到!"我小声对阿韦尔琴科说,"可是他,这个不幸的人,上帝知道,能瞎说些什么呀。"

"不好意思拒绝,"阿韦尔琴科笑着说,"也许,这样反倒更好。"

首先出场的是:带小狗的女演员与阿韦尔琴科的经纪人表演小品。

磕巴被推出去宣布:"小品。创作者:阿韦尔琴科;表演者:某某和某某。"

"嗐……嗐……嗐……"——他刚说到这儿,摆了摆手,便一走了之。

观众以为,这是要求他们安静,所以也并未表示惊讶。

带小狗的女演员像受惊的小鸟那样,叽叽喳喳地说了本地的一些奇怪的话,内容是关于某些堂姐妹、紫罗兰、华尔兹、钟情的教授以及歌剧《阿依达》等。

我注意观察观众。政委们继续交换目光和进进出出。其他人都坐着,似乎在等待马上宣布下一场革命,然后便解散回家。然而,我记得,某个戴士兵制帽的丑八怪胖子曾产生过兴趣,甚至偶尔还咧开嘴笑一笑。可是,此刻他仿佛清醒了,只是动了动眉毛,像野兽那样乜斜着眼睛。总的说来,我觉得,上级领导忘记了向可怜的观众宣布:把他们召集来是参加文艺娱乐晚会的。而观众自己分析什么情势,则又不允许。

磕巴坚定不移地完成交给他的任务,无视我们不要累着的请求,在每个节目之前都要登上舞台胡诌一通。他称我为阿韦尔琴科,称阿韦尔琴科为"临时路过的女演员"。其余的他只是说"这……这……"

古西金觉得自己是一位真正的戏院老板。他倒背着手走来走去,自顾自地悄悄嘟哝些什么,配合着做点什么。有时他走到后台来,同什么人说上几句悄悄话。突然,这个"什么人"跳了出来,原来是一位陌生先生,他身穿天蓝色缎子灯笼裤、红色天鹅绒长外衣,把豪爽的贵族呢帽扣在后脑勺上。

他用臂肘迅速把我们推开,跑上舞台,用非常糟糕然而十分响亮的嗓子唱道:"睡吧,战斗的雄鹰。"

磕巴刚刚预告过"这⋯⋯这⋯⋯这⋯⋯",还未来得及下台,于是便大张着痉挛的嘴,留在了舞台上。

"他是谁?"

"这是怎么回事?"

"他唱得真可怕!"——我们感到不安。

古西金尴尬地转过身去。

"是⋯⋯他唱得,的确,像一丝不挂的初生婴儿。"

"古西金,请告诉我们,他是谁,为什么他突然唱起来啦?"

"嘘⋯⋯"

古西金回头看了一眼。

"嘘⋯⋯为什么唱起来啦? ⋯⋯他是运线去乌克兰的。为此谁都要唱的!"

歌手以如此扭曲的腔调结束,即便是故意想也想不出来。观众这时却突然开始大声吼叫,鼓掌。"雄鹰"很招人喜欢。

歌手再次跳了出来,满身大汗,得意洋洋。

"呵! 他的线是生产给自己的吗?"

古西金把手放到了背后。

"什么—么?"

"什么"是一种修辞形式。

节目结束后,我们"戏班"全体成员出来谢幕,意外出现的歌手向前跨了两步,像台柱子和观众的宠儿那样,把手放在胸前,一再并足行礼。

观众们诚心诚意地长时间热烈鼓掌。

"好! 好!"

这时候,从右侧的上方,就是在既像包厢又像草棚的地方,我听到,有几个人声音不大却坚持不懈地呼喊我的名字。

我抬起头。

是一些女人的面孔,极端疲惫、绝望而忧郁。帽子皱巴巴的,连衣裙是深色的。她们向下弯着腰,说道:

"您是我们的亲人! 亲爱的! 上帝保佑您,赶快离开这里吧……"

"走吧,走吧,您,我们亲爱的! ……"

"赶紧走吧……"

这样可怕的欢迎词,我在任何文艺演出会上还从未听到过!

在这些话语中,在这些眼睛里,有一种紧张的绝望与决心。她们这样公开地对我说可能要冒不小的风险。不过,"将军们"已经离开了,下层观众则正在欢呼和鼓掌,他们未必能听到什么。

我对她们说:

"谢谢,谢谢你们。我们还能再见吗? ……"

然而,她们已经消失。已经看不见她们苍白的面孔了。只是有一句话我还是听到了。简短而苦涩的话:

"不。"

五

清晨。雨。

房前的大街上停着三辆大车*。古西金和阿韦尔琴科的经纪人在往车上放我们的行李。

"古西金！都安排好了吗？"

"都好啦！通行证已到手。现在就给派卫队。"

然后小声说道：

"哎呀！我最怕的就是卫队！"

"没有卫队会被抢劫呀。"

"被谁抢劫，对您来说还不都一样——是卫队，还是其他什么人？"

我同意，的确都一样……又有两辆大车来到我们这儿。在一辆车里坐着一家人，有孩子，有狗。在另一辆里——半躺着一位女人。她非常苍白，系着一条绒布头巾。陪着她的那个男子穿着皮袄。看样子，这女人病得很重。脸一动也不动，眼睛盯着一个点看。她的同路人一再把迅速而不安的目光投向她，看样子，是尽量不让任何人注意她，努力用自己的身子遮挡我

---

* 指装货用的四轮大车。

们的视线,并不停地在大车周围转来转去。

"啊呀,啊呀,啊呀!"无所不晓的古西金说道,"她就是被抢光的那位女工厂主呀。"

"为什么她这么吓人呐?"

"她被刺刀刺穿了肋。他们做样子,好像她完全健康,哪里都不疼,就这样坐着,高高兴兴地驶向乌克兰。我们也就相信他们,到咱们的东西那儿去吧,什么一么?"

还有大车驶来。在其中一辆大车上坐着的是昨天穿破大衣的那位歌手。他一副清白的样子,带着三只箱子(里面是线吧?)。

凑成了如此大的一个车队,这很好。这样更安全些。

最后,卫队出现了:四个带枪的年轻人。

"快走!我们没时间了,"其中一个大声下达命令,我们便动了身。

在村口又驶来几辆大车。加在一起有十三四辆车了。行驶得比较慢,卫队走在旁边。

好一个乏味的旅行!阴雨。泥泞。我们坐在湿淋淋的干草上。前方,这种最神秘的地带还有四十俄里。

走过了将近五俄里。四周是一片荒野,右边有一个半倾颓的茅舍。突然,一个意外的热闹场景出现了:六个穿士兵大衣的人组成一横队行进在空荡荡的原野上。他们走得很慢,似乎在漫步。我们的车队停了下来,虽然他们并未做任何微小的手势,表达某种要求。

"怎么回事?"

我看到古西金从大车上跳下来,机警地走向茅舍,而不是走向荒野上的军大衣。军大衣也慢慢转向那里,整整一伙人从眼前消失了。

"外交谈判。"阿韦尔琴科走近我的大车后说道。

谈判进行了相当长的时间。

不知为什么,我们的卫队没有参与任何谈判活动,相反,却失去了一切长官的与战斗的姿态,似乎藏在了我们的大车后面。怪事……

古西金回来的时候样子阴郁然而平静。

"请告诉我，"他对我那辆车的车夫说，"前边很快就要转弯吗？"

"不——，"马车夫回答。

"如果要转弯，这伙年轻的战斗人员走近道，便来得及再次遇到我们。"

"不——，"车夫让他放心，"天气不好，他们已经困觉去了。"

虽说早晨八点多钟"困觉"似乎有点早，不过我们还是高兴地相信了。

车夫用鞭子向右边指了指：地平线上有一排横队的身影。他们走了。

"好吧，咱们走，"古西金说，"也许，还会遇上别的人。"

卫队钻了出来，开始雄赳赳地走在旁边。

乏味的旅行。

向前走，几乎从不休息。想变变样的话，就换换位置，去互相做做客。不料，一位护卫人员加入了我们的谈话。我干巴巴地答复他，用法语对坐在我身边的奥廖努什卡说道：

"不能与他们交谈。"

护卫员稍稍一笑，问道：

"为什么呀？我可是早就认识您啊。您在我们工学院的晚会上朗诵过。"

"那您……怎么到了这里呀？"

他笑了：

"您以为我们是布尔什维克吗？几天来，我们一直在等待离开这里的机会。我们共四个人——两个大学生，两个军官。今天，当说起要护送你们时，布尔什维克们谁也不乐意离开。他们每天都有进项。于是，我们便自动站出来，又说动了几个人。说是帮帮这些人。这不是么，把你们救出来了。只是有一点使人难堪，我的同志有一颗金牙。本想把它拿掉，可是一忙，您看，就忘记了。"

我们继续往前走。

在一片稀疏林带上有栅栏。门口站着两个德国士兵。门后面是简易住房。

"这是怎么回事?"

"检疫! 真新鲜!"古西金阴郁地解释说。

从篱笆门里走出来一位地位较高些的德国人,他的大衣颜色较深。他说,我们应该逗留两个星期,做检疫。

古西金用十分蹩脚的德语解释说,我们是全世界最著名的作家,我们"非常健康,就是怕'首长先生'有病"。那么,我们何必还占用他人需要的地方呢?

但德国人并不理解自己利益之所在,砰地一声,关上了篱笆门。

"古西金! 难道必须往回走吗?"

"不!"古西金轻蔑地说,"当需要向前进的时候,怎么能往后退呢。途径是有的,只是需要去寻找。请站一会儿,我这就开始找。"

他倒背着手,开始沿着篱笆墙踱步。一边走,一边径直对着哨兵们的脸仔细端详。走了第一遍,又走第二遍,第三遍。

"鬼知道怎么回事!"阿韦尔琴科很纳闷。

我们整个车队站在那里,信服地乖乖等着。

古西金在哨兵们旁边走完四遍之后,终于选中了一个。他停了下来,问道:

"啊?"

哨兵当然不吭声。不过,他的眼睛突然转向一侧。一次,两次,三次……我向道路的另一侧望去:树丛后面还站着一个德国人,正悠闲地观看接骨木树枝。古西金眼睛不看德国人,开始像老鹰那样盘旋,逐渐接近他。然后两个人便都消失在森林之中了。

古西金消失了不很久。他一个人走出来,之后便大声说道:

"毫无办法。向后转吧。"

我们便顺从地向后转。顺从地,然而精神抖擞——因为我们相信古西金的天才。

沿着老路走了近半俄里，便拐进了森林。在这里古西金跳下大车，开始边走边四下张望。

德国大衣在灌木丛里一闪，古西金便向那里走去。

"请等一等，我马上回来！"——他这样喊了一声。

谈判进行得不长。他再从灌木丛出来时已经是与两个德国人在一起了。他们友好地，用语言和手势指点给他，在何处转弯绕行。

转过弯之后我们又遇到一个德国人。同这个人两分钟便谈妥了。还遇到一个庄稼汉——为保险，也塞给他一点钱。庄稼汉收了钱，但在后面盯着我们看了好久，并且一再用右手挠自己的左耳朵。显然，这些钱是白给了。

晚上，出现了一片灯火，这是乌克兰的一个大地方 K。① 我们的大车已经行驶在铺砌过的街道上了，这时古西金最后一次从车上跳下来，跑到一位行路人面前，开始给他塞钱。行路人被他吓了一跳，十分惊讶，没有收下钱。

于是我们明白，危险区确实过去了。

K 是一个靠近铁路的大地方，有铺砌过的街道，有石头房屋，某些地方甚至还有电灯照明。

这个地方被类似我们这样的行路人挤得水泄不通。原来，跨过边界线并不意味着可以在乌克兰自由行走了。这里同样需要办理一些证明与通行证……这就需要时间——于是，一些类似我们这样的人便待在这里……

我们的车队在街道上久久徘徊，寻找落脚之地。渐渐地，忽而这辆忽而那辆大车转弯消失。最后仅剩下了车队的首脑——我们这些大车——，湿漉漉的，肮脏的，绝望的人们。

行走缓慢。古西金与我们并排行走在人行道上，一再敲打窗户和护窗板，请求留宿。从窗户里伸出来络腮胡须和手臂，摇头，摆手。全都拒绝。

---

① K 指的是克林齐市，1918—1919 年间被德国军队占领，现在是布良斯克州一个区的中心。

我们默默坐着,冷得打战,垂头丧气,听天由命。似乎古西金在三辆大车上装着某种无用的商品,他向买主推销,而顾客们一再拒绝。

"他运的是一批牛犊!"奥廖努什卡同意我的看法。"有什么办法呢!咱们的思绪也是最笨牛似的:喝上一肚子热汤,躺下睡一觉。"

最后,在一座新建二层楼的大门口,古西金同一位老犹太人进入了那么活跃的对话,使得我们的马车夫们停住了马。他们阅历丰富,立刻明白了,这里可以安排好。

对话具有强烈的戏剧性。声音一会儿降低到不祥的窃窃私语,一会儿又抬升到狂热的呐喊。两位对话人同时发声。突然,在最可怕的时刻,当两个人摆动着高举过头顶的手狂呼大叫,似乎在做最后的诅咒,以致依偎在我身上的奥廖努什卡喊了出来:"他们马上就要掐到一起啦!"——古西金却平静地向我们转过身来,对马车夫们说道:

"你们还等什么呀?进院子吧。"

老者则着手打开院门。

根据我的记忆,我们所进的房子是新的,有电灯,但结构奇特:从正门您一下子便到了厨房。我们作为尊贵的客人,被带着继续走,而看样子是建造这座豪宅的主人们却在厨房里留了下来。这是一个大家庭,家庭成员就栖身在床铺、箱子、长凳或直接就在垫子之上。

家里最主要的人是一位老太太。然后是她丈夫——就是迎接我们的那位大胡子。然后是女儿们。然后是女儿的女儿们,女儿的丈夫们,儿媳的儿子,女儿的儿子们,还有一位大家共同的孙子,所有的人都以爱和极度的关切呵护培育他。

首先,为了守规矩,我们问老太太,她收我们多少钱。正是为了规矩,因为反正我们也无路可去。

老太婆露出了悲痛的表情,摆了摆手:

"唉,提这个干什么!难道可以乘人之危收钱吗?当人们无处可以安身的时候！我们这里地方有的是，家里什么都不缺（这时老太婆转过脸去吐了一口，以免引起不吉利的后果）*，这样我们还要收钱？去休息吧，外孙女会给你们送去茶炊和必需的东西。首先把一切都烤干，也不要担心什么。还谈什么钱呀！"

我们很受感动，但表示不能同意。

我望着这位头戴老式假发的惊人的女人。她的假发不是头发做的，不过是些黑色的带子，中间横系着白布条，做成头发分缝的样子。

"我们不能利用她的慷慨呀，"阿韦尔琴科对古西金说，"必须把她说服。"

古西金神秘地一笑。

"不！在这件事上您尽管放心。哦，我对您说。"

奥廖努什卡比谁都激动。她含着眼泪对我说：

"您知道吗，我觉得，上帝给我们安排了这次旅行，为的是让我们看到，世界上还有善良的高尚的人。看这位老太太吧，普普通通的，并不是富人，竟如此心甘情愿地与我们分享自己的微薄钱财，怜悯我们这些素不相识的人！……"

"令人惊讶的老太太！"我同意。"最令人惊讶的是——她有一张这样的脸……并不太招人喜欢……"

"就是不应该以貌取人嘛。"

我们两个深受感动，甚至拒绝吃煎鸡蛋。

"可怜的女人啊，她献出了最后一点点……"

与此同时，古西金与老头儿不失时机，开始张罗，办那些必需的证件，以便明天继续行程。

一开始先是老人一个人去了某个地方。后来带上了古西金。然后两

---

* 俄俗认为如果对人说自己境况好，会被魔鬼听到，因此说完后要将头扭向左边"呸"三次，意为赶走魔鬼。

人回来,古西金一个人走了。回来后他说,首长要求阿韦尔琴科与我立即亲自去见他。

已经十一点了,很困,可是,有什么办法呢——去吧……

我们不安地想象,等着我们的首长是个什么人呢。卫戍司令,政委,哥萨克少尉,文书,省长……说了让去——那咱们就去吧。我们早已习惯于不主张任何权利,哪怕是问一声带我们去哪里,去见什么人,为什么。"像牛犊子一样被人运送!"奥廖努什卡是对的。

来到了某个官方机关。不知是邮政局,还是警察分局……

在一间不大的刷白了的房间里,一位军官坐在办公桌后面。门口站着一个士兵。军装是新的。也就是说,他们是乌克兰人。

"就是这儿。"古西金说道,然后便退到旁边去了。

一直为我们提供庇护的老婆子的丈夫站在门口,绷紧了全身的肌肉,这意味着:一旦出什么事,他一步窜到门外,便再也找不到他的踪影。

军官是一位浅色头发的年轻小伙子。他向我们转过身来,认真看了看,猛然奇怪地笑了。笑得灿烂,开心。

"这么说来,是真的啦?你们是谁?"

"我是苔菲。"

"我是阿韦尔琴科。"

"您在《俄罗斯言论报》上撰稿吗?"

"是的,我撰写过。"

"啊!我可是一直在读哇。还有阿韦尔琴科。在《萨蒂利孔》周刊上。啊——!简直是奇迹!我以为,这个骗子在撒谎。后来一想——如果不是撒谎呢,那就见见吧。我从未去过彼得堡,坦诚地说,很想看你们一眼。啊!我高兴极啦!今天就给你们把通行证送去!您们住在哪儿啦?"

这时候老太婆的丈夫脱离门口,嘟嘟囔囔地说了自己的地址,还以上帝的名义保证:

"真的!"

我们表示感谢。

"也就是说,明天我们可以走啦?"

"如果你们愿意。再玩两天就更好啦!我们这里应有尽有。甚至还有香槟酒。"

"这就太好啦!简直不敢相信,"阿韦尔琴科神往地说。

军官站了起来,要送我们,这时候我们才发现古西金惊慌失措的神情。

"可是你们忘记了最重要的事情!"他悲惨地压低声音说,"最重要的!我的通行证。首长先生!我是他们剧团的人,还有三位演员。没有我,他们无论如何也不行!他们可以作证。怎么办呢?这将是庞贝城*的末日临头啊!"

首长问询地看了看我们。

"是的,是的,"阿韦尔琴科说,"他和我们在一起,还有三位演员。完全属实。"

"乐意效劳。"

我们告辞。

一路上古西金一直表示不可理解。

"把最重要的事忘啦!什么一么?忘记给古西金搞通行证了!真新鲜!"

回家之后,安下心来的、满意的和困倦欲睡的我们,围坐在女儿的女儿烧好的茶炊旁边。因为对无私忘我的老太婆的感激巅峰已经过去,我和奥廖努什卡也同意吃煎鸡蛋了。

"无论如何我们也要说服她,起码要收下成本费,如果她不肯为住宿和服侍而收费的话。她是位顶好无比的人,可是我们也不能因此就饿死呀。"

"这个古西金真是个粗人!像白痴那样咧着大嘴笑:'不!你们尽管放

---

*　庞贝,罗马古城,建于公元前七世纪,位于维苏威火山脚下。公元79年全城湮没于火山爆发。这里意为面临毁灭性的灾难。

心。'他可不心疼老太婆。"

房间里很温暖。被风吹过的两腮在发烧。该睡了。快十二点了。一个年轻人闯了进来,大概是儿子的儿子。

"首长派人来了! 要见阿韦尔琴科老爷。"

"难道改变主意啦?"

"咱们还高兴了! ……"

阿韦尔琴科来到厨房。我跟着他。

厨房里,在一群受惊的女儿的女儿们的围拢下,站着一个乌克兰警察。

"这是通行证。还有,这是长官让送来的。"

是两瓶香槟酒。

乌克兰警察有时候可以成为何等迷人的现象啊!

我们举着温暖的香槟酒碰杯……

命运把我们送上了什么样的高度啊! 电灯照明,瓶塞飞上天花板,香槟在茶碗里泛着泡沫(就是在茶碗里,因为我们是用茶碗喝的)。

"哎呀!"古西金高兴地舒了一口气。"我嘛,说老实话,可真要吓死啦! ……"

早晨,在K。

这一天是灰蒙蒙的,然而是平静的,舒适的,平平常常的,跟所有秋天的日子一模一样。就连小雨也是平平常常的——不像前天的雨那样绝望,跟眼泪差不多,既咸又苦,把路基上的红色碎块都冲了下来……

我们在床上躺了好久。身体疲惫不堪,好像心灵都在打瞌睡——我们太累啦!

而门后的厨房里人声喧闹,脚步匆匆,碗碟叮当。有人要把什么人赶走,有人为之辩解,一下子好几个嗓门同时喊叫……芸芸众生的可爱的交响曲……

"盘子在哪儿呀? 盘子在哪儿?"某人响亮的独奏从共同的和弦中凸显

了出来。

"啊　韦代　莫什凯?"

然后是复杂的二重唱,有点像:"卓海儿—博海儿,卓海尔—博海尔"。

还有低沉雄浑的女低音独唱:

"啊　米希盖呢　科普夫。"*

门稍微开了个缝,有个黑色的小眼睛从窄窄的门缝里看我们。它然后藏了起来。在稍低之处出现了一只灰眼睛。后来也藏了起来。接着,在比原先更高一些的地方,又是一个黑眼睛,大大的,吃惊的……

这大约是女儿的女儿们在等待我们睡醒。

该起床了。

列车晚上才开走。只好在 K 待整整一天。无聊。因为平静而无聊,在最近这些日子里我们对平静已经不习惯了。两天以前,我们是不可能抱怨无聊的……

一个女儿的女儿来问,午饭给我们做些什么。

我和奥廖努什卡相互看了一眼,异口同声地说:

"煎鸡蛋。"

"对,对,别的什么都不用。"

女儿的女儿看样子有些吃惊,甚至好像不满意。也许,善良的老太打算好好款待我们一番。

"从我们这方面来说,这将是没有良心,如果这样利用她的冲动的话。"

"当然。煎鸡蛋总还是最低廉的嘛……虽说连吃两天有些困难。"

奥廖努什卡责备地扫了我一眼,便垂下了眼睛。

阿韦尔琴科来了。带来了一堆绝佳的苹果。

奥廖努什卡出去散散步。回来的时候十分激动。

"请猜一猜——我带来什么啦?"

_____

* 意第绪语:呆瓜脑袋。前面两处应该也是意第绪语,但意思不明了。

"不知道。"

"不,您要猜!"

"一头奶牛?"

"不,您别开玩笑!请您猜。"

"我猜不到。除去奶牛,我脑袋里什么也没有。难道,是枝形灯架吗?"

"绝对不是,"她得意扬扬地说着,把一大板巧克力摆放到桌子上。"请看!"

带小狗的女演员来了,瞪大了眼睛。小狗也很惊讶:它嗅了嗅巧克力,就"汪"地叫了一声。

"从哪儿来的呀?"

"请想想看吧!简直可笑——在小铺里轻轻松松便买到啦。谁什么都没问,不要任何证件,也没有排队。我就是看到窗台上摆着巧克力——走进去就买。博尔曼牌的。你们自己看吧。"

朗朗乾坤,生活有时候就是这样怪异:一个人走在大街上,想吃巧克力,进了商店,"请吧,十分感谢,请吧,先生。"周围都是人,看着,听着,谁都不说什么,好像本该如此。简直是笑话!

"是合作社商店吗?"

"不是嘛。就是个小铺。"

"哎呀——!这当中没有陷阱吗?给我尝一尝。咱们吃完了,可以再去买。"

"不过,第二次最好我别去,"奥廖努什卡动着脑筋,"就让另外一个人去吧,否则,会让人起疑心……"

好一个聪明的奥廖努什卡!谨慎永远没有害处。

当欣喜与惊讶的第一次爆发过去之后,无聊再度到来。如何才能挨到晚上呢?

小狗儿在叫。它的主人边唠叨边织补手套。奥廖努什卡耍脾气地说:

"这难道是生活吗?难道能这样活着吗?我们应当生活而不践踏草

地。您看，今天又将是煎鸡蛋，也就是说，又要灭绝生命。一个人应该栽植苹果树，然后终生只食用它的果实。"

"奥廖努什卡，亲爱的，"我说，"您刚才一下就吃了足足有十来个苹果。就这样，苹果够您吃多久呀？"

奥廖努什卡的嘴唇颤抖——马上就要嚎啕大哭。

"您取笑我！对！是，我吃了十来个苹果，由此能得出什么结论来呀？正是这点最使我痛不欲生……是我玷污了……我没……有毅力……"

这时她抽噎一下，但再也控制不住，便张开大嘴嚎，还像孩子那样，发出"噗—呜！"的响声。

阿韦尔琴科不知该怎么办了。

"奥廖努什卡！您何必这样难过呢！"他安慰她道，"等一两天，咱们一到基辅便栽苹果树。"

"噗—呜—呜！"奥廖努什卡极度悲伤。

"真的，我们栽。苹果很快便熟——那里的气候好。如果还不够，可以再买一些。偶尔的，奥廖努什卡，偶尔！好吧，咱们不买，只是您不要哭啦！"

"这都是我们的老太婆闹的，"我想，"在这个神圣的女人面前，奥廖努什卡觉得，我们都是些可恶的冷酷卑微的人。这又有什么办法呢？"

门轻轻一响，打断了我纷乱的思绪……

又是一只眼睛！

看了一眼，便藏了起来。门外发生了轻轻的争斗。出现了另一只眼睛，另一个品种的。看一眼便藏了起来。第三只眼睛竟如此勇敢，它连鼻子也放进了门缝里。

门外一个声音急切地问：

"啊？"

"已经！"他回答，然后便不见了。

那里在做什么呢？

我们开始观察。

显然,是在排着队观察我们。

"或许,这是古西金在拿咱们挣钱?"阿韦尔琴科这样猜想。

我悄悄走到门前,猛然拉开门。

有十五个人,也许更多些,互相推搡着跳到一边,藏在了火炉后面。他们都是些外人,因为女儿的女儿们与家里其余的人都在做自己的事,甚至还格外努力,仿佛在强调自己与这些外人的行为无关。古西金则单独站在一旁,纯洁地用指甲刮着墙皮。

"古西金! 这是怎么回事?"

"哈——! 是些好奇的人。我对他们说了——有什么可看的! 如果一定要看点什么,就看我好啦。不就是作家嘛! 什么—么? 他们内部有什么——反正你们也看不到,而从外部看——那他们跟我完全一样。什么—么? 当然啦,就是些这样的人。"

有一点让人感兴趣——古西金让人凭票看我们,还是白看? 或许白看,就像钢琴家,为了保持手指的灵巧性,便在无声的键盘上练习。

我们回到自己屋里,紧紧地关好门。

"其实,我们何必要剥夺他们的雅兴呢?"奥廖努什卡一边思索一边说,"既然他们感兴趣,就让他们看呗。"

"是,奥廖努什卡,"我赶忙同意(否则,她又要开始嚎哭),"而且,我还要多说一句:为了让他们得到满足,我们最好想出来这样一个把戏:让古西金头朝下站着,咱们抓住他的手,让他旋转。而安排带小狗的女演员坐在抽屉柜上,让她说:'嗖—嗖'。"

白天,吃过第一次煎鸡蛋以后(后来又有第二次——在动身之前),老太婆的丈夫使我们很开心。在尘世间的旅途中,这是我遇到的最阴郁的人。对现实的一切他都信不过,对未来的一切都怀疑。

"在你们K这里很好,很安宁。"

他用鼻子沮丧地哼了一声。

"是好。可以后呢?"

"你们这里的苹果真甜呀!"

"是甜。可以后呢?"

"你有好多女儿呀。"

"是很多。可以后呢?"

我们当中谁也不知道以后的事情,也不能回答。所以与他的对话总是很短,但是,就问答的哲理内涵来讲,却很深刻,宛如柏拉图的对话。

"您有一位很好的妻子,"奥廖努什卡说,"一句话,你们大家似乎都很善良!"

"是善良。可以后……"

他突然绝望地挥了挥手,转过身去,走了。

吃过第二次煎鸡蛋之后收拾东西。女儿的丈夫们把我们的行李搬到车站;我们与所有的人动情地告别以后走到了台阶上,把话别的最委婉部分——结算——留给了古西金。我们提示他,一定要说服主人收下钱。如果不能说服,就把钱放在桌子上,自己赶紧跑。最后一招是我和奥廖努什卡一起想出来的。还补充说,如果神圣的老太太追他,他就要头也不回地奔向车站,而我们则分散开跟在后面跑——她追不上,她毕竟老了。

我们等待着,激动着。

他们的谈话声透过门传了出来——古西金的和老太婆的声音,有时分开,有时混在一起。

"哎呀,他真不会办事!"奥廖努什卡备受煎熬。"这类事情要客客气气地办嘛。"

突然响起了凄厉的哀叫声。哀嚎的是古西金。

"他疯了!"

他呼喊着,说了许多尖刻的话。

"戈立德?戈立德?"*

---

* 意第绪语:钱?钱?

老太婆大声喊叫,也"戈立德"。

喊叫声中断了。古西金跳了出来。可是他那副模样啊!大汗淋淋,满脸通红,嘴巴歪咧着,因为激动,两只半高勒皮鞋带子都开了,活领子从扣子上掉了下来。

"咱们走!"他阴郁地下达命令。

"怎么样——她收下啦?"奥廖努什卡带着怯生生的希望问道。

他浑身颤抖起来:

"收下啦?我真想用个办法交钱,好让她不收哇。什么—么?我早就明白,她会扒皮的,可是她竟然会这样活扒皮——如果以前我听说过类似的事,就让太阳永远也不落下去!"

怒火中烧的古西金开始使用一连串复杂的修辞短语,让你并不是总能明白,到底是怎么回事。

"我给她答复得很简单:您,太太,醒后大约真的是左脚先落的地,心里不痛快。那么,我们等一等,等您睡醒后再说。什么—么?我给她答复得很简单。"

"结果,该交多少您都交啦?"

"啊?真新鲜!当然,交啦。交的比应该交的还多。难道我是不付款的人吗?我是付款的人。"

他说得很自豪。突然,他又像连珠炮似的,不合时宜地补充说:

"钱嘛,顺便说一句,当然都是你们的。"

六

离开 K 时，我们乘坐的是运货车厢。

一开始甚至觉得很好玩。我们坐在箱子上，围成一圈，就像围拢在篝火旁边那样。一边吃巧克力，一边倾心交谈。

往车厢里爬的时候特别有意思。没有踏板，也没有梯子。因为我们被挂在了列车的尾部，所以在车站上我们总没有月台可用。因此必须把一条腿抬到几乎和胸脯子一般高，靠它帮忙。而已经爬上车厢的人用力拉往上攀爬者的手。

这一切很快便让人们厌烦了。车站都空荡荡的，很脏，有匆忙间钉上的乌克兰语牌子，用自己奇特的拼写法和词语展现某位快活的幽默作者的创作……

对我们来说，这种新的语言，与俄罗斯民间语言一样，对于正式场合很少有用。如果在某个俄罗斯国家机关您见到这样一个牌子："不报告不进"；或者在车厢上写着："不要伸嘴脸到外面"，"不要用脑袋瓜子顶玻璃"，"这里禁止闲扯"，——您能不表示惊讶吗？

就是这些可笑的题词也让人厌烦了。

我们的列车运行缓慢，经常停车，一停就是很长时间。车站上的小卖部与卫生间都关着。看得出来,人民的愤怒浪潮刚刚过去,而文明居民还未回归日常的尘世生活与人的自然属性。到处是泥泞和恶臭,长官们向"男人们"和"女人们"呼吁,指出他们要遵守车站秩序,但毫无用处。——解放了的心灵高于这一切。

不知道拉着我们走了多久。只记得,不知从何处弄来了油灯,可是,它呼呼冒黑烟,让人受不了。甚至古西金也说:

"这简直就是地狱。"

人们把灯熄灭了。

开始冷了。我把原先铺着的海狗皮大衣裹在身上,听阿韦尔琴科和奥廖努什卡谈理想。

我并不是凭空提及这件海狗皮大衣的。海狗皮大衣——这就是女人逃亡生涯的那个时代。谁没有这样的大衣呢?离开俄罗斯的时候穿它,哪怕是在夏天。因为丢下它可惜,它算得上是件珍品,而且保暖。——谁又说得清楚,将要流浪多长时间呢?我在基辅和敖德萨见过海狗皮大衣,那时还是崭新的,皮面平整而闪光。然后在新罗西斯克,它周边已经磨损,腰和肘部掉了毛。在君士坦丁堡,领子既脏且破,袖口被羞涩地翻了过来。最后,在巴黎,从 1920 年到 1922 年。在 1920 年,看到的已经是磨损到了又黑又亮的皮板,已剪短到了膝盖,领子和袖头则是新皮子的,更黑更油光发亮——这是国外的替代物。在 1924 年,皮大衣消失了。剩下的仅仅是关于它的片段的回忆,在呢绒女大衣的领口,袖头,有时候在下摆。完了。在1925 年,大批向我们涌来的染色猫皮吞没了温良的海狗。然而现在,一看到海狗皮大衣,我便回忆起这女性逃难生活的整个时代。当时,在取暖货车上,在轮船甲板上,还有在船舱里,天好时我们铺着海狗皮大衣睡觉,天冷时则把它盖在身上。我想起来一位赤足穿帆布鞋的太太,在新罗西斯克,她淋着雨,怀抱着婴儿,等有轨电车。为了让我意识到她"不是随便什么人",她便用带着可爱的俄罗斯学院派腔调的法语,对婴儿说:

"好啦! 不要哭啦! 你看,电车,电车!"

她身上穿着一件海狗皮大衣。

这海狗是一种奇异的野兽。它能拖动某些马都拖不动的东西。

当"格莱戈尔"号轮船在土耳其海岸附近失事的时候,女演员薇拉·伊利纳尔斯卡娅①穿着海狗皮短大衣溺水身亡。当然,全部行李都损坏了,——惟独这件海狗皮大衣留了下来。后来,当这件大衣送给皮毛工匠改做的时候,工匠认定,显然,海狗作为海洋生物,落入自己的自由乐园之后,它只能得到康复而更加结实。

亲爱的温顺的动物,你是艰苦日子里的舒适与保障,是女性逃难途中的旗帜。关于你可以写一首长诗。我记得你,并在自己的记忆中向你致敬。

那么,我们就在货运车厢里摇晃。我裹着皮大衣,听奥廖努什卡和阿韦尔琴科谈理想。

"首先,洗一个热水澡,"奥廖努什卡说,"不过要尽可能地快,然后立刻就是炸鹅。"

"不,先是小吃,"阿韦尔琴科反驳道。

"小吃——是胡闹,而且,它还是凉的。需要立刻上抗饿的和热的。"

"凉的?不,咱们要热的。您在'维也纳'饭店吃过炸黑面包和髓吗?没有?您看,竟然还大发议论。奇妙的美食,还是热的。"

"是牛脑吗?"奥廖努什卡务实地细问道。

"不是牛脑,而是骨髓。您什么都不懂。您看,还有,在康坦*的柜台上,那里卖小吃,在右侧,在蘑菇与大鳌虾之间,总摆着刚出锅的福尔什马克**——香极啦。然后,在阿尔伯特***,在左侧,在博洛尼亚式香肠旁边,是

---

① 薇拉·尼古拉耶夫娜·伊利纳尔斯卡娅(真名伊林斯卡娅;1880—1946),科尔什剧院演员,《舞台与生活》杂志出版人。列·格·蒙施泰因(洛洛)的妻子。

* 康坦,彼得堡名饭店。

** 福尔什马克,源自德语 Vorschmack(小吃),将肉馅和土豆、洋葱、奶油拌在一起烤制而成的小吃。

*** 阿尔伯特,彼得堡名饭店。

意大利色拉……而在大熊[*]的小锅中有那种玩意儿，就像蘑菇馅的小耳朵^{**}，也是热的……"

"好啦，"奥廖努什卡着急了，"咱们不要浪费时间。那么说，来自各个饭店的美食已经摆上桌子，可同时还要有炸鹅配卷心菜……不，还要有粥，配上粥更抗饿。"

"不要苹果啦？"

"我说了嘛，粥更抗饿。拿起来就说，可自己什么也不懂。这样咱们永远什么也谈不妥。"

"这一切都将在哪儿呀？"我问道。

"在哪儿？这样，总之……"奥廖努什卡心不在焉地回答，又重新进入了事务性谈话。"还可以从基斯洛沃茨克弄来烤羊肉串，从核桃沟^{***}。"

"这倒是很实惠，"阿韦尔琴科赞同道，"而在哈尔科夫我吃过蒜拌西红柿，非常香。可以同这个烤羊肉串一起上。"

"在我们庄园里烤过江鳕馅饼。就让人把这道馅饼也上来吧。"

"太棒啦，奥廖努什卡。"

角落里的一大块黑黝黝的东西开始动弹了。古西金开始发声。

"对不起，苔菲太太……"他讨好地问，"我有兴趣知道……您喜欢粉丸子吗？"

"什么？面丸子？什么面丸子？"

"我妈妈喜欢用鱼做粉疙瘩。等您在我们家住的时候，她就这样来招待您。"

"我什么时候去您家住呀？"我带着不祥预感的苦恼问道。

"什么时候？在敖德萨呀，"古西金平静地回答。

————————

* 大熊，彼得堡名饭店。

** 指的是一种形状像耳朵的饺子。

*** 核桃沟，乌克兰地名。

"我可是将住在'伦敦'宾馆呀！"

"哦，那当然。谁有争议呀？谁都不反对。您就在'伦敦'宾馆住吧，不过，趁行李，趁马车夫，趁这些下人们忙着办理的时候，您就安稳地坐在古西金家，妈妈将用粉丸子款待您。"

噢——！我病态的想象力立刻给我勾画出了一小间房子，它用印花幔帐分成两半。一个抽屉柜，柜子上是古西金的皮鞋和废弃不用的活领子。幔帐后面——古西金的妈妈在做"粉丸子"。

"这其中有点什么事不对劲儿，"阿韦尔琴科小声对我说，"在基辅您必须把这一系列的计谋认真梳理一下。"

我的沉默使古西金受到鼓舞，他继续发挥自己的计划：

"我们还可以在戈梅利组织一场小型晚会。真的，可以顺路搞一下。戈梅利，沙夫利。我保证，到处都将有总进项。"

好一个古西金！这才是戏院老板啊！跟着这样的人是不会完蛋的。

"请告诉我，古西金，"阿韦尔琴科问道，"您大概带过很多巡回演出团吧？"

"嗬，相当多。带过合唱团，带过戏班子，您问一问古西金，什么古西金没带过呀。"

"那么，在这些总收入中，您大概挣了几百万吧？"

"几百万？嘿！给我一点零头吧。给我两万中的一部分，我就满意了。"

"我什么也不明白，"我小声对阿韦尔琴科说，"他需要什么零头？"

"这是说，他赚取的很少，如果能从两万中减去这个数目，他将乐意得到这个差价。"

上帝呀，我的古西金是个何等复杂的人物啊。

"古西金，您为什么赚得这样少呢？"

"因为我是古西金，不是鲁斯兰斯基。我盯着看，让巡回演员舒服，要他住一流宾馆的一流房间，不让侍者伤害他。而鲁斯兰斯基呢——他想的是巡演组织者应该住一流房间。我这样对他说：'您听好啦，戈尔德施穆克尔*，我和您一样，也是勋爵。那么，为什么我能在走廊里过夜，而您就应当在一流房间，而您的巡回演员就要打着伞在大街上待着呢?'鲁斯兰斯基?鲁斯兰斯基是什么东西? 我这样直截了当地对他说：当古西金巡演结束时，巡回演员会说：'很遗憾，我没有早一天降生，否则，我与古西金巡演的时间会更长一点。'而当鲁斯兰斯基结束巡演时，巡回演员这样对他说：'戈尔德施穆克尔，你末日降临。你不得好死。'对，末日来临，不得好死。还要称他为癞皮狗，不过，我就不在你们面前重复这个了。什么——么?"

这时候我们的谈话被打断，因为列车停了下来，车厢门吱嘎响着滑向一边，一个威风凛凛的声音大声喊道：

"Heraus(滚出来)！"

而另一个威风较少一点的声音像羊那样咩咩叫道：

"Уси злизайти(全都出去)！"

"真新鲜！"古西金说着，便消失在了昏暗之中。

我们跳进了滑唧唧的稀泥之中。跳进了不可知之中。

士兵们推搡着我们，自己爬进车厢，又灵巧地把我们的行李抛到门外，便关上了门。

黑夜，下着雨，昏暗的手提灯，士兵。

就这样，我们再一次淋着雨待在月台上。

我们站着，自动挤在一起，宛如暴风雪中的牲畜——都站着，脸挤在一起，尾巴朝外。乖乖地等着。我们相信——我们的牧人古西金会把事情安排妥当的。

我不能说，我们的心情非常沮丧。当然，能吃到晚饭和在温暖的房间里住宿，比淋着淅沥沥的雨待在露天的月台上更舒适，但我们饱经磨炼的口味并不高。相信并没有人真的要枪毙我们，填充我们心灵的是愉快的惊

---

*　德语"金匠"，用俄语说出。

讶与满足。细雨让人感到舒服,甚至并不太湿……说实话,活在人世上并不太糟。

在我们旁边,在车站上用的小车上堆放着我们的行李。一个德国士兵守卫着它。

车站上的照明微弱得可怜。远处,微微发亮的是一道玻璃门——有朦胧的人影进进出出。在这道门的后面,或许正在决定世界的命运。

一个高大的黑影向我们走来。这是古西金。

"坦塔罗斯的苦难*又开始了——在雨中团团转,却不知道给谁塞钱,"他不知所措地说。

"他们想要我们干什么,古西金?"

"想把我们抓起来,隔离检疫。他们倒霉,隔离区里空空如也!什么——么?我对他们说,我们已经检疫过了。可他们说——拿证明出来,看你们什么时间离开莫斯科的。证件上说,一星期之前。那两个星期的检疫在哪儿?我就这样回答——什么?我回答,我去换钱。你们想让我怎么回答这类问题呢?"

"那怎么办呢?"

"想法子办吧。惊弓之鸟,朝树丛跑。** 必须找到该塞给钱的那个人。他们为什么想出这个检疫来呢?只须找到那么一个犹太人,他会给我们指出一条路径来的。"

古西金走了。

"你们知道吗,先生们,需要试探着跟士兵谈一下,"我想出来一个主意,"奥廖努什卡,咱们俩之间开始用德语交谈,让他对咱们产生好感。

---

　*　坦塔罗斯,希腊神话中人物。因犯过失,宙斯罚他站在水中。水深至下巴,他口渴想喝水时,水就减退。他头上有果树,肚子饿想吃果子时,树枝就升高。

　**　此句原文直译是"受惊的乌鸦对小树丛吹气",其实就是惊弓之鸟的意思,想必古西金是把两个表示这个意思的谚语——"受惊的乌鸦连灌木丛都怕"和"被牛奶烫了嘴,喝凉水都吹气"——并在一起说了,产生了荒诞的效果。

好吗?"

"我把德语全忘了!"奥廖努什卡说,"只记得点语法。"

"没什么,就从语法里往外掏吧,只不过要带着感情。"

"Аусгеноммен зинд:бинден,финден,клинген,"奥廖努什卡开始说,"гелинген,ринген..."*

"高兴点,奥廖努什卡,活跃点!……"

"Нах,ауф,хинтер,ненбен,ин,штеен,мить дем аккузатив,"**——奥廖努什卡微笑着叽叽喳喳地说。

"Мит,нах,нехст,небст,"***我点着头,肯定地回答。"您看,士兵开始动了。再来,快!"

"Аусгеноммен зинд:бинден,банд,гебуден。Дринген,дранг..."****

"Цу,ayc..."*****

士兵面带冷漠的好奇看着我们。

"你看,他爱国的那条筋被触动了,看样子,开始颤动了。下一步怎么办?"

"也许,来个二重唱,'Дас вар ин Шенеберг'******?"

"唱嘛,有点难为情。咱们的士兵在往哪儿看呀? 在看我的皮箱。"

我向他走去。啊哈——! 在我的旧皮箱上贴着一个标签"柏林"。他就是在看它。啊,现在我空手就可以把他生擒活捉了。

"柏林! 一座美好的城市,"我用德语说道,"您经常去柏林吗?"

---

　　*　相应德语为：Ausgenommen sind：binden, firden, klingen, gelingen, ringen... 指的是"例外"的几种动词形式。

　　**　相应德语为：Nach, auf, hinter, neben, in stehen mit dem akkusativ. 指的是介词 nach、auf、hinter、neben、in 之后接宾格。

　　***　相应德语为：Mit, nach, nächst, nebst. 这是四个介词。

　　****　相应德语为：Ausgenommen sind：binden, band, gebunden. Dringen drang...

　　*****　相应德语为：Zu, aus...

　　******　相应德语为：Das war in Schöneberg. 意为：那是在舍嫩贝格。

不,他没有到过柏林。

"啊,等这一切都结束之后,您一定要去一趟。啊,啊!一座美好的城市。凯宾斯基宾馆……韦特海姆商店,啤酒,香肠,美呀……啊,啊,啊!"

德国人在微笑,他爱国主义的筋竭尽全力翩翩起舞。

"您去过柏林?"

"那还用说嘛!这就是证据——我的皮箱。柏林,嘀,哎呀!"

不过,该说正事啦。

"唉,那是战前的好时光。可现在真难啊。看,我们冒雨站在这里,不知道该怎么办。当然,我们曾经做过检疫,但时间不长,因为我们非常健康。于是,就把我们放了。不过,我们没想到要个证明。怎么办呢?"

士兵板起了石头一样的脸,转身侧对着我,说道:

"施文中尉。"

然后立刻转过身去,走了。

胜利!我马上跑去找古西金。

灯光闪烁——照亮一个微驼的身影。当然啦,这就是古西金。

"古西金!古西金。士兵说了:'施文中尉'。您懂吗?"

"嘀!已经有十个人对我说过'施文'了。他在长官那儿。必须等。"

我回到了自己人身边。

士兵的爱国主义那么高扬,看来,这使他不得安宁。

"施文中尉!"士兵眼睛看着别处又重复一遍,"Нун?施文中尉。"

这时我猜到了,便说:

"明白!已经去找了!"

他耸了耸眉毛和一只耳朵,放心了。

古西金走了过来。

"喂,怎么样?"

"小事一桩!如此廉价,简直可耻!什么—么?只不过需要你们亲自去找长官谈一谈。请他发给通行证。他反正是要发的,但需要你们去求他。"

我们去见长官。要给他说些什么——我们自己并不知道。

长官，即德国军官，坐在办公桌后面。周围是随从，还有几个乌克兰年轻军官。

"你们何必这样着急哪？"随从们问道，"在我们的城市里待一待嘛。"

"我们非常着急。我们后天在基辅有音乐会，我们必须如期到达。"

军官中有人知道我们的名字。他们微笑，有点不好意思，随口开一些玩笑。

"你们与其挽留我们，不如自己申请批准，去参加我们在基辅的音乐会，"阿韦尔琴科说道，"我们邀请你们全体都去参加。请一定赏光。"

年轻人们激动起来了。

"音乐会？你们要去参加？啊，要是能去就太好啦！"

"检疫？哪来的检疫？"古西金信口插话道，"这是一些俄罗斯作家！他们是如此健康，上帝保佑。你们听说过俄罗斯作家得病吗？哈！你们看看俄罗斯作家吧！"

他骄傲地将阿韦尔琴科推到前面，甚至还扯了扯他的大衣。

"他像病人吗？我告诉你们，不像。过两天，后天，他们有音乐会。那样的音乐会，我本人嘛，可是一定要想尽办法参加的。这是编年史上的一个事件。如果需要检疫所，那我们以后在基辅找一个。真的。我们找到它，在里面蹲几天。我们为什么不蹲呢？什么—么？"

"替我们求求您那位德国人吧，"我对军官们说。

一些人的鞋后跟哒哒响了一阵子，小声交谈了一会儿，便把一些纸币塞给了一个德国人。这时候古西金开始说话了。

"主要是，不要忘记说，我首先蹲了检疫，"他神气十足地对我说，"还想抓住我不放！自己妈妈我已经五个月没见着啦。"

于是，他转身对着莫名其妙的军官们，一本正经地宣布：

"我不在妈妈身边已经五个多月了。"

我们又走进了车厢。

在戈梅拉，一些好心人建议我们乘轮船去基辅。

"你们将从一座岛旁边驶过，那里盘踞着一伙强盗。这伙强盗一见轮船便用机枪扫射。"

这样的出游显然非常舒适。但我们还是决定坐火车去。

车厢体面，是一等的，但乘客不很多，而且有些怪——都是些穿原色粗呢上衣的农夫。他们默默地坐着，耸动着眉毛。一个镶着金牙的大胡子完全不像庄稼汉。他穿着一件肮脏的光板皮袄，但一双胖手保养得却很好，在无名指上还戴着婚戒。

一群怪人。他们看人时的神态似乎还不凶。坐上等车厢驶离莫斯科的时候，公众像看猛兽那样看我们：知识分子怀疑我们是契卡，平民怀疑我们是继续喝人血的老爷。

"啊，很快就到基辅了。"

古西金用平和的聊天逗我们开心。

"在基辅，我介绍您同我的一位朋友认识，"他对奥廖努什卡说，"一位非常可爱的年轻人，底蕴深厚的知识分子。一朵莲花。"

"什么？"

"莲花。"

"是印度人吗？"奥廖努什卡景仰地问，我在她的眼睛里看到闪现出来的关于瑜伽功，关于栽植苹果及其果实的神往。

"嘿——！何必这么沉闷呢？是位旅行推销员，"古西金回答，他为自己的朋友感到委屈。"旅行推销员中的一朵莲花。光学玻璃。贵族家庭出身。叔父在别尔江斯克有一座药品仓库。他打算结婚。"

"可是您，古西金，结婚了吗？"

"没有。"

"为什么？"

"我对姑娘的要求太高了。"

"哪些要求呢？"

"第一，肥壮。"

古西金垂下了眼睛。沉默了一会儿，他又补充道：

"总还得有些嫁妆吧。"

他把着力点放在了"总"字上。

"请告诉我们，古西金，您的名字叫什么？我们大家都以姓称呼您，真有点不好意思。"

古西金腼腆地一笑。

"名字？你们会笑的。"

"啊，上帝保佑您。为什么我们要笑呢？"

"真的，你们会笑的。我不说。"

"喂，古西金，亲爱的，说实话，我们不会笑！啊，说吧！"

"不要坚持了，奥廖努什卡，"我小声说道，"也许，在我们听起来，它不怎么体面。"

"啊，没什么，说吧，古西金。您叫什么？"

古西金脸红了。他把两手一摊。

"我叫……对不起——这简直是个笑话！——我叫：亚历山大·尼古拉耶维奇！完啦。"

我们确实在等待任何出乎意料的一切，然而却不是这样的结果。

"古西金！古西金！您要让我们笑死呀！"

古西金笑得比谁都响，还用一块不知是什么颜色的旧布擦眼睛。也许，在比较漂亮的时候，它曾经是一条手帕……

七

离基辅越近,车站上越活跃。

车站上有小卖部。月台上来来往往地走着抹着唇膏脸颊发光的人们。脸上的表情惊人地满足。

墙上有海报,证明居民们有对文化娱乐的需求。我读到:

"大规模狗技表演。著名的杜罗夫系列。"①

"侏儒戏班。"

"亚历山大剧院女演员携当地强大剧目。"

古西金说:

"这里的生活真正地扑面而来。这是些什么样的海报啊!写得真巧妙。什么—么?奔着这样的节目,我本人会玩命地跑!"

德国警察随处可见,都洗得干干净净,擦得油光闪亮,被乌克兰的奶油面包喂得膘肥体胖。

---

① 著名马戏演员阿纳托利·列昂尼多维奇·杜罗夫(1865—1916)和弗拉基米尔·列昂尼多维奇·杜罗夫(1863—1936)制定了一套新的动物训练体系,其基础不是恐吓与肉体惩罚手段,而是鼓励刺激。由弗·列·杜罗夫排演的舞蹈哑剧《铁路》(1901)获得了巨大成功,在其中狗和其他家畜都扮演了角色。

又让我们倒了两次车。真是莫名其妙。

在一个大站的月台上,在候车的人群中站着阿韦尔琴科、古西金和带小狗的女演员——全都是清一色的高个子。突然,一个人向他们跑过来——饭盒式的帽子扣在后脑勺上,敞开怀的大衣像张开的风帆,眼睛不停地游荡。

"请原谅我的问题,你们不是侏儒吧?"

"不是,"阿韦尔琴科很本分地回答。

古西金甚至没有惊讶。

"可能正在等候戏班,而戏班迟到了。你们笑什么?戏班迟到的事经常发生。什么——么?"

他以为这个问题是完全可以理解的。

每到一个车站乘客的构成都发生变化。开始出现一些着装体面甚至优雅的人,"先生们"。到最后一个区间时剩下来的就都是一些先生与贵族太太了。

"他们都去哪里啦?"

去车站男卫生间的是一个提着箱子的身份不明的人,从卫生间出来的则完全是一位身份明确的人:律师,地主,反革命的多头蛇,头梳得溜光,领子洁白,拎着还是那只皮箱的已经是戴着手套的手了。嘿!面孔都是熟悉的。你看,胖胖的蓄有胡须的那位——把胡子梳理了一番,眉头皱了起来,把厚呢子大衣袖口上的一根绒毛摘下来,已经在表达对某些秩序的不满了:

"不成体统!伤风败俗!"

啊,如果到了"不成体统"与"伤风败俗"的程度,那就是说,我们脚下的根基还是坚实的。

基辅很快就要到了。

古西金用一个出乎意料的问题来难为我们:

"你们打算下榻哪儿呀?"

"某座饭店吧。"

"饭店?"

他神秘地嘿嘿一笑。

"怎么啦?"

"据说,所有饭店都已被征用。私人住宅里也挤满了人,我真想让我的钱包也如此饱满呀。什么——么?"

我在基辅没有熟人。如果饭店不让进,那去哪里呢——我没有任何概念。

"这个么,说实话,古西金,是您的责任,"阿韦尔琴科说,"既然您是巡演组织者,您就应当预备房间,跟什么人写信商定,等等。"

"我跟谁写信呀?写信给盖特曼*先生吗?我要是给他写信,他就该收拾我了。最好让苔菲太太去见盖特曼,也许还能管点用。我不敢说结果一定好,但一定会有一个结果的。不过,我看出来了,苔菲太太哪儿也不肯去,而是留在车站上,而古西金则跑遍市里,找到住房。又得那么多事,闹得连一口气也喘不过来。"

"这正是您的责任!您怎么还叫苦呢?"

"责任?"古西金以哲学家的腔调说,"当然,是责任。那就请给我找出一位傻瓜来,看他是否乐意履行自己的责任!什么——么?"

奥廖努什卡加入了谈话。

"迫不得已的话,我可以把一切都担当起来,"她温顺地说,"在基辅我有一些女伴,也许,可以安排在她们家里……"

奥廖努什卡的脸色关切而忧虑。显然,她做出了决定,"不践踏草地"**……

在通道另一侧的长椅子上,带小狗的女演员用咝咝的嗓音对阿韦尔琴科的经纪人说:

"为什么别人都能,而您就不能呢?为什么您总是什么都不能做呢?"

她随即自己给自己作了答复:

---

* 盖特曼,德军 1918 年占领乌克兰时,乌克兰傀儡头目的称号。

** 引自阿韦尔琴科《插到革命背上的十二把刀子》中的短篇小说《被皮靴践踏的幼苗》,意指怜悯与保护柔弱的、美好的实物。

"因为您是一位地道的白痴。"

我小声对阿韦尔琴科说:

"我觉得,您的演员相互之间处得不好。这位法尼奇卡和您的巡演组织者一路上不停地相互埋怨。同他们一起很难组织演出晚会。"

"是的,他们在吵架,"阿韦尔琴科平静地说道,"不过这完全正常。这可是一份老情缘啊。"

"情缘?"

我细心谛听。

"我替您害羞,"女演员小声说道,"您总也不刮脸,您的领带破了,您的活领子脏了,总之是一副面首模样……"

"是,您说得对,"我对阿韦尔琴科说,"这其中,看样子,情感深且坚牢。"

作为回敬,巡演组织者嘟哝道:

"假如我是个爱吵架的人,就会对您说,您是个庸俗的傻瓜,而且还很凶。这一点请您注意啊。"

"是的,双方的感情都很深厚,很坚实。"

然而,需要提升他们的情绪。

"先生们,"我说道,"你们为什么这样垂头丧气的呀?还记得你们在供暖货车厢里是怎样向往洗个热水澡,吃顿好午饭的吧。请想一下,明天这时候,也许,我们就已经干干净净的,穿得像模像样,坐在好的饭店里,在音乐的伴奏下,吃着最香甜的食物了。将有洁白光鲜的桌布和水晶酒杯,花瓶里会有鲜花……"

"我倒不怎么喜欢饭店,"古西金插话道,"饭店有什么好的呢?在家里,当母亲给我端来肉汤,我大快朵颐的时候,我觉得它比最好饭店里的最贵的炒肝都香。什么—么?当然,在异常昂贵的饭店里,那里秩序井然('秩序'一词古西金说成了'此举')。在那里,当您吃完鸡肉之后,必定有人给您端来热水,甚至还有香皂,让您能洗洗脸和手。可是,为了住这样的饭店,必须有厚颜无耻的钱。而在普通饭店里您只好直接用桌布擦手。这多没劲啊！不,我不喜欢饭店。当您喝汤的时候,有某个鼻涕鬼坐在您旁边,对不起,也吃着糖煮水果的时候,这有什么好的呀。"

"这有什么不好的呢?"阿韦尔琴科不理解。

"怎么'什么不好'呀?您装不懂!不明白?那他往哪儿吐骨头?他会往您的盘子里吐。他可不是吟游歌手,每块骨头都往自己盘子里吐。不,谢谢!在我的人生中,我领教过什么叫饭店。"

列车进站了。

基辅!

车站里挤满了人,处处散发着红菜汤味儿。这是新来乍到的旅客在小吃部里融入自由国家的文化。他们高高地叉开两个臂肘,聚精会神地喝,既像雄鹰在猎物上方翱翔,又像在用臂肘的尖端捍卫它不受外来的侵犯。有什么办法呢!理智告诉你,你在这里绝对安全,你的红菜汤是你不可剥夺的私有财产,你对它拥有的权利受钢铁般的德国力量的保护。这一切你知道得很清楚,并坚信不疑;可是你的潜意识并不理会这些,于是便岔开你的两个臂肘,瞪大恐惧的眼睛:"说不定,隔着肩膀,突然会伸过来一个不为人知的讨厌的勺子,为了无产阶级的需要,舀这么一下子……"

我们带着行李坐在小卖部里,等着关于住房的消息。

在相邻的桌子上,一位戴着结婚戒指的胖大胡子在饱餐。

他面前的盘子里摆着煎牛排。他上方是侍者的吓坏了的脸。

大胡子在申斥他:

"坏蛋,我用俄语给你说过嘛*:牛排加炸马铃薯。马铃薯在哪儿?我用俄语问你,马铃薯在哪儿?"

"对不起,大人,现在正在炸。我们这儿马铃薯是煮的。请稍等一等,

---

* 相当于汉语"我跟你说人话",语境并非与在乌克兰说俄语不说乌克兰语有关。

大人。马上就好,大人!"

大胡子气得喘不上气来。

"'稍等一等,大人!'我等一等,可牛排不就凉了吗?住口!无赖!"

靠墙边站着一个年轻的搬运工。他嘲讽地抿紧嘴唇,望着主人和侍者。看得很有感情。啊,这等场面很值得"年轻的无产阶级"看一看。作为布尔什维克的宣传,它比苏联最醒目的、画有资本主义的与反革命的多头蛇的海报,更能得到较好的效果……

小卖部里闷热,而且,看来还要等很久。我走出了车站。

快活的阳光灿烂的一天正在结束。活跃的街道,进出商店的熙熙攘攘的人们……突然,一个空前绝妙的画面,恰如一场关于已被忘却的生活的一场梦——那么不可思议,那么高兴,甚至那么可怕:一位佩戴肩章的军官站在糖点店门口,正在吃甜点心!军——官,带肩——章!甜点——心!世界上还有俄罗斯军官,他们在光天化日之下,居然能佩戴着肩章站在大街上。而不是蜗居在某个地下室,像遭受追捕的野兽那样,穿着用里绒布做的破衣烂衫,疾病缠身,饥肠辘辘——他的存在对于其近亲就是恐怖与致命威胁……

看吧——青天白日,艳阳高照,周围人来人往,他手里拿着暌违多时,甚至难得听说的神话般的东西——甜点心!

我闭上眼睛,再睁开眼睛。不,这不是梦。也就是说——是现实生活。但这一切总是有点怪……

也许,我们早已不习惯,将无法走进这种生活……

对基辅生活的初步印象是这样的:

整个世界(基辅的)都堆满了食物,甚至已经超负荷了。从所有窗户与门中都散发着蒸汽和油烟。商店里摆满了整只整只的火腿,香肠,火鸡,填馅乳猪。顺着一条条街道看去,在这些填馅乳猪的背景上,是整个的莫斯科,和整个的彼得堡①。

_____

① 原文为法语。

八

第一印象，是节日。

第二印象，是站台，是第三次铃响前的车站。

对于快乐的节日来说，是太纷乱，太焦躁，太匆忙了。在这个匆忙中有不安，有恐慌。谁也无法全面思考自己的处境，也看不到未来的行程。抓到手时太匆忙，感觉到，将被迫抛弃……

街道上到处是刚刚来到的人。一伙儿一伙儿的都是萍水相逢的他乡之客：从罗斯托夫来的女演员与莫斯科地方自治工作者在一起，女社会活动家与巴拉莱卡琴手*在一起，显赫的宫廷官员与机灵的外省小记者在一起，拉比的儿子与省长在一起，卡巴莱酒馆的小演员与两位年长的宫廷女侍从官在一起……他们都一副困惑莫解的模样，四顾张望，紧紧地相互抓住。不管身边的人是谁，总还有一个人的手，一个人的肩膀在这里，在身旁吧。

在诺亚方舟上，当七对洁净的（动物）和七对不洁净的（动物）初次相遇

---

* 巴拉莱卡琴，俄罗斯民族乐器，受底层民众青睐，革命前的社会上层人士往往对其十分不屑。

的时候,它们大概就是这样友好地相互贴近,共同忍受颠簸的吧。*

在克列夏季克**,有许多失踪的人在漫步。一位社会活动家,一个月前还曾翕动着鼻孔对我说,我们不能走,我们应该工作并死在自己的岗位上。

"啊!您的岗位怎么办呀?"我不客气地喊住他。

他面红耳赤,决定以玩笑搪塞:

"在自己的岗位上吃斋吃得太虚啦,亲爱的!这样稍微补一补,然后咱们再看情况吧。"

而双眼游移,看不出来它们在往何处看……

克列夏季克一片忙乱。既务实,又欢快。无所不知无所不在的记者 P 站在人行道上,宛如隆重的招待晚会上的主人正在迎送宾客。他左右握手,逢人点头。对特殊尊贵的人物便送几步,对其他的人则止于客套地摆摆手。

"啊!终于又见面啦!"他欢迎我道,"我们从上个星期就恭候您。"

"'我们'是谁呀?"

"基辅!"

行人裹挟着我向前走,基辅在后面喊道:

"晚上,当然,在……"

我听不清楚地点。

"我们都在那儿吃晚饭,"旁边一个声音说道。

这是一位彼得堡的律师,也是从彼得堡无声无息地消失的人。

"您早就到这里啦?走的时候为什么不去告别一声呢?我们一直为您担心。"

他不好意思地把手一摊。

---

* 《圣经·创世记》(7:2—3)中说的是七对洁净动物,一对不洁净动物,苔菲可能记错了。

** 克列夏季克,基辅主街。

"这个,您知道吗,这一切发生得那么可笑……"

我来不及行礼,来不及回答愉快的问候。

这是原来《俄罗斯言论报》的一位撰稿人。

"这里是怎么啦!"他说道,"城市疯啦!您打开报纸——全是首都名人! 剧院里演员精华荟萃。"蝙蝠"剧院在这里,索比诺夫①在这里。开办了有库里欣②参加的卡巴莱,有在奥扎罗夫斯基领导下的微型剧院。人们期待着您的新剧本问世。《基辅思想报》想邀请您加盟。据说,弗拉斯·多罗舍维奇③已在这里了。期待着洛洛这几天就会到来。正在筹办新的报纸——由戈列洛夫主编的盖特曼的报纸……瓦西列夫斯基(涅-布克瓦)④*也打算办报。我们不让您离开这里。这里的生活欣欣向荣。"

想起了古西金,他说:"生活喷涌到头顶啦。"……

"基辅人没法醒悟过来,"我的谈伴继续说道,"当地报纸的职员看到,付给来巡演的演员的报酬对于本地来说是不可思议的,便想发动罢工。他们说,巡回演员可以一走了之,可我们还得继续拉套。饭店因为人们不断涌来惊呆了。不断有新的'角落'和'小组'出现。近日内叶夫列伊诺夫要来。可以再开办一些新型的剧院。'流浪狗'⑤必不可缺。这已经是完全成熟的和充分思考过的必需品。"

"我仅仅是路过这里,"我说,"我是应邀去敖德萨举办文学晚会的。"

---

① 列昂尼德·维塔利耶维奇·索比诺夫(1872—1934),俄国著名歌唱家,抒情男高音歌手。

② 费奥多尔·尼古拉耶维奇·库里欣(1881—1951),俄国演员,曾在许多舞台上演出,1924年是莫斯科讽刺剧院的组织者之一;俄罗斯联邦人民艺术家。

③ 弗拉斯·米哈伊洛维奇·多罗舍维奇(1864—1922),俄国记者,散文作家,在许多报纸杂志上撰稿,以"杂文之王"著称。1918年秋至1921年5月居住在塞瓦斯托波尔。后来回到彼得格勒,很快在那里去世。

④ 伊利亚·马尔科维奇·瓦西列夫斯基(笔名涅-布克瓦;1882—1938),杂文作家,出版家,批评家。1920—1923年侨居国外。1923年夏回国后积极从事报刊工作,出版多部著作。1937年被镇压,死后恢复名誉。

* 涅-布克瓦按照俄文(无论形式上还是意义上都不像真名)可意译为"非字母"。

⑤ "流浪狗",彼得堡演艺卡巴莱,位于意大利街与米哈伊尔广场的街角处5号(1912年1月1日—1915年3月)。

"去敖德萨？马上？这毫无意义。那里是一片混乱。必须等一等,等全部安排妥当再说。不,现在我们不放您走。"

"'我们'是谁呀？"

"是基辅。"

绝——啦！

一位莫斯科女士的熟悉的圆脸浮现了出来。

"我们在这里好久了。我们就是基辅人嘛,"她自豪地说,"我丈夫的父亲在这里有房子,就在克列夏季克这儿。我们是老基辅……这里有相当好的中国绉绸。我的裁缝……"

"今天晚上去玛申卡家吗？"一个做作的男低音遮盖住了莫斯科女士。"她在这里巡回演出几场。咖啡出奇的好……直接与凝乳一起煮,还有白兰地……"

喝,吃,吃,喝,不停地点头。快点！快点！还来得及再喝点,再吃点,再随身带走一些！第三次铃就要响了……

奥廖努什卡给我在其女友那儿安排了住处。女友中的一人已经在工作,两个小的还在上中学。

她们仨都爱上了本地歌剧团的一位男高音演员,都用火鸡般的嗓子兴奋地尖叫,也都非常可爱。

她们住在院内的厢房里,院子里堆满了木柴,因此需要熟知路径,以便在巧妙蜿蜒行进中找到通往房门之路。新来者会误落木柴之陷阱,于是便开始喊叫。这代替了门铃,姑娘们便不慌不忙地互相看着,说:

"莉莉娅,有人来啦,听见了吗？在木柴里喊呢。"

在我入住厢房三天之后,有位大个子落入了陷阱,便开始用公羊般的嗓子嚎叫。

莉莉娅去救助,带回来的是古西金。在三天之间他大大地发福,以致我都没能立刻认出他来。

"我一直认为您还在车站上,便一直在为您寻找住处。"

"您以为,四天来,我始终蹲在小卖部里呀?"

看来,他懒得把谎撒圆满。

"是的……估计差不多是这样子。这里必须经过专门委员会张罗,否则,不可能得到房间。不过,当然,如果您亲自申请,提交疾病诊断书……"

"我可是健康人。"

"那又怎么样! 您可能什么时候得过麻疹。可以给您开上,'患过麻疹,必需一间住室'。再写上一些术语。哦,关于基辅您能说些什么? 去过克列沙特卡啦? 为什么这里那么多黄发女子啊——请给我解释。"

"看样子,您是不喜欢金发女子啦?"一位姑娘嘿嘿笑了一声。

"为什么不呢? 黑发的也好呀。我不想委屈谁,可是,在黄发中仙气多一些,而在黑发中尘世间的东西多一些。什么一么? 应该为您组织一场晚会。"

"关于去敖德萨的事我们已经谈好了。"

"啊! 敖德萨!"

他神秘地一笑,便走了。这个胖胖的,睡眼惺忪、油光锃亮的人。

"我认为,您不应该同他一起走,"阿韦尔琴科说,"支付给他违约金,赶快摆脱他。在我看来,他完全不适合组织文学晚会。他将把您与驯熟了的狗放在一起,或者他自己也参与歌唱。"

"我怕的就是这个。可是,怎么办呢?"

"这样吧:您同我的经纪人商量一下。这是个非常诚实的小伙子,似乎也很有经验。"

阿韦尔琴科是个轻信的人,他本人非常正派。他认为所有的人都是最最诚实的好人,一生都为骗子所包围。然而……为什么不商量一下呢?

"好的。让您的美男子来我这儿吧。"

美男子第二天来了,并提出了一个惊人的计划。

"首先,不要同意在基辅举办自己的晚会,因为这可能有损于我和阿韦尔琴科的事情。一场文学晚会——这还有意思,可是,当文学像撒豆子那样纷纷而至,观众就会筋疲力尽,票房收入就会下跌。"

"很好,"我明白了,"您这是为自己着想。可我请您来是为了商量一下我的事。"

"在您的事情中,我建议您必须十分机警。在其中行事必须异常机警。你尽可以去敖德萨,就让古西金在那里给您组织晚会吧。让他预订演出厅——我告诉您订什么样的厅。在敖德萨有这样的演出厅,在那里面无论谁,什么也听不到。那么,在这个厅里您用非常小的声音朗诵一个晚上。听众自然不满意,自然生气。您在报纸上发表一个短评——您一定在新闻界有关系——批评晚会一团糟,不值得去看。第二个晚会还是在那座大厅。您还是朗诵得刚刚能听得见——就让听众闹事吧。而我与阿韦尔琴科去订一个不大的厅,在报纸上大作宣传。那时候您叫上古西金,并且说:'您自己看看吧。您把事情搞得有多糟。处处都在骂。咱们废掉合同吧。'这样,请相信,在这种情况下他不会记恨您。"

我默默地看了他好久。

"请告诉我,这些都是您自己想出来的吗?"

他谦恭地但也是骄傲地垂下了眼睛。

"这就是说,您建议我搞垮我的朗诵,并在报纸上撰写骂我自己的评论? 这当然非常新颖。可为这个新颖清账的为什么应该是不幸的古西金呢? 他可是您的同行啊,您为何要让他破产呢? 难道您不明白,您给他安排的是多么龌龊的陷阱吗?"

他生气了。

"唉,我已经开始怀疑,我的方案您不喜欢。那就想个别的办法排除古西金,再与我签订个合同。我可是能够给您安排得阔阔绰绰的呀。"

"那当然! 您是我所能遇到的最聪明的人嘛。"

他被恭维得微微一笑。

"好一个'最聪明的人'呀!"

九

总待在奥廖努什卡的女友家不方便。只好张罗找房子。

长时间地,苦恼地,无望地寻找。一连数小时排队,登记,每天去询问,犹如梳理一团乱麻。

房子终于找到了:在一家屋顶有窟窿的大饭店里,窗玻璃也坏了好几块。占用第一层的是"蝙蝠"剧院。第二层无人住,正在修。闲置的第三层上有一间是租给我的。

房间在一个拐角处。两个窗户朝着一个方向,能捕捉到北风,另外两个——则捕捉西风。窗框是双层的,窗玻璃打得十分狡猾,第一眼不易发现:里面这层的左下和右上方,和外面那层的右下和左上方。你一看,仿佛一切正常,安好无损。却不明白,为何信纸在室内飘飞,而罩衫则在衣架上舞袖。

家具嘛——有床、桌子和洗脸盆各一,还有两把残缺的椅子。这些椅子惨遭生活之折磨,喜欢在夜间伸展一下自己的胳臂、腿和脊梁,于是便发出吱嘎声和呻吟声。

在一个寒冷干燥的秋日里,我入住自己的新居。仔细看了一遍,自己也不知道为什么,还问道:

"这里有诊治西班牙流感的专门医生吗？我将患上西班牙流感合并肺炎。"

与古西金的事已安排妥当，确切地说，是妥善分手：我从《基辅思想报》预支到稿酬后，给他支付了违约金。他完全放心之后，便去了敖德萨。

"您不会同阿韦尔琴科的经纪人一起共事吧？"他嫉妒地问。

"我给您说老实话，我不会同他，也不会同任何人共事。我反感任何朗诵。我只在慈善晚会上朗诵过，但总是感到十分厌恶。您可以放心。而且，我对阿韦尔琴科的经纪人非常没有好感。"

"哎呀，您可让我惊讶死啦！他是这样的好人啊！您在科诺托普问问！科诺托普人简直崇拜他。牙医佩斯金用火腿里的骨头打过他。因为妻子。当然啦，他性格中缺乏鲜明的野性，而且，甚至也不美……脸上的线条昏暗……或许，佩斯金打他不是因为妻子，而是因为商务上的事。而且，也许根本就没打，他不过是撒谎——只有狗才会信他。"

我与古西金和平地分了手。可是他，已经告别之后，却又将头伸进门里，心事重重地问道：

"您吃乳渣馅饼吗？"

"什么？什么时候？"我很是惊讶。

"某个时候，"古西金答道。

我们就此分手。

接着，在古西金之后，奥廖努什卡也离开了基辅。她收到了罗斯托夫的聘书。

登车前她表示想同我推心置腹地谈一谈，并就自己的麻烦事征求我的意见。

我带她到甜点店，在那里她泪洒巧克力和泡沫酸奶油，给我讲述了下面这些事：在罗斯托夫，有位沃瓦，不要命地爱她；可是这里，在基辅，住着位季玛，也不要命地爱她。沃瓦十八岁，季玛十九岁。两位都是军官。她爱沃瓦,可是必须嫁给季玛。

"为什么呀?"

奥廖努什卡抽噎,屡屡被小蛋糕卡住。

"这必须! 必——须——!"

"请等一下,奥廖努什卡,不要这样玩命哭。请告诉我全部实情,如果您想知道我的意见的话。"

"我心情很沉重,"奥廖努什卡嚎啕大哭,"这太可怕啦! 太可怕啦!"

"拉倒吧,奥廖努什卡,您会得病的。"

"我做不到,眼泪自己往外流……"

"那么,至少不要吃甜点了——您可是已经拿起第八块来啦,您会得病啊!"

奥廖努什卡绝望地把手一挥:

"死就死! 我乐意死——一了百了。不过,我还真的有点恶心……"

奥廖努什卡有深刻心理内涵的故事是这样的: 她爱沃瓦,但沃瓦是乐观的,他总是一帆风顺。而季玛很倒霉,总是一事无成,干什么都是一塌糊涂,她甚至不爱他。因此必须嫁给他。因为不能让一个人那么穷困潦倒。

"不能落井——下石——!"

这时,她的哭嚎具备了危急性质,以致老太婆老板娘从柜台里面走出来,同情地摇了摇头,还在奥廖努什卡的头上摸了一把。

"她是位善良女人!"奥廖努什卡抽泣着说,"给她点小费吧!"

三天后,我们还是送奥廖努什卡去了罗斯托夫。

一列列火车都挤满了人,我们好不容易才给她订了个位子,还为她给哈尔科夫车站一位售票员写了一封信,用电报通过他给奥廖努什卡订了个去罗斯托夫的卧铺票。

一星期后,收到了奥廖努什卡的信,信中讲了一个军官勉强为自己购得了死亡的故事。

在哈尔科夫,卧铺车厢里只剩下了一个铺位,售票员将其卖给了奥廖努什卡。站在奥廖努什卡后面的那位军官要求把这个铺位卖给他。售票员向他解释,并拿电报给他看,说这是预先订好了的。军官无论如何也不同意。说他是为祖国而战的军官,他累了,想睡觉。奥廖努什卡虽然满腹委屈,还是让出了自己的铺位,坐进了二等车厢。

夜里,因为强烈的撞击,她醒了——她差点儿从座椅上摔下去。硬纸盒与皮箱纷纷飞落到地板上。惊惶失措的旅客们跑向平台。列车停住了。奥廖努什卡跳到路基上,便向前跑。前面有一群人,在高声呼喊。

原来,机车全速撞上了一列货车,前两个车厢撞得粉碎。那位不幸的军官,曾那样激烈地捍卫自己死亡的权利,现在正被人一块一块地捡起……

"就是说,当你向他人让步的时候,并不总是在做善事,"奥廖努什卡写道。

看样子,她很自责:"因为她",一位军官被杀死了。

一个月后,来了封电报:"请为弗拉基米尔和叶连娜*祝福吧。"

这就是说,奥廖努什卡结婚了。

我开始在《基辅思想报》工作。

正值雨暴风狂和杂乱无章的时代。关于彼得留拉①的流言纷至沓来。

"这是个什么人呢?"

一些人说,他是个会计。

另一些人说,是逃亡的苦役犯。

但是,会计也好,苦役犯也好,但他至少是《基辅思想报》的前职员,一个很普通的职员,似乎不过是个校对员……

----

* 奥廖努什卡是叶连娜的爱称。

① 西蒙·瓦西里耶维奇·彼得留拉(1879—1926),乌克兰民族主义者,中央拉达组织者,执政内阁首脑;在巴黎被施瓦茨巴德杀死,以报复他在乌克兰对犹太人的迫害。

我们所有这些新来的"文字工作者"经常在记者米·谢·米利鲁德①家里见面。他是位极好的人。在他家里,他那漂亮可爱的妻子和三岁的儿子阿廖沙亲切地接待我们。阿廖沙作为真正的报纸的孩子,只玩与政治有关的游戏:布尔什维克,土匪,白军,最后是彼得留拉。椅子砰砰响,碗勺哗啦啦。彼得留拉疯狂尖叫着四脚着地爬到我跟前,用尖利的小牙一下子咬在我的腿上。

米利鲁德的妻子不从事社会活动。可是,当德国俘虏营里的饥饿士兵被赶到基辅的时候,社会组织一再和平呼吁,要尽到我们的义务,告诉我们有可能造就出满腹怨恨、对布尔什维克的宣传极为敏感的画面,——她不声不响,不设任何政治前提,便开始煮菜汤熬粥,与自己的仆人一起将饭送进兵营,每天给多达二十个人供饭。

来基辅的人越来越多。

我多次遇到老熟人——彼得堡一位非常显赫的官员,几乎就是大臣,携带着家眷。布尔什维克折磨并杀死了他弟弟,他本人勉强得以脱身。他恨得浑身发抖,以圣经般的热忱吼叫道:

"我要在我弟弟的墓前,亲手杀死那么多的布尔什维克,让他们的血一直渗透至他的棺椁——在此之前,我决不罢休。"

现在,他和平任职于彼得堡。显然,他找到了不血流成河也能罢休的途径……

瓦西列夫斯基(涅-布克瓦)带着新报纸的设计方案露面了。人们聚集在一起,开会,商讨。

后来,涅-布克瓦消失了。

总的说来,在彼得留拉到来之前,有很多人消失。空气中弥漫着恐惧与不安,一些隐约可见的颤动,为一些比较警觉的心灵的比较敏感的薄膜

---

① 米哈伊尔·谢苗诺维奇·米利鲁德(1889—1942),革命前是《俄罗斯言论报》撰稿人,后来是《基辅思想报》编辑部成员;从1924年起为里加俄语报纸《今日》编辑;拉脱维亚并入苏联以后遭到逮捕和流放;死于卡拉干达。

所捕获,这些心灵马上便把自己的躯体摆渡到了较为平安的地方。

突然,一位身穿奇怪的暗绿色制服的高个子年轻人找到我,他是盖特曼的亲信。他雄辩地劝说我参加正在筹办的盖特曼的报纸。他说,盖特曼是巨人,我应该用自己的小品文支持这位巨人。

我想,如果巨人指望着这样脆弱的支撑,那么,他的地位并不十分牢固。此外,预定职员的构成也过于色彩缤纷。闪烁其中的不乏这样的名字,与其为伍有可能很不愉快。显然,巨人对于报纸事物并不通晓,或者是不择手段。

我答应考虑考虑。

年轻人留下一张数额空前大的支票,——如果我同意,即可预支,——便走了。

他走之后,就像索尼娅·马尔美拉多娃那样,我"裹在德拉德达姆呢头巾里",在沙发上躺了整整一天,思考这个建议。[①] 支票在壁炉上放着,我尽量不朝那个方向看。

第二天一早,我把支票装在信封里,把它寄给了"巨人"的代表。

后来有人指责我,说我"过度按堂·吉诃德方式行事",甚至对文人同行造成了危害,因为我以自己的行为给报纸投下了阴影,从而妨碍其他比我更理智的人进入报纸。

理智的人们,无论如何,也并没有享多么长时间的福。

彼得留拉逼近了基辅。

---

① 索尼娅·马尔美拉多娃,陀思妥耶夫斯基长篇小说《罪与罚》中的人物。"德拉德达姆呢"是一种薄呢子。

十

洛洛来了。

他作为基辅出生的人,叫"列沃尼德"*,他妻子,女演员伊利纳尔斯卡娅则是"媳妇儿薇拉"。

他们来时羸瘦虚弱,疲惫不堪。勉强从莫斯科脱身。我们的守护天使,大块头政委,帮了他们大忙。

"您走后,""媳妇儿薇拉"说,"他像出现在火灾废墟上的狗,不停地嚎叫。"

不久消息传来,政委被枪毙了。

我见过多罗舍维奇几次。

多罗舍维奇住在一套很大的住宅里,非常消瘦,老了,看来无法抑制地怀念自己留在彼得堡的妻子——一位标致、轻浮的女演员。

多罗舍维奇在自己巨大的书房里大步流星地前后左右踱步,以故作冷漠的声音说道:

---

* 带有乌克兰口音的读法。原文暗含的意思是,洛洛作为在乌克兰出生又长期在俄罗斯生活的人,现在回到了乌克兰,于是便向大家展示起自己的乌克兰身份。

"是的,是的,莉莉娅再过十天就该来了⋯⋯"

一直是这"十天"。这一直拖到他死。他根本不知道,他的莉莉娅早就嫁给了一位浑身是皮衣的"豪华男子"——布尔什维克的政委。

他也许会亲自去彼得堡接她,假如他不是对布尔什维克怕得要命、怕得痉挛的话。

他孤身一人死在了医院,在布尔什维克的统治之下。

而这些在基辅的日子里,他瘦削颀长,病弱恹恹,一直在自己的书房里走,走,仿佛在用最后一点力量迎接自己痛苦的死亡。

我在《俄罗斯言论报》工作的时候,很少与多罗舍维奇见面。我住在彼得堡,编辑部在莫斯科。但在我的一生中,他曾两次"看了看我"。

第一次,是在我进报纸工作之初。编辑部很想让我坐下来写大众关切的小品文。当时"大众关切的小品文"是一种时尚,它们因为马车夫大杂院里的不卫生状况抨击"城市父母官",为"当代洗衣女工的艰难处境"而流泪。大众关切的小品文可以触及政治,但只能以轻松无害的语调,以便不使编辑遭受书报检察官的训斥。

正是在那个时候多罗舍维奇保护了我:

"不要折磨她吧。让她想写什么就写什么,想怎样写就怎样写好啦。"

还补充了一句亲切的话:

"不能用阿拉伯马去驮水。"

第二次看我,是在我生活中非常沉重、非常复杂的时刻。

在这样沉重与复杂的时刻,人总是只剩下他一个。最亲密的朋友认为"不方便打扰,这时候他当然顾不上他们"。

由于这些礼貌,结果便是完全冷漠的印象。

"为什么大家都不理我呀?难道认为我有什么过错吗?"

后来才知道,大家的心与他在一起,全都为他难过,但谁都不敢接近他。

但多罗舍维奇的决定与众不同。他从莫斯科来了。完全出乎意料。

"妻子写信告诉我,您,看来,很抑郁。我决心一定要来看看您。今天晚上便走,那咱们就谈谈吧。您这样折磨自己很不好。"

他说了很久,诚恳,亲切,甚至建议由他去决斗,如果我认为这对自己有好处的话。

"这样就更闹得满城风雨啦!"

他要我保证,如果需要帮助、建议和友谊,我一定给他往莫斯科打电报,他立刻就来。

我知道不会召唤他,甚至也不完全相信他能来,但亲切的话使我受到了莫大安慰,得到了支持——黑压压的墙上打开了一道缝。

这个出人预料的骑士姿态,与他自我欣赏、踌躇满志,以及远非多情善感者的名声联系不到一起,使我大感惊讶,深受感动。非常痛心的是,看着他在命运面前还是那么神气十足,他一边走一边说:

"再过几天莉莉娅就该到了。无论如何,布尔什维克的崩溃——这只是几个星期的事,如果不是几天的话。也许,她甚至不值得来。现在出行不安全。有一些匪帮……"

"匪帮"就是彼得留拉。

我关于西班牙流感①的预感彻底成了现实。

发病是在夜里。四十度的高烧像飓风一样袭来。在半谵妄状态中,我只记得一件事:上午十一时,"蝙蝠"剧院的女演员阿列克谢耶娃-梅斯希耶娃②到我这儿来,取她在音乐会上准备演唱的歌曲。整整一夜她不停地敲门,我站起来,让她进屋,这时才猛然明白,这是谵妄。谁也没有敲门,我一直躺在床上。这时她又敲门了。我吃力地睁开眼睛。天已大亮。一个

———————————

① 西班牙流感,重症流感,1918 年开始出现于中国,后来席卷美洲,流行于全世界,在 1918—1919 年间夺走了两千多万人的生命。它首先被记述于西班牙,因而得名。

② H. B. 阿列克谢耶娃-梅斯希耶娃,轻歌剧演员,曾在"索恩"剧院演出,然后——在"蝙蝠"剧院。

响亮的声音说道：

"您还在睡呀？那么，我明天再来。"

急促的脚步声渐渐远去。明天！如果我不能站起来，那么，一直到明天以前，谁也不会知道我病啦。旅馆里没有服务员，也就没有人打算进来。

在恐惧中，我从床上跳起来，用力敲门。

"我病啦，"我大声喊道，"您回来！"

她听到了我的召唤。半小时过后，吓坏了的朋友们跑来了，带来了病人最最需要的东西——一束菊花。

"啊，现在事情好办啦。"

关于我生病的消息登上了报纸版面。

说实话，因为人们无所事事，大部分都在等待"布尔什维克痉挛的最后时日"的结束，都不干什么正经事，所以我的不幸引起了最强烈的反响。

我的房间里从早到晚都挤满了人。看来非常快活。送来了鲜花、糖果，糖果他们自己便吃了。人们闲扯，吸烟。情人们约定在一个窗台上幽会，交流戏剧界和政界的流言蜚语。经常来一些我不熟悉的人，但他们完全和熟悉的人一样微笑，吃喝。我有时甚至感到自己在这个快活的群体中是个多余的人。幸好很快就完全不再对我感兴趣了。

"也许，可以设法把他们全都赶走？"我怯生生地向照看我的 B. H. 伊利纳尔斯卡娅抱怨说。

"看您说的，亲爱的，他们会生气的。不好意思。您忍一忍吧。等您好了，就可以休息休息了。"

我记得，有一次，在傍晚，当人们都出去吃午饭的时候，我身边仅剩下了伊利纳尔斯卡娅和一个陌生人。

陌生人枯燥乏味地嘟囔道：

"我在华沙市郊有一座庄园，当然，不太大……"

"庄园上有些收入，当然，不很多……"

我是不是在做梦啊？

"在我的庄园上有片草场，当然，不很大……"

"在华沙我有个姨母……"

"当然，不很大——"我突然打断了他的话，这我自己也未曾料到。"如果，为了换换口味，派个人去请医生来，怎么样？年轻人，您看样子很可爱，去把医生给我请来吧，当然，不很大……"

做这个补充的是他，还是我？我一点也不明白。我希望，是他。

医生来了。他对我的生活环境十分惊讶，久久不能理解。

"您这里，怎么——刚举办过舞会呀？"

"不是，只不过是同情者前来探访。"

"都撵走！把他们都撵走！连花也都扔出去！您患的是肺炎。"

我胜利了。

"您高兴什么呀？"医生甚至害怕了。

"我预言过的，我预言过的！"

他似乎以为我在说胡话，所以不同意分享我的快乐。

当我痊愈后第一次出门时，基辅已经成了冰的世界。光秃秃的冰，再有就是风。稀稀拉拉的几个行人在街道上步履蹒跚。人们像保龄球的木瓶柱那样摔倒，还把旁边的人撞翻。

我记得，有时候我到某个编辑部去看看。编辑部在冰山的山腰上。自下而上，你无论如何也到达不了：走不上十步，便会滑到下面去。从上往下——你开始向下滑，则会从旁边滑过去。如此惊人的路冰，我从来没有见过。

市里的情绪大变。都熄火了。不再是节日的气氛。眼睛都惊恐地扫来扫去，耳朵都在耸立谛听……许多人不露声色地走了，也不知去了哪里。开始议论敖德萨。

那里现在似乎情况开始好转。而这里匪帮开始逼近。是彼得留拉吧。

《基辅思想报》不怕彼得留拉。彼得留拉过去曾经是它的职员……当然,他会想起这一点……

他确实想起了这一点。他的第一个指令就是——查封《基辅思想报》。在他进城之前好久,他便派来了专门队伍。

报纸极为困惑,甚至尴尬。

但是,也只得关门。

——

真正的冬天到了,带着严寒,带着冰雪。

医生说,肺炎过后,住在没有取暖设备的房间里,窗户还破破烂烂,这或许非常可笑,但却有害于健康。

于是,朋友们为我在一位可敬的太太家里找到了栖身之地。她向女中学生们提供膳食公寓。他们立刻收拾好我的东西,把我和东西都搬了过去。他们忘我地干。我记得,伊利纳尔斯卡娅负责我的日杂用品,她把镶花边连衣裙、丝绸内衣和开了封的墨水瓶扔进了一个硬纸箱子里。薇拉奇卡·恰罗娃(莫斯科科尔什剧院[①]的)搬走了十二束干枯了的花,这些花在回忆中是珍贵的。塔玛罗奇卡·奥克辛斯卡娅[②](萨布罗夫剧团的)捡起了散放在窗台上的所有名片。阿列克谢耶娃-梅斯希耶娃把剩下的糖果和空香水瓶都仔细地装了起来。惟独忘了一只大箱子与放在衣柜里的所有衣

---

① 科尔什剧院,戏剧企业家费奥多尔·阿达莫维奇·科尔什(1852—1924)于1882年创建于莫斯科。Π. H. 奥尔列涅夫、A. A. 奥斯图热夫、Л. M. 列昂尼多夫等曾在这里演出。

② 塔玛拉·奥克辛斯卡娅,演员,同苔菲一直到最后都保持着友谊关系。从1944年中期开始,苔菲便租住属于塔玛拉·奥克辛斯卡娅(拉夫罗娃)及其妹妹玛丽亚·阿奇的一套大住宅中的一间屋子。

服。不过,全部零碎东西都在——须知,这是最要紧的东西。因为经常被遗忘的就是它们。

我的新居是个奇异的房间。将其出租给我的太太,显然,将装饰她人生道路的所有物品都摆放在了这里。这里有一些犄角,树条,毛绒绒的球果,八只或十只小桌子,上面摆着厚重的大理石板,大理石板用叉开的易碎的小棒支着。在这样的小桌上什么也不能放。只能远远地欣赏人的智慧的奇迹:能够用如此可怜的东西支撑这么沉重的物件。有时候小桌子自己就倒下了。你静静地坐着,突然听见,在房间的另一角落——叹息一声,开始摇晃,然后,倒在地上。

除去这些破烂货,房间里有一台钢琴。它藏身于犄角和球果堆里,我们没能一下子认出它来。它站得那么别扭,弹钢琴的人必须从犄角和架子之间钻过去,坐在三个小桌子的包围圈之中。

我们决定立刻构建舒适与方便:多余的门用披巾遮住,钢琴搬到另一面墙旁边,姨妈们的肖像该挂在衣柜后面……

言出而行随。小桌子们乒乓响,一个玻璃器皿哗啦一声,一位姨妈自己从墙上掉了下来。

"天呀!这哪能行啊!房子主人听见,会把我赶出去呀。"

来自"高等女校学生班"的莉莉娅披着一头浅色卷发,主动提供帮助,一瞬间便打碎了装着绒毛果球的花瓶。她吓得跌倒在沙发上,却坐在了第二个姨妈的肖像上。这个肖像是她小心翼翼取下来的,以免打碎。

哗啦一声,接着是吼声、尖叫声。

"唱点什么吧,好让听不到这轰隆声。"

着手办最重要的事情——搬钢琴。

"稍等一下!"我喊了一声。"钢琴上有一个青铜狗,安放在孔雀石底座上。显然,女主人很珍视它。必须先把它取下来。别伸手,我自己来,你们只能把一切都打碎。"

我小心谨慎地直接搬狗——怎么这样重啊!突然——怎么回事?哪

来的轰隆一声？怎么突然又轻啦？我手里只剩下了狗。孔雀石底座在我脚下，已摔得粉碎。可谁又能知道它没有粘住呀！

"唉，现在女主人也许马上就要跑进来，"莉莉娅惊恐地小声说。

"这是你们的错。你们为什么不唱呢？我请过你们唱嘛。你们看到我要搬狗了，就该开始大合唱。搬钢琴吧，否则到黑天也弄不完。"

我们搬，推，扭动，放好。

"太好啦。现在方便多啦。阿列克谢耶娃-梅斯希耶娃，我在这儿给您写一首新歌。"

我当即搬椅子，弹一组和弦——怎么搞的呀！钢琴不发声。我们又动了动，在钢琴盖上敲了几下，还是没声音，完啦。

有人敲门。

"别出声！"

"唱！"

不管怎么样，门还是得开……

进来的不是"她"。是一位认识的工程师，来恭贺新居的。

"你们大家怎么都满脸悲痛啊？"

我们把一切都讲了。主要的恐惧是——钢琴。

"钢琴？我马上给你们搞好。首先必须把键盘拉出来。"

"亲爱的，您是上帝亲自派来的呀。"

他坐下，把什么东西转了一下，往外拉了一下。

"好，现在推回去。"

键盘回不去了。

工程师不出声，掏出手帕擦了擦额头。

一个可怕的谜底突然出现于我的脑海。

"停！请正视着我的眼睛，说出全部实情。您以前拖出过键盘吧？"

"是！"

"它们推回去过吗？"

沉默。

"请说实话！推回去过吗？"

"没有。从—未—推回去过。"

无聊的平平常常的日子。

沸腾的生活,不安的、喧闹的生活——沉静下来了。

不可能回家。基辅从北面被切断。来得及的人,已经走了。但是,大家都打算去某个什么地方。都感到用不着停留很久。

有一次从剧院出来,在前厅里我同未卜先知者阿尔芒·杜克洛聊了一阵。在门口值班的士兵走过来,问道:

"请告诉我,杜克洛先生,彼得留拉很快就要来吗？"

阿尔芒动了动眉头,闭上了眼睛。

"彼得留拉……彼得留拉……再过三天。"

三天之后,彼得留拉进了城。

这位阿尔芒·杜克洛是个惊人的现象。在离开莫斯科之前,我参加过他的几场活动。对向他提出的问题他回答得很准确。

后来,当我们熟悉之后,他承认,一般在做法之前,他都要准备好各种应对的诡计。可是后来便开始发神经,显然进入了某种恍惚状态,自己也不知道为什么和怎样给出这种或那种答案。

他还完全是个年轻人,二十来岁,不会再大了。是个面色十分苍白瘦骨嶙峋的小伙子,有一张俊美而疲惫的脸。他从来不讲自己的身世,法语讲得不错。

"我很久以前出生,寿命已经很长很长。我叫卡里奥斯特罗。"

他懒洋洋地撒谎,似乎不大情愿。

好像他不过是来自敖德萨的一个犹太青年。他的经纪人是一位很机智的大学生。阿尔芒本人文静,一副萎靡不振的模样。他不是一个务实的人,对自己的成就十分冷漠。

在莫斯科,列宁对他极端感兴趣,曾两次召他进克里姆林宫,询问自己的命运。当我们问及这些活动的时候,他闪烁其词地回答:

"不记得。只记得列宁本人一直顺利。其他人则各不相同。"

他的经纪人讲,他吓得要死,因为他看到阿尔芒如何"一反常态",那时候他已经不清楚在与何人打交道。

"谢天谢地,总算安全地过去了。"

可是也并没有过多久。几个月之后,阿尔芒被枪毙了。

基辅悲剧的最后一幕开始了。

彼得留拉进城。开始了逮捕和搜查。

夜里无人躺下安眠。我们坐在一起,一般是在米利鲁德家。为了不睡过去,便玩牌,同时侧耳细听,是否来人了。一旦有敲门声或门铃响,便把牌和钱藏到桌子下面。在这些日子里,阿尔芒·杜克洛也加入了我们住宅里的这一伙。

"不,我不能玩牌。我可是预先知道每张牌呀,"他宣称。

而他一连输了三个夜晚。

"怪事。当我还是个小孩子的时候,就已经没人肯跟我玩牌了……"

"可谁肯跟小毛孩子玩牌呢?"人们回答他。

文静而萎靡的他既不争论也不笑。一个诡异的小伙子。

"我总是昏昏欲睡。这个睡意消耗干了我。它吸走了我的全部精力,我的全部心血。"

他清秀的脸十分苍白。他说的是实话。

街道上出现了彼得留拉的巡逻队。一些非常有礼貌的绅士,穿着士兵大衣,鞋后跟咔咔地响,他们警告,哪些街道不能走,以免遭到围捕。

"你们是什么人啊?"我们问。

"我们就是所说的'匪帮',"这些绅士骄傲而恭顺地回答。

商店空空,关门了。人们四散逃开,藏了起来。城里穿军大衣的人越来越多。

米利鲁德的家受到了搜查。据说,小阿廖沙从婴儿室里跑出来,拼命哭嚷:

"我是彼得留拉! 我要给你们点厉害看看!"

巡逻队恭恭敬敬地走了。

举行了盛大的仪式。剧作家温尼琴科①在人群前面鞠躬。为自己的剧本他从未受到过这样热烈的欢迎……

身穿崭新的德国呢乌克兰短上衣的小伙子们,骑着剽悍的骏马疾驰而过。

"莫斯科佬"们不时地笑一笑:"乌克兰万岁,甚至从基辅去了柏林也是!"*

溜达了一阵子,看了看。人们开始收拾皮箱。是时候了。

城外响起了大炮声。

"这是在哪儿呀?"

"好像在童山后面。似乎是布尔什维克逼近了。"

"这次来要待好长时间。您有通行证吗?"

"去敖德萨! 去敖德萨!"

---

① 弗拉基米尔·基里洛维奇·温尼琴科(1880—1951),乌克兰作家,乌克兰民族主义反革命运动领导人之一。1917 年"二月革命"以后是中央拉达的组织者之一,后来同彼得留拉一起领导了执政内阁(1918 年 11 月—1919 年 2 月);1920 年起侨居国外。

* 原文为乌克兰语。

一二

我去跟大修院*告别。

"上帝知道,何时我才能再来这里呀!"

是的,上帝知道……

在这个笃信宗教的罗斯的心脏里空无一人。没有挎背包的朝圣男子和用手杖挑着包袱的朝圣女子溜达。只有面带愁容的修士们走来走去。

我走下洞穴。我想起来了,许多年以前,我与母亲、众多姐妹和老保姆第一次来这里时的情形。多彩的"各种"生活横亘在我和那个梳着浅色辫子、两腿细长的小姑娘之间。那个小姑娘就是我。然而,崇敬和畏惧之心依然如故。我依然那样在自己身上画十字,因为古老的拱顶散发出来的无法表达的美好忧伤而叹息。在这些拱顶下面,弥漫着古老俄罗斯的祈祷,它们曾被多少双眼睛的泪水所浸泡啊……

一位老年修士在出售小十字架、念珠和圣母像。这个小圣母像,通过细小的瓶口,巧妙地贴在扁平的小瓶子里。两根绞形蜡烛,和诵经台以及台上的圣像,也是粘在上面的。在缎带上写着:"万福,无玷之净配。"奇妙

---

*　指基辅洞窟大修院。

的圣像。现在,在无数次颠沛流离的逃难之后,这个扁平的小瓶子,老修士的宝贝,保存下来了,就摆放在我巴黎的壁炉上……

我也去了圣弗拉基米尔大教堂告别。看见在圣伊琳娜像前跪着一个小个子的黑老太婆,她脚上穿着破草鞋,脚尖朝里,虔诚而畏缩。小老太婆在哭,而浑身珠宝、金光灿灿的华丽的拜占庭女皇*严厉地看着她。

深夜,我们离开了基辅。就在不远处,炮声隆隆。

车站上拥挤得难以想象。一些军用专列堵死了所有线路。不知它们是驶来的,还是要驶往什么地方的。它们似乎自己也不知道。

所有人的脸都是茫然的,愤懑的,疲惫的。

我们费尽周折,才找到通行证上给我们标明的车厢。是三等车厢,一种三层的。我们的东西也都放进了车厢里。

我们在车站上等了好久。所有发车时间早都过去了。我们在第二条线上。左右两侧都是运送士兵的列车。可以听到呼喊声与射击声。在车厢间的缝隙里,可以看到人们如何惊慌地奔跑。

有时候,有人把新闻带到我们的车厢里来:

"马上就要把我们再赶到站台上去。整个列车都给士兵。"

"十一俄里以外根本不能通车。那里的会让站被布尔什维克占着。"

"刚才回来一列遭到射击的火车。有被打死的和受伤的人。"

被打死的! 受伤的! 对这样的词语我们已经习惯了。它们不能使任何人惊慌,也引不起任何人大喊:"太可怕啦! 真是灾难哪!"

人们想的无非是在我们新生活条件下的事:"受伤的人应该包扎,被打死的必须抬下去。"

受伤的人和被打死的人——这是我们的日常用语。我们自己,如果不是在会让站,那么就稍晚一点,也完全可能成为伤者与死者。

＊　指的是圣伊琳娜。

有人的茶壶被偷了。这个问题被带着同样的兴趣讨论，如同讨论：我们能否穿越十一俄里，或者，根本就不让我们离开这里，因为列车司乘人员拒绝驾驶列车。

猛然，从三层座椅上掉下来一个硬纸箱子，砸到了某个人的头上。这是愉快的信号。这意味着正在挂机车，所以它抖动了一下。

我们的车开了。

我们停了很多次。停在黑暗的车站上，停在荒凉的原野上，有人提着灯跑来跑去，有人呐喊和射击。

车厢门口出现了端着刺刀的士兵：

"军官们！到平台上来！"

我们车厢里没有军官。

我记得，有什么人在车窗外面顺着路基跑。后来，有士兵呼哧呼哧喘着冲进车厢，用刺刀往座椅下面戳。

谁也不知道，这是怎么啦；谁也不问，这是怎么回事。闭上眼睛静静坐着，似乎在打瞌睡，作出一副样子，好像认为所发生的一切，对于乘车旅行来说，是最正常不过的状况。

到达敖德萨时是夜里。一个意外的好事：把我们锁在了车站上，天亮前不同意放行。

有什么办法呢！

把行李放在地板上，自己坐在上面，说实话，觉得自己很舒服。谁也没有向我们射击，也没有搜身——一个人还需要什么呢？

凌晨时分，在我面前出现了一个人影。他用纤细的手提着一个黄色的化妆品箱子。

"是阿尔芒·杜克洛吗？"

"是。"

他也是乘我们这趟列车来的。他坐在我身旁就开始说了起来。他在自己化妆品箱子里带着多少非同一般的重要材料啊。为了这些资料，有人提出给他百万美元,但是他不同意出手。

"我认为,您应该出手。"

"我不能。"

"为什么?"

"我自己也不知道为什么。可是,这极其损耗我的身体——一生都把这个箱子提在手中。"

我打了一会瞌睡,等我醒来,阿尔芒已经不在了。他走了,把自己的宝贝遗忘在了我的脚旁边。

早晨,车站打开,放我们进城。当搬运工把我们的行李往出租马车上装的时候,阿尔芒的箱子原来没有锁住,这时候盖子开了,从箱子里掉出来一个巴黎的"和平街"香水瓶和一只修指甲的小锉。除此之外,里面绝对什么都没有。

因为阿尔芒久久不再现身,我们便在报纸上刊登了一则启事:"我们请未卜先知者杜克洛猜他的箱子在哪儿"。

然后是姓名、地址。

在敖德萨的日子开始了。

还是那些面孔又出现了,又开始翻腾那些胡言乱语。我们认为,一些人已经回了莫斯科,他们原来在这里。另一些人,我们以为已经来了敖德萨,原来他们早就到了莫斯科。

无论关于什么事,无论关于什么人,确切的消息谁都一无所知。

统治敖德萨的是年轻的灰眼睛省长格里申-阿尔马佐夫[1],关于他,也

---

① 阿列克谢·尼古拉耶维奇·格里申(笔名格里申-阿尔马佐夫;1880—1919),上校,被西伯利亚军总指挥晋升为少将。第一次世界大战参加者。1918 年 5 月,作为地下军官小组首领,夺取了新尼古拉耶夫市的政权,与逼近的盖达指挥的捷克斯洛伐克军团联合。西西伯利亚政府的军事部长,西伯利亚军总指挥。因为与盟军使团的代表有分歧到南方参加了志愿军。格里申-阿尔马佐夫曾一度是敖德萨市的卫戍司令。邓尼金将军派他携带重要文件、信件去见高尔察克海军上将;在横渡里海的时候,格里申为了不被俘虏而饮弹自尽。

是确切的信息无人知晓。怎么搞的,他如何成了省长,似乎他本人也不明白。就像——小个子拿破仑,"他的命运原来比他的性格更强大"。

格里申-阿尔马佐夫是一位精力充沛、性格快活、意志坚强的人。他非常强调自己的意志坚强,炫耀它,喜欢文学和戏剧,据说,他自己还曾经当过演员。

他曾访问过我,并非常客气地提供了"伦敦"饭店里的一个房间。这个十六号房间好极了,在其各个角落里都堆满了成捆的《共同事业报》:在我之前,布尔采夫①曾下榻这里。

格里申-阿尔马佐夫喜欢排场,当他来访问我的时候,在走廊里部署了整队扈从,门口则有两个岗哨。

他是一位令人愉快的好谈伴。喜欢讲尤什克维奇②《列昂·德列伊》中一个人物说过的话。

"今天非常冷。我强调'非常'。"

"您在这个房间里方便吗?我强调'您'。"

"您有适于阅读的书吗?我强调'适于'。"

他给我介绍饭店的经理,请他关照我。经理是一个大胡子上校,整天牵着两条极漂亮的什皮茨犬。

总之,极为客气。

这段时间对他来说,是很困难的。

"预兆不祥"——这是敖德萨当时的流行语,它准确界定了形势。

乘布尔什维克逼近之机,匪帮们尽情地抢劫了栖身于废弃采石场里的市民。这些采石场位于城郊,形成连片的地下坑道。格里申-阿尔马佐夫

---

①　弗拉基米尔·利沃维奇·布尔采夫(1862—1942),历史学家,政论家,出版家,回忆录《为自由俄罗斯而战:我的回忆(1882—1922)》(柏林,1923)的作者,更著名的是再版压缩本《追击奸细》(1928)。出版《共同事业报》(1909—1910,1917—,然后 1918—1922,1928—1933)。1918 年夏起在巴黎居住,1919—1920 年间曾回过俄国。

②　谢苗·所罗门诺维奇·尤什克维奇(1868—1927),散文作家,剧作家,政论家。1920 年起侨居国外。他最著名的作品之一为长篇小说《列昂·德列伊》(1911)。

甚至被迫同这些强盗的一个代表，著名的"小日本"米什卡，进行谈判。不知道他们是否达成了某种协议，不过，格里申本人只能乘坐自己的汽车在市里全速行驶，因为他得到了许诺："子弹在街角上恭候"。

市民们晚上依然还是从自己没法点火取暖的住宅里爬出来。上俱乐部，去剧院，用恐怖的流言互相恫吓。为了回家，他们结成团伙，并邀请护卫队——用随便什么武装起来的五六位大学生。把戒指塞进嘴里，手表藏进皮鞋里。但帮助不大。

"他这个恶棍，听到哪儿咔咔响，就往哪儿摸。我说，这是被吓得心怦怦跳……可是，难道他们能相信诚实的人吗！"

强盗们拦截出租马车，把马卸下来，赶进地下坑道。

但是，如此就能把我们吓倒吗？剧院、俱乐部和饭店整夜爆满。输赢钱的额度成为传奇。

清晨，被美酒、激情和香烟毒雾所麻醉的银行家与糖厂主们走出俱乐部，在阳光下眨着发炎的眼睑。来自莫尔达万卡*的受苦受难的人们，用沉重的饥饿的眼睛，久久地盯着他们的背影看。这些人在大门口捡拾丢弃的食物，在硬果壳里和香肠皮里搜寻残存的东西。

---

* 莫尔达万卡，敖德萨的一个区，当时敖德萨的贫民窟。

十三

福玻斯的马奔驰，

驶下斜坡……

敖德萨的日子一天天过去，它们突然加快速度，互相追逐着一闪而过。

俱乐部、剧院和卡巴莱餐馆开张，倒闭。

几位素不相识的中年先生找到我，建议"将自己的名字交给"某项"创举"使用。这项创举有深厚的文学底蕴。带有热晚饭和纸牌游戏。

"我在这里面有什么用啊？"

"您将被视为老板，并按月领取报酬。"

"无论是对玩纸牌，还是聚餐，我可是一窍不通呀。你们可能是把什么东西搞乱了。"

他们磨蹭了一会，又提高了我的待遇。

显然，我们完全不可能相互理解。

后来，他们似乎找到了一位著名的女歌手充当老板，这才罢休。也就是关门，行贿，开业，关门，行贿，等等。

"您的警察局受贿吗?"我问格里申-阿尔马佐夫。

"那有什么! 这些钱完全用于慈善活动。我强调'用于'。"他精神抖擞地回答。

敖德萨的日常生活最初使我们这些难民很快活。

"这不是城市,而是地道的笑话。"

敖德萨一位女演员多次给我打电话。她需要我的歌。诚恳请我去一趟,因为她家有钢琴。

"哦。那好吧。我明天去您那儿,下午五点左右。"

话筒里传来一声叹息。

"啊,也许,六点可以吗? 因为,我们总是在五点钟喝午茶……"

"您相信六点钟就结束啦?"

有时候,我们聚在一起朗读报纸上的新闻栏。敖德萨的时事新闻编辑毫不吝惜自己(灵感的)火花和(笔墨的)色彩。这是他们在这方面的代表作*:

"芭蕾舞女演员表演出色,但布景却难以说好。"

"罗辛娜-因萨洛娃主演奥斯特洛夫斯基的《大雷雨》……"

"演员绝妙演奏恩斯特的《哀歌》,他的小提琴大哭失声,虽然他穿了一件普通上衣。"

"一轮船驶抵码头。"

"周一晚上商人之女拉雅·利普希茨骑自行车时摔折了腿。"

不过,敖德萨的日常生活很快就让人厌烦了。须知,生活在笑话之中并不愉快,相反,很可能是凄惨的。

可这时出现了一线光明。我们可爱的编辑 Ф. И. 布拉戈夫①来到敖德

---

*　下面几句话基本都有很可笑的语法错误。汉译很难完美再现这一点。

①　费奥多尔·伊万诺维奇·布拉戈夫(1866—1934),《俄罗斯言论报》最后几年的编辑。革命后很快移居中国,参与为《朝霞报》(哈尔滨)与《上海朝霞报》撰稿。

萨,开始召集《俄罗斯言论报》的职员。《俄罗斯言论报》将在敖德萨出版发行。数量相当大的职员聚合在了一起,事情开始迅速走上正轨。

早春时节,诗人马克斯·沃洛申①在市里露面了。此时他对诗歌的执着达到了疯狂的地步。到处可以看到他那鲜明的身影:浓密的方形胡须,陡立的卷发,头戴圆形贝雷帽,身披斗篷,身穿短裤与腿套。他进出各种政府机关,遍访有用之人,并朗诵诗歌。他朗诵诗歌并非无用。他用自己的诗歌,像用钥匙那样,开启了他需要的门径,并为亲近的人寻求帮助。有时他进入某个部门,趁人们思考如何向上司为他通报的时候,他便开始朗诵。诗歌是深沉的,强而有力的,关于俄罗斯,关于僭号者,经常涉及历史,带有预言倾向。狂热的美女打字员们成群地围拢着他,听他朗诵,惊呼喊叫,由于幸福的震惊她们常常鼻塞不通。后来打字机便噼啪响,——马克斯·沃洛申在口授自己的长诗。领导人士在门后观察,对此人产生了兴趣,把马克斯调至自己身边。调来了,透过紧锁的门便传出深沉的有节奏的朗诵声。

他也来过我这儿。

读了两首长诗,便说,必须尽快把女诗人库兹明娜-卡拉瓦耶娃②救出来。她因某人的阴谋而被捕(似乎在费奥多西亚),可能会被枪毙。

"您认识格里申-阿尔马佐夫,赶快求求他。"

我稍稍了解一点库兹明娜-卡拉瓦耶娃,理解诽谤的荒谬。

"我毫不延误地去见都主教。库兹明娜-卡拉瓦耶娃毕业于神学院。都主教会为她说话的。"

我给格里申-阿尔马佐夫打了电话。

---

① 马克西米利安·亚历山德罗维奇·沃洛申(原姓基里延科-沃洛申;1877—1932),诗人,批评家,画家。

② 伊丽莎白·尤里耶夫娜·库兹明娜-卡拉瓦耶娃(娘家姓皮连科,依第二任丈夫姓斯科布佐娃,成修女后叫玛丽娅嬷嬷;1891—1945),诗人,散文作家,政论家。1920年起侨居国外。作为抵抗运动参加者,死于希特勒拉文斯布吕克集中营毒气室;她的第一任丈夫德米特里·弗拉基米罗维奇·库兹明-卡拉瓦耶夫(1886—1959),法学家,历史学家,侨居中为天主教神父。

他问道：

"您能保证吗?"

我回答：

"能。"

"这样的话,明天我就下达命令。您满意吗?"

"不。不能等明天。必须今天,必须发电报。这太可怕了——万一咱们耽误了呢!"

"啊,好吧。我发电报。我强调'发'。"

库兹明娜-卡拉瓦耶娃获释了。

后来,在我们流浪的许多阶段——在新罗西斯克,在叶卡捷琳诺达尔,在顿河畔罗斯托夫——我都遇到过扣在陡立的卷发之上的贝雷帽,斗篷和腿套,听到过诗朗诵和激动得发红的小鼻子发出的赞赏的吱吱声。所到之处他都为拯救某个人而大声呼吁。

我的老朋友 M 来到了敖德萨。这位高尔察克的信使从符拉迪沃斯托克出发,跨越整个西伯利亚,穿过布尔什维克控制区,带来了写在布片上(为了不被摸出来)缝在大衣里子下面的信。他去见共同的熟人,他们通知他,我在敖德萨,便立刻在电话里召唤我。见面非常愉快,但也非常奇怪。为了不妨碍我们,全家人都挤在角落里。老保姆从稍稍开启的门缝里深情地窥视。所有的人都安静下来,庄重地等候:相互都认为已经过世的老朋友即将重逢。天哪! 要痛哭一场,也许……岁月就是这么个样子嘛……

我进来了:

"米舍利! 亲爱的! 我太高兴啦!"

"我也特别高兴啊! 咱们受了多少苦哇。请看,我有了多少白发呀。"

"没那么回事。没有一根。我倒是真有。您看,在这儿,在左鬓角上。算啦,不要假装看不到!"

"真的没有。实在是没有一根。"

"您到亮的地方来。这是什么？在您看来，这不是白发吗？"

"确实没有。我倒是真的有。您看，往亮的地方看。"

"哎，知道吗，这简直不光彩！"

"您就知道强辩。我就是满头白发。"

"我知道您那可爱的性格！他什么都是好的，别人一切都不好！"

主人们踮起脚尖，虔敬地走出房间。

当这些重逢的欢欣过去之后，M 讲了自己命运中的许多趣闻。

他是个地道的文职人员，地主，战争期间开始在军界任职。革命后他去了自己的庄园。在那儿，在被布尔什维克包围的故乡小镇里，他当选为独裁官。

"您当然不会相信我，而我却是在冒着生命危险，在衬里下面藏着，带来了以我的名字签署的命令。"

我看了看。的确。

"他们调来了炮兵部队，对我们进行炮轰。只得逃命，"他讲述道，"我骑着马在田野上飞奔。突然，我看见，在黑麦地里并排长着两棵矢车菊。别处一棵都没有，而这里并排两棵，宛如某个人的眼睛。您知道吗，我忘记了一切，炮弹爆炸声也听不见了。我勒住马，跳下来，揪下了矢车菊。此时周围人们在奔跑，喊叫，纷纷倒下。可我并不感到害怕。您认为怎么样，我为什么不害怕呢？我是勇敢吗？"

他陷入了沉思。

"后来呢？"

"从那里到了伏尔加河。太可笑啦！我指挥过一个舰队。仗打得还可以。您记得吗，五年前，一个女占卜师说过，死前不久我将在舰队里服务。大家都拿我开玩笑：魁梧，肥胖，再戴上一顶有飘带的帽子。可就是实现了。现在我将去巴黎，然后经美国回符拉迪沃斯托克，回到高尔察克身边。我将把一把海军上将的短剑带给他。他把这把短剑抛进了水中，水兵们找到了它，要将其奉还。"

他讲,他在罗斯托夫看到了奥廖努什卡。她在一个小剧院里演出,与自己的丈夫生活得很和美。她丈夫像个穿军服的中学生。奥廖努什卡成了一个笃信的素食者,用一些树枝给自己煮汤喝,并从丈夫的盘子里把肉挑出去。

"您呀,奥廖努什卡,干脆放到自己盘子里好啦,"M建议道。

小丈夫吓得脸都红了:

"看您说的! 看您说的! 绝不能这样讲。她会生气的。她这是出自信仰。"

M准备作长途旅行。他有些着急。必须快点给高尔察克送去敖德萨的各种决议,建立联系。他是第一位渗透成功的信使。

他精力充沛。对高尔察克与白卫事业笃信不疑。

"赋予我的使命,我一定愉快而忘我地完成。我内心坦然。只有一件事让我不安: 我的戒指上的黑色蛋白石裂了。出现了个十字形裂纹。您怎么看,这意味着什么?"

我没说我心里在想什么。但不祥的预感没有欺骗我。整整一个月过后,M死了……

他很想把我从敖德萨带出去。周围的人们都说:

"预兆不祥!"

他乘坐军用雷击舰走了,答应为我张罗许可证。可是天气很糟,海上刮着狂暴的飓风,我没同意走。

有很多友人为我劝说M:

"难道您以为,我们不关心娜杰日达·亚历山德罗夫娜吗,如果必须撤离敖德萨的话!"

"她将第一个登上轮船——为此我向您发誓!"

"如果不首先安排好她,难道我们当中会有人能够离开吗? 简直可笑!"

(也确实,后来很可笑,但并不是因为他们关心……)

黎明前,我被叫醒了。一个寒冷的早晨。青紫的阴影笼罩着 M 苍白的脸。

在漆黑一片的冬天的早晨早早被人叫醒——这永远是,或者送别,或者送葬,或者发生了不幸,或者有恐怖消息。在这个不见天日的昏暗世界上,体内的每一滴血都在颤抖。

青紫色的阴影笼罩着 M 的脸。

"噢,别了。我走啦。请为我祝福吧。"

"上帝保佑您。"

"这一次,大概,不会分别太久。我们很快就会再见面的。"

但是,在这个烦闷的黎明,即未来岁月的幽灵中,对于普通的亲切的欢乐,我感觉不到丝毫的希望。我小声地重复道:

"上帝保佑您。我们还能再见吗——我不知道。我们可是什么也不知道啊。因此,我们每一次分别——都是永别。"

以后我们再也没有见过面。

一年之后,在巴黎,俄国领事把一枚镶有黑色蛋白石的戒指转交给了我。

这就是我的朋友留下来的一切。他死后还被与他同住一个饭店的冒险家偷得精光。他拿走了一切——衣服,床单,皮箱,戒指,烟盒,甚至装香水的小瓶子,可是不知何故,却没敢碰黑色的蛋白石。在蛋白石上他感觉到了什么。

这块蛋白石的来历是一个动人的故事。

有一个时期,这大约在战争初期,我对石头非常迷恋。研究石头,搜集与石头有关的传说。一位独眼老头科诺普廖夫经常到我家,带来乌拉尔宝石给我看,有时候还有印度宝石。一个和蔼可亲的老头儿。在灯下,桌子上铺一块黑色天鹅绒,用一只细长的镊子,他称之为"拟子",从盒子里取出蓝色、绿色和红色的小灯儿,将其放置在天鹅绒上。有时候小石头任性,不肯就范,在一团火星中挣扎,恰似一只活生生的小鸟。

"咦,真不好摆弄!"小老头嘟哝道,"红宝石—尖晶石,橙黄色的光亮。烫人。"

"蓝宝石。嗬,这块小石头就像是在开花。泛红的深蓝色,像是孔雀的小眼睛。在蓝宝石中,重要的不是它发亮还是发暗,而是它接近于淡紫,如花开放。这一点必须明白。"

就这样可以一连坐几个小时,用长镊子搅动这些寒冷的火花。他想起来一些传说:

"让蛇见一见祖母绿——它立刻就泪如雨下。祖母绿——这是鲜花盛开的天堂里的花朵。蛇不堪回忆自己的罪过。"

"紫晶——不失童真的贤明的石头,触摸它能使人洁净。古人用紫晶杯喝酒,就为的是不醉。在罗马教皇的十二颗宝石中,紫晶是最重要的,教皇便用紫晶来祝福大神父们。"

"红宝石——是钟情的石头,不触及便使人陶醉。"

"亚历山大石——咱们令人惊讶的乌拉尔宝石。亚历山大石是亚历山大二世在位时发现的,所以便以他的名字命名,有预见性:亚历山大石。在自己的光泽中蕴含着这位皇帝的命运:鲜花似锦的岁月和血腥的坠落。"

"还有,金刚石,纯洁的碧石,这是基督生命的象征。"

我喜爱石头。石头中间有什么样奇妙的变种啊:有天蓝色的紫晶,黄色的蓝宝石。或者,同样是蓝宝石,却是淡蓝色的,并带有黄灿灿的太阳斑。按科诺普廖夫的说法,是"有缺损的";而我,则要说,是有炽热之心的。

有时候他会带来一块灰石头,里面有整整一窝祖母绿。像按个头排队的孩子,一个比一个小。暗灰色的,像瞎眼睛的小狗崽。它们受到了欺凌,给过早地挖了出来。它们需要在炽热的深层矿岩里再成熟上几千几万年。

正好就在我对石头情有独钟的时期里,有一次,画家亚·雅科夫列夫[①]

----

① 亚历山大·叶夫根尼耶维奇·雅科夫列夫(1887—1938),画家,舞台美工师,教育家。1917 年 7 月起侨居国外。

给我带来几颗蛋白石,怪异的,暗色的。它们是由一个画家从锡兰带回来,请求寻找买家。

"蛋白石能带来不幸。不知道,是否可以买呢?同科诺普廖夫商量一下吧。"

科诺普廖夫说:

"如果心存疑虑——就绝对不能买。我现在就给您看一些其美无比的小石头儿,几乎同意白送。请看吧。整整一条项链。"

他展开一块麂皮布,把十二块奇美无比的大蛋白石一块又一块地摆在天鹅绒上。一片浅月白色淡雾。在这片淡雾中不停地明灭着绿色和鲜红色的火花:"有路!""无路!""有路!""无路!"此呼彼应,召唤,搅乱……

"我白送给您,"科诺普廖夫笑着重复了一遍。

无法摆脱这月光的闪烁。你看——静悄悄的雾。忽然——星光一闪,旁边又一闪,燃起了火焰,一个熄灭了,两个都熄灭了。

"我白给。但是,我应当提醒您。我曾把这条项链整个地卖给了马腾斯太太,一位教授夫人。她非常喜欢,便留下了。但第二天一早便派来了仆人——快把石头收回吧,她说,丈夫突然死了,马腾斯教授。那么,您看着办吧。不害怕吗,就留下,但我不勉强您。"

我拒绝了科诺普廖夫的蛋白石,却决定要一块锡兰黑蛋白石。晚上,我久久地盯着它看。真是惊人地美丽啊,两种亮光闪烁:蓝的和绿的。还放射出强烈的光焰,似乎它走了出来,分离了出来,不是在石头里抖动,而是在石头之上。

我买了这块蛋白石。相同的另一块则由 M 买了。

于是,这就开始了。

绝不能说,它给我带来了确定无疑的不幸。这些暗色的蛋白石携带着死亡、疾病、痛苦和离别。

这块蛋白石不是这样。它仅仅是俘获了生命,用自己黑色的火焰笼罩住了它。心灵开始跳舞,就像巫婆在篝火上舞蹈那样。呼啸,嚎叫,火花喷射,刮起火的旋风。一切日常生活,一切方法秩序——全都焚烧殆尽。既诡异,又凶恶,又高兴。

这块石头在我这儿放了两年。后来我把它给了亚·雅科夫列夫,还请求他,如果可能,把它还给从锡兰带它来的那个人。我觉得,必须让它像靡菲斯特*那样,从哪条路来的还从哪条路回去,而且还要尽可能快一些。如果走另一条路,就会迷路,那它就还会回来。我着实不愿意让它再回来。

第二块石头亚·雅科夫列夫自己留下了。我不知道有多久,但我知道,他的生命也被蓝绿色的浪涛所左右,开始旋转,并投入到了遥远的吊眼角的亚洲。

第三块石头迷住了安详平和的 M。他的生活舒适地流淌:松软的沙发椅,放在心爱诗人唰唰响的书页中间的骨制小刀,懒洋洋的手上长着保养得赛过宝石的指甲,钢琴,镶在玳瑁边框中的奥斯卡·王尔德的肖像,用珍珠般字体誊写的库兹明的诗行……

可是——懒洋洋的手丢掉了连页也未曾裁开的书。战争,革命,荒诞的婚姻,签署荒谬绝伦的命令的"故乡小镇的独裁官",伏尔加河上的游击战,高尔察克,穿过整个西伯利亚的可怕道路,敖德萨,巴黎,死亡。深深的裂纹把黑色石头横切竖切——一个十字架。宣告终结。

新的难民涌进了敖德萨——莫斯科人,彼得堡人,基辅人。

因为出游的通行证演员最容易拿到,所以——俄罗斯人民真是天才的民族啊!——歌剧团、戏剧团便成百成千地奔向南方。

"我们出来得还顺利,"豌豆街**上的一位谦卑的理发师幸福地说,"我是第一情人,妻子是扮演天真少女的演员,菲玛姨妈饰演大卖俏男,妈妈卖

---

* 靡菲斯特,歌德作品《浮士德》中的恶魔。
** 彼得堡的一条街。

票,还有十一位提台词的。全都顺利通过。当然啦,提词人的数量有一点让无产阶级犯愁。然而我们解释说,这是艺术中最责任重大的人员。没有提词人戏剧没有办法演出。另外,提词人坐在破屋子里,挤得转不开身,迅速疲惫不堪,应该立即换上头脑清醒的人。”

来了个轻歌剧团,全都由“崇高的父亲”组成。*

来了个芭蕾舞剧团,组成人员是清一色的贵族女子中学的校长和老监护员……

新来到的人全都说,布尔什维克政权摇摇欲坠,说实在的,都不值得打开行李箱子。然而,也都把箱子打开了……

城里的气氛如果不是精神振奋,也是十分活跃。

“协约国! 协约国!”

人们向大海眺望,等待着“信号旗”。

货币一点一点地消失。商店里用自己发行的代用券找零钱,有时商人自己都不认识自己的钞票。物价一天一涨。有一次,在商店,店员在给我包一块奶酪的时候用手指着它,痛心地说:

“看吧,每分钟都在涨价!”

“那您就快点给包吧,”我央求他说,“也许,它在纸里就安分了。”

格里申-阿尔马佐夫突然消失了。他化名离去,未告知任何人。匆忙前往,去找高尔察克。不久,他的凄惨命运便公开了。在里海,他与布尔什维克遭遇。看到悬挂红旗的轮船渐渐逼近,灰眼睛的敖德萨省长把装有文件的皮箱投入大海,然后又弯腰向着舷外,对着自己脑门开了一枪。英勇捐躯。

“一位英雄,格里申-阿尔马佐夫! ‘我强调,英雄!’”

在敖德萨,很少有谁关注这一死亡事件。只有“伦敦”饭店的经理在给我鞠躬时,开始变得冷漠和心不在焉,他的毛茸茸的狗也不摇尾巴了。很

---

* “崇高的父亲”“第一情人”“天真少女”“大卖俏男”等都是当时戏剧理论中的“角色类型”(emploi)。

快他就找到我,一副忧心忡忡的样子,道歉之后说,在"国际"饭店给我开了一个房间,因为整个"伦敦"饭店将用作司令部。

离开这个可爱的十六号房间非常遗憾,这里,每天一到六点,暖气片便微微散热,在壁炉上大镜子里有时会出现亲切的脸庞:伊万·布宁干瘦而高贵的脸,他妻子浮雕宝石般的苍白的侧影,乌什库尼克*阿廖沙·托尔斯泰,他多情善感的妻子娜塔莎·克兰季耶夫斯卡娅,以及谢尔盖·戈尔内、洛洛、尼卢斯和潘克拉托夫……①

好吧——这又是一个阶段。那时候他们人能少了吗?将来他们能少吗?……

可是,市里开始出现一些新面孔:把领子高高竖起,左顾右盼,在大门口徘徊踟蹰。

"'他们'已经开始渗透啦!请相信我,他们正在渗透。我们看到一个熟悉的面孔——来自莫斯科的政委,他装作不认识我们的样子,藏起来了。"

"无所谓。协约国……登陆队……没什么可怕的。"

突然,一句熟悉的话语气喘吁吁地追赶上了我们:

"预—兆—不—祥!"

开始了!

---

* 乌什库尼克,十四至十五世纪由诺夫哥罗德的贵族与商人装备的武装民团成员,乘乌什库大平底船沿伏尔加河和卡马河从事抢劫和经商。

① 在当时,这些人都在敖德萨。伊万·阿列克谢耶维奇·布宁(1870—1953),诗人,散文作家,翻译家,诺贝尔奖获得者(1933)。薇拉·尼古拉耶夫娜·布宁娜(娘家姓穆罗姆采娃;1881—1961),翻译家,回忆录《布宁生平》(1958)和《同记忆对话》(未完成,发表于1960—1963)的作者,布宁的妻子。阿列克谢·尼古拉耶维奇·托尔斯泰(1882/83—1945),散文作家,剧作家,诗人,政论作家;1919—1923年生活在巴黎和柏林。娜塔莉亚·瓦西里耶夫娜·克兰季耶夫斯卡娅(1888—1963),诗人,阿·尼·托尔斯泰的妻子(1914—1935)。谢尔盖·戈尔内(亚历山大·阿夫杰耶维奇·奥楚普的笔名;1882—1949),诗人,散文作家,记者,文学批评家,回忆录作者;革命前在《萨蒂利孔》《新萨蒂利孔》周刊撰稿;1920年起侨居国外。彼得·亚历山德罗维奇·尼卢斯(1869—1943),画家和作家,布宁的朋友。他们全都侨居在国外。后来回国的只有托尔斯泰和克兰季耶夫斯卡娅。

十四

　　《我们的言论报》第一期出来了。报纸的情调是战斗的,精神昂扬的。

　　我的讽刺小品文《最后的早餐》充满了不和谐。死刑犯的最后一顿早餐。描摹的是寻欢作乐的敖德萨。写的是周围一片不祥的沉默,窃窃私语,轻轻的沙沙声、唰唰声,地下室里的交头接耳:"他们在往哪里渗透啊?"

　　我的情绪得不到支持。

　　"哪儿来的这种阴郁啊? 这算什么预言? 现在,当协约国……那么多作战部队登陆……当法国人,等等。"

　　"这显然不合时宜。您看看呀,停泊场那里都是什么情况呀!"

　　"军舰的信号旗!"

　　"协约国!"

　　"登陆队!"

　　显然,我确实错了……

　　一群乐观的作家与演员发起在屋顶上办一个"地下室"。当然,是"流浪狗"风格的。事情只剩下钱和名称的问题了。受关于协约国议论的影响,我建议名之为"姨妈的信号旗"……

　　有消息说,"国际"饭店也许要被各种司令部占用。那样的话,我又必须再次寻找栖身之地。我惊恐地回忆起刚到敖德萨的那些日子。私人住宅里一个寒冷的房间,洗脸池所在的公用浴室里,雪花穿过破窗户径直落在头上。男主人洗脸时穿着竖起领子的大衣,头上戴着羊羔皮帽子。女主人洗脸时把手缩进暖手筒里。也许,在这种状况下,他们既温暖,又舒服——我不知道。我不断打喷嚏,用尽世界上存在的方式,做操取暖。这是我最不喜欢的。虽然已经是春天,而春天之后永远是夏天,那么,在冷这个方面已没有什么可怕的了。然而,苦苦寻找住房的前景还是提前让我恼火,让我揪心。更有甚者,我无论怎样也不能设想,在敖德萨定居的生活将会怎样。当我住在"伦敦"饭店的时候,我的朋友们一再对我说:

"春天您的窗前将有多么美好的景色啊。"

我总是回答:

"我不知道。我感觉不到这里的春天。预兆不祥……"

在一个阳光充足的日子里,我走在大街上。从海滨方向可以看到罕见的场面——一群黑脸士兵轮晃着巨大的眼白(宛如煎焦了的带黄边的鸡蛋),沿着大街,驱赶驮着东西的驴子。这就是登陆队。但是,在居民中并看不到特殊的热情。

"瞧,给派什么样的来啦。难道找不到好点的啦?"

黑人以热忱的笑暴露了其野性的牙齿,高声喊叫,似乎是"哈巴尔达巴尔达",绝对不明白,他们这是在骂人,还是在向我们致敬。

"还不都一样,以后会明白的。"

驴子们兴致勃勃地摇晃着自己的尾巴。这是吉祥的预兆。

"啊?为敖德萨您怎样考虑,什么—么?"

一个奇怪的熟悉的声音……

"古西金!"

"什么—么?这不是城市,而是柑橘。您为什么不坐在咖啡馆里呀?那里真的都是社会的精英啊。"

古西金!可竟然是这副模样!全身上下一律灰蓝色服装:上衣,领带,帽子,短袜,手臂。一句话——一个穿戴时髦的人。

"哎呀,古西金。我似乎要无房可住啦。我简直绝望了。"

"绝望?"古西金反问道,"那么,您已经不绝望了。"

"? ……"

"您已经不绝望了。古西金将为您找到住所。您也许暗自以为:古西金不能!"

"向您保证,我从来不认为您'不能'!"

"而古西金,古西金,这个……您想要地毯吗?"

"什么!"我甚至吓了一跳。

"地毯! 现在这些摩洛哥人运来了各种废物。简直好极了,还便宜得吓人。那么便宜,简直比烂萝卜还便宜。我可以说出确切价格,好让您有个概念:绝好的地毯,最新的老地毯品质。规格——长三俄尺十俄寸,宽二俄尺五……不,二俄尺六俄寸……为这样的地毯您仅需支付……相较而言,非常便宜。"

"谢谢,古西金。现在谁也骗不了我。我知道应该付多少。"

"唉,苔菲太太,当时您改变主意,没有跟古西金一起走,太遗憾啦。前不久我带过一位歌手。很一般,讨厌鬼。我说实话,曾对着索比诺夫开过枪……"

"您向索比诺夫开枪? 为什么?"

"哦,俗话说,开枪嘛,就是瞄准。瞄准了索比诺夫,但没办成。是我把这个讨厌鬼带到了尼古拉耶夫。为他租了礼堂,卖了票,有了观众,一切应有尽有了。那么,您认为怎么样呢! 这个讨厌鬼一个高音也没有唱上去。在需要高音的地方,他便——这可真的需要想象力呀! ——他便掏出自己的手帕来,从从容容地擤鼻涕。观众交了款,观众期待着自己的高音。而这个恶棍就知道像苦役犯那样擤鼻涕。然后走到出纳处就要钱。我大怒,真的就像一头狮子。我在愤怒中的确是很吓人的。我对他说:'请原谅我,——您的高音在哪儿?'我就这样说了。他沉默了一会儿,就说道:'您可以想象一下,如果我在尼古拉耶夫能唱高音,那我在敖德萨将唱什么呢?我在伦敦,在巴黎,甚至在美国又将唱什么呢?或者,'他说,'您要说,尼古拉耶夫是跟美国一样的城市?'唉,您对此能作何答复呢,如果合同中没有关于高音规定的话。我沉默了。但后来还是说,您大概根本就没有高音。可是他说道:'我甚至有很多这玩意儿,但是我不乐意听您的摆布。他说,您今天在这个咏叹调中要求"拉",明天在同一个咏叹调中要求"希",给的确是一样的价码。就这样吧。给自己找个小毛孩子吧。这个城市并不算大,他说,没有高音也能过得去,何况周围正在革命和兄弟间自相残杀。'就此,您能对他说什么呢?"

"唉,这里真没有什么办法可想。"

"为什么现在您不组织自己的晚会呢?我可以发出这样的广告。在所有的柱子上,在所有的墙上,用大字母。什么—么?用大字母书写'出类的节目单……'"

"应该还有'拔萃',古西金。"

"有谁?"

"'拔萃'。出类拔萃的。"

"那就'拔萃'吧。我能争辩吗。哪能为这点鸡毛蒜皮的事谈不拢呢……可以写:'杰出人心的成就'。"

"不应当有'人心',古西金。"

"现在就不应当啦?我觉得就不应该有嘛。为什么一下子。既然谁都写'出类的'……这里女士的神经,那就加上'拔萃'吧。"

他突然住口,回头望了一眼,小声问道:

"也许,您需要外汇吧?"

"不需要。为什么呢?"

"为了君士坦丁堡。"

"我不打算去那儿。"

"不打算去?"

他怀疑地看了看我。

"不打算去吗？就算这样吧。就这样吧，您不打算。"

给人的感觉是，他不相信。

"难道什么人给您说过，我要去君士坦丁堡？"

古西金神秘地回答：

"难道还需要人说吗？嘿！"

我如坠五里雾中。我看看灰蓝色的古西金，看看野性地微笑着的黑人，看看驴子的不耐烦的尾巴。或许，这些黑色的面孔使古西金的理想转向了伊斯坦布尔？

这一切都真怪……

一五

日子飞奔,好像受到了惊吓似的。

多少天过去了?也并不太多——三四天?也许,六天?不记得了。

终于——早晨,脚步声,谈话声,砰啪的关门声把我吵醒了。

我起床。

一个奇怪的场面:人们在走廊上拖着大箱子、皮箱、硬纸箱、包袱。跑来跑去,忙忙碌碌。所有的门都大敞四开。地板上随处都是纸片,绳子。

难道要他们都搬走吗?嗨,等一等就清楚了。

前厅里堆满了形形色色的行李。神色凝重的人们匆匆来去,交头接耳,相互塞钱,议论有关某些通行证的事。这一切都在可怕的忐忑躁动中进行。通红的眼睛瞪得老大,两手摊开,圆顶礼帽扣在后脑勺上。

大概是"司令部"要来了。但愿不要把我也撵走。

为预防不测,我回到自己的房间,从衣柜里取出衣服,从抽屉橱里取出床单内衣,都放进箱子里。然后便向编辑部走去。

编辑部里的人大概什么都清楚。

大街上已经是另一番出乎意料的景象:黑色的嘴脸在奔跑,或驱赶驴子。只是现在毛驴的嘴脸扭过去对着大海，而尾巴对准城市了。黑人们很焦急，用棍棒驱赶驴子，驴子便一路小跑。

这能意味着什么呢？

一个法国士兵从洗衣房里跑出来，抱着一包湿衣服。后面是两个狂怒的洗衣女工。

"他们一点管束也没有！站住！可能把别人的衣服也卷走啦……"

从洗衣店开着的门里滚滚地往外冒热气，还看得见一些法国士兵正从洗衣女工手中夺衣服。呼喊声哭闹声响成一片。一位头戴圆顶礼帽的先生也在那里忙乎什么。

这是怎么回事？还要夺取洗衣女工啊？

敖德萨的洗衣女工确实是天灾。她们对我们什么干不出来呀！其中一个没有还给我整整半打手帕。

"为这个我早已给您补偿了呀，"她理直气壮地说。

"怎么补偿啦？"

"我不是没有收洗那些没有还您的手帕的钱吗！"

我一看，在另一家洗衣店里也在进行肉搏战。

"苔菲太太！"

我回头一看。

一个不太熟悉的人。好像是个记者，跑得气喘吁吁。

"看见场面了吧？吓得乱成一锅粥啦！您怎么还四平八稳地漫步啊！难道您都收拾利索啦？"

"收拾？去哪儿呀？"

"去哪儿？去君士坦丁堡呀。"

怎么他们都要我去君士坦丁堡呢？

可是他已经跑掉了，一边跑一边挥动着两手，还不时去擦额头上的汗。

"怎么回事？"

昨天还有朋友与相识来过我这儿。关于君士坦丁堡什么人什么话都未曾说过。难道是撤退吗？可是，能这样突然吗，刹那间？

编辑部里一片混乱。

"发生什么事啦？"

"怎么还'发生什么事'啦？法国军队放弃了城市，就是这么回事。必须赶快跑。"

原来如此，去君士坦丁堡吧！

我们大家都从北方来，按照地图，一路向下。刚开始时想，在基辅待上一阵子，然后便各自回家。我还曾经取笑我们的作家兄弟：

"嗬！舌头把咱们都带到基辅来啦?"*

我们被驱赶得一路向下，已经到达了大海边上。现在，就是说，必须下海游泳啦。可是，往哪儿游呢？

我听到了各种方案。

《我们的言论报》将租用一条大帆船，装上整套转轮印刷机和印刷用纸，带上所有职员，张开全部风帆，驶向新罗西斯克。

说是这么说，但连自己也不相信。

"可您去哪儿呀?"人们问我。

"哪里也不去。就留在敖德萨。"

"他们会绞死您的。"

"这将确实很没意思。可是我又能去哪儿呢?"

"快设法搞一张哪条轮船的许可证吧。"

"设法搞"我绝对不擅长。

在编辑部某个房间的窗台上，坐着面色苍白、须发凌乱的亚·拉·库格尔①。他在自言自语。

---

* 俄语有谚语：舌头能把人带到基辅。意思是：不认识路不要紧，凭打听哪儿都能去。

① 亚历山大·拉斐洛维奇·库格尔（1864—1928），戏剧批评家，政论作家，剧作家和导演，"哈哈镜"剧院经理。领导该剧院直到1928年。在"哈哈镜"剧院中上演过苔菲的剧本《跨世纪之恋》《可怕的小餐馆》等。

"能去哪儿呢？既然他们已经到达这里了，既然谁都不能保卫……也许，他们有力量？他们有权力？"

我走到他跟前，可他甚至没有发现我，仍然继续自言自语。

不过，必须采取点什么措施，如果大家确实正在离去的话。我一个人又能做些什么呢？

正是在这个时候，我想起了那些忠诚的心灵，一个月前他们满含激情的热泪大声疾呼，在撤离敖德萨时，我将第一个登上轮船。他们"甚至不屑于掩饰"自己的泪滴。

我给律师 A 打电话。接电话的是他的女儿。

"爸爸没在家。"

"你们走吗？"

"不——，不清楚。我什么也不知道。"

我给 Б 打电话。

接电话的是女房东。

"走啦。全都走啦。"

"去哪儿啦？"

"上轮船。他们早就从法国人那儿拿到了通行证。"

"啊！是这样！就是说，早就……"

Б 也曾发过誓，充满了爱心柔情……

本想去见一见文学界的某位朋友，可不知为什么，部分市区已被士兵们封锁。什么原因——谁也不清楚。总的说来，谁都一无所知。

"法国军队为什么要撤走呢？"

"接到了来自法国的秘密电报。那里爆发了革命，共产党人在那里站稳了脚跟。这就是说，军队不能为反对布尔什维克而战。"

法国爆发革命啦？纯属胡扯！

"不，"有人猜测道，"他们不走，而只是作出要走的姿态。为了欺骗布尔什维克。"

从理发馆里跑出来一位熟悉的女士。

"真不像话！我等了三个小时。所有理发馆都人满为患……您已经卷过头发啦？"

"没有，"我心慌意乱地回答。

"那您在想什么呀？要知道，布尔什维克即将到来，必须逃难。您怎么能头也不梳就跑呀？季娜伊达·彼得罗夫娜是好样儿的。她说：'昨天我就明白，形势危急，马上就做了头发。'今天所有理发馆都挤满了人。唉，我走啦……"

我从律师 A 家的旁边经过。决定顺便进去，打听一下。

"爸爸还是不在。他两个小时后回来……"

整个前厅都堆满了衣服、被单、皮鞋、帽子。敞着盖子的大箱子、皮箱里一半装满了东西。

"你们要走啦？"

"好像，是……"

"去哪儿？"

"好像是，去君士坦丁堡。可是我们没有任何通行证，爸爸正在张罗。也许，我们不走。"

电话铃响了。

"是！"她对着话筒喊，"是，是。一起。船舱紧挨着？太好啦。爸爸七点来接我。"

我不想因为听到她的电话而使她难堪，便悄悄开门走了。

在大街上又有了新的会面。

一位熟悉的敖德萨女士。她非常亢奋，甚至兴高采烈。

"亲爱的！您简直不能相信我！结实得就像皮子！快点吧，那里已经剩下不多一点了。"

"什么呀？在哪儿？"

"中国绉绸。啊，真的好极啦！我给自己买了一块做连衣裙用的。您惊讶什么呀？要利用这个机会。便宜处理，因为反正布尔什维克也会没收的。快点去买吧！啊？"

"谢谢，可是，真的，就是没有心情。"

"喂，您要知道，店员不会坐等您的心情改变。请相信我——什么在等待我们，不知道；然而却知道，中国绉绸永远有用。"

我去找自己的朋友 M 夫妇。

他们什么也不知道。甚至不知道军队正在撤退。然而，他们却有另外一些灾变的征兆。

"啄木鸟*飞进了住宅，在客厅里安窝了。您听啊！"

我侧耳细听。

从客厅里，通过走廊，传来了非常不舒服的吱吱嘎嘎响的嗓音。有人在唱：

> 美丽女士，我爱—爱—爱……
> 亲爱的，我爱—爱—爱……

啊哈！我明白。这是个啄木鸟式的人物，非常可疑的家伙。有时候他沿着走廊乱窜，扭动着脸东张西望。一位曾来过 M 家的人认出他来了，甚至叫出了他的绰号。他是从莫斯科来的布尔什维克。

他来到女房东家，同她喁喁而谈，偷听，窥视。同时也展开追求，因为女主人并不老，一大清早就穿着开领很低的连衣裙，露出肥肥的脖颈，上面像白面那样敷着厚厚一层香粉。她的眼珠外凸，眼睑肥厚，鼻子像锥子那样尖细，一句话——浑身上下都是情。

深夜可以听到，在结束特务告密的乏味活动之后，她便陶醉地发出鸽子般温柔的呻吟声。

---

* 原文为"凿鼻子"，可解作啄木鸟。

"啊—啊—啊！我的乐趣在哪儿？在哪儿？"

"你的乐趣同你在一起！"那个难听的声音答复她。

而从昨天起，那个"乐趣"不再躲藏了。他携带着行李筐搬了进来，在厨房里大声吆喝：

"安努什卡！给我洗洗裤子！"

布尔什维克停止了躲藏。

"的确，预兆不祥。"

M 一家哪里也不打算去。这使我得到了鼓舞。

还有人就这样泰然在原地待着。

我回自己的饭店去。

守门人都已经消失得无影无踪。大多数房间空了，房门都敞开着。

刚上楼，回到自己房间，马上就有人敲门。

熟悉的莫斯科人 X 冲了进来。

"我已经是第二次跑来了。您有钱吗？银行已全部关门。我们要走，但手头没钱，妻子绝望了。"

"你们去哪儿呀？"

"我们今天晚上乘'什勒喀'号去符拉迪沃斯托克。您去哪儿？"

"哪儿也不去。"

"您开玩笑！您疯了。留在一座允诺给匪徒们任意劫掠的城市。据说，摩尔达维亚人已经武装起来了，只等所有军队一撤走，便立刻冲进市里来。"

"那我往哪儿躲啊？"

"我们确信，您早就安排妥当了。跟我们一起乘'什勒喀'号去符拉迪沃斯托克吧——我们有通行证。我们把您也带上。"

"好。我很高兴。"

"如果这样的话，晚上八时整，带着行李到码头。请记住——八时整。"

"好,那当然。请吻列列奇卡。"

此刻,当我的动身已经安排妥当之后,我感到,实际上我是那么想走。此刻,当可以平心静气地想一想,假如我留下来后果将会怎样时,我开始害怕了。当然,我并不是怕死。我怕的是狂暴的嘴脸,和直接照射到我脸上的手电筒;怕的是愚蠢白痴的凶残;怕的是寒冷、饥饿、黑暗、用枪托砸地板、呵斥、哭泣、射击和他人的死亡。由于这一切,我已经精疲力尽。我再也不想见到这一切。我再也不能。

一六

我打开窗户。

在旁边的街道上,有人在射击。

我收拾好东西。下楼。

前厅里变得静悄悄。墙边上还有一些皮箱,但奔忙已经没有了。甚至饭店的服务人员也已消失不见。在正门台阶上一个稚嫩的送信员在转来转去。

"这是谁在打枪啊?"我问道。

"这是在吓唬投机倒把的人。"

"什么样的投机倒把的人啊?"

"他们倒卖外汇。在那儿的大街上有很多这样的人——走到拐角那儿您就看得到。把外汇卖给要走的人,那儿就是在朝着他们开枪。"

有人开枪,看来,这让小家伙很高兴。

我走到大街上,到拐角处看了看。确实,在稍远处集聚了几堆人,他们挥动着手臂在议论什么。

枪响了,人群缓缓散去,但很快又重新聚拢在一起。

"不要到那儿去。会把您打伤的,"小男孩儿制止我说,"从那儿往左边一点,也不要走。那儿是警戒线。"

"为什么呢?"

"他们打算抢劫咱们的'国际'和'伦敦'。这里最能赚钱:都是资本家和外国人。他们首先就来这儿。"

原来是这么回事!

"饭店里还住着很多人吗?"

"很少。差不多一个也没了。全都走了。"

我决定去码头一趟,找一找"什勒喀"号,为的是等我带行李来时更容易找到它。

通向大海的路竟然畅通无阻。

码头上阒无一人。

远处的锚地上停泊着轮船:"赫尔松"号,"高加索"号,还有一些外国轮船。

在停靠于码头上的木船当中,我找到了"什勒喀"。一条小船。难道它来自符拉迪沃斯托克,穿越印度洋?

"什勒喀"号上一个人也没有。烟筒也不冒烟……

啊,就是说,到傍晚还来得及。

我牢牢记住这个地方,便回家了。

我尝试着用电话跟朋友们联系。电话里没有任何声响。

我找到自己的相识——守门人的孩子,同他一起把行李拖到了楼下。

"我能找到出租马车吗?"

"出租马车?哦,这个,知道吗,那个。这要到码头上去等,抓一辆没有乘客的。在市里您找不到。"

我跟小男孩儿商量好,让他去码头订一辆马车,要它七点来,最好再早些到。别让 X 一家等得着急。

我回到了楼上。

所有走廊都空空的,各个房间房门大开,让人感到一丝绝望。到处是废纸和绳子,根本无人清扫。

刮来一阵旋风,刮得团团转,扫干净了。

我坐在窗前沙发椅上。想集中一下思绪,审视审视自己,想一想。

我看到了系在床头上的我那个小柏木十字架。它是我几年前从索洛维茨基修道院带回来的。我总是忘记它,也总是在最后一刻想起并带上它。这对于我似乎是一种象征……但我不想谈这个。

我把自己的小十字架解了下来。它朴实,刻有花纹,这样的十字架往往戴在逝者胸前。我想起了索洛夫基*,想起了海鸥一阵阵忧郁的鸣叫,永不停歇的刺骨的带咸味的风,它吞噬着松树稀稀落落的叶子。还有见习修士疲惫不堪的面孔,他们在圆顶软帽下面像椴树韧皮纤维一样平直的淡黄色发绺。北方人严正的脸。圣徒的面孔。

远在森林腹地的一座荒凉的小教堂里,有位老年修士。小教堂的墙壁上到处都是天使长:执剑的米迦勒,提长链香炉的拉斐尔,手持玫瑰花的天堂园丁巴拉基勒,手拿百合枝的报喜天使加百列,挥动长鞭的惩罚天使耶胡迪尔,两手合在一起的祈祷天使撒拉斐尔。还有悲伤的死亡天使乌列尔,他手秉火焰向下的蜡烛。

"您有神圣的天使吗,神父?"

老头眨眨眼,他不明白,听不见:

"去哪儿? 去哪儿?"

他微笑着,脸上干巴巴的皱纹微微闪光。

"圣像,亲爱的,买圣像! ……"

修道院里的小铺卖小十字架、念珠和伴随着祈祷织就的布腰带。

一个瘦骨嶙峋的干瘪老太婆,表情阴森,长着一双圆圆的鹰眼,在腰带堆中翻刨:

"给我安排整套丧仪吧。全家七口人。为所有的人作好准备吧,东正

---

*　索洛夫基,索洛维茨基群岛的简称。

教的信徒们。战争来啦。以后会怎么样呢……"

是的。"以后会怎么样呢?"……我挑了一个柏木十字架……

它在我的床头已经挂了几年。在可怕的不眠的黑夜里,我把许多许多东西都埋葬在这个十字架下面了……

有人敲门。

没等我回答,∏ 就闯了进来。这是一位不大的社会活动家。头发蓬乱,胡须像风刮一样歪向一边。一只眼睛稍稍有点肿。

"哎呀,费多大力气我才找到您这儿呀!"他喊道,眼睛茫然地看着我旁边。"那边在射击,这边不让通行……勉强才溜了过来……"

"您太可爱了,在这种时候想起我来啦!"

"那当然。我首先想的就是您。您正是能帮我忙的那个人。靠您的交往,靠您的联系,靠您的声誉……我们陷入了可怕的处境。Ш 答应安排我们全都上开往君士坦丁堡的轮船。他发誓,说法国人接受我们全家。指定今天十一点之前去取通行证……我们像傻瓜那样,在锁着的门前等到三点,突然来了一位秘书,他对我们的存在表示十分意外。原来,Ш 先生早晨八点就已经走了,也没有留下任何安排。不——您能喜欢这个吗! 现在就指望您啦。"

"我能做什么呢?"

"怎么能做什么呀? 您能够到什么地方去张罗张罗呀。去'高加索'号一趟吧,讲一讲我们所处的境况。人们都认识您啊。"

"首先,我自己还没有任何通行证。Ⅹ 答应带我跟他们一起上'什勒喀'号。假如不是他,我只好就留在敖德萨了。"

"我永远不相信! 您,全俄罗斯都……布利肯和鲁宾逊(公司)生产以您的名字命名的焦糖。'苔菲'牌焦糖。* 我自己吃过的。而您竟然……"

"焦糖是吃过,可假如不是 Ⅹ,我就只得……"

---

* 即中文通译的"太妃糖"。

"在这种情况下,我们跟您一起上……'什勒喀'号,"Π作了决断,"您一定要安排好我们。我们也不是泛泛之辈。俄罗斯最近在某些方面也应该感谢我们。请听好:我跑着去探看一番。如果毫无所获,您便安排我们上'什勒喀'号。这是您的公民的义务。您要对历史负责。我握您的手,我相信您。"

真见鬼!

他打开门,额头在门框上撞了一下,才跳了出去。不过,几秒钟之后门又再次被打开。

"您当然有外汇啦?"

"没有。外汇我没有。"

"哎呀—呀!怎么能这样呢!怎么能这样缺乏远见呢,"他斥责我道,"真的,先生们,你们就像生活在月球上,完全不关注时局,不估计到各种可能。"

他沉思片刻,然后以非常严厉的腔调说:

"现在我到哪儿去找外汇呀,如果必须去国外的话?"

他走了,看样子对我极其不满意。

天色转暗。该收拾东西去码头了。

我的男孩子在楼下等着我。他与马车夫讲好的是个天价。那个人答应七点来接我。

男孩子建议吃顿午饭。

"厨师没走,还有两个侍者。还能收拾点吃的。"

我不想吃东西。

我来到大街上。我听到,市里许多地方都在打枪。看来,射击并没有特别的意义和目的。不过就是"开开枪",送送行,就像乡村淘气孩子朝远去的老爷的马车扔上一块小木片那样。

感觉到有一种戒备气氛,如死水微澜,是某个地方正在肆虐的暴风雨的反映。

男孩子站在大门口向我招手：约好的那辆马车来了。

我们来到海滨。

一片岑寂。

我们找到了"什勒喀"号。

船上空荡荡的。没有一个灯光。岸上也是空荡荡的。

这是什么意思？我从马车上下来，跑得近一点。

"哎！'什勒喀'！"

船舷上出现了一个身影。一个中国人！

"哎！'什勒喀'上有人吗？'什勒喀'今天出海吗？啊？答话呀！"

中国人向下一钻，不见了。

"哎！中国人！"

有人在岸上向下面开了一枪。非常近。

"喂，太太！"马车夫喊道，"你怎么着，请便，我可不在这儿待着啦。我把你的行李卸在岸上，我可不等啦。"

"请稍等一下，亲爱的！"我请求道，"我给你付款。我的熟人很快就到。我们说好了的。"

"给多少钱我也不等。您听不到吗？在打枪。他们会把轭索割断，把马牵走的。我把行李给你卸下，你想待多久就待多久吧，哪怕待一宿也行。"

我还在岸上转悠了一阵。没有一个人。我喊了喊中国人。

天渐渐黑了。

又响了一枪，在离我不远的地方，一块石头"沙"地响了一下。

马车夫从马车上坚决地跳下来，开始往下拖皮箱。

我一个人将在岸上做什么呢？显然，"什勒喀"今天不开船了。船上既不见灯火，也不见船员。可是 X 在哪儿？也可能，他们去"国际"饭店找我，或者送信去那儿了……

为了两倍的价钱，车夫同意拉我回去。现在，如果必须再次来码头，我的钱还勉强够用。

饭店沉没在一片黑暗之中。只有下面,前厅和饭厅里的什么地方,还亮着灯。

"没人来吗？没有派人来接我吗？"

没来人。什么都没有。安静,平和,无声无事。

很想吃点东西,可是怕花钱。

我在下面,在前厅里待着。一个人行走在空荡荡的走廊里很别扭。我掏出来一本便于阅读的书,似乎是易卜生,便在灯旁边坐了下来。

我完全漠然对待自己的命运。既不惊慌,也不恐惧。反正无论做什么我都无能为力。我在内心里审视从离开莫斯科后自己的诡异道路。一直向南,向南,完全不是凭我自己的主观意愿。命运的指挥棒以古西金的面目出现,左右着我。

"不就是一个月的旅行嘛。几场晚会,有票房收入。转眼您就回家了,转眼您就得享安宁了。什么——么？"

于是我就按照地图南下,命运随心所欲驱赶我,一直到了大海之滨。现在,只要它乐意,我就下海；只要它乐意,我就在岸上流浪。实际上,还不都一样吗？

侍者走了过来。他身上侍者的东西仅剩下了浆过的胸衣和黑色的领带。破上衣代替了燕尾服。

"厨师想让您吃点什么,"他说。

"那好吧,既然厨师乐意——咱们服从厨师。"

"午餐反正已经准备好了。有汤,有羊肉,还有糖煮水果。"

"那就太好啦。"

他给我面前的餐桌铺上桌布,送来了汤。上菜的时候他一再环顾四周,侧耳倾听,并向窗外张望。然后便消失了。

我左等右等,决定去看个究竟。到柜台望了一眼。

"给我上菜的那位侍者到哪儿去啦？"

"侍者——吗?"一个声音从黑暗的角落里问道,"你的侍者跑啦。大街上在射击。摩尔达维亚人很快就要在这里出现。作为资本主义的走卒,他跑啦。"

我回到了前厅。

有位高高的年轻太太在那儿乱转,从窗户到门口,从门口到楼梯。一看见我,她立刻走了过来。

"您是六号房间的吗? 我和弟弟也在那层楼,只不过在走廊的另一头。所以我们想到:所有通往走廊的门我们都锁上,里面我们留下个告示。如果第一个砸您的房门,您就往别的房间里跑,把身后的门锁上。如果开始砸我们的门,我们也这样往您那儿跑。"

"您以为将会砸门吗?"

"哦,那当然。"

又是那句熟悉的话:

"摩尔达维亚人全副武装,等最后的巡逻队一撤走,就立即冲进这里来,也冲进'伦敦'饭店去。他们认为,藏在这里的是守财奴和资本家。"

"也许,咱们最好到哪个地方躲一躲去?"

"您能去哪儿呀? 在黑夜。您听? 在开枪……又把东西藏哪儿呀? 而且,夜里谁会接纳您? 唉,我们什么都考虑过了。我们就在这里待啦。这是您的行李吗?"

"是。"

"我建议不要放在这儿。"

她转身望了一眼,压低声音说道:

"饭店里留下来的小伙子们——与他们狼狈为奸,正派的人都跑了。所以我和兄弟要到楼上去,把门都锁上。"

她跑了。

这一切是多么无聊啊,无聊! 这一切让我烦透啦! 真的,甚至有点遗憾:革命的"春天",第一个时期,过去了。那时候轻微的寒战使上下牙齿扣得哒哒响;那时候屏住呼吸,倾听大卡车是从旁经过,还是在大门口停留下来;那时候枪托砸门声让心脏猛跳,以致恶心呕吐。

现在一切都已经习惯,一切都无聊得极端厌恶。粗野,肮脏,和愚蠢。

然而,X 一家人到哪儿去啦?为什么他不来一趟,不来告诉一声呢?说不定,"什勒喀"号早晨走,他们还会通知我……

"娜杰日达·亚历山德罗夫娜!"

是工程师 B。他嘴角下垂,喘气沉重——立刻就要失声痛哭。

"出什么事啦?您怎么到这儿来啦?"我大为惊讶。

"把我卑鄙地骗啦。他们答应给我办上'科尔科瓦多'号的通行证,我等了整整一天,什么也没得到。全都把我抛弃了……就像……一条……狗——"

他擤了一下鼻涕,擦了擦眼睛。

"我再不能一个人待下去了。我就来找您。您为什么不走呢?"

"我在等 X 夫妇。我们应该八点钟在码头上会合,一起上'什勒喀'号。或许,他们还会来接我吧?"

"X?您等 X 夫妇?可他们已经走啦!"

"去哪儿啦?怎么回事?您是怎么知道的?"

"我今天下午遇到了他们。他们带着行李上了'高加索'号。去君士坦丁堡。"

"这不可能!他们什么也没让您转告我吗?"

"没有,什么也没有说。他们非常激动,焦急万分。她围着您的皮披肩——还记得吧?她很冷,您就给她围上了。是的,是的,他们去了君士坦丁堡。"

我惊愕得说不出话来。突然,不知道为什么,整个这件事让我觉得惊人地可笑。

"您怎么笑啦?"B 害怕了。"他们把您骗了。改变了主意,竟然没有告诉您。"

"这正是可笑之处嘛。"

B抱住了自己的头。

"我处于可怜的绝望之中,她还笑! 我的小女儿会怎么样啊! 我的小列柳霞,我的列柳霞啊!"

"您的女儿现在在农村,绝对安全嘛。您为什么还这么痛苦呢?"

"我这么孤独,孤独得要死! 就跟狗———一样……"

"请您不要提狗,看在上帝分上。否则,又要哭……"

"我请求您! 同我一起乘'什勒喀'号走吧,我有两张通行证。是给我和妻子的。我像带妻子那样带您走。我请求您! 我再不能一个人待下去啦。我肯定要发疯。"

"难道'什勒喀'号今天走吗?"

"是的,十一时左右。是这样告诉我的。"

"那么,咱们走。我同意。"

"我太高兴啦! 这是您的汤吗? 我喝了它。我的天呀! 要知道,也许,真的要饿死啊! 现在我去找出租马车,皮箱我带着哩。一整天我都随身带着。我跑啦! 请等着我! ……"

啊,这次看来我能脱身了。B的箱子在这儿。如果他忘记我,那么箱子会提醒他。

我决定把我的离去告诉已约好守望相助的那位太太。

我上了楼,沿着黑黢黢的走廊走,脚下的废纸唰唰地响,零碎绳子绊脚。我敲敲门,大声喊道:

"这是我! 我要走啦!"

没有人回答。他们或者不相信我的声音,或者跑到别处去了,藏在另一个地方,留下我一个人来对付强盗。

我下了楼。

B已经在等我,正在着急,以为我跑了。他非常害怕留下他一个人。

"好,咱们走吧。"

我们沿着昏暗的街道往码头走去。

附近什么地方偶尔有人射击。然而,从远处传来的已经是真正的枪炮声。

我们来到了海边。这就是它,"什勒喀"号。船上有灯火游移。这么说,船上有人?

我们走到更近些的地方。

码头上有很多人,还有大箱子、包袱、皮箱。踏板已经放好。船的上方,海军军官的白色大檐帽隐约可见。

"咱们快点走!快点走!"B催促道,"地方会被别人占去。不要落在后面!我害怕孤身独处!……"

这是何等幸福啊,他突然罹患如此适合于我的精神病。否则,我就在敖德萨待着吧……

"咱们快点走!快走!"

一七

好一条奇怪的轮船。

听不到船长发布命令,
看不见水兵们的身影①……

一片黑暗。看样子,船上也没有电。

伴随着轻轻的咚咚声,乘客们沿着踏板向上爬。显然,"什勒喀"号上没有货物——吃水线露在水面之上,而踏板从岸上陡然升高。

人群中既没有大声喧哗,也没有神经质的发作。人们都有点警觉而安分。只是偶尔传来小声的呼唤声:

"M 将军在这里吗?"

"在这儿。"

"海军准尉 P。有人找海军准尉。"

"到!"

---

① 引自莱蒙托夫诗歌《飞轮船》(1840)的第三节。

又只剩下了轻轻的咚咚声。夜，温暖而黑暗。

勉强可以觉察到的小雨缓缓洒落。

我随着人群登上了甲板。没有任何人索要什么通行证。

"咱们尽量到船舱里去，"B 提议道，"天气似乎将要变得很糟。"

然而，我们已经挤不进船舱里去了。

"有意思，咱们怎样航行呢？要知道，机器并没有运转啊，"我说道。

"也许，会搞好的。我们总不能留在这里呀！听到枪炮声了吧？据说，这是格里戈里耶夫①在攻占敖德萨货车站。说不定，夜里他们就能到达这里。"

轮船上越来越挤。在甲板上行动已经很困难了。

"您在这儿站着，我试试看能否往里边去。"

我走近船舷，开始往海上看。

大海静悄悄的，黑暗而平静。我们的新的道路在未知之中。空气中弥漫着缆索的湿气。锚地上灯火闪烁，那里停泊着真正重要的大轮船，船上满载着重要的大人物。这些轮船在用神秘的灯语交谈。它们准备远航，驶向自由的海洋，驶向平静的海岸。

"我们会完蛋的，"有人在我身边小声嘟囔道，"如果找不到拖轮把我们拖到锚地的话，我们就死定了。成为祭坛上的供品。"

"叭—叭—叭——！"敖德萨货车站这样回答他。

"大火！看见了吗？"

"在市里，据说，已经开始抢劫啦。"

"上帝呀！上帝呀！"

突然，有人小声唱了起来。一个优美的女声。我弯腰一看：一位年轻俊俏的小姐勉强凑合着坐在皮箱上。她摇晃着架在膝盖上的一条腿，沉思

---

① 尼古拉·亚历山德罗维奇·格里戈里耶夫(1894—1919)，乌克兰反革命首领之一，前上尉。1919 年，他作为乌克兰苏维埃的师长发动了反对苏维埃政权的叛乱。失败后投靠了马赫诺分子，被后者杀死。

地唱着吉卜赛情歌：

> 无论我浪迹何方，在芬芳的春天，
> 我总做着一个梦，它使我激动不安……

她竟然在歌唱！

"您怎么还能唱啊？"有人感到吃惊。

"我反正都一样。厌烦啦。"

"看来，经受得还不够多！"感到惊讶的那个人继续说。

"啊，不，已经相当多了。庄园被焚毁，弟弟失踪……我勉强逃了出来。"

"您怎么，是地主吗？"

"我吗？我高等学校还没毕业。"

她把脸转向寂静的大海，又唱了起来。

> ……在芬芳的春天，
> 我总做着一个梦……

她坐在皮箱上，摇晃着穿浅色皮鞋的腿，靠梦想活着。

旁边有个人，也许是在叹息，也许是在打着嗝逆啃白面包。而一位大腹便便的小个子先生怯生生地问我：

"请原谅，您是苔菲太太吧？对不起，我是别尔金。我端详您一会儿啦。也许，您能给我提提建议？我不知道，我是留在轮船上，还是回敖德萨呢？"

接着已经是悄悄地说：

"我身上带着一大笔款。您能给我保证，没有布尔什维克钻到船上来吗？"

"可我怎么能知道呢？您看到了，我本人也在这里嘛。"

"您是在这里，但是，也许，您并不是冒险，而我却是在冒险，我已经对您说了……请原谅，可是我，对不起，浑身冷得厉害，纯粹是因为吓的，因为我身上穿着件绒背心……那么，您建议我留下吗？我恳求您，您怎么决定，我便怎么做！"

"可是，我怎么能承担这样的责任呢！"

"可我恳求您嘛！"

我看了他一眼：整张脸都在颤抖，而嘴角则向下垂——难道，是正在哭吗？

"我认为，您还是留在这里吧。这里还平安，而现在您怎么进城呢？黑暗，空旷——您会被抢劫的。"

"哎呀，看您，不过，您是对的！啊，现在我就安下心来了。"

B 回来了。

"所有舱室和走廊全都人满为患。我只是在浴室里找到了个地方。除了咱们，那里还有两个人。他们给您让出来一个长凳子。我和一个人在地板上，另一个人在浴盆里。咱们的东西已经堆放到底舱里去了。"

工程师 O 走过来，讲了一个新闻：轮船上没有一个船员。全都跑进城里去了，看来是希望把船交给布尔什维克。机器已被分解，缺少很多部件。或者已被带走和蓄意毁坏——为了不让我们走并带走"什勒喀"；或者，不过为了维修。找到了挤在底舱里的中国人，他们是船上的佣人。一开始他们装出什么也不知道什么也不懂的样子，可是，用手枪一威胁，他们便告诉了，什么地方藏着什么机器部件。现在已开始在乘客中间寻找机械师和工程师。O，还有两三个人，主动站了出来，开始着手工作。希望把机器组装起来。工作量很大，某些东西还必须自己制作。缺少某些轴承。如果得以修复——我们便得救。如果不成，那就糟透了。

开始在乘客中间寻找海员，让他们担负起指挥责任。找到了几个人，并选举里亚比宁大尉当船长……

不过,说实话,人们关于这些事一点也不知道,甚至也不问。他们放好随身携带的行李,尽量坐得舒服些,安顿孩子睡觉,设法打发日子。工程师O下到机器房里去了。

我在轮船上溜达。在人群中不时闪现出熟悉的面容:米亚科京教授,费奥多尔·沃尔肯施泰因,克休宁,季托夫……还有司法部副部长伊利亚申科,后来他被布尔什维克杀死了。

在走廊的地板上,在楼梯上,在缆绳捆上,在管子下面,在座椅上面,在座椅下面——到处都躺着人,坐着人。

"先生们! 我们起航啦!"某个高兴的声音突然大叫起来,"我们在航行!"

"我们走啦! 我们走啦!"

海岸在缓慢旋转,锚地上的灯火在旋转。

"我们走啦!"

然而,机器没有碰撞,也看不到烟筒冒烟。

"拖轮! 拖轮在拖着我们走!"

"这也要感谢上帝嘛。哪怕放到锚地上也行。只要离讨厌的海岸远一点就好。"

"罗马"号拖轮拖着我们驶向锚地。

然后会如何呢?

现在,我们就像"大轮船"一样,停泊在锚地上了。

在轮船与轮船之间,小船开始往返穿梭……

一艘小船停在了我们"什勒喀"号旁边。一个满脸晦气的敖德萨人沿着踏板爬上来,找到了自己的几个熟人。他们正在心平气和地吃枣子。他发誓赌咒地说,他们一定要完蛋。熟人们吐出没嚼完的枣子,倾吐自己无边的绝望。那个敖德萨人,看来是尽到了自己沉重的义务,熟练地跨过船舷,下到了自己的小船上。

我的新相识,"对不起,别尔金",突然躁动起来,决定也找一条小船,到一条轮船上去打听。

"您为什么要这样做呢？"

"啊，我就是要问清楚，他们那儿怎么样，也要说一说咱们这儿怎么样。"

船夫们勒索的高价简直不可思议，可是乐意打探和诉说的人相当多。

"对不起，别尔金"到过两条轮船。

"啊，我给他们说啦！……"

"您给他们说什么啦？"

"我说，广播电台通知我们，布尔什维克要从海上来。从塞瓦斯托波尔来。"

"哪儿来的广播电台呀？咱们的设备不能用。"

"它非常好用……"

"海军准尉刚才对我说的，他负责这个设备。"

"您信他的话呀？您最好相信我。"

"您从哪儿知道的呢？"

谎言显而易见，又确定无疑。小船继续在轮船之间往返。为了神话般的高价人们来来去去，相互恫吓。为了这崇高的目的不惜一切！

别尔金去了三次。

"我再也不允许自己这样做了。船夫都是些无赖，竟利用人类的灾难。"

凌晨，撒谎大王们安静下来了。

我们轮船的首脑担心三个问题——如何发动"什勒喀"，从哪儿搞到燃煤，和用什么喂养乘客们。

人们又一次威胁中国人，他们告诉了在哪儿储藏着大米和罐头。然而，这还不够。

在离我们不远的锚地上有一艘轮船，是从塞瓦斯托波尔往敖德萨运送食品的。人们向它请求食品支援。轮船拒绝，它严肃声明，说要去敖德萨卸货。

"可那里有布尔什维克呀！"

"这我们管不着，"轮船回答。

"什勒喀"火了，展开了军事行动：派出两条小舢板，携带机枪，去搞食品。

食品搞来了，但受了委屈的轮船向法国轮船"让-巴尔特"号告状。

"让-巴尔特"号向"什勒喀"杀气腾腾地喊话：

"强盗！布尔什维克！请迅速解释，否则……"

"什勒喀"号回答得不失尊严，且充满了感情。它说，在它的甲板上有许多饥饿的女人和饥饿的孩子，说法国人向来是骑士。

"让-巴尔特"号不吱声了，并立刻派小舢板给"什勒喀"送来了巧克力、面粉和炼乳。

工程师O从机器房上来，说"什勒喀"号可以动身了，但只能倒行。

这个消息吓坏了许多人。他们以为，倒行——自然就是退回到敖德萨去啦。

米亚科京、季托夫和沃尔肯施泰因作为党员，——我不记得他们是什么党的党员了——从底仓爬到甲板上开会商量。他们热烈地交头接耳，当有人走近他们时，他们便意味深长地缄口不语。克休宁开始在底舱用打字机出版报纸。

一八

拖轮把我们拖到运煤船旁边，所有的人再三被告知：

"你们应该自己给'什勒喀'号加煤。运煤船上没有工人。轮船上没有船员。如果你们愿意让轮船航行，就去装煤。"

"难道……所有的人都要干活吗?"

"那当然，"这就是回答。

极为有趣的事开始了。

穿着豪华礼服的时髦青年尴尬地微微一笑，表示他们懂得这是玩笑。意思是说，当然，马上就会弄明白，不会强迫文雅的人们用脊背去驮煤。这是荒唐嘛! 真胡闹!

"喂! 全体都到甲板上集合!"一个威严的声音开始大声喊，"所有男人，除了老人和病人。"

文雅的年轻人们惊慌失措。他们六神无主地四顾张望。这玩笑开得也太长久了。

"啊? 您还磨蹭什么?!"有人对其中一个吼道，"听到命令了吗? 爬到上面去。"

也许，在上面会明白他们的文雅与无能为力……

甲板上迅速挤满了排列成行的乘客们。

"马上发给你们筐。把它放在背上。"

文雅青年们苦笑了一下,微微耸了耸肩。仿佛在参与一场荒诞的玩笑,它过后只能成为笑谈。

可是,在船舷旁边,在舷梯上,发生了一件事。

"对不起,"有人高声喊道,"您有什么权利逃避?! 您身强力壮……"

"请您不要打扰我!"

一条矮壮的汉子跑到甲板上。他四十来岁,两只眼睛不停地疯狂颤抖。

"我请您立即停止打扰我!"

"不,首先您必须说明白,您有什么依据,拒绝人人必须参加的劳动?"

"什么依据?"矮壮先生开始号叫,"就是这些依据:我是贵族和地主,一生中从未干过粗活,现在不干,将来也不干。任何——时——候! 请牢记在心。"

人群中出现了一阵愤怒的骚动。

"对不起,如果我们都不劳动,那么轮船就不会离开海岸!"

"我的丈夫也是地主!"人群中有人厉声说道。

"要知道,我们有可能落入布尔什维克的手心啊!"

"这与我有什么关系啊?!"敦实男子在困惑中狂怒地呼喊。"你们去雇人呀,设法搞好它。我们生活在资本主义制度下,本着这样的信念我才愿意留下。如果你们喜欢社会主义的胡言乱语和为所有的人劳动,那么,请下船上岸,去找自己人,去找布尔什维克吧。懂吗?"

人们不知所措,犹豫不决……

"某种程度上说,这个……"有人说道。

"然而,从另一方面来说,决不能落到布尔什维克手里……"

"可为什么我们就该劳动,而他就不呢?"

"就应该让他受私刑!"爬到甲板上的一位小老太婆哼了一声,说道。

"喂,知道吗,先生,您放下这一套吧,"从尼日尼来的一位商人开导他说。

"别拖延时间!"传来了长官的命令。白色的海军大檐帽逼近了。

"下到运煤车那儿去,拿起筐来。"

一个人从"文雅者"中跳出来,快速来到长官面前,扫了一眼坚持原则的贵族,小声说了起来。

长官把头一摇,平静地答道:

"让他见鬼去吧!"

开始上煤了。

背煤的人们形成长长的链条,踩着踏板上来下去。他们都变黑了,熏黑了。全体乘客纷纷从舱室,从底层,从走廊钻出来,看这个前所未有的场面:年轻的"文雅者"们,足踏闪光皮鞋和丝绸短袜,用戴着黄手套的手抓住沉重的筐,在背煤。

他们很快便进入了角色,也开始随地吐痰,随口骂人。

"快走,伙计们,别磨蹭!"

"伙计们"通过"对不起,别尔金"这个秃头顶,大肚子,两条细罗圈腿的人,做了回应:

"哎——哟——嗬!"*

"您瞪大眼睛干什么?"一位细长宛如钓竿的业余朗诵家对观众吼道,"强迫你们干一阵子,你们就不瞪眼睛啦。"

"看哪,他们全都会干,"从尼日尼来的商人挖苦道,"真该让你也干一会儿……"

"干活他们不乐意,"一个长着翘鼻子、舌头不会拐弯的贵族学校学生说,"要是去吃嘛,大概准能跑第一……一群狗!"**

---

* 纤夫发力时喊的话,同时也是《伏尔加纤夫曲》的第一句唱词。

** 说话时把大舌音发成小舌音,许多以法语为第一语言的俄国贵族在说俄语时都会带有这种口音。

有人唱起了最近胡编乱唱的歌：

炸小鸡儿，
炖小鸡儿，
小鸡儿也想活一会儿。

有人也不肯落后，高声唱道：

吃你的菠萝蜜，
嚼你的松鸡，
你的末日到了
资产阶级！*

还有：

嗨，大苹果，
你往哪儿跑？
一会儿让你到契卡，
叫你永远回不了家！

人们一边跟着唱，津津有味地骂，一边热火朝天地干活。

"这就是叶夫列伊诺夫式的剧院，自编自演，"我想，"人们扮演装卸工，且进入了角色，演得很投入。甚至可以发现，谁如何理解安排给他的那个人物。"

看，大肚子的"对不起，别尔金"正顺着踏板往上爬。他的两腿紧张用

---

* 这是马雅可夫斯基的诗句。

力,相互妨碍。他顺着踏板爬,就像蜘蛛在蛛网上爬那样——身体是圆的,爪子却很细。但脸上的表情简直就是斯坚卡·拉辛*,伏尔加河上的强盗,——

> 胳臂啊,挥起来吧,
>
> 肩膀啊,甩开来吧!
>
> 嘿,你,要活着,要永存……

等等,等等。

他背着一个沉重的筐。假如没有喜剧角色的灵感,如此重的家伙他永远也背不起来。

嗬,还有一位知识分子,额头上一绺短发。

他低头迈步,嘴上挂着顽强的苦笑。显然,他觉得,他就是拖着纤绳的纤夫,胸中孕育着民众愤怒的种子:好像在说,拖呀,拉呀,然而……

> 那一天——终将到来,
>
> 民众啊——就要苏醒!①

在他后面爬的是一位怪家伙。他穿着白色腿套,蒂罗尔帽子上插着羽毛,不时用麂皮手套去擦脸上的黑色汗流。他用普通百姓的腔调说:

"哎——,穷小子弟兄们,看来呀,这个纤……这个烂……这个贱绳我们就拉到死啦!"

工程师O从机房里钻出来。他穿着宽松的工作服上衣,浑身都是煤烟子。

---

* 即斯捷潘·拉辛(约1630—1671),农民起义领袖,顿河哥萨克。

① 引自俄罗斯民歌《船夫曲》的最后一段。

"没什么,看来,是弄好啦。现在可望……"

他说了些什么关于卷扬机和轴承的事,便又钻回机房里去了。

突然,爆发了狂暴的呼号、哀吼、尖叫,像数百只山羊、数千头猪崽冲出牢笼,那里正在扒它们的皮。这是我们的烟筒发出的吼声。黑烟从烟筒中喷涌而出。烟筒在呼吸,在吼叫。它活了。轮船开始抖动,舵链开始吱吱嘎嘎响。轮船开始慢慢地转身。

"它在后退呀,"有人说道。

"咱们起航了!没有用拖轮!"

"我们得救——啦——!"

费奥多尔·沃尔肯施泰因站在我身旁,遥望开阔的外海。在那里,一条巨大的轮船正在自由而迅疾地向外海驶去。

"这是'高加索'号,"他喃喃地说,"它驶向君士坦丁堡……走了……走了……"

他盯着看了好久。然后对我说道:

"'高加索'号带走了我的男孩子。我什么时候才能再见到他呢?也许,二十几年之后……他都不认识我了。或许,永远不能再见啦。"

就这样,我们来到了海上。螺旋桨砰砰响,舵链吱吱嘎嘎,轮船在轻轻抖动。海浪有力地拍打着右舷。

轮船上的生活逐渐安排就绪。船长里亚比宁出现在舰桥上。他身材矮小,然而匀称,像个军官学校的学生。船长助手和几个海军准尉、见习水兵也出现了。在机器房里的是工程师O,还有几个司机和工科大学生。在锅炉房里的则是一些军官。

乘客们充满柔情、兴奋,对志愿者们的协同工作充满感激之情。锅炉房里的军官们的献身精神尤其使他们感动。

"他们可是把自己的衣服都烧坏了呀。现在他们上岸都没有衣服穿啦。"

组成了委员会,委员会应该为受害者集资和征集物品。

“我们宣布扶贫周，”有人建议道。

但这听起来有很不舒服的往事回忆的味道，马上被否决了。

“咱们就组织一个临时工作队，负责征用衣物，”另一个人建议道。

这简直让人讨厌，于是有人大喊着回答：

“为什么？这不是侮辱人吗！需要什么，我们便自愿捐赠什么……”

“何必如此啰唆！我们每个人，为了在锅炉房劳动的军官们，都要划拨出来两百卢布，两套换洗衬衣，和一身衣服。”

“有气魄！太棒啦！”

“然而……对不起，”一个熟悉的声音说道。

啊哈！原来是“对不起，别尔金”。

“对不起，我们将不在今天捐献东西——它们，这个，上帝保佑，会遭到损坏的。我们到达新罗西斯克之后再捐献：这对于两方面来说都方便多啦。我说得对吗？”

“对！”

“对！有道理！”乘客们支持，便带着心满意足的表情散开了。

后来，这个乘客自愿捐款的数额几度收缩。在塞瓦斯托波尔便开始只谈论捐衣捐物了。

抵达新罗西斯克之后，关于这一点也忘记了……

一九

女士们的义务劳动开始了。

召集乘客们来收拾从驳船上强行搞到的鲜鱼。就是为了这个战利品，曾征用我们女人来答复法国轮船。

把台架倒放在甲板上，上面搭上板子，就成了桌子。给人们分发了刀子与盐，便热火朝天地干了起来。

我顺利地爬上甲板时，桌子旁边已经没有了空闲位置。我想给咱们的主妇们贡献几条建议（不擅长工作的人总是非常乐意提建议），但是鱼内脏的气味与模样迫使我明智地离开，往下面走去。

中途我遇上了"对不起，别尔金"。

"您生活得怎样？"他高兴地问候我。突然，他脸上表情骤变，压低声音快速说道：

"听说了吗？背叛！"

他向四周打量了一番，用更小的声音说：

"船长——是叛徒。要带咱们去塞瓦斯托波尔，为的是亲手交给布尔什维克。"

"这是什么胡说八道呀？您从哪儿听来的？"

"一个乘客偷听了广播。别吱声！绝对保密！绝对保密,但要让自己的熟人有所准备。"他又向四周打量了一番,把食指按在嘴唇上,消失了。

我爬到上面,找到海军准尉,他负责我们的无线电台。

"请告诉我,我们的设备运转正常吗?"

"不正常。还没搞好。我希望,明天之前能修复。"

"请告诉我,您能保证,在塞瓦斯托波尔没有布尔什维克吗?"

"谁又能保证呢? 没有得到消息的途径。到现在为止,还没遇到一艘对面来的轮船。不过,我们将采取一切手段预先得到消息。您想看看无线电台吗?"

唉,别尔金呀,别尔金!"对不起,别尔金"! 这消息您这是从哪搞到的呀!

这时候下面开始发放午饭了:鱼汤,米饭和腌牛肉。

乘客们端着盘子、调料盅、碟子和勺,排成长长的两大队。我既没有碟子,也没有勺子,到哪儿去取这些东西,也完全不知道。一位好心人奉献给了我一个铁壶盖子。

"让他们往这里给您放米饭吧。"

好吧。可是,勺子……我向厨房走去。

厨房里有两个中国人——厨师和助手。他们俩什么也不懂。

"您这里有勺子吗? 勺子? 懂吗? 勺子?"

"塔萨塔洛萨卡?"厨师说。

"哦,对,是——勺子! 请给我勺子!"

"塔萨塔洛萨卡,"助手平静地重复了一遍,两人继续干自己的事,对我不理不睬。

"我给你们把它还回来。懂吗? 我给你们付钱。"

我拿出钱来给他们看。

突然,不知从何处冒出来一位有着狗鱼般模样的姑娘,向我发起了狂风暴雨似的攻击。

"贿赂，"她厉声尖叫，"用金钱收买轮船上的职员！想得到穷人没有的特权！"

"您喊什么呀？"我慌了。"我不过需要一只勺子。如果不想得到小费，就请拿给我一只好啦。我没有意见。"

一提"小费"，姑娘立刻一阵惊厥。

"这里既没有老爷，没有茶点，也没有金钱。在这里大家一起干活，也得到一份同样的口粮。我看到了，您想给钱，为的是享受特权。我能作证，证明我看到听到了什么。我这就去找船长，向他报告这一切。"

她迅速转身，飞出了厨房。

就这样，也就是说，我成了卑鄙的罪犯，此外，除了一切精神上的卑劣，还被剥夺了勺子。

我垂头丧气地走向甲板。路上遇到了我们轮船上的一位指挥员。

"怎么，您已经吃过啦？"他精神抖擞地问。

我绝望地摆摆手。

"我既没有碟子，也没有勺子，这还不算，还有人要向船长控告我。"

"怎么能这样胡闹？"军官大为震惊。"您进船舱吧，我立即派人把午饭给您送过去。"

十分钟之后，我犹如皇后，端坐在浴室里的长凳上，像土耳其人那样盘起双腿。摆放在我膝盖上的盘子里有米饭和烤腌肉，在米饭上则插着勺子和饭叉。命运就是这样抬举了我一回。

夜深了，我已经躺在了我那逃难用的海狗皮大衣上，舱门突然大开，在走廊昏暗的光线里，出现了那位狗鱼般凶猛的姑娘的身影。

"您睡了吗？"身影问。

"还没有。"

"在您的行李里，似乎，有一个吉他，是吧？"

"是。怎么啦？"

我睡意蒙眬，害怕了。她会突然跑去向船长告状，说"当人民在挨饿的时候"，我居然随身带着乐器。

啊，我想，反正就这样了。让他们把我的衣服被单扔到水里去吧，吉他我是不会交出去的。

"劳驾，"狗鱼姑娘冷冷地说，"请把您的吉他拿出来。医务室里需要它，那里有位患病人士。"

需要用吉他治疗病人，第一次听说！

"不，"我同样冷冷地回答，"我不能把自己的吉他给您。而且，它和行李都在底舱。为了您的异想天开，未必有人肯把全部货物翻腾一遍。"

"如果您这样对待自己的公民义务，"姑娘神经质地喘不上气来了，"那么，咱们走着瞧！……"

她可把我烦透啦！居然要我交出我的心爱之物，我的歌唱的欢乐，把我的吉他交到这些鱼鳍里去！

"患病人士"大概就要拧紧弦轴，然后叮叮当当地拨响：

> 每当我走向小溪，
> 每当我走向湍急①……

简直是恐怖！

我那么钟爱她，我的"七弦女友"……

从童年起，我便品尝到了这琴弦对我的威力。

我记得，我还是婴孩的时候，在玛丽亚剧院看芭蕾舞，当我第一次听到察贝尔②竖琴独奏时的情形。我曾那样被震撼。回家之后，我一个人待在客厅里，抱着绣有小狗并带彩色玻璃球的粗硬沙发枕，纵情哭泣。脸紧贴在狗爪子的玻璃小球上，都硌疼了。我还不能讲述那种莫名的狂喜，那种

---

① 引自俄罗斯民歌《每当我走向小溪》的前几行，但不够准确。

② 阿尔贝特·亨里霍维奇·察贝尔(1835—1910)，俄罗斯杰出的竖琴家、作曲家、教育家，原籍为德国。1854 年移居俄国，玛丽亚剧院乐队的独奏者；1862—1902 年为彼得堡音乐学院教授。

幸福的琴弦忧伤。在我的尘世生活里,它是第一次这样鸣响。

琴弦的声音——这几乎是人类的第一个音乐愉悦。最早的当然是芦笛——在游牧民族当中。然而,在第一次祈祷时,在第一座神庙里,首先庄严而灵性地响起的永远是琴弦……

在亚述人和埃及人的祭司手里,短短的竖琴……

"献给长官的霍拉舞曲。弦乐演奏。八弦独奏。大卫的圣诗乐曲。"……

然后是里拉琴、诗琴,最后是吉他。十五世纪,十六世纪,十七世纪——吉他的弦一直在响,一直在歌唱和哭泣。骑士抒情诗歌手,吟游诗人,流浪歌手,他们在歌曲中传播爱情的魔力,和黑书《格里穆亚拉》*的巫术。中世纪生活的全部诗意通过琴弦而进入心灵。

在最黑暗的中世纪的日子里,当默默的囚徒珍藏着自己的思想,像昏暗修道院单间修室里的神秘孤灯,在疯狂的折磨中,在灵魂的痛苦中,寻找伟大的理智,并且为了自己这个痛苦,烧死在宗教裁判所的火堆上,——那时候,只有歌曲才知道世上的欢乐,而吟游歌手就把它们保存在手中的吉他上。

在俄罗斯,只有吉卜赛人的吉他才是美好的。俄罗斯人对待它像对待巴拉莱卡琴那样:忧郁地选择琴键,叮咚奏响:

每当我走向小溪……

吉卜赛人从不叮咚乱弹"曲调"。他们善于弹拨琴弦,像聊天那样,让它突然爆发,大声呐喊,再用慈祥然而威严的手掌一下子终止热烈的和弦。

每个人都有自己触动琴弦的方式。它回答每个人的方式也不同。它也有自己的心情,甚至对于一般的触及,它的反响也不总是一样。

---

* 黑书《格里穆亚拉》,教人念咒、招魂和实施巫术的书。

"空气比较湿，比较干，"它能告诉我。

也许吧。然而，我们自己的情绪，在很大程度上，不是也取决于周围环境的"干湿度"吗？

一把发黄的，带有薄而响亮的音板的老吉他——由于手指的如歌触摸，它身上积攒了多少声音，多少射气般的魅力呀：这样的吉他——触摸它一下，它自己就要放声歌唱，它体内永远可以找到能与您的弦发生共鸣的弦，它能用胸膛里生理上苦闷而热情的奇怪感觉来回答。在那儿，古人们认为灵魂所在的地方……

我不能将自己的吉他交给狗鱼女郎，用它去娱乐"患病人士"。

二〇

早晨,斯莫利亚尼诺夫到我这儿来了。在我们轮船上,他有点类似于管理员。在过去的生涯中,他似乎曾经是《新时代》周报的职员。我说不确切。

"您知道吗,"他对我说,"乘客中有人表示对您不满,说您昨天没收拾鱼。说您养尊处优,不想劳动。需要您设法展示一下自己的主动性。"

"那好吧,我准备展示一下。"

"我真不知道,能为您想出什么……总不能强迫您洗甲板嘛。"

"嗨!"

洗甲板! 这是我青春时代的美好梦想!

还在童年时代,我看到一个水兵从一个大水龙带里放水,另一个水兵则用一个安在长柄上裁成斜坡状的硬刷子刷甲板。那时候我认为,再没有比这个更有趣的了。从那时候起,我知道有许多很有趣的东西,可是,在白色板子上迅疾奔涌的水流和强劲喷溅的水珠,前所未见的硬刷子,水兵们精力充沛的干练动作——操作刷子的那个水兵还一边干一边喊:"嗨!嗨!"——像一幅出色的愉快图画,给我留下了长久的记忆。

我作为一个梳着浅色小辫,长着一对蓝眼睛的小姑娘,站在一边,神往地观看这个玩海水的游戏,非常羡慕,觉得一生中命运永远也不会给我这样的欢乐。

不料,善良的命运心疼可怜的姑娘。命运在世界上折磨了她很久,但并未忘记她的希望。安排了战争、革命,把一切都搞了个底朝上,终于找到了机会——把斜面刷子塞到她手中,并赶上甲板。

终于行啦! 谢谢你,亲爱的命运!

"请问,"我对斯莫利亚尼诺夫说,"他们有那种斜面刷子吗? 水也从大水龙带里往外流吗?"

"怎么?"斯莫利亚尼诺夫感到惊讶。"您同意洗甲板?"

"当然啦! 看在上帝分上,不要改变主意。咱们快跑……"

"可您也得换换衣服呀。"

我没有可换的衣服。

在"什勒喀"上穿的都是不心疼的衣服,留着好一些的上岸再穿。因为都知道,已经再也无处可买了。因此,穿戴的都是近期内再也用不着的东西:某些鲜艳的披巾,舞会服装,缎面鞋。

我穿着一双银白色皮鞋……反正也不能穿着它在城里寻找住房嘛。

我们来到了甲板上。

斯莫利亚尼诺夫去做了一番安排。见习水兵拿来了刷子,把大水龙带拖了过来。欢快的水流喷溅在银白色的皮鞋上。

"您不过是……这个……做做样子,"斯莫利亚尼诺夫小声对我说道,"只干几分钟。"

"嗨—嗨,"我边干边喊。

见习水兵看得既害怕,又同情。

"请让我替替您吧!"

"嗨—嗨,"我回答道,"各人有各人的事。您大概上过煤,我则应该洗甲板。是的,先生。各尽其职,年轻人。我劳动,并为带来的利益而骄傲。"

"唉,您会累着的!"又有一个人说,"让我来替您。"

"他们嫉妒,卑鄙的灵魂!"我想,同时回忆起来了我那遥远的梦想。那还用说嘛,每个人都求之不得。

"娜杰日达·亚历山德罗夫娜! 您可真要累坏的呀,"斯莫利亚尼诺夫说道,"现在该换班了。"

又小声补充道:

"您洗得很糟糕。"

糟糕? 可我认为,我遥远童年的那个水兵就是这样干的嘛。

"而且,您满脸都是满足,"斯莫利亚尼诺夫小声说,"有人会认为,您在玩游戏,而不是劳动。"

我只得交出刷子。

我满腹委屈地往下走。从三个不认识的太太旁边经过时,我听到了自己的名字。

"对,对,是她。听说就在咱们这艘轮船上。"

"看您说的!"

"我告诉你——苔菲在船上。噢,当然啦,她和你我不一样:住单人舱,吃小灶,所以不想干活儿。"

我无可奈何地摇摇头。

"哎呀,你们太不公道啦!"我指责她们说,"我刚才亲眼看见,她是怎样洗甲板的。"

"强迫她洗甲板啦?"其中一个惊呼道,"这可已经太过分啦!"

"您看见她啦?"

"看见啦,看见啦。"

"她什么样? 怎么样?"

"又细又高,疲惫不堪的样子。是吉卜赛型的,穿着一双红皮靴。"

"您得了吧!"

"没有任何人给我们提到过!"

"这可能是很重的活计吧?"

"那当然啦,"我答道,"那可不是你们拿着小刀划划鱼。"

"她为什么要这么干呢?"

"想给别人树一个榜样。"

"任何人一点儿都没有给我们提到过呀!"

"您说,她什么时候还会再洗呀? 我们想看看。"

"不知道。据说,她登记明天进锅炉房。不过,这也许是胡说。"

"这可真的太过分了,"其中一位太太可怜我了。

"这没什么,"另一位安慰她道,"作家应该体验许多东西。马克西姆·高尔基年轻时候曾特意去当烤面包的工人。"

"要知道,青年时期他还不是作家呀,"她的伙伴说。

"啊,那就是说,他感觉到,他将会是作家。要不,他为什么去面包房当工人呢?"

入夜之后,我一人坐在浴室舱里,有人轻轻敲门。

"可以吗?"

"可以。"

进来一个穿军装的陌生人。把船舱打量了一番。

"就您一个人吗? 这太好啦。"

他回过头去,招呼道:

"进来吧,先生们。没有别人。"

进来了三四个人,其中有工程师O。

"怎么回事呀?"O问道,"你们想说什么?"

"事情非常重要,"第一个进来的人小声说,"咱们受骗了。人家告诉我们,我们在开往塞瓦斯托波尔,可是船长却改变航线,要去罗马尼亚。到那儿后他要把我们交给布尔什维克。"

"哪来的胡说八道? 布尔什维克怎么会在罗马尼亚呢?"

"是不是胡说八道,等您知道就太晚了。不管怎么样,'什勒喀'号在去往罗马尼亚的航线上。我们惟一能做的便是：今天夜里去找船长，揭露他，把指挥权转交给 Φ 中尉。这个人我们可以信赖。我很了解他，除此之外，他是一位非常著名的社会活动家的亲属。那么，马上决定吧。"

大家都沉默不语。

"知道吗，先生们，"我说，"这一切都没有经过核实，很不清楚。为什么不白天问问船长，咱们怎么不开往塞瓦斯托波尔呀，而深更半夜冲到他那儿去，——这可就是叛乱啊。"

"啊，您怎么这样！"领头的人说道，沉下脸不再言语了。

在昏暗的小舱室里我们窃窃私语，就像一伙黑社会的阴谋分子。舵链在头顶上方吱嘎作响：这是小个子叛徒船长在向罗马尼亚转舵。简直就是冒险小说中的一页。

"对，"工程师 O 赞同道，"我们最好明天问一问。"

首领意外地同意了。

"可以，就这样吧。也许，这样更好些。"

早晨，O 告诉我，他同船长谈过了。船长非常坦诚地解释道，他采用这样的航线，是因为必须绕开雷区。

假如我们口衔匕首，深夜摸到他跟前，可怜的船长会怎样愕然失色呀……

后来我见到过中尉 Φ。一位细高个子萎靡不振的神经衰弱者。似乎他甚至并不知道，曾打算宣布他为独裁官。不过，或许他知道……在塞瓦斯托波尔他离开了"什勒喀"。

二一

生活正缓缓进入自己的轨道。

最初几天是志愿者大显身手的时期。那时候,上校 Щ 挽起袖子,在甲板上和面,准备烙饼,金手镯在他漂亮的白皙手腕子上叮当作响。而著名统计学家 Г 则坐在他身旁大声计数,增重比摊到每个人身上是多少,摊到半个人、四分之一个人身上是多少。——这样的日子早就过去了。

现在由厨师,中国人米沙,掌管食品。

米沙是位患肺痨病的老头,长着一张令人惊讶的老处女的脸。当不干活或休息时,他蹲着吸一种特殊烟斗,烟通过水往上冒。有点类似水烟袋。

据另一位中国人,一位叫阿肯的年轻傻瓜讲,米沙前不久还曾身强力壮,可有一次他生了气,长时间大声骂人,便"撕破了自己的喉咙"。

还有第三位中国人,是个仆人和洗衣工。

我对中国话产生了兴趣。

"阿肯,斯塔里克*(老头),中国话怎么说呀?"

"塔萨塔里卡,"阿肯回答。

---

* 俄语单词的音译。下同。

"斯塔坎(水杯)怎么说?"

"塔萨塔坎纳。"

怪事,中国话听起来有点像俄语。

"那么,卡皮坦(船长)呢?"

"塔萨卡皮坦纳。"

哦……看来,这些词几乎没什么变化。

"那么,卡拉布里(轮船)怎么说?"

"塔萨卡拉布里亚。"

绝啦!

"沙普卡(帽子)呢?"

"塔萨萨帕卡。"

海军准尉 III 走过来了。

"我在学中国话。奇怪,中国话非常像俄语。"

海军准尉笑了。

"是的,是的,我听到了。要知道,他以为您在强迫他学俄语单词。他这是和您用俄语说话。你是傻瓜(杜拉卡)呀,阿肯!"

"塔萨杜拉卡!"中国人欣然同意。

日子平淡无奇地逝去。

我们吃米饭加粗盐腌牛肉。喝的是令人生厌的淡化水。

既不回忆过去,也不展望未来。我们知道,有很大可能,我们将到达新罗西斯克。但谁和什么在那儿等待我们——不得而知。

在计划中,"什勒喀"号将抵达符拉迪沃斯托克。我热切期望能够这样。在那儿我可以遇到我的朋友 M。然后,穿过西伯利亚,我就可以回到莫斯科了。留在新罗西斯克完全没有意义。在那儿又能做什么呢?

此刻,在夜里,我在轮船上漫步。在有月光的那面站一会儿,就转移到黑洞洞的,没有月光的那一面。

对于轮船上的响声与喧闹我已习惯。躺在自己浴室舱窄窄的长凳子上,我谛听舵链如何吱吱嘎嘎作响,打扫甲板的人们的双脚如何跺得咚咚响。

乘客们都摇晃老实了,就像麻袋里的马铃薯,各自找到了自己的位置。那位像胖鞑靼人的老年高官,在来自基辅的圆圆的女教师身边安顿下来。

"那么,您坚持认为,"高官用出色的将军低音说道,"您坚持认为,甜馅饺子要比波特文尼亚汤香啦?"

又责怪地摇摇头,说道:

"哎呀—呀—呀! 难道您不理解,乳渣,总的说来,是讨厌的东西吗?"

"不,甜馅饺子——是很香的,"女教师微微噘起小嘴唇,回答道,"您这是故意逗弄我。您就是这样的人。"

"这样的"是什么意思,不知道。然而,高官很高兴,他满意地看着樱桃般圆滚滚的女教师,看着她那编得紧紧的发辫,和搭在脖子上的深红色的脏蝴蝶结。

工程师 O 坐在机器房里,在履行总机械师的职责。

把我带出敖德萨的 B 心情郁闷,一连吃了两份米饭,还把在塞瓦斯托波尔买的石头般的硬灌肠削开,掺到米饭里。他吃得津津有味,眼含热泪:

"我担心,我会饿死的。"

每到晚上,便有一位伯爵的婢女从底舱爬上来。她裹着一件昂贵的马尼拉麻披巾,闷闷不乐地站在船舷旁边,用拳头支着身子,轻轻地唱:

> 燃烧吧,我的星辰,燃烧吧,
> 黎明的星辰,爱的星辰①……

---

①　不完全准确地引用浪漫曲《燃烧吧,我的星辰,燃烧吧》,B. 丘耶夫斯基作词,П. 布拉霍夫谱曲。

在一个不大的停泊地,有一条运煤驳船与我们轮船舷靠舷地停在一起。它整个都是黑的,处处是烟灰烟炱。它的名称是"维奥莱塔"*。

一个小水兵,熏得黑黑的,像灯芯一样,从那艘"维奥莱塔"上久久地端详这个伯爵婢女。从船舷走开,又走了回来。眼睛离不开。

"咱们的茶花女似乎取得了胜利,"乘客们开玩笑地说。

可是婢女像一块石头,对浑身烟灰的小水兵连一眼都不看。

燃烧吧,我的星辰,燃烧吧……

然而,当"维奥莱塔"已经开始驶离时,小水兵突然俯下身子,大声呼叫:

"阿纽塔!是您吗?"

婢女惊慌失措,瞪大了眼睛。她的嘴唇变白了。

"天哪!怎么会……伯爵大人!……我们老爷……真的!……这是怎么回事……"

她转过身子,神情迷茫地对我们说:

"谁知道他们在哪儿呀。我把财产看管了很久,但还是都被偷光了。"

她手里搓弄着那条昂贵的披巾。

"全都偷光了。连件外衣都没剩。"

我们走了多少天啦?八天?十天?有人说,十一天。绝不可能!

白天,当我的浴室舱里没有人的时候,我躺在狭窄的长凳子上想:一层薄薄的木板和铁皮,把我和无底的蓝色深渊隔开了。鱼在我下面游走,凝胶状水母成团地旋转,巨蟹附着在深海下面的石头上,舞动着自己的爪子。它瞪大眼睛,不停张望,注视着我们的船底:是否有谁从那里掉下来,正好

---

* 维奥莱塔,歌剧(而非小说)《茶花女》女主人公的名字。

做它的早餐呢？难道不掉下来吗？难道就没有一个人忧伤得不想活下去啦？在那里，在更深处，那里有石头，有海藻，还有一位长着小胡子的讨厌家伙，正挥舞着触须等着哩。

据说，大洋把溺水者冲向南美洲海岸。那里有全世界最深的地方。在那里深达两三俄里的海沟里，尸体成群地站着。高浓度的咸水把他们保护得很好，所以，几十年、几百年以来，水兵、渔夫、战士、敌人、朋友、祖父和孙子——一个大军就在那里晃动。别样的自然力不接受、不转化地球的孩子们……

闭上眼睛，我望着我身体下方深处的碧绿透明的海水。一群小鱼快活地游动。成群结伙地游弋。率领整个鱼群的看来是某位鱼中的智者，某位先知。它每做一个微小的动作，整个鱼群都驯顺地瞬间服从。它向右——全都向右。它后退——全都后退。须知，鱼群很大呀，如果统计的话，足有六十来条。它们兜圈子，向一旁蹦蹦跳跳，随意翻滚……啊呀，鱼啊，鱼啊，他不是傻瓜吧，你们这位先进的预言家和哲学家？……

我们很快就要到达新罗西斯克了。

但这并不能使任何人高兴。更可能是不安。

在那里有亲属的人也高兴不起来。不知道能否遇到他们，不知道在这段时间里他们发生了什么事。

"什勒喀"号上的无线电台勉强修复了。但它暂时还没能与任何人沟通好。我们就这样在未知中航行，前景吉凶福祸，难以预料。

日子变得苦闷、漫长……

> 无论驶向着蓝鸟集翔的岛屿，
> 还是驶向苦闷的悬崖，或欢乐的海角，
> ——无论在哪里靠岸，反正都一样，
> 我无力抬起沉重的睫毛……

在舷窗玻璃的侧畔，

金色的花园飘然而过，

热带的棕榈，赤道上的太阳，

天蓝色的极地的冰块……

反正都一样①……

几年之后，多么奇怪呀，从（巴黎）嘉禾音乐厅的舞台上，我听到了经过润色、谱曲的这些破碎的诗行……

似乎我把这首诗放进了瓶子，加塞、密封之后，抛入了大海——波涛卷走了这个瓶子，携带到了遥远的幸福的海岸，在那儿它被人捡起来，拆封，然后召集人们，向所有的人朗读 SOS，向所有的人，所有的人……

无论在哪里靠岸，反正都一样，

我无力抬起沉重的睫毛……

---

① 这是苔菲在"什勒喀"号轮船上作的一首诗，后来成为由 A. H. 韦尔京斯基演唱并广为流传的歌曲《关于故国的歌》。

二二

清晨，我被警笛的吼声唤醒。

上面出什么事啦？

我登上甲板——一幅出乎意料、前所未见的画面：珍珠般灰色的一动不动的浓雾包围了我，立刻把我同世界隔离开来。迈了几步之后，已经找不到我刚才顺着爬上来的舷梯了。伸出手去，则看不见自己的手指。

警笛吼得惊心动魄，整个轮船都在微微抖动。

我们停在原地，还是在航行？

从离我不远的地方发出来一些声音，不很清晰，仿佛它们也被裹上了雾。总起来说，有一种特殊的寂静，像在梦境，一场彩云间的梦。

我不知道，我是一个人在甲板上，或者，我身旁还有其他人。也许，全体乘客都聚集在这里的某个地方，在这个呼啸的喇叭后面，只是我觉得，我是孤身一人。

我迈了几步，就碰到了某种围栏。伸出手一摸，原来是船舷。我站在船舷旁边，而在它外面——就是珍珠色的无底深渊。

突然，就在我的面前，雾气开始飘移，宛如剧院里的薄纱布景，开始向四方扯动，——简直是荒诞的梦——几顶鲜红的非斯帽子就在我的面前，我完全可以用手触摸到它们。还有黑色的脸庞,带黄边的煎熟鸡蛋似的眼睛,因拼命大笑而呲露的牙齿。我甚至后退了一步。对于他们来说,这突然炸开的浓雾显然也是一个奇迹。他们拥向船舷,开始挥舞双手,大喊大叫,似乎喊什么:

"久载利　卡莱! 卡莱　久载利! ……"

又是一些红色非斯帽,白眼球,手臂,牙齿……

突然,这个"非洲小窗口"变得模糊了,变暗了,瞬间便被袭来的浓雾遮蔽起来。

"见鬼!"在我身旁发出了一个声音。"差点儿撞到一起。"

警笛狂吼,轮船无声地微微颤抖。

我们驶近塞瓦斯托波尔。驶近时心怀忧惕。

我们遇到一只小船,便向它挥舞手帕,交谈,详细打听,但并不相信。遇见了第二只。又交谈一阵儿。最后——毫无办法,反正也得加煤,于是驶进了港湾。

市里原来平安无事。城市在白军手里。

我们的乘客有一半下了船。

其余的就去逛街。互相传达激动人心的消息。

"我们找到了一家皮鞋店,里面有四双麂皮鞋。三双特大,一双又太小。"

女士们就去试皮鞋。我嘛,当然也在其中。

的确,三双是巨人型的,一双是侏儒型的。

"您在哪儿见过这样的脚哇?"我问鞋匠。

"然而您看哪,这商品多么出色! 样子嘛——简直让尊脚开心!"

"可是,这几双太大。那双又穿不进去。怎么办呀?"

"您就买两双嘛,那就正好啦。就是说,一双大,另一双小,那一平均不就正合适啦。"

塞瓦斯托波尔的鞋匠真会做生意!

城里到处都是灰尘,满目凄凉、破旧。

我们溜达了一阵,便回到了"什勒喀"上。这才知道,燃煤已经匆匆装好,马上就要起航了。

轮船空旷了。可是在出发前又接收了新人,他们已经是"官家乘客"了:整队的青年军人,他们曾经保卫过克里米亚皇宫。应该是运送他们去高加索抗击布尔什维克前线的。

男孩子们一个个漂亮、整洁,交谈愉快,说着带口音的法语,唱着法国歌曲。他们被安置在了甲板上。

而一队经历过沙场的步兵,像一排灰色的海浪,涌进了底舱。他们个个像制毡工人那样沾满灰尘,碰得刺刀和军壶叮嘎乱响。

这两支队伍互不掺和,就像谁都没有发现谁一样。

在上面,愉快的话语相互问答。

"你在哪儿,老兄?"①

"科科,沃瓦在哪儿?"

"谁把我的香水倒光啦?"

还有人唱:"Rataplan-plan-plan..."*

一些灰色的神情疲惫的人从下面爬上来,手中的铁水缸碰得叮叮当当响。他们低垂双眼,从油光水滑的年轻人旁边经过,到厨房去打开水。他们系着破旧皮带,笨重的大靴了唰唰响,磨烂的鞋跟嚓嚓地蹭着地板。

然而,在前线等待这些油光水滑的青年人的,却是非常凄惨的命运。许多人遭遇了壮丽的凋谢。勇敢而快活。这首《Rataplan》成了许多人的绝唱。

在这些年轻人之中,有一位拥有惊人美好的歌喉。他长时间地唱,一

---

① 原文为法语。

* 法语,是模仿敲鼓声。

直唱到深夜。据说,他是著名歌唱家斯米尔诺夫的侄子……

入夜之前,开始有了一些轻微的颠簸。

我独自一人久久地站在甲板上。

断断续续的歌声、欢快的谈笑声不时从休息厅里传来。

在底舱,那些穿一身毡衣、尘垢满面的灰色的人们,早就沉静了下来。他们无心欢笑。对于欢乐,他们早已有了过多的见闻。他们睡得很死,很"讲实效",就像农忙季节的农夫。对于农夫,睡眠是必须的、重要的。因为睡眠能给新的繁重的一天带来力气。

"什勒喀"摇晃着,发出阵阵吱咯声。黑色的海浪暗哑而有力地撞击着。它搅扰歌曲的节奏,同从休息厅窗口射出的照亮暗夜的渺小而欢快的灯火格格不入。它有自己深邃而可怕的生命,有不为我们知晓的力量与意志。它不认识我们,看不见也不理解我们——只是举起来,抛出去,拉过来,毁灭掉。这就是大——自——然。

一颗硕大的星斗燃起了篝火,宛如一个小月亮,将一条毛茸茸的金色小路掷向大海。

"这是天狼星,"一个声音在我身边说道。

这是当司炉的小男孩儿。

在沾满烟灰的脸上,一对白色的眼睛紧张地望着天空。从敞开的灰褐色脏衬衫的领口可以看见,一个小小的十字架吊挂在一条又脏又细的绳子上。

"这是天狼星。"

"您认识星斗吗?"我问道。

他迟疑了一会儿。

"认识一点点。我航海……我是司炉……要知道,在轮船上常常是要观察星空的。"

"从锅炉房里观察吗?"

他打量了一下四周。

"噢,是的。我是司炉。您不相信吗?"

我看了看他。的确——为什么不相信呢? 手上有几个折断的黑乎乎的指甲,还有这个小小的铜十字架……

"不。我信。"

黑色的海浪,裹挟着尖锐的白色扇贝,从船舷旁边涌过,懒洋洋、恶狠狠地拍打着轮船,发出阵阵扑哧扑哧的响声。天狼星的光路熄灭了,毛毛细雨飘然而至。

我离开了船舷。

"娜杰日塔·亚历山德罗夫娜!"司炉工小声呼唤我。

我停下脚步。

"您怎么会认识我呢?"

他重新打量了一番四周,然后完全压低声音,说道:

"我去过您在蓄水池街*上的家。我的同学,贵族学校学生谢瓦斯季亚诺夫,给您介绍过我。还记得吗? 我们谈论过宝石,谈论过黄色蓝宝石……"

"对……我想起来一点点儿……"

"在这儿任何人都不知道我是什么人。甚至在那儿,在锅炉房里。我已经是第三次出海了。第三个航程。我的家人全都完了。父亲躲藏了起来。他告诉我说:一分钟也不要忘记,我是锅炉工。只有那样我才能生存下来,并能妥善完成托付给我的事。这是我第三次出海,并且应该再次回到敖德萨。"

"布尔什维克已经在那里站稳了脚跟呀。"

"所以我才需要到那儿去。我之所以与您攀谈,是因为相信您认识我。我信任您,甚至以为,您故意装作不认识我,以便不给我添麻烦。难道我化装得那么好吗?"

---

* 位于彼得堡,得名于十九世纪下半叶存在于该地的蓄水池。

"好得惊人。就是此刻我也认为，您是一位货真价实的司炉，提及谢瓦斯季亚诺夫不过是开个玩笑而已。"

他嘿嘿一笑。

"谢谢您。"

他弯下腰，迅速吻了吻我的手，然后向舷梯走去。

我手上留下了一个小小的烟炱点。

是的。彼得堡。一个又一个的夜晚。一个个慵困焦急的太太和风流倜傥的青年们。摆放着白色丁香的桌子。关于黄色蓝宝石的对话……

关于黄色蓝宝石，这位瘦削的个别字母发音不清晰的男孩子说过什么呢？

他戴着拴在细绳子上的铜十字架还要完成几次航程呢？一次？两次？然后，便将疲惫的双肩紧靠在黑洞洞的地下室的石墙上，闭上双眼……

煤烟炱的黑点留在了我的手上。

这就是全部……

二三

这是另一个夜晚。平静,黑暗。

远处是半圆形的海岸灯火。

夜,是何等的寂静啊!

我久久地站在甲板上,聆听这个静静的夜晚。不过,我总是觉得,从昏暗的海岸那儿,不时传来教堂的钟声。也许,这确实是钟声……我不知道这海岸线是否很远,只是其灯火清晰可见。

"是的,这是祈祷前的钟声,"旁边有个人说道,"声音在海面上听得很清晰。"

"对,"某个人答道,"今天是复活节之夜嘛。"

复活节之夜!

这个遥远的祈祷前的钟声,沿着海浪传到我们这里,是那么庄严凝重,又是那么神秘地宁静,仿佛在寻找失落在海洋与暗夜之中的我们。找到了,把我们同神殿连接在一起。在歌声和灯火中,在赞美基督复活的大地上。

这个从童年便熟悉的神圣夜晚的庄严钟声,紧紧抓住灵魂,把它带往远方,绕开呐喊与鲜血,带到朴实可爱的童年岁月……

　　我的小妹妹列娜①……她永远在我身边,我们一起成长。在自己的肩膀旁边,我永远可以看到她那玫瑰般的圆脸,和灰色的圆圆的眼睛。

　　当我们吵架的时候,她用她那柔软的橡皮团似的小拳头打我,自己却被自己的狂怒吓着了,哭着一再重复:

　　"我可是能够把你打死的呀!"

　　一般说来,她是个爱哭的孩子。当我开始为她画像的时候(五岁时我感觉到了对绘画的迷恋,后来,这个迷恋从我头脑中被剔除出去了),首先画的便是大大张开的圆嘴巴,把它涂成黑色的,然后再画眼睛、鼻子和脸。不过这一切全都是无关紧要的点缀物。最要紧的就是——张开的大嘴巴。它很好地传达出了我的模特的生理与精神上的实质……

　　列娜也画。永远是我做什么她便做什么。当我生病让我吃药的时候,也应该往她的水杯里滴上几滴水。

　　"喂,怎么样,列娜奇卡,你好些了吗?"

　　"是的,感谢上帝,疼得似乎有一点轻了,"她叹着气回答。

　　是的,列娜也在画,不过她是另一种手法。她画保姆,而且从努力画出四条平行的短线开始。

　　"这是什么东西呀?"

　　"这是额头上的皱纹。"

　　在这些皱纹上再加上两三个线条,便成了保姆的全貌。不过,很难正确地画出皱纹的线条,于是列娜便长时间地呼哧呼哧喘气,把纸一张又一张地弄坏。

　　列娜是个爱哭的孩子。

　　我记得一件恐怖的令人蒙羞的事。

　　我已经在中学学习整整一年了,列娜才被送进小预科班。

---

　　① 叶连娜·亚历山德罗夫娜·洛赫维茨卡娅,1913 年加入剧作家协会,其剧本署名为埃利奥。

有一次,我们班正在楼梯口等着下楼,去前厅。预科班的小家伙们刚刚走过去。

突然,我看到一个矮小的身影,她额头上留着一绺乌克兰式长发,背着沉重的书包,怯生生地贴着墙根走,不敢从我们身边经过。

……是列娜!

我们班的女训导员走到她跟前,问道:

"您叫什么呀?是哪个班的?"

列娜抬起眼睛看她,一脸最恐惧的非人的表情。她的下嘴唇不停地战栗,却不说一个字。她把头缩进脖子里,一绺刘海抖个不停,双手捧起大书包,嚎啕大哭着跑下楼梯。这个不幸的小肉球!

"多么可笑的小姑娘啊!"班级训导员笑着说。

可我呢!这时候我有什么样的感受啊!我闭上眼睛,藏在了女伴背后……多么丢人啊!万一训导员认出来,这是我的妹妹!她竟然放声大哭,却不肯简单而得体地回答:"是小预科班的"——再行一个请安礼。真丢人啊!

……复活节的钟声当当地响,此刻已经完全清晰了……

我记得,在我们老房子的昏暗的客厅里,枝形吊灯的水晶玻璃垂饰自己便轻轻抖动,发出叮当响声。我和列娜并肩站着,注视着黑洞洞的玻璃,聆听这祈祷前的钟声。因为客厅里仅有我们二人,因此有些害怕。这还因为,这天夜里的钟声响得格外不同,那么庄严。因为基督即将复活。

"可是,为什么,"列娜说,"为什么天使自己不敲钟呢?"

在昏暗中,我看得见她那灰色的小眼睛,既闪闪发光,又惊惶不安。

"天使们在最后一刻才会到来,"我回答道。但本人也为自己的话感到害怕……

为什么,在这个复活节之夜,在黢黑的大海上,在几千俄里之外,我的妹妹,一个小小的姑娘,来到了我的身边呢?我最爱这个样子的她。此刻,她为什么竟站在了我的身边呢?

我不知道为什么……

三年之后我才知道，就在这个夜晚，在距我数千俄里之遥的阿尔汉格尔斯克，我的列娜正在告别人世……

我们来到了新罗西斯克。

多么大的一个港口啊！

一座防波堤接一座防波堤，难以计数。

起重机处处可见，宛如巨大的黑天鹅的脖子，高高扬起。没完没了的货栈、板棚、仓库。在防波堤上，在滨海大道上——处处都是人。

刚开始以为，这是乘客们在等待轮船的到来。不过，在他们中间稍稍溜达一会儿，我便发现，他们不是在等待，而不过是就生活在这里。他们用一些筐和破破烂烂的东西，搭成一座座帐篷，挂起来一件件破旧衣物。习惯了，就一直这样生活。

在这里，老太婆们就在火盆上烤东西吃。

半裸的孩子们在玩玻璃瓶碎块和羊骨头。个个都是脏乎乎的，头上的黑色毛发直立。

每座帐篷前面都有一根竹竿，上面挂着一捆或一辫子蒜。

这些人都是亚美尼亚难民。他们在新罗西斯克已经待了好久。他们将迁往哪里，谁也不知道。城市里斑疹伤寒肆虐。在这些难民中间也有许多患者。有不少孩子因寒热病而死亡。悬挂蒜束蒜辫就是为了不受传染。鬼魂、吸血僵尸、妖怪和各种疾病都非常不喜欢蒜味。对第一种、第二种和第三种东西我都非常了解。

这些难民的生活异常奇怪！

他们从某个地方被赶了出来，又被驱往另外某个地方。财产嘛——两三团破烂衣服和一口煎锅。他们这就能生活得不错。看不出他们有什么沮丧乃至焦躁情绪。

他们吵架，哈哈大笑，沿着整个宿营地相互串门，拍打管教孩子。甚至有人出售干鱼和压实的羊肉香肠。

一个男孩子在吹奏陶笛，两个姑娘抱在一起跳舞。

无人抱怨，无人焦躁，无人纠缠着问这问那。视这种生活为人类正常的生活方式。

请看这位女人。她穿着一件虽然破损但却是丝绸的连衣裙，显然前不久还曾是位富有的女人，此刻她正在向女邻居展示，她如何在绳子上晾晒自己的披巾。一切都安排得很好，让她心满意足。假如她的披巾再长出四分之一俄尺来（她多次用手掌比量，应该有多么长），是的，它如果再长出四分之一俄尺来，她就能完全遮住她家帐篷的门了。

对于充分的舒适，所欠缺的就是这四分之一俄尺。

是的。一切都是通过比较来认知的。女邻居不能不羡慕。她只能用一辫子大蒜来捍卫自己的住宅不受吸血僵尸、瘟神和旁人目光的侵犯。

我进城去。我们"什勒喀"的乘客已经像没有牧人的牛羊一样结伙在市里溜达。他们寻找熟人，询问住房和价格，更重要的是——打听有关布尔什维克的消息。

这时候，我们第一次听到了"绿卫军"①这个词。

绿卫军是新出现的，并不完全为人们所理解——这种新颜色是由白色还是红色组成的……

"他们在那儿。在格连吉克方向，"人们指着海湾右面的白色高山对我们说道。

"他们不侵犯任何人……"

他们在那里生活得怎样？为什么躲藏在那儿？躲藏什么人呢？

"一些军官也投奔他们去了。"

---

① 国内战争期间，除了正规军队，还有所谓的"绿军"（或译"绿卫军"）的游击队参加军事行动。他们经常是支持红军的，然而，也有一些队伍同白卫运动合作；还有一些自治的队伍，他们不管白红，主要是袭击和平居民。

　　我们这些灰色的颓丧的"什勒喀"人，成群结伙地站在墙角和十字街头，颓丧地编织着流言蜚语。

　　"怎么样，先生们，"响起了一个干练的男低音，"事情昭然若揭——必须去特拉布宗①了。"

　　"去特拉—布—宗？"

　　"当然啦，先生们。据说，那里的黄油非常便宜。"

　　"这毫无意义。过一周，顶多过上两周，布尔什维克就会撤走。而我们从这里回家要近许多。"

　　可是黄油爱好者并不甘休。

　　"好极啦，"他说道，"就算再过两周吧。可是这两周最好也要过得舒服些，而不是凑凑合合混日子。"

　　"就在您往那儿折腾的时候，就在您这样那样的时候……咱们还来不及用您的黄油往面包片上抹，便又必须离开了。"

　　"可那又往哪里去呢？"

　　在另一些人群里谈论的则是伤寒。人们说，整座城市一片恐慌。人们在像苍蝇一样死去。

　　药房在出售一些有专利权的药品、软膏、水剂，甚至还有能预防传染的护身香囊。

　　有人建议扎紧袖口，以免有什么昆虫爬进去。

　　市内的情绪是颓丧的。

---

　　①　特拉布宗，土耳其东北部城市。第一次世界大战末期被俄国军队占领，长期驻有卫戍部队。

二四

是的，当时新罗西斯克是一座非常颓丧的城市。

我们久久地从一座住宅到另一座住宅游荡，寻找住房。所有住宅都住着人，所有房间、所有角落都挤得无立锥之地。

我遇到了从"什勒喀"下船的一位太太，就是那位前皇宫女官。

"相对来说，我们安排得还算不错，"她说道，"我们找到了一间住房，女房东在地板上放了几张垫子。总起来讲，我们在那儿将住十一个人，其中有两个是很小很小的孩子。说实话，在住房面积上，他们可以不算数。当然啦，他们大概会哭，这些孩子，不过，总而言之，这并不比在'什勒喀'上更坏。而且，我们还不受晕船的威胁。"

这位太太在世界上最害怕的就是晕船。不过，不能指责"什勒喀"：它只颠簸过我们一次，还不太厉害，虽然我也是乘客中的一员。问题在于，到现在为止，无论天气有多么平静，只要我一踏上轮船，就一定会开始颠簸。

在什么海上我没有晕过船啊！在波罗的海，在里海，在亚速海，在黑海，在白海，在地中海，在马尔马拉海，在亚得里亚海……还何必谈海呀！甚至在日内瓦湖上，从圣然戈尔夫到蒙特勒半小时的摆渡中，也会发生剧烈的摇晃，致使全体乘客都要大病一场。

我这个引起风暴的特性并不使我个人特别伤心。我喜欢海上的暴风雨,并未因它而遭受多大的折磨。然而,假如是在中世纪,因为这个特点,我就有可能被放在火堆上活活烧死。

我记得,有一次,一位奥廖尔的地主,因为不相信我的能耐而大受其苦。

我需要从塞瓦斯托波尔去雅尔塔,这位奥廖尔的地主殷勤地主动要求送我,以便在途中关照我。我衷心感谢他,但认为有义务提出警告:

"将会有颠簸的。"

这位地主不信:大海一平如镜,天上万里无云。

"您会看到的!"我忧郁地说,可是他只是把肩一耸。天气好得出奇,而且,他一向能勇敢地忍受颠簸。我嘛,当然会有一些麻烦,对于他本人嘛,他还是蛮有把握的。

"那好吧,那样当然更好。"

我们上了轮船。

全体乘客都因为天气绝佳而高兴,可是船长却突然说道:

"咱们赶紧去吃早饭吧。等我们一绕过灯塔,也许,就会有些轻微的颠簸。"

我意味深长地看了看地主。

"那好吧,"他说,"我不为自己担心。对您我会关照的。"

早饭期间,我的地主简直是兴致勃发:给所有的人都提出忠告,应该如何坐,如何躺,应该想些什么,怎样嚼柠檬,怎样沾着盐嚼果皮,怎样用后脑勺靠着墙,怎样尽量弯下腰身,等等。全都想到说到了。

我甚至感到惊讶,一个生活在陆地上的人,在这类与大海有关的事务中,竟突然表明,他完全是行家里手。

乘客们对他的话听得津津有味,颇为尊重。还频频征求他的意见。他也乐于回答,讲解得有条有理,不厌其烦。我呢,当然,听得也十分认真,虽然有些惊讶。不管他人如何,我是不应该漠视这个经验丰富的人的种种提示的。

因为他重点强调,在轻微颠簸的情况下应该待在甲板上,于是,早饭后我便立即爬了上去。地主也随着我来到了甲板上。

事实证明,船长说对了:我们一绕过灯塔,轮船立刻便开始走骆驼步。船头不时钻入水中,右舷和左舷轮流高扬。

我抓住栏杆,快活地说这说那。我呼吸着带咸味的湿润的海风,眺望地平线,在那里的灰蓝色云朵中不时爆发闪电,尽管还相当遥远。

不料,突然——我的两三个问题未得到答复。回头一看——空无一人。我的地主消失了。这意味着什么呢?早饭后随同我一起来到甲板上的那几位乘客也走了。这时我感到,我头晕得很厉害。

必须躺下来。

行走原来竟相当困难,我双手抓住扶手,勉强顺舷梯走了下来。下面的女士共用大舱里没有一个空位子。乘客们全都躺着。

我找到一个空闲的角落,凑合着坐了下来,把头放在了别人的箱子上。

可我的地主到哪里去啦?他可是特意出来在路上照顾我的呀。要是他现在弄点柠檬来,哪怕搞到个枕头也好嘛。

我躺着,十分惊讶,一再回想起他的那些建议与教导。

这个大统舱有六个门通向女士的单舱。这些小船舱都有人占着。我决定留在我现在的位置上,争取入睡。

突然,舱门大开——我的地主飞了进来。帽子没了,样子野性,双眼犹疑迷茫……

"您找我吗?"我喊道,"我在这儿!……"

然而,他没听到。他撞开一间小舱的门,把头伸进去。爆发了一声野性的尖叫,和有点类似于公山羊的吼声。门"砰"的一声,重新关上了。

"他这是在找我!"我这样想着,一再向他点头。

可是,他看不见我。他冲向第二个小舱,又撞开门,将头伸了进去。再次发出公山羊的吼声和野性的尖叫。我甚至分辨出来了尖叫声中的话语：

"真是胡闹！……"

他又跳了出来，门又"砰"的一声，关上了。

"他以为，我在其中一个小舱里……"

"尼古拉·彼得罗维奇！我在这儿！"

可是他已经窜到了第三个小舱前，把头伸进去，用公羊似的吼声说了句不明不白的话。又是女人的尖叫声，表达对"胡闹"的抗议。

"他这是怎么啦，"我想，"他为什么要像公山羊那样咩咩叫呢？可以敲敲门，问一声嘛……"

这时候，他已经将头伸进了第四座小舱，这离我稍近一些。他被什么人的手一把推了出来。他就势一跳，站在了那里，模样吓人，不知所措，接着便吼叫道：

"真见鬼，这到底是在哪儿呀？"然后，又向第五个门扑去。

这时候我全都明白了，便把脸藏在围巾里，装成睡觉的样子。

我的女邻居们激动起来，纷纷表示气愤：

"不像话！一再打开女人舱的门，这……"

"这位先生似乎是和您一起来的吧？"一位女乘客问我。

"根本没有那么回事，"我惊讶并委屈地回答道，"这是我第一次见到他。"

她似乎并不相信我，然而她明白了，与这样的旅伴是不能不脱离干系的。

用这种方式依次拜访过全部六个小舱之后，在愤怒的申斥与尖叫声的伴随下，他子弹一般冲到了走廊上。

当我们驶近雅尔塔的时候，我在踏板旁边遇到了他。

"原来您在这里呀！"他装作兴奋的样子，不自然地说道，"我在甲板上找了您一整天。甲板上美极啦！那么辽阔，那么强劲，无可比拟！美极啦！大自然的杰作！不——我简直找不到恰当的言辞。在整艘轮船上，说实话,只有我和船长没有趴下。甚至船长的助手,一位经验丰富的海员,也胆怯了。是的,全体乘客都躺倒了。一次非常愉快、令人兴奋的航行。"

　　"可我给自己要了一个单舱,"我说道,尽量不正眼看他。

　　"我就知道,您会遇到麻烦的,"他喃喃地说,尽量不正眼看我。

二五

在光秃秃的悬崖上,在严寒死寂的永恒的冰川雪原上,看到一朵丝绒般的小花——火绒草,这是多么赏心悦目的事情啊。它独自生长在这个冰雪死亡的王国里。它说:"不要相信这个包围着你的可怕的东西。看吧——我活着。"

那是多么令人陶醉的事情啊!如果在异乡城市里的陌生街道上,您无家可归,疲惫不堪,突然有位陌生的太太走到您面前,用甜蜜的基辅—敖德萨口音(或许,是哈尔科夫口音)说道:

"您好!喂!您看我这件连衣裙怎么样?"

我就是这样,在完全陌生的新罗西斯克徘徊,寻找栖身之地而不可得。突然,一位陌生的太太走到我面前,用永恒的女性口吻说道:

"喂,您看,我这件连衣裙怎么样?"

发现我茫然失措的神态,她又补充道:

"我在基辅见过您。我叫谢拉菲玛·谢苗诺夫娜。"

于是我平静下来,看了看她的连衣裙。它是用惊人糟糕的薄纱布缝制的。

"很好的连衣裙,"我说,"很可爱。"

"您知道这是什么布料吗？也许，您以为，在这里总还可以搞到一种面料吧？这里甚至连印花布也找不到，无论您出什么样的高价。就是这样。这个面料是药房里的纱布，销售给人做包扎用的。"

我并不十分惊讶。我们在彼得堡就曾经用描图纸做过内衣。设法把它泡软，便成了某种类似巴蒂斯特布那样的东西。

"当然，它也许不太结实，"这位太太继续说道，"有一点往上卷，但是不贵，穿着肥大。现在这样的纱布找不到了——都抢光了。仅剩下了一种有碘仿气味的纱布，尽管它颜色很美，却很难闻。"

我表示有同感。

"您知道吗，"这位太太继续说道，"我的侄女在药店买了一些包扎用的绷带，很好的，带有蓝色的花边，用它做了那样一件连衣裙。您知道吗，在下摆上缝了一些那样的带子，真的，非常漂亮。而且，非常卫生——全都经过了消毒。"

可爱的、永恒的女性特色！火绒草，冰川悬崖上的鲜活的花朵。任何东西都不能把你摧毁！我记得，在莫斯科，当机枪哒哒扫射的时候，住宅委员会请求市中心街道的居民们躲进地下室去。就有这样一朵火绒草花——谢拉菲玛·谢苗诺夫娜——在地下室里，在哭泣声和咬牙切齿的诅咒声中，她用白铁罐做的灯给烫发用的钳子加热，因为没有酒精，烧的是杀灭寄生虫用的某种臭乎乎的液体。

也是这样的火绒草花，在基辅，冒着机枪扫射，跑出去买做短上衣用的花边。也是这样的一朵火绒草花，当惊惶万状的人们争先恐后往轮船上跑的时候，却端坐在敖德萨的理发店里。

我记得有这样一句明智的话：

"是的，都在跑。但是您总不能不梳头、不抹点香水就跑吧?!"

我以为，在庞贝城毁灭的时候，某些庞贝城里的火绒草，在匆忙中也曾来得及给自己修修脚……

在这一思绪的作用下，我向自己并不认识的谢拉菲玛·谢苗诺夫娜打听房间的事。

"有一间房子,还不错,只是您住在那儿会不很舒服的。"

"没关系。这时候哪还谈得上舒服不舒服呢。根本就没有挑挑拣拣的余地。"

"我还是劝您稍稍等一下。那里住着两个伤寒病人。如果他们死去,也许,就要做一番消毒……稍等一等吧。"

我想起了自己在敖德萨找房间的事。这里闹伤寒,那里则是西班牙流感肆虐。有个人在基辅给敖德萨的一位工程师写了一封信,后者答应,在自己的住宅里给我提供一个房间。一到敖德萨,我便按照地址去找。我按了好长时间门铃。门终于开了一条小缝,有个人用微弱的声音问我要干什么。我把信递给他,说了是怎么回事。这时候门缝开得稍微大了一点,于是我看见了一位中年男子不幸的病弱不堪的脸。他就是那位工程师。

"我不能让您进我的家,"他仍然用那样低沉的声音说道,"地方我有,可您要知道,五天前,我埋葬了妻子和两个儿子。现在,我的第三个儿子正在死去。这是最后一个儿子。我在住宅里孤身一人。我甚至不敢把手递给您——也许,我已经感染上了。不,这座房子绝对不能进。"

是的。那里有西班牙流感,这里有斑疹伤寒。

谢拉菲玛·谢苗诺夫娜兴致盎然地讲述恐怖的传闻。

"一位小姐去教堂,参加自己熟人的葬礼。在那里有人问她:'您为什么穿这样的重孝啊?'她说道:'这不是孝服,只不过是黑色的连衣裙。'可是人家用手指点着问她:'那为什么在您的裙子上缝着一道灰杠呀?'她一看——那些全都是寄生虫。自然啦,她当即'啪'一声倒地,昏了过去。人们开始抢救,让她恢复知觉。她已经深度感染上了斑疹伤寒。"

在这些流言蜚语的作用下,我去寻找"什勒喀"号,它已经被带到了另一座防波堤前面,遥远而又空旷。它矗立在那儿,无声无息,赤裸裸地高踞于水面之上。长长的跳板放下来,几乎是垂直地戳着。

我看了看,认为自己无论如何也爬不上去。而且跳板上没有任何砍痕,——就是两块窄窄的板子。迈了两三步——我的双脚向后滑,下面是防波堤高高的陡岸,防波堤下面则是幽深的海水。

我愁坏了。坐在铸铁短桩子上,开始努力想一些愉快的事情。

不管怎样,我的遭遇还是蛮不错的。天气很好,景色很美,没有人殴打我,也没有人驱赶我。我像一位小姐,坐在舒服的桩子上,坐够了,就可以起来站一会儿,或者走一走。想干什么就干什么,谁也不敢限制我。

这时,一个头发短短的人从轮船上弯下身子看我。

"您为什么不上来呀?"剃成短发的人喊道。

"我怎么上去呀?"我也喊道。

"踏着板子呀。"

"我害怕。"

"嗨,真是的!"

短发人离开船舷,一分钟之后便踏着板子敏捷地从侧面跑了下来。

他是轮船机房里的一名军官。

"您害怕呀?抓住我的手。"

两个人一起走原来更吓人。板子疯狂地扭动。你迈左腿,右侧的板子几乎抬到膝盖那么高。你迈右腿——左侧的板子又跳动。

"答应明天给拴一条绳子,好让人有个抓手,"军官安慰我说。

"我不能等到明天呀。给我找一根棍棒吧,我握着棍棒走。"

军官顺从地沿着防波堤跑向海岸,拖来一根大木棒。

"好吧,"我说道,"现在您坐在这个桩子上,唱一首马戏团的歌吧。"

"马戏团的歌我不会唱。要不,唱一个探戈舞曲《阿根廷》?"

"咱们试试看。"

"'在遥远炎热的阿—根—廷!……'"军官唱道。"现在怎么办呢?"

"看在上帝分上,不要停下!继续唱,要尽量唱出节拍来!"

我两手抓住木棒,横端着,踏上了木板。

"'何处天空如此酷……湛—蓝'……"军官使尽力气地唱。

天哪！这是什么样的假嗓子啊！千万不要笑出声来……

就这样：不能往下看。向前看木板，踏着一块木板走，嘴里哼着曲子。

"'何处有女人，宛如在画—中'……"

乌拉！走到船舷了。现在只须抬起腿，跨过去，便……

突然，我的两条腿向下滑去。我扔掉木棒，闭上眼睛……某个人紧紧抓住了我的双肩。这个人是从上面，从轮船上抓住我。我弯下腰，紧紧抓住船舷，便爬了上去。

小个子船长得知我还没有找到住房，建议彻底放弃寻找，就作为客人留在轮船上。一间小舱归我使用，只须支付非常廉价的费用，便可以吃他们海员的"大灶"，跟他们的海员一起等待，看"什勒喀"未来的命运如何。如果能够将轮船开往符拉迪沃斯托克，则把我也带到那儿去。

我非常满意，衷心感谢可爱的船长。

轮船上沮丧无聊而又奇怪的生活开始了。轮船停泊在海岸附近，紧靠着漫长而又空旷的白色防波堤。

任何人都不知道，我们何时起航，驶向何地。

船长与妻子和婴儿待在自己的舱里。船长助理给自己的妻子与妻妹缝皮鞋。他妻妹娜佳是位年轻的楚楚动人的卷发女郎，她穿着薄纱连衣裙和芭蕾舞鞋在舷梯上跑来跑去，搅扰着轮船上青年男子们的安宁。

海军准尉Ⅲ弹吉他。

工程师O总是在机房里摆弄些什么……

带我离开敖德萨的B也临时留在了"什勒喀"号上。他整天整天地在市里溜达，寻找朋友中的什么人，回来时经常带一些熏肠，边吃边叹息，说害怕饿死。

中国厨师为我们做饭。中国洗衣工为我们洗衣服。仆人阿肯为我打扫整理房间。

太阳静静地落下去,用火红的晚霞纪念这一个个平淡无味的白昼。海浪拍打着船舷。缆绳喇喇,铁索叮咚。远处的山峦泛白,把我们同世界隔绝开来。

苦闷。

二六

布拉风*刮起来了。

我在敖德萨就听到过关于它的种种传说。

那时候，从新罗西斯克来了一位《俄罗斯言论报》的工作人员，他浑身上下缠满了绷带，贴满了膏药。原来，他正走在大街上，布拉风突然袭来，把他吹倒在地，刮得他在马路上翻滚，一直到他抱住一根路灯杆子为止。

人们还说，所有轮船全都脱了锚，被刮进了大海。只有一个机智的美国人留在了海湾。他发动蒸汽机，迎着狂风全速冲向海岸。靠这种办法他得以留在原地未动。

我并不完全相信这些传闻，但仍兴趣盎然地等待着布拉风。

据说，它只会以数字"三"计数。因此，它或者刮三天，或者六天，或者九天，以此类推。

我的愿望实现了。

我们的"什勒喀"在呻吟，它所有的螺栓，所有的铁链和绳索，都在嘎吱吱、哗啦啦地响。铁器撞得咚咚响，索具吹得呜呜叫。

---

* 布拉风，地中海和黑海沿岸一些地区特有的局部狂风，极具破坏性。类似于中文所说的东北风。

　　我到城里去,暗自希望像《俄罗斯言论报》那位工作人员一样,我也被吹倒,也在大街上翻滚。

　　我顺利地到达了集市,开始买一些乱七八糟的东西。突然,灰尘犹如灰色的云朵,陡然而起,纸片木屑乱飞,售货棚上的帆布"砰"的一声,有什么东西轰隆倒地,一团玫瑰色泡沫状的东西一下子把我和世界隔绝开了。

　　我绝望地挥舞双臂。世界又出现了,玫瑰色的东西原来是我自己的裙子,它一下子被卷得高过我的脑袋,现在又垂下来,裹住了我的腿。

　　我异常尴尬地环顾四周,但人们都在擦眼睛,眯起眼睛,或用肘部遮住脸。看来,没有人关注我与布拉风的第一次晤面。只有一位卖面包圈的女人看着我,笑得要死……

　　布拉风刮了十二天。在各种绳索上发出世界上一切可能的呼啸声。忧郁的,凶狠的,悲痛的,残暴的。吹走了街道上的行人,吹走了集市上的商人,吹走了甲板上的海员。停泊场上没有一只小船,海岸上没有一辆马车。

　　黄色的尘柱在漫步,垃圾和碎屑在旋转,碎石在大路上滚动。

　　泡涨了的奶牛的尸体被吹到了我们"什勒喀"旁边。

　　据说,狂风经常把牲畜吹到大海里去。

　　见习水兵们用竿子推开奶牛,可是狂风又重新把它吹得紧贴着我们的船舷。这个膨胀得吓人的大泡一直在飘荡,一会儿离我们远去,一会儿又重新在我们船舷边上高扬。

　　"什勒喀"上的居民在忧郁地游荡。

　　走上甲板——左面是在灰尘与碎屑中的无声的城市,它被焦虑、恐惧和斑疹伤寒折磨垮了。右面——是奔跑的大海,浪涛匆忙而无序地互相冲撞,相互挤压,新的波浪又把它们压碎,把愤怒的泡沫喷洒在它们身上。

　　匆匆来去的海鸥,苦闷而忧伤地相互抛掷着最后的话语,断断续续的绝望的话语。

天空灰蒙蒙的。

苦闷。

夜间，甲板上的轰隆声和撞击声不让人入睡。从闷人的船舱里爬到上面去——风在你身后把门刮得乱转，砰砰乱响，把它推向黑暗。在那里，风呼啸着，怒吼着，把一堆堆惊恐的浪涛赶走，赶走，赶走……

赶它们离开忧伤的海岸。可是，赶到哪里去呢？

也许，我们很快就同样被野兽般的自然力量驱赶。可是，驱赶到哪里呢？去什么样的辽阔空间呢？

你又回到了船舱。

躺在硬板床上，听着海军准尉在什么地方慵懒地拨弄自己的破吉他，年老的中国人在剧烈地咳嗽——这位轮船上的炊事员，当年因为"那样过度恼怒，以致损伤了自己的心脏"。

我在市里徘徊，希望打听到某些消息。我找到了曾经的新罗西斯克报纸的编辑部。然而，那里的人对所有的事都一无所知。更确切地说，他们都知道许多东西，但是，每个人知道的与另一个人知道的完全矛盾。

在一件事上他们意见一致：敖德萨落入了布尔什维克之手。

在大街上我遇到了著名的"水兵"巴特金①。在这里，在新罗西斯克，他成了风流倜傥的大学生，正在一群因他而骄傲的小姐的陪伴下漫步。他说，本来要枪毙他，只是靠了他雄辩口才的力量才得以保全生命。不过，他讲述这一切时并不特别自信与张扬，也不坚持要别人相信他。在关于枪毙的故事中，惟一感人的是，在他即将死去时，嘴里一再提到的是一位心爱女人的名字。每当提及这个细节，那一群小姐便都垂下了眼睛。

望着这位衣着笔挺装饰华丽的大学生，我想起了那位热情似火的水

---

① "水兵"巴特金，1917年在黑海舰队成立了以奸细 Ф. 巴特金为首的代表团，它在全国游说，呼吁将战争进行到最后胜利。在波罗的海舰队，这些鼓动人员的活动遭遇了彻底的失败，巴特金被揭露，塞瓦斯托波尔苏维埃没收了代表团的证书。

兵。该水兵曾登上玛丽亚剧院的舞台,以展开的圣安德烈旗为背景,狂热地鼓动斗争到底。而在豪华的大包厢里倾听并为他鼓掌的,是《交易所晚报》①的工作人员。

旋转的布拉风吹走了这位在烈火中诞生的不死鸟。尘埃和碎屑……后来,据说,他投靠了布尔什维克。我不知道……

尘埃和碎屑……

可是,那些在圣安德烈旗*背景上的晚会我永远不会忘记。

我在市里徘徊。

开始遇到一群群新的难民。一些熟人也不时出现。

越来越经常遇到一些新的表情,使人惊讶、使人难忘的是:怪异的滚滚乱转的眼睛。这是困窘地翻、不知所措地翻,有那么几个瞬间,甚至透出些蛮不讲理来。仿佛若是缺了这几秒钟的生命,他们就不能静静地竖立起自己这种蛮不讲理的形象一样。

后来我明白了:这是一些不确信真相何在、力量何在的人(就像可怜的亚·库格尔)。

他们在大海之滨等天气。与这里建立联系,也不放弃与那里的联系。

我意外地遇上了那位高官。在基辅他曾经说过,他永远不会善罢甘休,直到他在自己被枪毙的弟弟的坟墓上,亲手杀死七个布尔什维克:"鲜血,要让鲜血一直渗透到他那被残害的躯体为止!"

他同样也不是特别斗志昂扬的样子。脑袋缩进脖子里,像狼那样,扭转整个身子,用狡诈的眼睛窥视四周。

他与我谈话显得有些勉强,关于七个布尔什维克的事没有再提及,一

---

① 《交易所晚报》,指的是彼得堡的《交易所新闻》报(1880—1917)的晚间版。报纸的出版人是斯坦尼斯拉夫·马克西米利安诺维奇·普罗珀(1855—1931)。从1905年起为立宪民主党人的机关报。苔菲经常在它的版面上发表自己的短篇小说和小品文。

* 帝俄海军军旗。

般来说，也没有表现出任何热情来。整个做派仿佛在手握小竹竿通过一个沼泽地。

"您的家人在哪儿呀?"我问道。

"家人暂时在基辅。可是很快我们就要团聚了。"

"很快? 可是,您怎样到那儿去呀?"

不知何故,他又用新的方式,像狼那样向四周张望了一番。

"大概很快就会出现各种可能性。关于这个么,暂时还无话可说。"

他的可能性很快便出现了。至今他仍然卓有成效、备受尊重地在莫斯科工作……

所有我这些关于在新罗西斯克最初日子的回忆,都被灰色的尘埃所覆盖,被令人窒息的旋风随着垃圾、碎屑、片断和残渣一起卷走,它把人们也吹得忽而向右忽而向左,忽而登山忽而坠海,堕入本能的没有心肝没有意义的残忍。它,这个旋风,决定着我们的命运。

二七

是的，旋风决定着我们的命运。把我们抛到右面和左面。

一个十四岁的男孩子，被枪毙的水兵的儿子，到北方去寻找自己的亲人。他谁也没找到。几年过后，他已经加入了共产党员的队伍。他所寻找的家庭原来到了国外。谈起男孩子来，家人充满了苦涩与羞耻……

演唱布尔什维克顺口溜*和讽刺歌的演员，偶然留在了布尔什维克撤退后的城市，把自己的短歌换成了反布尔什维克的，就永远成了白卫军……

一些大牌演员受尽了折磨，他们留在了南方，远离亲人和剧院。他们在白色风暴中翻滚，完全不知所措。后来，挣脱之后，他们以禽鸟求偶般的心情，穿越江河与烈火，飞向自己的亲爱的窠笼。

出现了一些干练的先生，他们通过仅仅他们自己清楚的路线，往返于莫斯科和南方之间。他们运走了些什么东西，又运来了些什么东西……有时候很殷勤地建议从彼得堡或莫斯科给人们带来留在那里的一些东西，为

---

* 顺口溜，俄罗斯民间歌谣，一般为四句，押韵，且节奏快。

亲戚们带去一些钱。

这些先生们很诡异。要知道,他们来来往往并不是为了给我们提供服务啊。他们为什么来往奔走,他们实际上在为谁服务,在出卖谁呀?无人认真对此感兴趣。只是单纯地说:

"有个某某人去莫斯科。他有办法过去。"

而他为什么能行,他为什么如此需要这种能耐,就没有人深入思考了。

有时候,有某个人顺便提一句:

"可能是特务吧。"

可是说得是那样厚道,那样朴实,仿佛在说:

"可能是律师吧。"

或者:

"可能是裁缝吧。"

就是说,只是一种职业,跟其他职业一样。

然而,他们往来打探,收买和出卖。

新罗西斯克的居民也在发生变化。使海滨那么热闹的临时居民消失了。

第一波难民潮消退了。

白卫军取得了进展,在解放了的城市里,当时从那里逃走的市民们又涌了回来。

大家都狂热地注视着邓尼金的战果。

在这种狂热中,有时候也有悲喜剧发生。

有一位哈尔科夫人,我经常在大街上遇到他与一个年轻女演员手挽着手。他一再摊开双手,神态茫然地说道:

"他们为什么要这么快地向前推进啊!哪怕稍稍休息一下也好嘛。您难道没有发现,必须让士兵们喘口气吗?当然啦,他们是英雄,但英雄也不妨喘口气嘛。"

然后，又绝望地补充说：

"照这样下去，也许，不久便可以各自回家啦。"

他的妻子在哈尔科夫。

在这场悲剧中最可笑的是（这我知道得很确切），由于邓尼金军队迅速推进，他妻子也同样陷入了这种阴郁的欢欣之中。

"我能想象，"我对哈尔科夫人说道，"您可怜的妻子将会怎样高兴！"

同时我想："可怜的妻子！大概，每次得到白卫军胜利的新消息，她都要在住宅里徘徊，撕掉信件，从烟灰缸里倒掉那些可疑的烟蒂，并用颤抖的手写下字条：'白卫军逼近。为保险起见，明天不要来了。'"

"是的，我能想象出来，您可怜的妻子会多么激动……"

我不知道他想的是什么，不过他说：

"对的。我也想象！您知道她嘛——上帝的母牛*。有时候我甚至想让她别那么爱我。如此全然不顾及自己的爱情——这永远是一种受罪呀。我当然，既忠实又忠诚，您自己是知道的……"

"是的，是的，那当然……"

"在我们这个时代，这简直是奇迹——这样的夫妻关系。互相这样忠诚，简直就是某种鲍布钦斯基和陀布钦斯基**。"

我不知道他们后来重逢时的情形。鲍布钦斯基是否成功地抹掉了踪迹，陀布钦斯基撒的谎是否圆满。

出乎意料的是，竟有事务性的客人来"什勒喀"找我。她们是两位女演员，接受的是叶卡捷琳诺达尔戏院老板 Б-e 的派遣。建议为我在叶卡捷琳诺达尔组织两场晚会，上演我的剧本。演员演出我的剧本，戏班阵容强大，我朗诵点什么。条件还算优渥。我同意了。

女演员们交给我奥廖努什卡的一封信。她从叶卡捷琳诺达尔写道：她

---

* "上帝的母牛"，俄语对瓢虫的称呼，转义为温顺的人。

** 鲍布钦斯基和陀布钦斯基均为果戈理《钦差大臣》中的人物，相貌相似，是某城的乡绅。

的丈夫死于斑疹伤寒,她打算来看我。

可怜的奥廖努什卡! 看见她穿丧服,做未亡人,这将是多么荒诞的事情啊!

很快,她的电报到了:"明天到达"。

这时正在给"什勒喀"加煤。巨大的几乎是空的煤驳船就停在旁边。

我坐在甲板上,望着踏板,等着。

突然,我们的见习水兵们不知何故,哈哈大笑起来,还高声呐喊:

"好哇! 好哇!"

我扭头一看。一位小姐正沿着狭窄的船舷走,紧贴着黑洞洞的深不见底的空驳船。她走着,用旅行用的化妆品箱子保持平衡,还边走边跳。

"奥廖努什卡!"

在我的想象中,她应该披着长长的黑色面纱,手握手帕。可是这位——玫瑰色的小脸儿,后脑勺上扣着一顶方格帽子。

"奥廖努什卡! 我以为,您会穿丧服……"

"不,"她在我的脸上亲了一口,答道,"我和沃瓦相互立有誓言:如果一个人死去,另一个人不应当悲伤,相反,应当去电影院,尽量设法摆脱悲哀。我们就这样发过誓。"

她给我讲述了自己婚姻的复杂历史。

当她抵达罗斯托夫的时候,沃瓦等着她,在自己房间旁边为她准备了一间房子,可是他们没有告诉旅馆里的任何人,说他们互相认识。他们悄悄地结了婚,依然在所有人面前装作完全不认识的样子。

"你们为什么要这样做呢?"

"我害怕季玛在基辅知道我结婚,他会饮弹自尽的。或者,仅仅是非常痛苦,"奥廖努什卡不好意思地回答,"我见不得别人受折磨……"

旅馆服务员看到奥廖努什卡桌子上摆放着沃瓦的画像,十分惊讶。

"您的这位兄弟,小姐,多么像住在我们旅馆里的那位军官啊!"

"真那么像吗?"奥廖努什卡惊讶地说道,"必须想法看一看。"

他们生活得和谐、贫穷而快活。

沃瓦因为职务上的事务经常外出。尽管他只有十九岁,可已经有了大尉军衔,经常委托他处理一些重要工作。祝福他上路时,奥廖努什卡赠给他一个小小的用珍珠绣成的圣母像,"为了让他不感到孤独",还送给他一只长毛绒小狗。

有一次,沃瓦公出归来时非常疲惫和忧伤。

"在车站,"他讲道,"一条毛茸茸的大狗走到我跟前,一直用眼睛望着我,请求我抚摸它。它那么可怜,那么脏。不知为什么,我一直在想:'我心疼它,抚摸它,于是就将传染上伤寒。'可是它一直盯着我看,一直请求抚摸。现在,我可能要死了。"

他变得寡言少语。开始觉得,他每次进屋时,都有一个可怕的,仿佛用白明胶做的透明人站在墙边上。弯弯腰,便消失不见了。

后来,又再次要求他去叶卡捷琳诺达尔。他走后,便失踪了。预定回来的时间早已过去。关于叶卡捷琳诺达尔流行着种种可怕的传闻:人们在瞬间感染上斑疹伤寒,就跌倒在大街上。失去知觉,奄奄待毙。

奥廖努什卡在自己的"复兴"剧院(她演出的那个剧院似乎叫这个名字)请了两天的假,去寻找丈夫。她走遍了所有大宾馆大医院,未找到任何踪影。

她回到了家中。

这时候,有人给她提供了一条消息:她丈夫的确病了,正躺在叶卡捷琳诺达尔的医院里。

奥廖努什卡再次请假,找到了这家医院。那里的人们告诉她,人们在大街上发现她丈夫时,他已经处于昏迷状态。他遭受了长时间的折磨,他患的伤寒是最恶性的,一次也未恢复知觉便过世了,也已经埋葬。在昏迷中,他只重复说两个词:"奥廖努什卡,复兴。"病友中有人推测,他说的可能是罗斯托夫的剧院,请求通知那里。

"可怜的小伙子啊,"医生告诉奥廖努什卡,"他一直用全部精神力量呼唤您,可是,没有人理解他……"

"死者的财物"转交给了未亡人——一只绒毛小狗,一个用珍珠绣成的小圣母像。

奥廖努什卡应该当天就回到罗斯托夫,那天晚间,在一个"蝙蝠"风格的小戏院里,奥廖努什卡应当表演某个乱七八糟的东西。

奥廖努什卡的婚姻简史就是如此。

正像在一首波兰儿歌中所唱的那样:

小花猫

上木排,

眨眨眼。

童谣很好,

也不很长……

二八

　　预定在叶卡捷琳诺达尔举办我的晚会的日期临近了。我对自己在公众场合的任何表演都抱有难以容忍的反感，其原因我无法解释。我自己也不明白，到底是怎么回事。也许，只有精神分析学家弗洛伊德能够解释其缘由。

　　我不能抱怨公众对我态度不好。当我在慈善晚会上朗诵的时候，我总是受到当之有愧的欢迎。愉快迎接，隆重欢送，鼓掌，致谢。还需要什么呢？似乎应该满意而幸福了。

　　然而，并非如此！

　　夜间你会突然醒来，仿佛有人推了你一把。

　　"天哪！正在筹办的事多么可怕呀？……这是一种无法忍受的丑陋……哎呀，就是嘛！——必须为好动拳头的人的利益朗诵！"

　　为了摆脱这种恐惧，你什么办法没有想过呀！

　　电话铃响了(一般就是这样开始的)：

　　"什么时候可以去您那儿，谈一件重要事情啊？我不会耽搁您很久的……"

　　啊哈！开始了。

"也许，请原谅，"我对着话筒说，自己也感到奇怪，我怎么有这样平淡乏味的嗓音啊。"也许，您可以现在就告诉我，这大概是怎么回事……"

但是，唉，一般很少有谁同意这样做。女老板们，不知为什么，都坚定相信自己有不可抗拒的个人魅力。

"在电话里不好说！"她的话音赛过歌唱。"请允许我去五分钟，我不耽搁您太久。"

这时我决定，立刻撕下她的面罩。

"或许，这与某个音乐会有关？"

这时她已无处藏身，我徒手将其擒获。

"您的音乐会预定何时举办啊？"

当然啦，无论她安排什么样的日期，对于我来说，它永远"对不起，这不可思议"。

然而，有时候日期定得非常遥远，——一个月之后，半年之后。于是，由于轻率，我开始觉得，到那个时候，我们这个行星系统会遽然变化，因而此刻无须为此事不安。是的，最后，到那时候，女老板会忘记我曾经同意过，或者晚会将被取消。一切都有可能发生。

"高兴从命，"我答道，"目的很美好。可以指望我到场。"

于是，在某个美好的早晨，我打开报纸就发现，我的名字赫然印在作家与演员们的名单当中，两天之后，他们将在贵族会议厅或慈善会议厅里演出，以赞助，譬如，被从古列维奇中学①赶出来的学生。

这时您怎么办呢？发病吗？给自己接种鼠疫？割断静脉？

有一次，我遇到了一件十分可怕的事。回想起来就是一场噩梦。这样的梦是有的。从许多人那里听到过。

"我梦到，我似乎应当在玛丽亚剧院唱歌，"一位小老头儿，化学教授，对我讲，"登上舞台，我突然想到，唱歌我绝对不会，另外，我穿的还是睡衣。

---

① 古列维奇中学，彼得堡的私立学校。

可是,观众眼巴巴地看着,乐队演奏着前奏曲,皇家包厢里坐着皇帝陛下。竟梦见这样的事……"

而我想讲的就是这种类型的一件事。既可怕,又可笑。当你在睡梦中,当你生活在其间时——很可怕。当你从中走出来之后——很可笑。

有一次,来了位年轻人,请我去参加关于电影艺术的讨论会。题目是"伟大的默片"。

这个题目在当时非常时髦。

允诺参加的有列昂尼德·安德烈耶夫[1],阿拉巴任[2],批评家沃伦斯基[3],梅耶荷德,还有我记不得的一些人,但人很多,且都大名鼎鼎。

我,当然,立刻便陷入了恐惧之中。

如果还是从舞台上照着书本读一篇自己的什么小故事——不管怎样吧,说到底,也算不上多么困难。可是,讲话我完全不擅长。从来没有讲过,也不想开始讲。

年轻人开始说服我。说是,如果我完全不会讲话,可以写在纸片上,照着念。

"可我对电影艺术一窍不通啊,关于它我没有任何想法。"

"那您就想想嘛!"

"我什么都不能想——反正也想不出什么来。"

在那个时候,关于这个问题写了大量文章,但是这一切我都放过去了,真的完全不知道,可以依据谁,引证什么,对什么人可以说些批评意见。

但是,这时候年轻人说了几句奇妙的让人心安的话:

"学术讨论会再过一个半月之后才开嘛。在这段时间内,您当然可以

---

① 列昂尼德·尼古拉耶维奇·安德烈耶夫(1871—1919),散文作家,剧作家,政论作家。

② 康斯坦丁·伊万诺维奇·阿拉巴任(1866—1929),批评家,文学理论家。1913—1919 年住在赫尔辛福斯(即赫尔辛基),编辑在那里出版的《俄罗斯之声报》和《俄罗斯生活报》。1920 年去了里加。

③ 阿基姆·利沃维奇·沃伦斯基(原姓弗莱克瑟;1861—1926),批评家,艺术理论家。

充分熟悉这个问题,然后照着字条读一遍。"

的确———一切都那么顺畅、简单。更主要的是———一个半月之后。

当然啦,我同意了。年轻人乐颠颠地走了。

时间在流逝。没有人来打扰我,没有人作任何提示,我也就再没有想起什么来。就这样,在一个无聊空虚的夜晚,在这种时候谁都不想见,也没有地方可去。由于无所事事,我便决定去一趟铸造街剧场,甚至还某种程度上因为可以办点事。这个剧院经常上演我的剧本,有时候需要来查看一下,看他们进行得如何。问题是,演员们都是些青年人,活泼,有天赋,有时候心血来潮,用演艺界的行话说,就是"发挥",就是增加许多自己的东西,以至于在第十次第十二次演出中,某些地方已经远离原作,甚至作者本人难以猜到,这里上演的是他的剧本。如果放任不管,那么,在第二十或三十次演出时,甚至可以好奇地发问,这演的是什么搞笑的东西———你什么也不明白,只不过有某些似曾相识的地方……

我现在还清晰记得,有位天赋甚高的演员,在我的话剧《钻石尘》①中扮演一位深陷情网的画家角色。本来是:"我就像黑奴,将一直跟着你。"他却有板有眼地说:

"我,就像黑虾*,将一直跟着你。"

我认为,或者我听错了,或者他说错了。

我走到后台。

"请告诉我,"我说道,"是我听错了吧?"

"不,不是。这是我想出来的。"

"那为什么呀?"我感到莫名其妙。

"这样好笑一些。"

这你又能怎么样呢!

---

①　《钻石尘》写于 1909 年,同年 5 月在 Б. С. 涅沃林的"夏日喜剧"剧场上演,获得巨大成功。

*　俄语中虾和奴发音接近。

然而,"虾"还只是小事一桩。

有一次,隔了好长时间之后,我来到剧院,听到看到的不是我的戏剧,而是某种搞笑的胡闹,简直把我吓坏了。我迅速跑到后台,演员们愉快而自豪地迎接我。

"怎么样!看到我们怎样改编您的剧本了吧?满意吗?观众们简直欣喜若狂!"

"这一切,当然非常美好,"我回答道,"然而,很遗憾,我必须请你们回到我谦卑的文本里去。我不便在他人创作成果下面签署自己的名字。"

他们非常惊讶……

就这样,在那个有纪念意义的夜晚,我去了铸造街剧院。

已经十来点钟了,戏剧显然早已开演。我可以自由进入剧场,我便走到大厅的一端,找到一个空闲位子。

观众很多,然而……这是什么戏剧呀?为什么大厅里灯火通明呢?

我一看——舞台上有一张桌子,上面蒙着绿色呢子。桌子后面坐着……居中的是梅耶荷德,我立刻便认出他来了。阿拉巴任站着在说什么……那是沃伦斯基……在桌子一端坐着个年轻人……梅耶荷德眯起眼睛盯着我看,显然,认出来了,便用手势招呼年轻人(他的面孔多么熟悉呀!),指着我对他说了些什么……年轻人点点头,便走向后台的出口。

这一切能意味着什么呢?可能是,出自礼貌,只是要建议我坐得近一些……可他们在做什么呀?

这时候,年轻人走进了侧门,很有把握地向我走来。

他走到了我跟前。

"您希望现在讲一讲,还是休息之后再讲?"他问道。

"我……我不想现在……我不明白……"我喃喃地说,完全摸不着头脑。

"就是说,在休息之后,"年轻人干练地说,"不管怎样,吩咐我请您到台上去,在桌子旁边就座。我来领您。"

"不……不……我自己。天哪！这是怎么回事呀！"

他吃惊地扬了扬眉毛，便走了。

这时候，我听清楚了从舞台上传来的话：

"'伟大的默片'……"

"电影角色……"

"艺术，或者非艺术……"

有某种东西在我的脑海里亮了一下，有某种东西开始采取还不很清晰，但显然是让人不愉快的形式……

我悄悄站起来，向出口走去。在出口处我看见一幅巨大的宣传画："电影研讨会"。

我本人的名字也清晰明确地位于参加者之列……

跑到家之后，我吩咐被我的恐慌吓坏了的女仆将门用链子锁好，不许给任何人开门，又摘下电话筒。然后躺在床上，把头塞到了枕头下面。饭厅里已经准备好了晚饭，但我害怕到那里去。

我觉得，在那里"他们"更容易找到我……

世界上的一切都有个终结，这是多么好啊。

二九

就这样，还是必须去叶卡捷琳诺达尔，那里的经纪人为我的作品筹办了两场晚会，约定有我本人参加。

傍晚，我离开新罗西斯克的时候萎靡而疲惫。火车上人满为患。一大批士兵与军官挤满了所有车厢。显然，他们是开赴前线，去北方的。然而，所有的人全都是一副备受折磨、烟熏火燎、痛苦不堪的模样。他们未必经过了长时间的休整。很可能，不过是把他们从一个前线抛掷到另一个前线。我不知道是否如此。

我被推进了三等车厢，这里窗户破碎，没有照明。

座椅上，地板上，到处都是穿红褐色大衣的士兵。

空气闷人，弥漫着浓浓的烟气。

列车尚未开动，许多人就已经入睡了。

在我斜对面，用背靠着墙，站着一位又高又瘦的军官。

"安德烈耶夫！"有人从座椅上喊他。"坐下吧，咱们挤一挤。"

"不行，"军官答道，"我站着更轻松些。"

他就这样站了一整夜。他把头往后仰，半闭的眼睛中露着白眼球，在压低的帽檐下面,有一个暗红色的圆斑点。就像"漂泊的荷兰人"①中被钉在桅杆上的军官那样,他两条细长的瘦腿叉开,上身轻轻摇晃着站了一整夜。大家很少说话,只有靠近破窗户坐着的那个军官是例外。他一直不停地说着什么。我很快就明白了,他不过是在自言自语,没有任何人听他……

可是,这时候,在我旁边的一个人问另一个人:

"您听到关于 X 上校的事了吗?"

他说出的姓氏我在新罗西斯克已经听到过了。关于这位上校,人们说,布尔什维克当着他的面虐杀了他的妻子和两个孩子。从那时候起,只要在什么地方一抓到布尔什维克的军人,他立刻便开始惩治。每次的做法都一样:他一定要坐在台阶上,喝着茶,强迫人们把这些俘虏一个接一个地都绞死,一个接着一个。

而他自己则一直喝着茶。

我旁边的那个人说出的正是他的名字。

"我听说了,"他的伙伴答道,"他是疯子!"

"不,不是疯子。他的所作所为,对他来说是正常的。您应该理解,在他经受了所有那一切之后,他仍然按一般方式行事,则是非常非常怪异的。那反倒是不正常的。每个心灵都有自己的极限。更多的,人类的理智无法承受。也不应该。X 上校的所作所为对他来说,完全正常。明白吗?"

他的伙伴未作任何答复。可是,坐在通道另一侧,离得稍远的一个人,大声说道:

"他们把一个十来岁男孩子的眼睛剜了出来,彻底地割掉了。谁没有见到那张被挖掉眼睛的脸,谁就无法想象,这有多么恐怖。他就这样活了两天——一直在嚎……"

---

①　"漂泊的荷兰人",传说中注定永远也靠不了岸的幻船及其船长;在海员中至今仍存在这样的迷信:遇到它就要死于海难。

"唉,够啦……别再说了……"

"而那位侦察员呢——你们听说了吗?捆住他的双手,嘴和鼻子里都塞满了泥土。给闷死了。"

"不,X上校不是疯子。在自己的生活中,在他所生活的那个生活中,他是个完全正常的人。"

车厢里漆黑一片。

透过打碎的窗玻璃,微弱的亮光——应该是月光,但月亮本身却看不见。——映出了坐在窗户边上那个人的昏暗轮廓。远些的和坐在下面地板上的人,只能看到他们像浓重而模糊的影子在晃动。他们有的窃窃私语,有的高声喊叫。他们在睡觉,还是在瞪眼说梦话?……

那个十分清晰格外洪亮的声音特别紧张地说:

"我再也坚持不下去了。从一四年起就折磨我,折磨我。现在我……死了。我死了……"

这是死人的、无自我意识的人的声音。这是那些人的声音,他们不存在,——他们只存在于留声机中,或是在招魂术中……

年久破损的车厢,每个螺母都在吱嘎响,生锈的车轮发出尖厉的啸声。车厢载着这些半死的尸体驶向痛苦与死亡。

天开始亮了。

惨白的脸在黎明前的昏暗中更加吓人。他们的脑袋不停地摇摆。

是的,他们在睡觉。他们在睡梦中说话。睡醒了的人便立刻不再吱声,只是简单而实用地伸展一下双肩,拉一拉军大衣。他不知道,当他睡着的时候,他的心在为什么哭泣……

然而,最可怕的是站在最前面的那个人。他直挺挺地站着,把军大衣敞开,仰着自己瘦削的死去的头颅,他的额头已经被射穿。

他面对着我们站着,仿佛在指引人们跟着他前进。一个前额被射穿了的人,死亡之船"漂泊的荷兰人"的船长……

列车抵达叶卡捷琳诺达尔时尚早。城市还在睡梦中。

阳光灿烂的日子，灰尘飞扬的街道，吱吱嘎嘎响的轻便马车迅速将我带进惯常的开阔心境。过去的夜晚，像一声呻吟，已经逝去了。

"没什么，"我把自己调整到一个快活的音键上，"'什勒喀'很快将获准驶往东方。忠诚而又忠实的朋友 M 将在那里迎接我。在那里，我让心神休息一下，然后再视情况而定。"

我开始思考即将到来的演出，思考今天必须开始的排练。

邀请我来这里的老板 Б-е 家的窗板还关着。显然，还都在睡觉。

我按响门铃，为我开门的是奥廖努什卡。她在 Б-e 的戏班里工作……

三〇

叶卡捷琳诺达尔当时是我们的中心,我们的首都。它的外貌也具备首都模样。

在大街上可看到将军服,可听到重要的谈话片段:

"我命令……"

"然而部长……"

"我立即提请注意。"

划拨给各种国家机关使用的房屋,各种官员,打字机……

我出乎意料地收到了来自新罗西斯克,来自我刚才离开的"什勒喀"的求助信。请求我去面见海军首脑,申请准许"什勒喀"号驶往符拉迪沃斯托克。

我一向不能忍受各种政府机关和形式主义的关系。甚至接受邮局无害的官方文件也使我感到压抑。当官员递给我文件让我签名的时候,在其"事务性"的目光下,我能在瞬间忘记今天的日期、年份和自己的姓名。日期还可以询问,年份嘛,用眼睛搜寻一下,有时候在挂历上就可以发现。可是,如果连自己的姓氏还需要琢磨一番,官员就要拒绝给你开信了。

没有办法,我想报效一下亲爱的"什勒喀",而且自己对去东方航行一趟也非常有兴趣。命运至今一直驱赶我们沿着地图向下。现在让她把我们向侧面赶一赶吧。

我请人给予指点，这个海军领导机关在哪儿，便去了。

人们让我去找一位留着鲜艳红胡子的高个子先生。他是什么人，我现在不记得了。只记得，他是鲜红色的，很殷勤，并且代表着强大的海军权力。

他没有问我今天是什么日子，我的名字他自己知道，因此，我给他讲述"什勒喀"的请求时，显得相当有精神。

他想了想，突然出人意料地问道：

"请告诉我，你们为何如此想葬身大海呢？船长里亚比宁已经向我们申请过许可，我们拒绝了。'什勒喀'是一艘小轮船，船长里亚比宁从未到过符拉迪沃斯托克。他会把你们淹死的。"

我为"什勒喀"辩解。它小又怎么样？它恰恰是从符拉迪沃斯托克抵达黑海的。

"我们认为，这是偶然的幸运，它大概不会再次重复。它可能会陷入台风。"

我不好意思告诉他，对我个人来说，台风非常有趣。我只是说，我认为，"什勒喀"能够经受住任何风暴。

海军权力笑着表示怀疑：

"就是一个碎片也剩不下。他很勇敢，您的里亚比宁船长。但我们不能批准这样的疯狂行为。"

我发出一封伤心的电报，便终止了奔走。

必须用于排练与演出的三四天，我住在了老板 B-e 家……

他很可爱，是位俄籍法国人，从已忘记的祖国那里只保留着一个习惯：午餐时允许自己用刀子割着吃烧鸡。

几个月之前，他与自己戏班里的一位年轻女演员结了婚。由于生活幸福,女演员发福了,离开了舞台。她圆滚滚的,红光满面,睡意蒙眬,穿一袭豪华的薄纱短裙,称 Б-e 为"爸爸"。她像玩偶那样说话:

"爸—爸! 孩儿想吃西瓜! 爸—爸!"

他家里总是宾客盈门:男演员,女演员,评论员。客人全都留下吃午饭,吃早饭。总是喧闹,忙乱,人来人往。这里很少谈政治。即将返回莫斯科和能够回莫斯科的人,与那些永远再不能回去的人,能够自由见面、交谈。要知道,谁对什么都一无所知。让那些积极斗争的人去了解去解决吧,在这里,在这个戏剧界名流的戏班里,只是以自己的专业兴趣为生命。我还觉得,他们仿佛害怕深入思考和认真观察……

人越来越多。不断有新的演员团伙以真真假假的各种口实从北方来到这里。

来了一位年老的戏剧新闻记者。他发来一封电报,说身体不好,请求给他准备一个房间。为他在宾馆登记了一个房间,两位富有同情心的女演员去接他。

接到他了。

"都准备好啦。我们甚至为您订了盆浴!"

"盆浴?"记者惊恐地问道,"难道你们认为,我的状况竟如此危险吗?"

女士们很是尴尬。

"不,您说到哪儿去啦! 这不过是,在旅途如此劳顿之后,让您能洗一洗而已。"

新闻记者宽宏地笑了。

"哦,如果只是这样,亲爱的,那我应当告诉你们,我并不感到有什么特殊的需求……"

在这些形形色色的人物当中,我记得电影界的英雄鲁尼奇[1],和轻歌剧

---

① 奥西普·伊万诺维奇·鲁尼奇,俄国最早的电影演员之一;他的第一个角色是根据《战争与和平》拍摄的第一部电影中的尼古拉·罗斯托夫(1915),他参加拍摄了电影《爱情赞歌》(1915)和《活尸》(1918)等。

的主角演员科舍夫斯基①——一位喜剧演员和悲剧人物。他总觉得自己病得要死。甚至当他往自己盘子里满怀兴致地放第三份菜的时候,仍然要悲痛地宣称:

"是的,是的,可疑的胃口。这是脑膜炎初期的可靠征兆……"

他的妻子非常有趣。关于她,有一位女演员这样说:

"她出自一个非常有趣的家庭。据说,陀思妥耶夫斯基以她的姑妈为模特,撰写了自己的《卡拉马佐夫兄弟》……"

上演我剧本的那一天到了。将演出我的三个短剧,另外,演员们要讲述我的短篇故事,唱我的歌曲和朗诵诗歌。

老板要求,我一定要亲自朗诵点什么。我长时间顽强地自卫反抗,但还是被迫投降。

我们的女演员都很激动,一再往我这儿跑,在我出场前轮流请求给我化妆。

"您将朗诵什么?"她们问我。

"还没有选定。"

"哎呀—呀! 这怎么能行呢!"

晚上,我们这座房子的居民全都你呼我吼兴高采烈地奔向戏院。我决定晚一点去。

我不慌不忙地穿好衣服,便出了门。

静悄悄的夜晚,一片朦胧,星斗满天。心儿因此也怪怪地静了下来……

这样的心境是常有的。心里面那些系连着尘世间的人与事的线,一下子全都断了。依稀记得的近人变得那么遥远,以往最重要的事件也全都黯然失色,渐行渐远,那些我们称之为生活中最大最重要的东西也都失去了

---

① 亚历山大·德米特里耶维奇·科舍夫斯基(原姓克里切夫斯基;1873—1931),俄国轻歌剧演员,1895 年开始在外省作戏剧演员,1902 年起在彼得堡的"帕萨日"剧院和"柏拉赛"剧场;1915 年起在莫斯科的"埃尔米塔日"剧院、"滑稽"剧院和"水族馆"剧院。

光泽。人们觉得自己就是那个最初的"混沌",全世界就是由这个"混沌"而产生……

那个夜晚正是如此:圆圆的地球黑黝黝、空荡荡,还有无边无际的星空。还有我。

时间就这样过了多久,我不知道。人们的谈话声唤醒了我。人们边走边大声议论剧院。我也回想起了一切。想起来了,今天是我的晚会,我应当加快脚步。我看到,我已经到了某个很远的地方,因为在我身边有一条水带在发出淡淡的白光,水上还有几座黑乎乎的小桥。

"上帝呀!到剧院去怎么走啊?"我喊道。

人们指点给了我。

我匆忙赶路,努力把鞋后跟敲得砰砰响,以便听到,我回到了自己普通的凡常的生活……

我走进后台,那里人头攒动,热闹非常。

"邓尼金①在大厅里!戏院里挤满了人。"

从侧面我看到了前面几排。礼服上的绣边闪闪发光,还有金银饰带。大厅华丽异常。

华丽的大厅里笑语喧天,掌声不断。这笑声也感染了集聚在后台的人们。

"作者出来!"观众中有人大喊。

"作者在哪儿?作者在哪儿?"后台里也有人跟着瞎喊。

"作者在哪儿?"我也机械地跟着喊,"作者在哪儿呀?哎呀,天哪!这可是我的剧本呀!……我就是作者嘛!"

假如我亲爱的老板 Б-e 知道,他邀请的是一位什么样的怪物!要知道,

---

① 安东·伊万诺维奇·邓尼金(1872—1947),内战期间白卫力量的主要组织者之一,中将。1918 年 4 月起任志愿军总指挥;1918 年 12 月起任俄国南部武装力量总指挥;1920 年起侨居国外。死于美国。

一个正常的作者从清晨就会激动不已,正常的作者应该对所有的人都说:"看呀,我的手有多么凉啊。"而我却闹了个明星失忆,当观众要求我上场时,竟然还好奇地打听:"作者在哪儿?"

而且,还必须像给明白人那样给我报酬!

"您去呀!"导演向我扑了过来。

我赶忙作出无忧无虑的笑脸,抓住演员们向我伸过来的手,出场鞠躬。

这是我,在俄罗斯的大地上,向俄罗斯公众,行的最后一个鞠躬礼。

永别了,我的最后一躬……

三一

夏天,在叶卡捷琳诺达尔。

炎热,尘土飞扬。透过这个尘埃和逝去岁月的纷乱帷幕,一个个面孔朦朦胧胧地浮现出来……

诺夫戈罗采夫教授,米亚科京非常斯拉夫型的蓝眼睛,多情善感的 Ф.沃尔肯施泰因浓密的大胡子,神秘主义者邬斯宾斯基①漠然而紧张的目光。还有其他一些人,关于他们,要像提及"上帝的被杀死的奴仆"时那样祈祷了……

在彼得堡的熟人当中,有一位年轻的骑兵军官——Я 公爵。他生性快活,由于一只手臂被射穿,他总是紧张的、冲动的。

"士兵们崇拜我,"他说,"我善于同他们打交道。我像打手鼓那样,打他们嘴巴。"

然而,我认为,他们并不是因此而爱他,而是因为他的不顾一切的剽悍,因为他特别快活的大无畏精神。人们讲述,他如何佩戴着军官肩章,大

---

① 彼得·杰米扬诺维奇·邬斯宾斯基(1878—1947),神秘主义者,Г. И. 葛吉夫的学生,他创建了自己的学派,比较有名的著作有《第四道》。

声呼啸着,在布尔什维克占据的乡村里纵马驰骋。

"他们为什么不向您开枪呢?"

"都惊呆啦。他们不相信自己的眼睛:一位白卫军官,竟突然在村子里骑马。他们纷纷跳出来,眼睛瞪得老大。笑死人啦!"

关于这位 я 公爵后来的命运,流传着一个非常惊人的故事。在南方的一座城市里,他最后落入了敌人的魔爪。受到了审判,被判处服苦役。当时布尔什维克没有任何确定的苦役,只是把公爵送进了监狱。可是,为了自己的日常生活,当局需要一位检察官。而城市很小,受过教育的人或者已经跑散,或者藏了起来。他们知道,公爵毕业于法学院。他们想了又想,最终想了起来:命令他作检察官。把他押至法庭,在这里,他又起诉又审判,然后又把他押回苦役所。据说,许多人羡慕他。并非谁都有食宿保障啊……

叶卡捷琳诺达尔,罗斯托夫,基斯洛沃茨克,新罗西斯克……

叶卡捷琳诺达尔,是一座高官显宦的城市。在所有机关里均可看到漂亮的贝雷帽、斗篷和马克斯·沃洛申的卷发。他朗诵关于俄罗斯的诗歌,为冤案受害人奔走。

罗斯托夫,是一座商人的和投机分子的城市。在饭店花园里到处是醉汉和神经质的自杀般的狂饮……

新罗西斯克,是一座五彩缤纷的,为跃向欧洲做最后准备的城市。年轻人携盛装女士坐着英国汽车兜风,在海里游泳。

*"新罗西斯克,游泳。"*①

基斯洛沃茨克以一幅田园诗似的图画迎接驶来的列车:碧绿的山坡,和平放牧的牛羊,和在红色晚霞满天的背景上——清晰映衬出绳头微微飘荡的黑色秋千。

这是——绞刑架。

---

① 原文为法语。

我记得,这个从未见过的画面如何牵动了我的心。我记得,清晨,我早早便从宾馆出来,爬上城外这些碧绿的山冈,寻找这座凶恶的小山。

我沿着人们踏出来的陡峭小径向上攀登,爬到了"这里"。从近处看,它不是黑色的,这个秋千。它是灰色的,跟所有未经过油漆的普通老木头一样。

我站到它那坚固的横梁下面,在它中间。

在自己生命的最后一分钟,"他们"看见了什么?绞刑大都在早晨执行。也就是说,从这个方向,他们看见了自己的最后的太阳。还有这一线高山与丘陵。

稍低一些,在左面,早市已经开始了。衣着鲜艳的女人们正在从大车往干草上搬器皿,太阳湿润地照射在高水罐和陶盆的釉面上。大概,"那时候"同样也有这个集市吧。在稍远一些的另一面,在丘陵中间,牧人们在驱赶羊群。羊群如密实的波浪(宛如书拉密①的卷发),沿着绿色的山坡缓缓向前滚动,披着羊皮的牧人站着,手拄着圣经里说的那样的长手杖……多么值得颂扬的寂静啊!"那时候"也曾是这样的寂静。

事情完全是平平淡淡的和普普通通的。几个人牵着一个人。他们让他站在这儿,就是我站的这个地方。也许,就有牧人当中的一个,手搭凉棚,挡住太阳,看那些人在山坡上忙乎些什么……

在这里被绞死的是著名的女无政府主义者格。她是马蒙特·达利斯基②的俊俏、年轻、勇敢、快活和衣饰华丽的女友。在我的朋友中,有许多人,曾经在躁动的时刻,在这个有趣的无政府团伙当中纵酒作乐。所有这些无政府主义者在我们眼里都是些乔装打扮的吹牛大王。无人认真地对待他们。对马蒙特的美丽心灵我们知道得太久、太好了,不可能相信他政

---

① 书拉密,旧约中所罗门王的情人。所罗门这样对她说:"……你的眼好像鸽子眼;你的头发如同山羊群,卧在基列山旁……"(《雅歌》第四章第一节)

② 马蒙特·维克托罗维奇·达利斯基(原姓涅洛夫;1865—1918),著名戏剧演员。1917—1918 年为无政府主义者;1918 年 6 月死于有轨电车事故。

治信念的真诚。这是悲剧性恶人的饶舌、姿态和化妆,是租来的衣裳。兴致勃勃和不负责任。马蒙特一生在基恩①的舞台上演戏,而在生活中——则扮演金的角色,是天才和浪子。而他的死——命运真能开玩笑!——却是出自高尚的姿态。他站在有轨电车的踏板上,为给一位女士让地方,向旁边闪了一下。他摔倒了,倒在了车轮下面。几个月过后,他的女朋友,漂亮而又快活的格站在了这里。她眯起眼睛,最后一次望着自己的太阳,吸完了自己最后一支香烟。然后扔掉烟蒂,平静地把结实的绳套套在了自己的脖子上。

太阳照在山下集市上陶瓷器皿的亮面上。衣着鲜艳的女人们在大车旁边忙忙碌碌。而远处,在陡峭的绿色山坡上,牧人拄着手杖慢慢爬行。或许,从远处传来了某种悠扬的声响,就像在寂静的山野中时常有的那样。这寂静也是值得颂扬的……

经常指责作家,说他的长篇小说的结尾匆匆了事,好像被割断了一样。

现在我已经知道,作家不由自主地按照命运的榜样与相似物进行创作。一切结局永是匆忙,总是被压缩,被割断。

一个人死后,大家都觉得,他还有许多事情可以完成。

当生命的一个阶段死去后——似乎她还可以以某种方式展开,延伸,她的结局被不自然地压缩,被割断了。一切终结这个生命阶段的事件都错位,都愚蠢地偶然地纠集在了一起。

生活按照古老长篇小说的模式书写自己的作品。总有一个尾声:"伊琳娜嫁了人,据说,她是幸福的。谢尔盖·尼古拉耶维奇在自己的社会活动中找到了解脱……"

一切都是迅速的、匆忙的,一切都是多余的。

在意外的和杜撰出来的离开之前,在新罗西斯克的最后的日子,也过

---

① 金,根据大仲马的剧本(1836)演出的话剧《基恩,或者天才和放荡》中的人物。金是马蒙特·达利斯基扮演的最重要的角色之一。主要情节是英国伟大演员埃德蒙·基恩(1787—1833)的生平。

得那么快,那么匆忙,那么无聊。

"现在难以回彼得堡,咱们先去国外吧,"他们劝告我说,"春天来临之前您就可以回到祖国。"

一个美好的名词——春天。一个美好的名词——祖国……

春天——万物复苏。春天我就回来。

最后几个小时,在滨海大街上,在"亚历山大·米哈伊洛维奇大公号"轮船旁边。

忙乱,张罗,低语。这个令人惊讶的低语啊,伴随着回头张望,悄悄的私语,它陪伴着我们的到来与离去,伴随着我们按着地图滚滚而下。按着一个巨大的绿色的地图,在这个地图上用斜体字母印着:"俄罗斯帝国"。

是的,窃窃私语,频频回头张望。他们对一切都感到害怕,一切都可怕。一直到生命的终结,他们都无法安宁,都无法清醒,阿门。

轮船在颤抖,螺旋桨卷起白色的泡沫,把黑烟铺展在海岸上空。

大地在悄悄地,悄悄地退去。

不应该望着大地。要往前方看,眺望蔚蓝色的、辽阔的、自由的空间……

然而,头自己就转了过去,眼睛大大地睁开,看哪,看哪……

大家都不作声。只有从下层的甲板上传来了女人的哭泣声,固执地长时间地哭泣,哭泣中还夹带着絮叨。

什么时候我听到过这样的哭泣?是的,我记得。在战争的第一年。一个满头白发的老太婆,坐着马车走在大街上。帽子歪戴在后脑上,黄脸拉得很长,张开黑洞洞的没有牙齿的嘴,没有眼泪地干嚎——"啊—啊—啊!"而马车夫呢,大概因为拉着这样一位"不成体统"的乘客而感到不好意思,一再吆喝马,鞭打马……

是呀,亲爱的,你大概没看清楚拉上的是什么人吧?现在就拉吧。可怕的,绝望的,无泪的哭泣。最后的哭泣。在整个俄罗斯,在整个俄罗斯……拉吧!……

轮船颤抖,黑烟弥漫。

我望着,把双眼睁得大大的,一直睁大到眼睛里面发凉。但仍不肯走开。我打破了自己的禁忌,回头望了一下。一下子,就像罗得的妻子①那样,僵住了,我将永远像一根柱子那样站着。我将永远这样看着,看着我的大地,如何静静地,静静地,离开我而远去。

①　圣经中说,因为居民犯罪,所多玛城和蛾摩拉城即将被毁灭。上帝要拯救罗得及其妻子、孩子,让他们提前离开。但警告他们不得回头。罗得的妻子不听告诫,结果受到了惩罚:"罗得的妻子回头一看,就变成了一根盐柱。"

我的编年史
МОЯ ЛЕТОПИСЬ

我在一生中曾遇到过许多有趣的人。我只想像讲述活生生的人那样讲述他们，展示当我们的道路发生交集的时候，我看到的他们是一些什么样的人。他们已经都走了，他们在尘世间的踪迹，已经被风卷起来的白雪与尘埃所湮没。关于他们每个人的创作，写了，而且还必将写出许许多多的著作。可是，他们作为活生生的人，则并非许多人所能展示的。我要讲述我与他们的会面，讲述他们的性格、怪癖、友谊与怨仇。①

---

　　①　这部分收入了苔菲在不同时期定期出版物中发表的回忆录作品，但它们在作家生前并未出过单行本。作者曾将《我的编年史》的手稿寄到纽约的契诃夫出版社。然而，它在出版社存放了很久而未得到发表。作者逝世三年后，手稿还给了她的女儿瓦列里娅·弗拉基斯拉沃夫娜·格拉博夫斯卡娅。不久，该书中以前从未发表过的部分，开始出现在《复兴》杂志上（1955 年第 42、43、47 期；1956 年第 49、50 期）。首先发表的是关于库普林、梅耶荷德和丘尔科夫的回忆，并有一个总括性的前言。早先，在 1948—1950 年，发表于《新俄罗斯言论》报上的回忆录，是以《关于巴尔蒙特》一文开始的。这本书各章的前后顺序，现在已经无从查考：没有附有页码编序的手稿。保存于俄罗斯国立文学和艺术档案馆里的文稿由不同部分组成：报刊杂志的出版物，在不同时期，由不同机器，印刷于不同纸张上的打字机打印件。是否苔菲本人编选了本书，值得怀疑。

　　然而，这部文稿作为该书的出发点，则是可以接受的。编者按照自己的理解，大胆排了这本《我的编年史》。因此，这里包含一些不属于档案馆里收藏的手稿的作品，但它们也应当有权在书中占据相应的位置（这就是关于早期文学步履的回忆，关于拉斯普京的回忆，以及其他一些篇章）。

初访编辑部[①]

我最初的文学步子非常吓人、恐怖。是的，说老实话，我从未想过要当作家，尽管我们家里的人都从小便写诗。不知道为什么，这在我们家被认为是极为丢脸的事。一旦有谁抓住兄弟或姐妹手里拿着铅笔和本子，又满脸的灵感——立刻便开始叫喊：

"他（她）在写！他（她）在写！"

被抓住的人辩解，揭露者则挖苦他，用单条腿围着他跳：

"他在写！他在写！"

不受怀疑的只有最大的哥哥[②]，一个充满阴郁的嘲讽的人。可是，有一次，暑假过后他回了学校，在他的房间里发现了一些碎纸片，上面写着一些诗意的口号，还几次重复这样的诗行：

啊，密拉，惨白的月亮！

---

① 首次发表于《今日报》（里加），1929 年第 270 期，9 月 29 日。

② 最大的哥哥——尼古拉·亚历山德罗维奇·洛赫维茨基(1868—1933)，他选择军事职业，成了一位将军，第一次世界大战中在法国指挥一个俄国远征军。

嗬！他也在写诗啊！

这个发现给我们产生了强烈的印象。谁知道呢，也许，我的姐姐玛莎①成为著名诗人以后，给自己取的笔名是米（密）拉·洛赫维茨卡娅，就是源自这个印象。

我梦想当画家。甚至听从一位非常能干的预科班同学的建议，把这个理想写在一张纸片上，先把它嚼了嚼，又从车窗中扔了出去。这个预科班学生说，这个办法从未"落空"过。

姐姐学院毕业后开始出版自己的诗作，我有时候从中学出来，顺便送她去编辑部。送她的不是我一个，还有保姆。保姆拿着我的书包。

这是个什么杂志，我不记得了。但是，我记得，它的编辑是彼·格涅季奇②和弗谢沃洛德·索洛维约夫③。在编辑部里，当姐姐坐在编辑室的时候，我和保姆就在接待室里等她。

我坐得离保姆稍远一点，以便不让人猜到她是来看护我的。我还摆出一副充满灵感的面孔，我想，凭这副模样，办事员和缮写员们肯定要把我当成作家。只是接待室里的座椅傻高傻高的，我的腿够不到地板。但是这点不足，和我穿的带中学生围身的短连衣裙，都被脸上充满灵感的表情强行抵消和遮蔽了。

十三岁时，我已经有了文学资格：为皇后的到来献诗，为纪念贵族中学校庆献诗④。后一部献诗是用华丽的颂诗体写成，其中有一个诗节，因为它

---

① 姐姐玛莎——玛丽娅·亚历山德罗夫娜·洛赫维茨卡娅（1869—1905），诗人；1888年毕业于莫斯科的亚历山大学院之后，以笔名米拉·洛赫维茨卡娅出版了第一部诗集。这个笔名便成了她今后的文学名字。

② 彼得·彼得罗维奇·格涅季奇（1855—1925），散文作家，剧作家，戏剧批评家，戏剧史家。

③ 弗谢沃洛德·谢尔盖耶维奇·索洛维约夫（1849—1903），作家，多部历史小说的作者，神秘主义的研究者。1887年，格涅季奇与索洛维约夫创办了《北方》杂志。1889年，米拉·洛赫维茨卡娅在这个杂志上刊登了自己的诗歌。1901年，苔菲第一首诗歌《我做了一个荒唐的美好的梦》发表在这家杂志上，署名还是娜杰日塔·洛赫维茨卡娅。

④ 娜·亚·洛赫维茨卡娅学习的铸造街女子中学在1884年庆祝自己的建校二十周年（开办于1864年1月23日）。

后来我受了许多苦：

> 让真理之光，像对我们一样
>
> 将后来的一代代照亮。
>
> 闪光照耀许多许多年，
>
> 就在这座教育的殿堂！

姐姐用这个"教育的殿堂"折磨了我整整一年。我装作头疼，不去上学。于是，就开始了：

"娜佳，娜佳！你怎么不去教育的殿堂啊？你怎么能允许真理之光没有你白白在那里照耀啊？"

当到了十六七岁的时候，我写了一首好玩的《玛甘泪之歌》①。当然啦，我没给任何人看，便决定悄悄送到《碎片》周刊②去。

列金是《碎片》周刊的编辑，他那时候就已经年老，病怏怏的。不久他就过世了。

我向编辑部走去。心里很害怕。最害怕的是当我走上楼梯，要伸手去按门铃的时候。门很小，而且脏。弥漫着一股白菜包子的气味，这是我最讨厌的。我按响了门铃，这时我突然想："跑吧！"

可是，门后面什么东西响了一声。门链摘了下来。有人从门缝里看——先是一只眼睛，然后是另一只……门开了。

"您找谁？"

是一位上了年纪的很瘦的太太，十字交叉包着一条奥伦堡头巾。

"我……我找……找列……"

"他还没来，"太太说道，"进来吧。您坐下，等一会儿。他很快就来。"

---

① 《玛甘泪之歌》是对歌德《浮士德》中《玛甘泪之歌》的讽刺模拟改写。

② 《碎片》，幽默插图周刊，1881—1916 年在彼得堡出版。编辑和出版人从 1881 年起为作家尼古拉·亚历山德罗维奇·列金(1841—1906)。

她让我在一间斗室里坐下,就走了。从这间斗室里可以看到另一间屋子,也不大,还能看到办公桌的一角,桌子上方挂着一个什么鸟的标本。

桌子上方挂着一个鸟标本,

它望着编辑,眼睛瞪得老大……

我等了好长时间。瘦太太偶尔进来一下,用青筋暴露的手抚一抚胸前的头巾,小声对我说:

"再忍一会儿!马上就来了。"

这时候电话铃响了。脚步声,咳嗽声,嘶哑的说话声。我听到:

"谁?"

"什么?"

"啊?"

"为什么?"

"要找谁?"

"见鬼!"

后来,嘶哑的说话声沉默了,瘦太太又走了进来,用吃惊的低声悄悄说道:

"他给冻僵了。"——说完便走了。我坐着想,从事文学工作可真吓人啊……

瘦太太又走进来,又悄悄地说话,看来是心疼我,想鼓励我:

"他还没有暖和过来!"

好一位善良的太太!真想抱着她,一块哭一场……她又走了。天哪,天哪!我真想走啊,可又不敢走。太太又进来了。

"他缓过劲来了。"

我没一下子弄明白,什么是"缓过劲来了"。在瞬间我以为,这似乎是说,列金死了。吓得我一下子跳了起来。

"你不要怕嘛!"太太安抚我,"他说了,让你进去。"

我眯起眼睛,向前迈了一步。就是嘛,他又不能杀我! 在鸟标本前面坐着一位又矮又壮的人。他的双肩不平,眼睛似乎还斜视,留着黑胡子。很是阴沉。

"您来有何贵干?"他眼睛看着旁边问我道,"你需要什么?"

"诗……"我喃喃地说。

"什么样的诗呀?"

"《玛甘泪之歌》。"

"什么——? 好像我们从来没有过这样的诗歌。请说得仔细些。"

"我写的。这就是。"

他看也没看我,就把手伸了过来。我把自己那张纸放到他的手上。

"啊?"

"什么?"我问道。

"啊,再见。回复请见'信箱'栏。"

一个月后,我在《碎片》的"信箱"上读到:"《玛甘泪之歌》不堪采用"。

这就是我文学生涯的第一步。后来,这个《玛甘泪之歌》,我就是为了偷偷显示对那个令人恐惧的编辑的胜利(虽然他已不在人世间了),我在各种不同版本中,把它印行了不下四次。

虽然……即便……假如我本人是编辑,我一次也不会采用它。

笔　名^①

经常有人问我,我的笔名是如何产生的。的确——为什么突然冒出来个"苔菲"呢?这不是个狗的名字吗?在俄罗斯,许多《俄罗斯言论报》的读者就把这个名字赠给了自己的狐㹴犬和意大利灵缇,这不是毫无道理的。

一个俄国女人,为什么要在自己的作品上,署上这么个英国味儿的词呢?

如果想取个笔名,可以选个比较响亮的,至少也该是个有思想内涵的名字吧,比如,马克西姆·高尔基,杰米扬·别德内,斯基塔列茨^②。这全都暗示某种政治迫害,能赢得读者对自己的好感。*

此外,女作家经常为自己挑选男子的笔名。这很聪明,而且谨慎。对待女士,习惯于略带嘲讽,甚至不信任:

---

① 首次出版于《复兴》报,1931 年 12 月 20 日。
② 马克西姆·高尔基,原名阿列克谢·马克西莫维奇·佩什科夫(1868—1936)。
杰米扬·别德内(原名叶菲姆·阿列克谢耶维奇·普里德沃罗夫;1883—1945),诗人。
斯基塔列茨(原名斯捷潘·加夫里洛维奇·彼得罗夫;1869—1941),散文作家。
* 这三个笔名意思是:高尔基——苦的;别德内——贫困的、可怜的;斯基塔列茨——漂泊者。

"她这是从哪里搜刮来的呀?"

"这一定是她丈夫替她写的。"

有位女作家马尔科·沃夫乔克,是位天才的浪漫主义作家和社会活动家,她署名"维尔戈日斯基";一位天才的女诗人,在自己的批评文章上署名"安东·克莱尼"。①＊所有这些,我再说一遍,都有自己的解释。既聪明,又漂亮。可是,苔菲——这是什么胡说八道?

好吧,我要诚实地解释一下,这一切是怎样发生的。这个文学名字的诞生属于我文学活动的最初步履。那时候我刚发表了两三首诗歌,署的是我的真名实姓。我又写了一个独幕剧,而怎样才能把这个剧本搬上舞台,我一点也不知道。周围的人都说,这绝对不可能,这需要同戏剧界有联系,需要有巨大的文学声望。否则,剧本非但不能上演,甚至永远都无人读一遍。

"当已经有了《哈姆雷特》和《钦差大臣》的时候,哪位剧院经理还乐意读随便什么废话呢? 况且还是女人的粗制滥造!"

于是,我便动开了脑筋。我不情愿躲在男性笔名的后面。既心虚,又胆怯。最好选一个谁都不懂,非驴非马的。

那么——写什么名字呢? 需要选一个能带来好运的名字。最好是某个傻瓜的名字。傻瓜永远是幸运的。

找傻瓜当然不成问题。我认识许多傻瓜。既然要选,就要选一个非同寻常的。这时我想起来一个傻瓜。他确实非同寻常,而且还是非常走运的。也就是说,是个得到命运认可的理想傻瓜。

他叫斯捷潘,家人叫他为斯苔菲。出自策略,去掉第一个字母(以免傻

---

① 马尔科·沃夫乔克,乌克兰女作家玛丽娅·亚历山德罗夫娜·维林斯卡娅-马尔科维奇(1833—1907)的笔名。签署笔名维尔戈日斯基的是女作家、记者阿里阿德娜·弗拉基米罗夫娜·特尔科娃-威廉斯(1869—1962);"维尔戈日"是诺夫哥罗德州的一座庄园,她便出生在那里。安东·克莱尼——3. H. 吉皮乌斯的笔名。

＊ 这几个笔名都是阳性男名。

瓜骄傲），我决定将自己的剧本署名"苔菲"。听天由命吧，我把它直接寄给了苏沃林剧院①的经理处。对任何人从未透露半点风声，因为深信，我此举必将以失败告终。

两个月过去了。我几乎已经忘记了自己的剧本。从这其中只能得出一个有教训意味的结论，那就是：傻瓜也不总是能带来好运。

可是，有一次我读《新时报》，竟看到："决定在小剧院上演苔菲的独幕剧《女人问题》②。"

我首先感到的是——极度的恐惧。第二个是——无限的绝望。

我立刻突然明白了，我的剧本是地道的胡闹，它愚蠢、无聊，你在笔名后面藏不了多久；剧本当然要一败涂地，它将让我终身蒙羞。怎么办呀，我不知道，也不能同任何人商量。

此时我还恐怖地想到，在投寄手稿的时候，我写上了投寄者的名字和地址。如果他们认为，我是应作者请求投寄的包裹，那就好了。可是，如果他们猜到了，那将会如何呢？

也没有容我长时间思考。第二天邮局便给我寄来了正式信件，信中通知，我的剧本将于某日上演，排练将于何时开始，我被邀请出席。

于是，一切都公开了。后退之路已被切断。我一垮到底了。在这件事上更可怕的事情已经不会再有，所以，可以考虑一下局面了。

实际上，为什么我认为剧本就那么糟糕呢！假如不好，它就不会被接受。这其中，当然，我取的傻瓜名字的幸运起了巨大作用。如果我署名康德或斯宾诺莎，剧本一定被拒绝。

必须控制住自己，去排演场，否则，他们会通过警察传呼我的。

我去了。主持排练的是叶夫季希·卡尔波夫③，他是个老式人物，从不

---

① 苏沃林剧院，指的是彼得堡小剧院（文学艺术协会剧院），存在于1895—1917年，创建者之一，然后是拥有者为 A. C. 苏沃林（1834—1912）。

② 《女人问题》于1917年在彼得堡小剧院上演。

③ 叶夫季希·帕夫洛维奇·卡尔波夫（1857—1926），导演，剧作家，二十多部剧本的作者。

肯承认任何新生事物。

"舞台室内布景,三道门,背熟台词,并做到面对观众脱口而出。"

他对待我还宽厚:

"是作者? 好吧。请坐下,别出声。"

毋需赘言,我坐得很安静。舞台上正在排练。年轻女演员格里尼奥娃①演主角(现在我有时在巴黎遇到她。她的变化很小。同那时一样,我看着她心里有些发慌……)。她手里总有一块卷成一团的小手帕,她不时用它在嘴上按一下——这是当时年轻女演员的时尚。

"不要只顾自己嘟囔!"卡尔波夫喊道,"面对观众! 你不懂角色! 你不懂角色!"

"我懂角色!"格里尼奥娃委屈地说。

"懂啊? 那好吧。提台词的! 不许出声! 让她不用提词的自己干,来真刀真枪的!"

卡尔波夫是个不好的心理学家。经他这么一吓唬,任何台词在脑袋里也留不住。

太吓人了,太吓人了,我想。我写这个可怕的剧本做什么呀! 我何必把它寄给剧院呢! 折磨演员,强迫他们背熟我杜撰出来的胡说八道。然后剧本失败,报纸将一致谴责:"丢人,严肃的剧院从事这种胡闹,而人民正在挨饿。"然后,当我星期天去祖母那儿吃早饭的时候,她会严厉地看着我说:"你的事我们听说了。我希望,这不是真的。"

排练场我还是去了许多次。令我十分惊讶的是,演员们都友好地同我打招呼——我以为,他们都应当仇视我,看不起我。卡尔波夫哈哈大笑:

"不幸的作者凋萎了,一天比一天瘦。"

"不幸的作者"不吱声,强忍着不哭出声来。不可避免的事终于来到了。这是话剧上演的日子。去,还是不去? 我决定去,但是要钻到最后一

① 玛丽娅·阿列克谢耶夫娜·格里尼奥娃,苏沃林剧院的演员。

排,让任何人都看不见我。卡尔波夫可是位精力充沛的人。如果剧本失败,他有可能从侧幕探出身来,直接对我大声吼叫:"你滚出去,笨蛋!"

我的话剧被放在了一个年轻作者冗长而乏味的四幕无聊玩意儿的后面。观众们感到烦闷,打哈欠,吹口哨。在终场的哨声和中间休息之后,如常言所说,大幕又缓缓升起。我的人物们开始唠叨了。

"真可怕! 真丢人!"我想。

可是,观众第一次笑了,第二次笑了,以后便活跃起来。当扮演将军夫人的老喜剧演员亚布洛奇金娜①穿着礼服,在舞台上齐步走,并用嘴唇演奏军号声的时候,我马上就忘记了我是作者,跟他们一起哈哈大笑。演员们总的说来很好,把剧本表演得很出色。

"作者!"观众们大声呐喊。"作者!"

怎么办?

大幕拉起。演员们鞠躬谢幕。又做出寻找作者的姿态。

我从座位上跳起来,走进通向后台的走廊。这时候幕布落了下来,我便转身往回走。可是,观众又在呼唤作者。大幕又重新拉起,演员们再次鞠躬,有人在舞台上高声喊道:"作者在哪儿啊?"于是,我又奔向后台。可是,大幕又落下了。我在走廊里来来回回地跑,一直到有个头发蓬乱的人(后来知道,他是亚·拉·库格尔)抓住我的手,大声喊叫道:

"这不是她嘛,真见鬼!"

就在这个时候,已经是第六次拉起的大幕彻底地落了下来,观众们开始散去。

第二天,我生平第一次同新闻记者谈话。他们采访我,问道:

"现在您在做什么?"

"为我侄女的布娃娃缝鞋……"

---

①　叶夫根尼娅·亚历山德罗夫娜·亚布洛奇金娜-茹林娜(1852—1912),先是亚历山德拉剧院,然后是苏沃林剧院的演员。

"哦……是这样！您的笔名是什么意思啊？"

"这是……一个傻……的名字……有那么个姓……"

"有人告诉我，这出自吉卜林①的著作。"

我得救啦！我得救啦！我得救啦！的确，在吉卜林笔下有这么个名字。对，还真的，在《特里尔比》②中还有这样一首歌：

> 苔菲这个人天不怕地不怕，
> 苔菲这个贼真胆子大*……

一下子我都想起来了。是的，当然啦，出自吉卜林！报纸上出现了我的肖像，签名为"Taffy"。

结束了。再没有了退路。

就这样延续了下来。

---

① 鲁德亚德·吉卜林童话《第一封信是如何写成的》的女主人公，一个小女孩儿，名叫苔菲（Тэффи）。

② 《特里尔比》，指格里戈里·格（1868—1942）根据乔治·杜穆里埃的长篇小说写成的剧本。该剧于 1896 至 1897 年在"文学戏剧小组"剧院上演，1900 年在科尔什剧院上演。

* 原文为英文。

亚·伊·库普林[①]

　　一切有天赋的人——作家、画家、诗人、作曲家——在生活中都有特殊的标记。他们全都以上帝从混沌虚无中创造世界为榜样(因为任何创作都是想象力的制造,即从虚无中创作),他们肯定有别于普通类型的人。他们的生活,如果外部不是,其内部则永远是复杂的,有一连串的挫折、腾飞,令人眼花缭乱的进退迂回,对于一个旁观者来说,简直是不可理解和无法接受的。

　　就像每个人生活中常有的那样,许多事情,外人的眼睛当然看不到。但是,传记作家们,当他们着手研究自己感兴趣的天才人物时,有时候会发现一些出乎意料的怪诞的特征、行为与心态。所有这些才华的承载者(这样说不是想丑化他们,而是推崇他们)都是一些疯疯癫癫的怪人。以上帝的使命为己任是不能不受惩罚的。人将为此被打上烙印。他应当付出代价。因此,对他应当采用特殊标准。一般人身上被认为是罪过的东西,发生在他身上则应该理解,并视作"因被选中而支付代价"的标志。

　　许多作家的结局便是真正的癫狂:斯特林堡,巴尔蒙特,莫泊桑,迦尔

---

①　首次发表于《复兴》报,1955 年第 42 期。

洵,尼采①……而且,即使是正常作家,也几乎全都是有乖癖的。这类乖癖发生在芸芸众生身上便惊世骇俗,而发生在天才身上则不会引起特别关注。

"胡闹!他们全都是这号人!"

创造性劳动消耗折磨人到最后的极限。一位身强力壮的青年幽默作家诉苦道,即便是他,写完一个短篇小说以后,也浑身发抖,久久不能恢复平静。

许多人在工作中神经高度紧张,真有点像癫痫发作,精神恍惚,时常做出种种诡异的举动。有一个人,房间门开着便不能写作,另一个人——住宅里空无一人便不能写作。第三个人,只能在咖啡馆里的露台上写作,还必须有人在旁边来来往往。列昂尼德·安德烈耶夫只在夜间写作,他一边在昏暗的大书房里走来走去,一边向坐在小灯旁边的女缮写员口授。陀思妥耶夫斯基则躺在床上,面向墙壁口授。爱伦·坡把脚放在冷水里。阿列克谢·托尔斯泰把一块湿布放在头上。不过,列举没有乖癖的作家比列举有乖癖的更容易些。

某位作家讲过,工作时,如果被称作灵感或想象力的东西过分强烈,他就被这样一种感觉所控制,似乎他无力应付向他袭来的巨浪。就是向他"袭来",仿佛鞭身派教徒跳大神时那样。② 那时候就只得放下工作,稍稍休息一下。

向他袭来的浪涛似乎不是他造成的,而是来自某种神秘的力量,目的是

---

① 　奥古斯特·尤汉·斯特林堡(1849—1912),瑞典作家,剧作家;晚年患精神病。

康斯坦丁·德米特里耶维奇·巴尔蒙特(1867—1942),诗人,散文作家,剧作家,翻译家;1930年代有一年多是在精神病院度过的,后来疾病周期性发作。

莫泊桑(1850—1893),法国作家,因遗传性梅毒患精神病。

弗谢沃洛德·米哈伊洛维奇·迦尔洵(1855—1888),俄国散文作家,患有精神障碍症;跳楼自杀。

弗里德里希·尼采(1844—1900),德国哲学家;生命的最后二十来年卧床,患晚期遗传性进行性麻痹,事实上处于无责任能力状态。

② 　鞭身派,从东正教分裂而出,具有邪教性质的宗派,产生于十七世纪的俄国。认为可以直接与圣灵交往,上帝就体现在虔诚的信徒——"基督徒"与"圣母"身上。他们在宗教仪式——"狂跳"中达到狂热地步,有时采用自我折磨的手法。

显示自己，要通过他进入世界。被选中的人并非总能驾驭这种可怕的力量。

人们热衷于给作家提供善意的忠告：

"您就在这儿工作吧，在露台上。风景多美呀——大海，山峦。想想看，这能给您多少灵感哪。"

他们不明白，作家在工作的时候看不见大海，看不见山峦，也看不见脏水坑。——一无所见。他只看到诱使他去看的东西。有时候他还不能立刻从那个世界回归到现实世界中来。

一个作家有一次惶恐地问：

"天啊，我跟什么样的傻瓜聊了整整一天呀？"

突然，他又想起来了：

"哎呀，对啦！是上午我在新小说中把他虚构出来的呀。现在他就跟上我，摆脱不了啦。把他虚构出来，我自己可倒霉啦。现在怎么办呢？他让我讨厌死啦！……要不，喝个一醉方休……"

于是，他当然喝了个酩酊大醉。总不能去喝缬草酊吧。那就太像老处女干的勾当啦。

不熟悉作家工作的人以为，只要好好睡一觉，散散步，呼吸呼吸新鲜空气，坐在窗前欣赏一番美景，就可以非常成功地进行创作啦。对此，大多数作家的回应是大喊："什么也写不出来！"

如果是编写，描述他人的生活和著作——这还有可能。而紧张的创造性的和充满灵感的工作——永远不可能。

这当然有点奇怪，不过，彻夜无眠，放浪形骸，混乱不堪，杂乱无章，有时使人无法在写字台前坐下来，隔壁房间里地板搞得咚咚响——想象力却骤然活跃起来，人就只剩下找时间坐下来，记录下那"突然袭来"的一切了。按照自己的乖僻安顿好，就开始工作吧。

作家这一"神圣行当"是困难的工作。甚至经常是献身行为。

所以，应当用特殊法庭来评判他们和他们在尘世间的生活。必须理解他们。

作家的生活与芸芸众生的生活是如此截然不同，这让人想起来这么一件事：有一次，在一伙人当中，有一位长着一张圆脸和一双小狗眼睛的可爱先生说：

"我和勃洛克恰好同岁。"

有某人气忿地嘟哝了一句：

"真是废话！"

"怎么是废话呢？"勃洛克的同龄人惊讶地说，"我也出生在那一年，那一月，也就在那一天嘛。"

"是的，但这终归不是一码事，"那位嘟哝的人不肯认输。

他无论如何也觉得这位先生不可能与勃洛克有什么共同之处，他的心甚至不能接受他们同岁这一点。

"怎么——不是一码事呢？"

"活过的不都是那些年。数字一样，质量不一样。甚至这样说说都是可笑的。既然您不懂这个，就没法给您讲清楚。"

对话就这样结束了。

很久以前，在列夫·托尔斯泰的日记与书信尚未公布的时候，人们以为他是富翁，是位由自己众多家人簇拥着的饱食终日的老爷。他按宗法制方式生活在自己的庄园里，平静而忙碌。

然而，这位平静老爷的生活是彻头彻尾的歇斯底里发作，昏天黑地，沉重而恐怖。噩梦袭击人，扼住人的喉咙，终于将人掐死了。

在他之后，人们会想起狂热的癫痫患者陀思妥耶夫斯基，精神错乱的果戈理，惊慌不安的杰尔查文，癔症病人屠格涅夫，神经衰弱症患者格里戈罗维奇。甚至胖大叔冈察洛夫也患有迫害狂，一再见鬼。①

咱们的同时代人呢，咱们自己清楚。

---

① 苔菲说的是这些作家传记中人所共知的事实。他们都在某种程度上患有神经方面的疾病。

有一次,在一个作家小圈子里,我们想确定一下,某人可以划归哪个作家类型。当然,首先是从文学家们开始的。

比如说,托尔斯泰就写得出来果戈理,连同他奇怪的命运与性格,写得出烧掉了《死魂灵》结尾部分的果戈理。契诃夫显然非常符合这个定义。他可以成为屠格涅夫一本长篇小说的主人公。准确地说,契诃夫,他的全部个性,他的全部人生经历,完全可以是由屠格涅夫写成的。

列夫·托尔斯泰,以及他的没完没了的探索,他的精神上的进步与关注,陀思妥耶夫斯基完全能写得出来。无论这有多么荒诞,而列夫·托尔斯泰也完全能够由他本人写出来,并予以严厉的谴责。

如果将这种方法用到库普林身上,那么可以说,库普林是克努特·汉姆生与杰克·伦敦合作写出来的。[①]

这是内心隐秘的柔情和毫无节制的放纵之结合,有时甚至是与残酷的结合,这一切汉姆生或者是杰克·伦敦都能想得出来。

有人一定要嘲笑我,说我在每个人身上一定要找到某种隐秘的柔情。他们说,这就跟在鲍里斯·潘捷列伊蒙诺夫的小说《对某人每个人都不是伊万,而是万涅奇卡》里一样。我以玩笑作答:

"对,对。就连该隐,对于妈妈夏娃来说,也是该隐努舍奇卡。"

尽管这样,在每颗心中,甚至是最恶毒最愚昧的心中,在其深处,在底部,我也会感觉到有一个被妖法迷住的、即将熄灭的火星。很想对它哈几口气,把火星吹旺,并展示给人们看——这里并不都是朽物与灰烬。

有许多传闻,讲库普林如何毫无节制地酗酒,恣意玩乐,如何与酒友们

---

① 熟识库普林的演员 H. H. 霍多托夫(他们 1901 年相识于敖德萨)这样回忆他:"在库普林身上,残酷与柔情暴风雨似的生活在一起,可是,他的残酷是假装的,是周围的'恶棍们'影响的结果。"(见霍多托夫,《近的与远的》〔莫斯科,1962〕,页 174,还可见库普林的文章《关于克努特·汉姆生》〔1908〕与《关于杰克·伦敦的札记》〔1911〕)

在一起纵狗咬猫。讲他在敖德萨饭店看到笼子里有鹦鹉,又听人讲,如果用土茴香喂饱鹦鹉,鹦鹉就会在可怕的痛苦中死去。似乎库普林一夜未睡,坐车跑遍全城寻找土茴香,要用它喂鹦鹉,看结果如何。时值严冬,他未能找到新鲜的土茴香。

在"维也纳"文学饭店①里经常可以看到,库普林在自己的伙伴当中如何大吵大闹,酒瓶子如何甩向地板,椅子如何砸得地板砰砰响,骂人的血淋淋的民间粗话如何响彻大厅,人们如何驾着某人的胳膊去和解,吓傻了的本分人如何避开祸端,匆匆逃离饭店回家。

一个无所顾忌、惹是生非的酒徒。但他的外部生活并不能完全塞进这个讨厌的框子里去。他的许多方面颇值得谈一谈。

他当然不是一个老好人,像某些人根据他的小说所想象的那样。但他确实气度高尚,心境良善。他从来不抢夺,也不向朋友们隐瞒有利可图的机会。很遗憾,这样的事情经常发生。他随时准备向出版社介绍自己的作家朋友,向翻译家谈论他们。我记得相当有代表性的一件事。

我在库普林家吃早饭,已经准备回家了,但他起劲地挽留我:

"再稍坐一会儿吧。一位荷兰翻译家就要来了。我很想让您同她认识认识,她对您有用。"

可是,那位女翻译家没有来。

就在那一天,我去了一位作家家里。我与他的关系非常友好。当我走进他的家门时,他的家人把他房间的门紧紧关严。

"他病啦?"我问。

"没有。一位荷兰女翻译家在他这儿。"

我明白了。人家担心女翻译家对我的小说产生兴趣。我不禁想起了

_____

① "维也纳"饭店在彼得堡的小海街 13/8 号。关于库普林与酒友们酗酒的情况,可见 K. 丘可夫斯基,《同时代人》(莫斯科,1962),页 258、261、275。

库普林。他劝我结识女翻译家。

库普林真诚地为他人的成就高兴，无论是艺术上的还是物质上的成功。他不是嫉妒心重的人，他给许多人都留下了美好的记忆。他在我们的文学大家庭中占据着一个显赫的位置，却异常谦逊，平易近人。许多小作家去找他，他都热情而诚恳地接待。只有一位，也是个小作家，却趾高气扬地扯起了自己的旗帜，对于他库普林曾说过：

"我难以同他相处。他的名气太大了。"

读者爱库普林。许多没有见过他面的人也很敬重他，认为他是善良的人，朴实而可爱的人。这也许是因为他写得朴实，不装腔作势。这是广大读者最恨的。他写得诚实，不卖弄，也不蔑视读者。有的作家似乎想告诉大家：我想怎样写就怎样写，如果你不喜欢，那就说明，你是个大傻瓜！

"这位军官写得好，"谈到刚刚起步的库普林时，托尔斯泰这样说。

库普林是位真正的俄罗斯本土作家，有古老的根基。他在写作的时候就是在工作，而不是寻开心，也不是扭捏作态。他的心灵在工作中表现出来的那一面是纯真的、朴实的，他的情感的指针指向的是善良。

然而，亚历山大·伊万诺维奇·库普林作为一个人，却完全不是一个老实人，不是意志薄弱的好好先生。他是一个非常复杂的人。

命运为他安排的生活不适合于他。他需要驾一艘帆船去航海，最好是与海盗在一起。对于他来说，最好是到热带丛林中去猎虎，或者与流浪的淘金汉为伍，在没腰深的雪地上拯救正在毁灭的商队。他的伙伴应该是善良的老水手们，抑或就是地道的强盗，但必须是充满浪漫情怀，有严格的义务与荣誉的理念，有连环保，有特殊的醉酒的智慧，和对人的诚实的爱。他永远觉得自己头上有一顶浸透着海盐的帽子，他则眯着双眼，在海平线上寻找裹挟着暴风雨的不祥的乌云。

有一次,在《复兴》报①的宴会上,他在致酒词时将报社的同事们称作"我们轮船上的水手兄弟"。这正是他的真实的感觉。

狂饮烂醉之后他曾纵容群狗咬猫,但也可能扑进烈火中去救小猫崽儿。可能也是在醉酒状态中,但问题不在这里。问题是,他能够做一般的好心人不肯做的事。

库普林的外貌就不很一般。他中等身材,健壮有力,脖颈短,有一对鞑靼人的高颧骨,细小的眼睛,和一个蒙古人的塌鼻子。他适合戴一顶绣花小圆帽,再叼上一只烟斗。

他身上有兽性的东西,也有温柔的东西。

一旦发起怒来,他的眸子立刻便野兽般聚在一起,既残忍,又欢快。猛兽在凶狠地举起自己锋利的爪时,不正是它高兴的时候嘛。

对于库普林,正像对于野兽那样,嗅觉和气味十分重要。他对我们说过,他经常要对人"闻一闻":

"我把鼻子一伸,就知道这是个什么人。"

我记得,有一次在社交场合,我指着一位漂亮女士给他看:

"亚历山大·伊万诺维奇,您说怎么样,的确漂亮吧?"

他毫不含糊地大声说:

"一个臭傻瓜。她脸上散发着一股子辣萝卜味儿。"

他喜欢"罗兹·扎凯米诺"牌香水,喜欢到犯傻的程度。如果在信纸上喷上这种香水,他将总把它装在衣兜里,带在身上……

他喜欢并理解动物。

在他身体还健康的时候,经常一清早就去布洛涅森林看供骑乘的马。

---

① 《复兴》报,从 1925 年 6 月 3 日起在巴黎出版(日报,从 1936 年起——周报),至 1940 年,用石油工业家 A. O. 古卡索夫的遗产发行。1925—1927 年其主编为著名史学家、哲学家和经济学家彼得·伯恩哈多维奇·司徒卢威(1870—1944)。从 1927 年 8 月 18 日到停办,主编为尤里·费奥多罗维奇·谢苗诺夫(1873—1947)——社会政治活动家,记者。

比起纯种马的形体来，他更感兴趣的是肌肉的美和动态变化，漂亮的步态与光滑如锦缎的毛。按动物的眼光欣赏。

有一次阿列克谢·托尔斯泰说：

"咱们都太陈腐落后啦。今天我看到库普林了。他坐着，抚摸着棕红色的公狗，是那么幸福。"

他是否那么幸福——我不知道，不过，同动物交往对于他来说永远是件乐事，这我相信。

晚年，当他疾病缠身，很少走出家门的时候，他养了一只猫。他与猫经常聊天。有一次朋友们去他家，发现他心情非常沮丧。

"今天从一清早就不顺利。报纸的稿酬降低了，猫不知为什么生我的气，不知道是怎么回事。医生不允许我喝苹果烧酒，让我卧床。一切都不顺利。可是，猫为什么生气呢？"

猫是他最亲密的动物，是他挚爱的动物世界的最后代表。返回俄罗斯①的途中，在巴黎车站登车时，他最惦念的就是猫，担心忘记把猫带上。他懂得，他的生活发生了巨变，他不是回国去生活，而是去死。他用双手抓住他这最后的珍爱，自己野性的朋友：

"猫在哪儿？把猫给我抱过来呀！"

我与亚·伊·库普林相识于我文学生涯的初期，我的圣诞节的故事刚出现在《新闻报》②上。在某人的晚餐会上，库普林坐在了我的旁边。

"在诺托维奇的报纸上写小说的是您吗？"

"是我。怎么啦？"

"糟透了的小说，"他斩钉截铁地说，"放弃写作吧。您是这么可爱的女士，却是一位毫无前途的女作家。别再搞这个啦。"

---

① 指库普林于 1937 年 5 月回国。
② 《新闻报》曾由政论家、剧作家奥西普·康斯坦丁诺维奇·诺托维奇(1849—1914)出版。

　　库普林健壮、饱暖,有一双愉快的老虎眼睛。我看了看他,想:他说的大概是对的。这太可怕了。就是说,我再也不能写了。

　　也许,我就会这样罢手,假如不是我对漂亮皮鞋的爱慕参与到这件事之中的话。而皮鞋是这样参与的。

　　我同朋友们坐在一家文学餐馆里,大概是在"维也纳"吧。彼得·皮利斯基①来到我们身边坐下。

　　"您为什么不再写啦?"他说。

　　"我写不了,"我叹了口气说,"没有才能。我是个毫无希望的作家。"

　　"胡说八道! 一份新的报纸即将创刊。每逢周一出版。② 需要短小的故事。您试一试吧。"

　　"不想写了。既然没有才能,还何必乱闯呢。"

　　"您试试吧。将付给您十二个卢布。用这些钱可以在魏斯商店③买一双很好的矮勒皮鞋。您不是很喜欢漂亮皮鞋吗?"

　　"当然啦! 我吗? 在世界上我最喜欢的就是皮鞋!"

　　"那好吧,不要拖延,写一个短篇,马上就去魏斯商店买皮鞋。抓紧时间吧。绝对不要拖延。"

　　既然事关魏斯商店的皮鞋,当然就不能拖拉。短篇故事当夜便写好了。第二天一早,瓦西列夫斯基·涅-布克瓦,《周一》报的编辑兼发行人,便取走了。

　　短篇颇受欢迎,发表了。可是我有一点提心吊胆。

　　"都夸好,"我想,"那仅仅是出于客气。才能反正是没有的。"

　　不过,钱是收到了,魏斯商店的皮鞋也拿到了手。看来,平庸在世界上

---

　　① 彼得·莫伊谢维奇·皮利斯基(1879—1941),批评家,政论家,散文作家,库普林的朋友,革命后侨居国外。

　　② 指的是《自由思想报》(1907—1911,1908—1909 年以《清晨报》名义出版),编辑和出版人为伊·瓦西列夫斯基(涅-布克瓦)。

　　③ 指的是 Г. К. 魏斯的皮鞋店及作坊,位于涅瓦大街 66 号。

也还是有用的。

十来天过后我遇见了库普林。我吓得浑身缩成一团，眼睛望着别处，生怕他认出我来。马上就要给我好瞧了。

不料，他老远就做出了欢迎的姿态，然后径直向我走过来。

"亲爱的！"他大声喊道。"你写得太好啦！我的好宝贝，真聪明！你怎么在这以前什么也没写过呀？"

他这是在拿我开心吗？

"不是您说的吗，"我喃喃地说，"我是没有任何前途的女作家。就是您不让我写嘛。"

"我怎么能这样说呢！我为什么要这样说呢！"

他是那么真诚地高兴，对周围的人一再引用这篇小说中的片段，让我不能不相信他。就像上一次说我"没有前途"时一样真诚。我相信了，就又开始写起来。可假如不是皮利斯基用魏斯商店的皮鞋诱惑我，库普林也就无缘为我高兴了。我就穿着这双矮鞡皮鞋走上了自己崎岖的文学小径。而库普林则终生成了我作品的最友好的鉴赏者。还有过这样的情况：关于我的新书的文章已经印出来了，他来到编辑部说：

"我还想亲自对这本书作一评论。"

他的评论对我总是非常赞赏。必须指出，这样的善意，在作家圈子里是异常罕见的。几乎是空前的。我再重复一遍——他是非常好的伙伴。

库普林侨居国外，与他妻子伊丽莎白·马夫利基耶夫娜①以及年轻的女儿在一起。他生活得非常怪——总是欠着一些莫名其妙的债：

"欠肉店一万。"

大家都备感惊讶。什么样的巴黎肉商能借给俄国难民这样一大笔

---

① 库普林的第二任妻子是伊丽莎白·莫里佐夫娜（娘家姓海因里希；1882—1942）。库普林的女儿克谢尼娅（1908—1981）后来是演员，拍了三十多部电影；1958 年回到苏联后在普希金剧院工作；写有关于父亲的回忆录《库普林——我的父亲》（1968）。

债呢？

为库普林组织了募捐。他有一些忠实的朋友，曾多次在他困难时刻救助他。伊丽莎白·马夫利基耶夫娜开一家小图书馆和文具商店。经营得都很糟糕。

有一个时期他们住在南方。在那里他交了一些当地的渔民朋友，他们有时候带他到海上去捕鱼。

他大概像男孩子一样，玩起了真正的捕鱼游戏。他紧皱眉头，额头上扣着一顶"浸透了海盐的"帽子。他有一个短篇，写如何做"马赛鱼汤"，应该挑选什么样的鱼———一定要海鳗，更重要的是———一定要带刺的鱼，否则马赛鱼汤就做不成。小说写得有爱有情，内行。感觉得出来，他如何珍视这段渔民生活，他是怎样愉快地渐渐熟悉这种生活，他"玩得"是多么奇妙。

他一连好几天沉浸在捕鱼之中。晚上，伊丽莎白·马夫利基耶夫娜跑遍所有岸边酒馆找他。有一次，在一群渔民当中找到他时，一个醉醺醺的姑娘正坐在他的大腿上。

"老爷子，回家吧！"她招呼道。

"真不懂你是怎么回事，"库普林以绅士的腔调答道，"你看看，女士在我身上坐着。我怎么能打扰她呀。"

大家共同努力，才打扰了该女士一下。

他一向热爱并寻找朴实、心灵纯洁和精神勇敢的人。他长期与小丑交朋友，为马戏演员从事有生命危险的职业而热爱他们。

有一次，他在我这儿遇到一位显然属于资产阶级的女士，他相当认真地劝她放弃一切，去作马术表演演员。

"您父母没有为您着想，没有使您受到真正的教育。您在哪儿学习过？"

"在学院。"

"您看。这怎么能行啊？既然父母未能及时关注您,那就尝试着纠正他们的错误吧。当然啦,上吊杠您是有困难了。想起来得太晚了。错过了时机。不过您还可以成为一名出色的骑师。只是不能再耽误时间了,明天就去找马戏团经理吧。"

库普林一般不写诗,但是他写过一首诗,这首诗他本人很喜欢,抵挡不住各种小报章杂志的请求,还出版了多次。在这首诗中谈了他的一次秘密的情意缠绵的爱情,谈如何希望他苦恋的情人获得幸福,谈他如何扑到奔驰的马蹄下面,而"她"将以为这位招人喜欢的"彬彬有礼"的老头儿是偶然死去的。这首诗很美,有一种莫泊桑的"死一般强劲"①的情调。显然,这首诗就是这一风流韵事引出来的。

这首诗就这样揭开了库普林内心里的一个浪漫角落。

大家都知道他是一个酒徒,晚年甚至是一个酒精中毒者。但并不是所有的人都知道他内心隐秘的柔情,他对勇敢、强大和公正的人的向往,他对美好的无人知晓的爱情的追求。

无人知道,一连三年,每到一月十三日,俄历新年的除夕,他都去一家小快餐店。在那里,他独自一人,面对酒瓶,写一封情意缱绻的信。都是写给同一个女人。这女人他几乎从未见过,也许,甚至并不爱她。然而,他本人,库普林,就是汉姆生虚构出来的,屈从自己的创造者的意志,应该秘密而温柔地,更主要的是无望地爱,而且每逢新年将至,便给那位女人写一封奇妙的信。

库普林难民生活的结局十分凄惨。重病缠身,视物不清,很难听懂别人对他说的话。妻子搀扶着他。

有一次,我在大街上遇到了他们:

"您好,亚历山大·伊万诺维奇。"

①　原文为法语。

他困窘地望着别处。伊丽莎白·马夫利基耶夫娜说：

"老爷子，这是娜杰日达·亚历山德罗夫娜。问候一声吧，伸出手来。"

他把手递给我。

"好，老爷子，"伊丽莎白·马夫利基耶夫娜说，"你问候过了。现在可以放开手了。"

真是让人忧伤的会面。

伊丽莎白·马夫利基耶夫娜认定，最明智的选择是回国。她去了领事馆，张罗了一番。从领事馆来了位职员，看了看库普林，向大使汇报了看到的一切，库普林被批准回国。他们迅速收拾好行装，未同任何人告别，便走了。后来，我们在苏联的报纸上读到，他讲了一些通情达理，甚至很动人的话。但对此难以相信。也许，对他进行过特殊的治疗，取得了如此非凡的效果？他去世得相当快。

就这样，在我们当中曾经生活过一位怪人，一位既粗暴又温柔的人，一位幻想家、空想家，著名的俄罗斯作家亚历山大·伊万诺维奇·库普林。

格奥尔吉·丘尔科夫与梅耶荷德[①]

我不知道,格奥尔吉·丘尔科夫是否还活着。[②]

关于他,留下了非常亲切的回忆。一位漂亮、可爱和才华横溢的人。但他最主要的性格特点,是在某种才能面前永不熄灭的狂喜。他忘记自我,全身心投入这一狂喜之中,只醉心于它,只为它活着。

在自己的讽刺肖像中,关于丘尔科夫,亚·伊斯梅洛夫[③]写道:"亚历山大·勃洛克! 亚历山大·勃洛克! 亚历山大·勃洛克! 给小屁屁一点糖吧。"

可是他连糖也不需要。他什么也不需要。他忘记了自我。

[①] 首次发表于《复兴》报,1955 年第 42 期。

[②] 格奥尔吉·伊万诺维奇·丘尔科夫(1879—1939),诗人,散文作家,文学批评家,回忆录作者。1939 年 1 月 1 日死于莫斯科。

[③] 亚历山大·阿列克谢耶维奇·伊斯梅洛夫(1873—1921),散文作家,诗人,文学批评家。以散文或诗体讽刺性模拟作品成名,其作品集有《哈哈镜》(1908—1914 年共出版四次),《杨木桩》(1915)。1898—1916 年主持《交易所新闻》报的文学评论栏,是最早对苔菲幽默小说作出肯定评价的人之一。苔菲在这里引用的是他的讽刺作品《俄国批评史》。

还在科米萨尔热夫斯卡娅剧院①之前,我就经常看到他和梅耶荷德在一起。梅耶荷德是在这个剧院里最终大显身手的。在这个剧院之前有的只是计划,未来伟大建筑的蓝图,一些夸张的言辞和对胜利的预感。预感没有欺骗他。要知道,在梅耶荷德没落之前,布尔什维克已经开始建造以他的名字命名的剧院。② 如果相信报纸上的话,在这个剧院里将为每位观众配备一个特种通风机。

梅耶荷德绘制了一个魔幻三角——作者、导演和演员。他们各自占有自己的一角。要联系——通过直角边与斜边。连接作者和演员的斜边——是最长的道路。这并不是没有谋划的。如此一来,作者与演员的交往最简单的办法是通过导演,沿着两个直角边进行。作者与演员的直接交往有损于导演的工作。导演最了解作者想表达什么,与如何表达它。

后来,在我痛苦经验的基础上,我知道了这个隔开作者与演员之斜边的全部悲剧。

导演永远认为作者是戏剧的敌人。作者本人的指导只能坏事。作者写了剧本,但导演当然更理解作者到底想说些什么。

就这样,在我的一个剧本中刻画了一位温柔的青年恋人,他对自己心爱的女人说:"我的太阳,我爱你。"导演在这位青年恋人头上戴上了吓人的棕红色假发,系上了一条绿色的大领带,领带尖向上翘着,打扮成了白痴的模样。

"为什么呀?"

"什么为什么呀? 根据您的剧本嘛。在您笔下,他就是白痴嘛。"

"您这是从哪儿得出来的呀?"

---

① 科米萨尔热夫斯卡娅剧院,在彼得堡,创建于 1904 年 9 月。梅耶荷德在该剧院从 1906 年夏天工作到 1907 年末。苔菲与丘尔科夫和梅耶荷德相会于 1906 年,并加入"火炬"剧院的"发起人小组"。

② 莫斯科的梅耶荷德剧院(1920—1938),其基础是俄罗斯联邦第一剧院,它于 1923 至 1926 年获得自己的命名(以梅耶荷德名字命名的国立剧院)。

"本来是嘛:他对女士说'我的太阳'。显然嘛,他就是白痴!"

当莫斯科小剧院排演我的一个大剧本的时候①,我去给演员们读剧本。然后又去看排演。指导排演的是普拉东②,一位严肃的导演——这可是皇家剧院啊!

第一幕我是以朗诵几句短诗结束的。在这个朗诵声中,大幕应当徐徐落下。这很美,也能制造"情绪"。可是,剧院的木工每次都故意"哗"一下子,快速把大幕放下来!我差点哭出声来。普拉东安慰我道:

"哎呀,这些作者呀!请您相信,在演出时他会做得很好。"

"那为什么他现在一次也不按要求做呢?"

"哎呀,这些作者!"

我不能容忍拖沓。自然,就一会儿删掉这个演员几句台词,一会儿删掉那个演员几句台词。可演员们都渴望着多说几句。

普拉东劝我走,一个月过后,到最后几次排演时再回来。

"那时候您就会看到,我们将怎样奉献出您的剧本。现在演员们还未进入角色,您的批评使他们神经紧张。"

我相信了。走了。一个月过后回来了。

哗啦!大幕拉开。奥斯图热夫③演主角。我感到冗长,但不能作任何修改,因为他耳聋,学习角色靠背台词。也听不到插话。所有演员,唉,都进入了角色,现在拿他们没有了任何办法。

这个剧我非常不喜欢,所以,当涅兹洛宾④找到我,要求将它交给彼得堡的时候,我吓得叫了起来:

① 1916年3月2日在小剧院举行了苔菲剧本《撒旦的手摇风琴》的首演式(由薇拉·帕申纳娅和亚历山大·奥斯图热夫主演)。

② 伊万·斯捷潘诺维奇·普拉东(1870—1935),俄国导演,剧作家。1895年起在小剧院导演管理部工作。

③ 亚历山大·阿列克谢耶维奇·奥斯图热夫(原姓波扎罗夫;1874—1953),1898年起为小剧院演员;在苔菲的剧本中饰演律师安德烈·尼古拉耶维奇·多尔戈夫。

④ 康斯坦丁·尼古拉耶维奇·涅兹洛宾(1857—1930),导演,演员,戏院老板,翻译家。

"唉,不必啦!"

他只能把双手一摊:

"我第一次看到,作者不愿意让他的剧本上演。"

我给了剧本,但坚持自卫。我走出可恶的三角,自己与演员们对话。剧本上演得非常成功。

不过,这是很久以后的事情了。在我讲述这件事的当时,梅耶荷德正在勾画自己的几何图形,丘尔科夫正在如日中天。后来他们两个认定,他们难以与我相处,一堵明显的墙将我隔开,他们活生生的理想会被这堵墙击退。他们是对的。

我记得,苏联报纸如何报道梅耶荷德排演《钦差大臣》。[①] 在他的演出中,从市长夫人小客厅的衣柜里,她的一连串"理想中的"情人走出来。天地是自由的,死去的果戈理被赶进了斜边,无法抗议。

梅耶荷德的妻子[②]很可爱,很文静,是属于"自我牺牲"一族的。革命后他与另一个女人结婚。[③] 那时候一般全都匆忙离异与再婚。古米廖夫,阿赫玛托娃,托尔斯泰,"哈哈镜"的经理库格尔,卢那察尔斯基[④]……就这样开始了:古米廖夫的第二任妻子[⑤],阿赫玛托娃的第三任丈夫[⑥],托尔斯泰的第三任妻子[⑦],梅耶荷德的新妻子……所有这些第二次第三次婚姻都是匆匆忙忙的,不现实的。人们仿佛都是惊恐不安的,百无聊赖的,赶忙抓住些幻影、幽灵,都做着荒诞的梦。努力把自己新的可怕的生活尽力建造在某种新的根基上,而这种新生活早就注定要一败涂地。

---

① 1926 年在梅耶荷德剧院上演的《钦差大臣》受到苏联新闻界的激烈批评。

② 梅耶荷德的妻子:奥莉加·米哈伊洛夫娜·蒙特(1874—1940)。

③ 梅耶荷德的第二任妻子:1920 年起,季娜伊达·尼古拉耶夫娜·赖赫(1894—1939)。

④ 阿纳托利·瓦西里耶维奇·卢那察尔斯基(1875—1933),批评家,政论家,剧作家;1917 年起为教育人民委员。1920 年代中期,卢那察尔斯基与女演员娜塔莉亚·罗森涅尔结婚。

⑤ 古米廖夫的第二任妻子:安娜·尼古拉耶夫娜·恩格尔哈特(1895—1942)。

⑥ 阿赫玛托娃的第三任丈夫:很可能指的是阿赫玛托娃的第二任丈夫,弗拉基米尔·卡济米罗维奇·希列伊科(1891—1930)。

⑦ 托尔斯泰的第三任妻子:Н. В. 克兰季耶夫斯卡娅。见本书《回忆录》的诠注。

我最后一次见到梅耶荷德是在一个难民中转点上——在新罗西斯克。他有一点茫然，但仍坚持请我去他那儿。我记下了他的地址，答应去。

"我非常想同您谈点什么，"分手的时候他说道，"请不要再往后拖了。"

两天后，我按照地址去了。我走了很久，已经到了远郊。最后找到了他的房子。按了好长时间门铃，敲了好长时间门。无人应答，无人开门。我似乎听到了一些窸窣声、耳语声，犹如有人在隐藏，不敢大声喘气。我已经准备走了，却从房子侧面什么地方走出来一个秃顶老头，他穿着一件脏上衣。他站住看我。我也看他。

最后，我问道：

"您是这儿的人吗？"

"怎么啦？"

此人颇为警觉。

"我找梅耶荷德。"

"我第一次听说这样的姓。"

"他给了我自己的地址。他在这儿住吗？"

"让我看一下地址。"

我从小手提包里取出字条，递给他。

"这不是他的笔迹，"老头说，然后怀疑地眯起眼睛，看了我一眼。

"对，这是我自己写的，可是，是他口授的。而您，既然甚至从未听说过他的名字，怎么会认识他的笔迹呢？"

老头很难为情，整个秃头都红了。

"不管怎样，他不在这儿，而且也没有在过，您看，房子锁着。"

"好吧。我相信您，您不认识他，他也不在这里住。不过，如果您将来偶然与他结识，请告诉他，说我来过了，因为他邀请过我。"

我说了我的姓名，就走了。

拐过弯去之后，我发现，老头藏在大树后面，在监视我。

这一切很是诡异。后来，当我得知他回到布尔什维克那里之后，我明白了。他已经在躲着不见白党。他担心,他的决定已经为人知晓,害怕造成麻烦。在当时这是相当严重的。

　　他自己选择了自己的命运。他为布尔什维克工作,这是他的心愿。后来,连他自己也完全未曾料到,他又成了外国特务,遭到逮捕。他到底是怎样死的①,谁也不知道。* 人们只知道,这样的死法不能称之为"寿终正寝"。

---

　　① 1939 年梅耶荷德被捕,并被判了一个荒谬的罪名。1942 年死于监禁之中(另说:死于1940 年)。

　　* 真实情况是 1940 年被枪决。解冻、平反被镇压人员时,为了降低事实的尖锐程度,常为被枪决人员编造一个往后的死亡时间,并称死亡原因为"死于囚禁中"。

费多尔·索洛古勃[①]

　　我与索洛古勃的结识相当有趣，从中看不到任何友谊的征兆。但后来我们成了朋友。

　　很早以前，在我才刚刚开始自己文学生涯的时候，有一次我遵从时代精神，写了一首革命诗歌《蜜蜂》[②]。凡是有助于推翻沙皇统治的，在其中应有尽有：有"自由的红旗"，有"我们期待着，何时警钟敲响，眼前发出翘首期盼的信号……"，以及其他革命暴风雨的闪电。

　　不知是谁把这首诗寄到了日内瓦，把它登在布尔什维克的杂志上了。

　　后来，在"半自由"的日子里，我在舞台上朗诵过它，而且，主事的大学生们特意把来维持秩序的警察请到小卖店去，招待他喝伏特加，以便让我来撼动国家的基础。那时候有新闻检查机关，在批准的节目之外什么也不准朗诵。

　　返回到大厅的警察发现听众们特别兴奋，便惊讶地问：

---

　　① 首次发表于《新俄罗斯言论报》，1949 年第 13407 期，1 月 9 日。

　　② 诗歌《蜜蜂》，是献给 K. 普拉托诺夫的，写于 1905 年春，首次发表于《前进报》（日内瓦），题目为《自由的旗帜》，没有署名。收进了《七团火焰》一书。

"她刚才在这儿读什么啦?"

"就读了节目单上有的,《我的爱,宛如一场奇异的梦》①。"

"那为什么这些怪人这么激动呢? 这可是她的爱情啊,又不是他们的。"

不过,在我所讲的故事开始的时候,我只在狭小的作家圈子里读这些诗。

有一次,人们告诉我一件怪事:

"您知道吗,索洛古勃写了您的《蜜蜂》②?"

"这是怎么回事?"

"是这样。他按照自己的意思改写了,还要发表。"

我还不认识索洛古勃,只是在什么地方有人把他指给我看过。

这个人,据我现在的理解,四十来岁,我觉得他很老。这大概是因为我自己当时非常年轻的缘故。甚至不只是老,而是老迈。他脸长,面色苍白,没有眉毛,鼻子旁边有一大赘疣,稀疏的淡红褐色胡子仿佛把瘦消的面颊拖长了。浑浊的眼睛半睁半闭。面部表情总是疲惫的、孤寂的。我记得,他在一首诗中写道:

> 我本人既矮小又贫穷,
>
> 我本人已经疲惫得要命③……

总挂在他脸上的表情就是这种要命的疲惫。有时候,在做客期间,在餐桌上,他便闭起双眼,仿佛忘记再睁开似的,这样一直保持几分钟。他从

---

① 诗歌引自《紫晶》系列(收入《七团火焰》一书)。

② 在 1905 年第 9 期的《生活问题》杂志的第一页上,刊有索洛古勃的诗歌《女裁缝》,在编辑部的附注中,以索洛古勃的名义写道:"诗歌《女裁缝》……的主题与诗歌《蜜蜂》的主题一致。"

③ 引自索洛古勃的诗《在田野上一片漆黑……》(1897)。

来不笑。

索洛古勃的外貌就是这副样子。

我请人介绍我们互相认识。

"费多尔·库兹米奇,据说,您按照自己的方法改写了我的诗。"

"什么诗?"

"《蜜蜂》。"

"那是您的诗呀?"

"是我的。您为什么把这首诗算成您的呀?"

"对啦,我记得,有某位女士读过这首诗。我喜欢它,就按照我的意思将其改写了一番。"

"那位女士——就是我。我说,这可不太好哇,——将他人的东西据为己有。"

"对于东西被他人拿走的人来说,是不好;对于将他人的东西据为己有的人来说,则不赖。"

我笑了:

"不管怎样吧,您喜欢我的诗,这让我很得意。"

"看到了吧,这就是说,咱们两个人都皆大欢喜。"

这件事就这样结束了。

几天过后,我收到索洛古勃发来的邀请,要我星期六一定到他家去。将有一些作家兄弟。

索洛古勃住在瓦西里岛上,在市立中等专科学校的公用住宅里。他在这所学校里任讲师与学监。他和姐姐住在一起。他姐姐是一个乳房扁平的老处女,还患有结核病。举止文静腼腆,对弟弟既崇拜,又有一点畏惧,谈起他来总要压低声音。

他在自己的诗中说:

我们是游手好闲的孩子……

姐姐和我，①

他们，这些游手好闲的孩子，非常穷，其最大愿望就是有人给他们一些从小河沟里捡来的彩色贝壳。他们忧郁而平淡地打发了自己的青春岁月。身患肺痨的姐姐，未能得到自己那份彩色贝壳，已经是燃烧殆尽的蜡烛。他自己被枯燥的教书生活消磨得苦不堪言，夜里抽空写东西，又总被自己学生们的喧嚣搞得筋疲力尽。

他在诺托维奇的《新闻报》上发表东西，诺托维奇还严厉地左右着他那些迷人而又高明的神话故事：

"又拿来一些颓废派的破玩意儿。"

付给他的是几个铜板，还自认为是他的恩人：

"谁还给他印东西呢？哪里还有人读啊！"

在这些童话中讲的是美和死亡。

他有一则迷人的童话，讲的是关于田间百合的故事。它后来在舞台上不断被人朗诵。即便是享有盛名的所罗门本人，在其美妙动人方面也未见得能超过它。（我根据自己的记忆来复述。）但是，圆白菜却谴责它。这算什么？赤裸裸地站在那里！请看我是如何穿的吧：先穿一件上衣，上衣上面是扣袢，扣袢上面是外衣，外衣上面是扣子，然后是外衣，外衣上面是扣袢，扣袢上面是大衣。看不到硬茎。既温暖又体面。

关于死亡是这样讲的：上帝派自己的天使斯捷潘妮达·库尔诺萨娅去剥夺母亲的婴儿。母亲痛哭，不能自已。于是天使斯捷潘妮达·库尔诺萨娅就开始劝她：

"你不要哭嘛。"

————————————

① 这是索洛古勃一首诗的开头，日期注明为 1906 年 8 月 30 日。下面的诗句苔菲引得不准确，它的第三节这样开始：

哪怕是可怜的贝壳

偶尔在溪畔捡捡也好呀……

而母亲回答道：

"你完成了你的工作，剥夺了我的婴儿。现在请不要妨碍我做我的事——为他哭泣。"

还有一个关于魔棒的童话，说的也是死亡。世界上谁要是非常痛苦，他只须将魔棒贴到鬓角上，他的苦恼立刻就会消失。

索洛古勃住在公家的小住宅里，点着几盏小油灯，吃的是薄荷甜饼干、焦黄色面包、软果糕、蜂蜜饼。为了买蜂蜜饼，他姐姐特意坐有轨出租马车到河对岸去了一趟。他姐姐偷偷地告诉我们：

"我本想设法坐在有轨马车车顶的座位上①，但'我家里的'人不允许。说是，这样对女士不体面。"

索洛古勃是一位热诚的主人，他围着餐桌转，敬请客人吃喝：

"这是科罗博夫卡苹果，这是茴香酒，这是安东诺夫卡苹果。这是花椒软果糕。"

在他昏暗的小书房里，一张普通桌子上堆放着手稿。在深色的镜框里，一张女士俊俏而聪明的脸在向外张望——那是季娜伊达·吉皮乌斯的画像。

当文学界的密友们聚集在一起的时候，公家住宅里的夜晚非常有趣。我们在这里听他朗诵《卑劣的小鬼》，以及《死灵的妖术》②的开始部分。后者完全是杂乱无章的东西，他在其中彻底搞糊涂了。那里面有一次出现了一些"本分的男孩子"，许多人嘲笑他们，怀疑他们在性方面不检点，虽然作者本人肯定地说，这些男孩子都是本分的，因为他们是些半死不活的人。一般来说，他喜爱奄奄一息的婴儿的形象。在他早期的一个短篇小说中写了这样一个男孩子，他仇视生活与欢笑，幻想到星星上去，生活在那里的都

---

①　十九世纪后半期，城市里出现了新的有轨交通形式：有轨马车。这种马拉的有车厢的车行进在轨道上，乘客坐在车厢里。车棚顶上的座位较便宜，可以顺着转弯的梯子爬上去。女人禁止坐车顶。

②　指的是索洛古勃的长篇小说；1907 年出版了《卑劣的小鬼》，以及《死灵的妖术》的开始部分。

是些聪明的野兽,谁都从来也不笑。

在《妖术》中,他打算写基督。基督作为一个贵族先生出现,甚至还有一张"奥西普·奥西波维奇·达维多夫"的名片。不过,在小说中没有走到这一步。或许,他改变了主意,要不就是没能写出来。

当我们有了进一步的认识,并似乎成了朋友(在同这类怪人可能出现的友谊范围之内)之后,我一直在寻找通向他的钥匙,想真正地理解他——但没能找到。我感觉到,他有一种隐秘的柔情,他为此感到难为情,而不想展示给人看。譬如,他突然谈起中学生,他的学生:"他们举起染上了墨水的小爪子"。如果他这样亲切地说,就说明他爱这些孩子。可是,这是偶尔流露出来的。

我想起来他的几行诗。在诗中,笑甚至竟受到了祝福,因为这是儿童的笑:

> 我相信造物主上帝,
> 相信上苍神圣的誓言,
> 我相信许多奇迹早已
> 降临到这疯狂的土地。
> 但世上最大的奇迹,
> 一切乐趣的最大源泉——
> 就是天真无邪的孩子,
> 与他们安详快活的笑脸。

是的,他隐藏着自己温柔的心。他想作一个魔鬼般的人。

于是开始举办一些带有情色美学倾向的晚会。写作,朗诵和讨论一些精巧的情色作品。我还记得索洛古勃的一个短篇小说,不知道它是否出版过。小说中讲,年迈的国王给自己的妙龄王后分派了一名少年侍从,并看着他们温存。王后生了一个儿子,国王与国民一起庆贺。

"这是我的儿子,"国王宣称,"我参与了他的生育。"

婴儿被宣布为王储,少年侍从却像狗一样,被吊死在了城市的大门上。

所有在场的人当然都同意,认可这个婴儿是国王的儿子,同少年侍从没有任何关系。少年侍从当然也就是一条狗。不过,有人怯生生地指出:要是婴儿长得跟少年侍从像两滴水似的一模一样,那该怎么办呢?

大家一致摆手:

"根本无所谓。偶然长得相似的事还少吗?"

晚会的参加者竞相在情色美学上争个高低上下。经常闹得不太文明,虽然也出现过高明的诗作。

索洛古勃文静的姐姐①死了。他在一封非常亲切动情的信中告诉我这一消息:

"……我告诉您,是因为她很爱您,并祝您健康长寿。而我的上司则关心我,让我别太悲伤:把我从住宅里赶了出来……"于是,便开始出现转折。

他放弃了职务,同翻译家阿纳斯塔西娅·切博塔廖夫斯卡娅②结了婚。后者以新的和不必要的方式改造了他的生活。他们租了一套大住宅,买了几把镀金的椅子。在大而寒冷的书房里的墙上,不知何故,挂着不同画家们画的勒达③的像。

"这不是书房,而是冰窖,"有人讥讽地说。

平静的交谈为聚众跳舞和化妆晚会所代替。

---

① 奥莉加·库兹明尼奇娜·捷捷尔尼科娃 1907 年死于肺结核。

② 阿纳斯塔西娅·尼古拉耶夫娜·切博塔廖夫斯卡娅(1876—1921),批评家,翻译家;1908年起为索洛古勃的妻子;投涅瓦河自杀。

③ 勒达,希腊神话中斯巴达王廷达瑞俄斯的妻子。宙斯被勒达的美貌所俘虏,化作天鹅,拥有了她。这个情节成了各个时代许多国家画家的题材。

　　索洛古勃刮掉了胡须,大家都开始说,他像一个衰败时期的罗马人。他像客人似的,在各个新房间里走来走去,高傲地抿紧刮得光光的嘴唇,眯着双眼,寻找着日渐熄灭的梦。

　　他的妻子,阿纳斯塔西娅·切博塔廖夫斯卡娅,在他周围制造了一种不安而紧张的气氛。她总是觉得,人们对索洛古勃不够尊重,仿佛到处都是欺侮、影射、蔑视。她一叠一叠地给编辑部写对索洛古勃无用甚至有害的信,保护他不受臆想中的攻击,与人口角,制造口角。索洛古勃很容易接受她的影响,因为他天性多疑,爱抱屈。也经常为别人抱屈。所以他十分爱护崭露头角的年轻诗人,严肃认真地听他们朗诵有时候是糟透了的诗作,并以严厉的目光扫视在场的人,以免有人斗胆敢笑。然而他也喜欢让过分自负的作者有自知之明。

　　有一次,从莫斯科来了一位健壮的保养得很好的先生,他在自己资助的文集中发表作品。顺便提一句,他是律师。整个晚上索洛古勃就是称他为律师。

　　"喂,现在莫斯科律师要给我们朗诵他自己写的诗歌。"

　　或者:

　　"莫斯科的律师就写这样的诗歌。"

　　结果很是气恼,大家都觉得尴尬,因为房子的主人竟这样嘲弄客人。

　　然而,当某人把一个神色惊慌、因竭力奉承而说话结巴的年轻人带到他面前时,索洛古勃整个晚上都一本正经地称他为"青年诗人",并全神贯注地听他读自己的诗。他读得吐字不真,含混不清,错误频出。

　　索洛古勃家的文学小聚会一般这样进行:大家围坐成一圈,索洛古勃面向一个人,说:

　　"好,您开始吧。"

　　回答总是难为情:

　　"为什么一定从我开始呢?我没有任何新东西。"

"在衣袋里找一找。会找到的。"

被点将的人掏出来一个记事本,翻看了好长时间。

"我确实没有新东西。"

"那就读一点旧的吧。"

"旧的没意思。"

"都一样。"

被点将的人又翻了一会儿记事本:

"这里有一首新的。不过,只是它太长了。"

"都一样。"

于是开始朗诵。朗诵在死一般的寂静中结束,因为大家通常都不表示什么意见或鼓励。

"下一首,"索洛古勃说着闭上了眼睛。

"嗯,说老实话……"被点将者不知所措。"不过,是还有一首。它只是太短了。"

朗诵。沉默。

第三首诗。

被点将者不再推辞。看得出来,想快点儿结束就拉倒了。朗诵。沉默。

大概,市立中专学校教师费奥多尔·库兹米奇就是在这种冷漠残忍而又镇定的状态中折磨自己的学生的。

"现在该您啦,"索洛古勃用死人般的声音对下一个人说。此人坐在被掏空了的诗人旁边。他也推脱了一阵,也不知所措,也在主人蛇一般目光的凝视下在衣兜里摸索,也读了三首诗。就这样,在烦人的折磨中,诗歌之圈渐渐地合拢。

有一次,我一再强调没有第三首诗,可是索洛古勃强求不已,我便说:

"既然如此,那好吧。"

于是就读了普希金的《诅咒》。

从在场者的脸上我知道,谁都没有听。只有读到"我等待赖拉"时,巴尔蒙特的眉毛动了一下。晚饭后我要回家,索洛古勃与我告别时才嘟哝着说:

"是的。普希金写了些好诗。"

在这些晚会上,索洛古勃本人也读了自己新写的长篇小说的某些片段。经常读的是翻译的魏尔伦*、兰波**的作品。译得不成功,沉重,不流畅。读得有气无力,萎靡不振,大家也都昏昏欲睡。

阿尼奇科夫教授[1]深知自己有眨眼间就入睡的毛病,一般都是站着听,依着墙或火炉,但这也无济于事。他能像马那样站着睡觉。偶尔,他醒过来,为了作出一直在听的样子,他开始不合时宜地放声大笑。那时候索洛古勃便停下来,慢慢地把死一般的目光转向犯有过失的人。后者便安静下来,像家兔在蟒蛇的逼视下那样,缩成一团。索洛古勃总是非常多产。

"我把所有作家分成写作狂和略识门径者两种。我是写作狂,您是略识门径者。"

在长篇小说《卑劣的小鬼》引起轰动之后,开始形成疯狂的索洛古勃热。

出版商蜂拥而至,重印他那些以前未曾被察觉到的旧作。他完成了自己的长篇小说《死灵的妖术》。转折之后,即命运把他送上云端之后,他续写的结尾与原先许诺的不同。他在安静的小屋和昏暗的灯光下构思的东西未能完成。我记得他曾介绍过小说将如何进一步发展,这些在出版的书里找不到。精灵飞离了他。只有在自己的诗歌中他还依然故我——孤独,

---

　　* 魏尔伦(另译魏尔兰;1844—1896),法国象征派诗人。

　　** 兰波(1854—1891),法国诗人。

　　[1] 叶甫根尼·瓦西里耶维奇·阿尼奇科夫(1866—1937),文艺学家,文学史家,杂文作家,批评家。革命后侨居国外。

疲惫,他害怕生活,这个"红光满面、高大粗壮的娘儿们"①,而喜爱用大写字母书写的死神。

"乐见死亡的人,"人们这样叫他。

"死亡骑士,"我这样称呼他。

可是,在诗歌里他却耍起了花招,玩开了小把戏。

> 比百合白,比红宝石红,
>
> 你既白,你又红。

我告诉他,这简直是绕口令,我又强使一位咬字不清的大舌头诗人朗诵这几句诗。结果非常滑稽可笑。

关于死神,他拾起了早先的话,说起来非常温柔。"她"来到窗下请求她的兄弟"梦神"为她开门。她累了。"我手持镰刀割了一整天……"

她想喂自己饥饿的小死神了……

索洛古勃的原名姓捷杰尔尼科夫,可是,人们告诉我,当他最初投稿的时候,编辑部建议他为自己选一个笔名:

"诗神不便于将桂冠戴在捷杰尔尼科夫的头上。"

有人插话说,他认识一位姓这个姓的上校,他一点也不为自己的姓氏发愁。*

"您怎么会知道呢? 或许上校更喜欢一个比较富于诗意的名字,只是在军队服役不允许用假名而已。"

于是给捷杰尔尼科夫想出来一个笔名——费多尔·索洛古勃。该姓

---

① 引自索洛古勃的童话《被俘的死亡》:"在他身旁站着生活,这个粗壮的、红光满面的、但丑陋的女人。"(《索洛古勃文集》,第十卷,圣彼得堡,1923,页41)

* 这个姓源自俄语词 тетера,可作"不大聪明的人"解。

中只有一个俄文字母 Л，以免同《四轮马车》的作者索洛古布相混淆。[①] 我们知道，诗神缪斯对这一笔名赐予了自己的关注。

索洛古勃心安理得地戴着自己荣誉的桂冠，甚至还有一点鄙夷。对新闻记者、采访记者都态度傲慢。

我记得，一次我和他一起去剧院的休息室，某报社的一位工作人员跑过来，恭恭敬敬地问他对那个新上演的话剧的意见。索洛古勃速度不减，也不扭头，懒洋洋地从牙缝里挤出来几个字，而记者呢，像小狗那样，忽而从左面忽而从右面不停地提问题，但并不是总能得到答复。索洛古勃这是在为他早期最好最有灵气的作品受到的嘲弄进行报复。大概也不是有意识的。

索洛古勃被认为是巫师和施虐狂。在自己的诗歌中，他既鞭挞，又惩处，还兼施魔法。怪力乱神大行其道。

> 我在波涛汹涌的海上航行
> 我的轮船即将沉没
> 我大喊："魔鬼呀，我的父亲，
> 我要死啦，快来救我！"[②]

他将魔鬼称作父亲，也从魔鬼那里接受了全部的黑色遗产：凶恶的苦闷，精神上的孤独，心灵里的冷漠，对尘世生活的反感和对人的蔑视。回忆起他忧伤、温柔的诗歌来如梦如幻：

> 田野里，伸手不见五指……
> 有人呼叫："救命！"

---

① 笔名"索洛古勃"（Сологуб）是在《北方通报》月刊编辑部里想出来的。《四轮马车》的作者是弗拉基米尔·亚历山德罗维奇·索洛古布伯爵（Соллогуб, 1813—1882）。
② 引自索洛古勃的诗（1902），但不准确。

　　　　我如何去救？

　　　　我自己既渺小又贫穷，

　　　　我已疲惫得要命——

　　　　　　我能做什么？

　　　　一个声音在岑寂中呼喊：

　　　　"我的兄弟，请靠近我，

　　　　　　两人在一起就会轻松。

　　　　如果我们不能前行，

　　　　我们就死在途中，

　　　　　　我们在一起毙命！"

　　现在他着重写情色，赤身裸体的鞭笞派教徒，死去的活人，活着的死人，巫术，俄狄浦斯情结，狂吠的狗群，人形幻化。曾经是：

　　　　我相信造物主上帝，

　　　　相信上苍的神圣誓言。

　　变成了：

　　　　夜间我捡拾百草

　　　　把百草煎成毒药①……

　　很难弄明白，索洛古勃是个什么样的人。我也搞不清楚他对我的态度。似乎是完全无所谓。可是我猛然得知，他正在竭力安排由科米萨尔热

---

　　① 引自《你不要害怕黑夜……》（1902），但不准确。

夫斯卡娅剧院上演我的话剧《萨穆-拉玛特王后》①。那时候我对古老的东方非常感兴趣。

有一次，他与格奥尔吉·丘尔科夫到我这儿来了。我正患有最严重的神经衰弱。丘尔科夫什么也没有发现，而索洛古勃异样地端详了我一阵子，还一再说：

"这样—这样。这样—这样。"

傍晚他又来找我，坚持要我跟他去饭店吃午饭，从饭店又带我去海滨大街散步。

"您不能急着回家。在家里更糟。"

时值白夜，焦躁不安、寂寞无聊的白夜，正适合对死亡骑士讲一讲自己的女士。但是他快活得不自然，不停地唠叨，开玩笑。于是我明白了，他是怜悯我，想逗我开心。后来搞清楚了，正是如此。他那双死人样的眼睛能看到活人眼睛很多看不到和无须看的东西。

他仇视漫画、讽刺画和讽刺模拟性作品。在某种杂志上出现了谢尔盖·戈罗捷茨基一篇模拟讽刺他的文章，用的是随便一个笔名。索洛古勃不知为什么，认定作者是我，气坏了。晚间在他家吃饭的时候，他走到我面前说：

"我知道了您干的勾当，您似乎很懊恼，是吧？"

"什么勾当？"

"就是您写的诋毁我的文章啊。"

"我知道您指的是什么。它不是我写的。我所有的文字，无论写得多么糟糕，我也总署自己的名字。"

他离开了。可晚饭即将结束时，他又走了过来。

"您不要烦恼，"他说，"这些我都不当一回事。"

---

① 《萨穆-拉玛特王后》，苔菲这样称呼自己的剧本《佐哈拉的正午·巴比伦轶事》（收入《七团火焰》，该剧献给索洛古勃）。

"让我烦恼的就是这个,"我回答道,"您认为我嘲笑了您,还说,您完全不当一回事。正是这事才让我烦恼。"

他沉思起来,然后整个晚上对我格外亲切。

尽管傲慢而且阴郁,他有时候也乐得加入某种好玩的胡闹。

有一次,人们回想起来中学生时期的淘气:

"为什么'中学'一词拆开读(гимн-азия)就是'国歌—亚细亚',而不是'国歌—阿非利加'呢? 为什么'墨水'拆开读(чер-нила)是'切尔—尼罗',而不是'切尔—伏尔加'呢?"

玩笑就由此开始了。大家决定写一部新式长篇小说。开头部分将是如此这般:

"一个穿蓝色裤子的人走到了街上(На улицу вышел человек в синих панталонах)。"

按新方法写将是:

"На у-роже ты-шел лоб-столетие в ре-них хам-купонах."*

游戏低俗到了无以复加的程度,但非常吸引人,我们这个作家圈子中的许多人都乐得全力以赴地参加这个胡闹。许多像索洛古勃那样严肃的,甚至是阴郁的人,开始时莫名其妙地耸肩,后来便似乎不大情愿地也想出三两个词来,随后也就玩开了。渐渐被拉了进来。

有一次,我和他为我们共同的熟人确定形而上的年龄。我们认为,每个人除了现实的年龄外,还有另一个年龄,永恒的形而上的年龄。譬如,施吕瑟尔堡老人莫罗佐夫①,我们立刻一致认定他十八岁。

"我的形而上的年龄是多少?"我问。

---

　　* 文字游戏。将单词中某部分用其他同类、近意的单词置换,形成词语堆砌,其中包含以下内容: 在一嘴脸—你—走到—额头—百年—列—拟合—流氓—息券,等等。

　　① 尼古拉·亚历山德罗维奇·莫罗佐夫(1854—1946),革命的民粹派,著名学者,苏联科学院荣誉院士(1932),诗人,散文作家,回忆录作者;1882年被判处终身苦役,在彼得保罗和施吕瑟尔堡要塞监禁了二十多年。

"您自己知道嘛——十三岁。"

我想了想。我想起来,去年夏天怎样在庄园里和朋友们生活在一起。想起来,马车夫从沼泽带回来一只长得吓人的角状芦苇,还要一定让我看一看。想起来,一个十二岁的男孩子要我跟着他,到三俄里远的地方去,看一个大树瘤,树瘤下面看来住着一只野兽,因为它甚至会动。我当然去了,树瘤也好,野兽也好,我们当然都没有找到。后来牧童从野外带回来一些胡蜂蜜,他认为我肯定对它感兴趣。他让我看他脏手掌上的褐色泥巴样的东西。每逢这种场合,仆人们便全都跑出来,看我怎样大惊小怪地喊叫。我的确对这些东西都很感兴趣。

是的,我的形而上的年龄就是十三岁。

"我的呢?"索洛古勃问。

"当然啦,六百岁,这没有什么可犹豫的。"

他叹了一口气,没有吱声。显然是同意了。

有一次,魔术师和巫师遭到了可耻的失败。

梅列日科夫斯基作了个《关于俄罗斯》的报告。

布尔什维克那时候尚未站稳脚跟,梅列日科夫斯基以他特有的激情,说从沙皇专制的坟墓里站起来一个吸血鬼。

在这个时候,索洛古勃讲出了自己的"预言":

"列宁永远成不了独裁者。他矮粗胖,而且秃顶。萨文柯夫①倒更有可能。"

我们崇敬地听着,也不否认,浓密的秀发和苗条的身段是人民领袖必不可少的标志。那时候,我们既没有见过墨索里尼,也没有见过希特勒,这些未来的美男子。我们是可以得到原谅的。

在革命初期,根据索洛古勃的倡议,成立了保护艺术建筑与艺术品协会。

---

①　鲍里斯·维克多罗维奇·萨文柯夫(1879—1924),从 1903 年起为社会革命党人,许多恐怖活动的组织者。在临时政府时期担任陆军部副部长。"十月革命"后是反苏阴谋与叛乱的组织者,侨民。1924 年在非法穿越苏联边界时被逮捕;被判刑。在狱中自杀身亡。

我们在美术学院集会,要求保护埃尔米塔日*与各座美术馆,禁止在那里设伏和作战。大家奔走呼吁,求见卢那察尔斯基。谁还能比他更理解我们神圣的忧虑呢? 须知,正是这位唯美主义者,当他的婴儿死去的时候,他在小棺材前面朗诵巴尔蒙特的《美的弥撒》呀。然而,我们的奔走一无所获。

索洛古勃有一个时期同勃洛克交好。他们时常一起出门,一起照相。他经常拿这些照片给我看。丘尔科夫也经常同他们在一起。后来,在《十二个》①时期,他对勃洛克已经冷下来了。

索洛古勃名声大振。那些所谓的艺术之友,在我们这个狭小的圈子里有个谦卑的名字——"药剂师"(虽然其中有一些人对于这一称号当之无愧),他们使用索洛古勃评论阿尔东萨、杜尔西内娅②和新编传奇故事时的术语。

演员们在舞台上竞相吼叫:

　　小鬼荡秋千

　　向前——向后,向前——向后③……

摄影师给他照相:他坐在写字台旁,他坐在稻草垛上,题词是:"费奥多尔·索洛古勃度夏"。

索莫夫④为他画肖像时抹掉了他脸上的赘疣。谢尼洛夫⑤为他的诗歌谱曲。

----

　*　此处指的是冬宫。

　①　勃洛克的长诗《十二个》(1918)反映了革命事件,在文学界和读者中间都引起了不同的反响和针锋相对的意见。

　②　洛伦索·阿尔东萨,塞万提斯《堂·吉诃德》(1605—1615)中的人物,粗鲁的普通农妇。堂·吉诃德把她看作世界上最美的女人,选她作"意中人",取名杜尔西尼娅。

　③　引自诗歌《魔鬼的秋千》(1907),但不准确。

　④　康斯坦丁·安德烈耶维奇·索莫夫(1869—1939),画家;索洛古勃的肖像画于1910年。

　⑤　弗拉基米尔·阿列克谢耶维奇·谢尼洛夫(1875—1918),作曲家。

索洛古勃的作品有人唱,有人读,有人弹奏,有人朗诵,有人跳舞。

也出现了翻译家和讽刺画家。记者们发表访谈录。

莫斯科人来向他表示敬意,其中有作家、演员、音乐家和文艺事业的赞助人。

　　　　　小鬼荡秋千
　　　　　向前——向后,向前——向后……

现在是向前。

索洛古勃像以前一样,勤奋工作,但更多是在翻译。他和切博塔廖夫斯卡娅合作写小说。它们并不很成功,有时候很不成功,以致在这些作品中感觉不到索洛古勃的气息,许多人,其中也包括我在内,认为它们是由切博塔廖夫斯卡娅一人写的,索洛古勃甚至连看也没看一眼。后来这个猜测得到了证实。

这应作何解释呢?创作才能枯竭?对社会的漠视达到了极限?"早先老板们对我的优秀作品嗤之以鼻,现在无论拿出什么来,他们都会一口吞下。"切博塔廖夫斯卡娅乐意写,就让她写吧。不给她发表吗,就署上索洛古勃的名字。我在罗马的《今日报》①上读到下面几行文字:"大概只有不多的人知道,切博塔廖夫斯卡娅多么有才能,索洛古勃后来的几篇小说完全出自她的笔下。"

呜呼!这不多的几个人完全猜到了。只是不能了解得那么清清楚楚,像现在我们看到的那样。现在我们知道他对批评界无限蔑视,因为他们不重视他早先的东西,而又对他新的随意涂抹的玩意儿掀起一浪又一浪吹捧的喧嚣。于是他决定,仅有切博塔廖夫斯卡娅一人就足够应付他们了。

────────────

① 《今日报》,独立民主报纸,发行于 1919 年 8 月 17 日—1940 年 6 月 21 日。

他的一句人所共知的话足以说明他出现的精神空虚："我还想要干什么呢？给秃头顶镀金吗？"

革命期间索洛古勃的生活陷入了困境。他环顾四周，想弄明白，但是弄不明白。

"看来，他们的思想中有某些人道主义的东西，"他说。他回忆起自己屈辱的青少年时代，并意识到自己是"劳动人民的儿子"。"然而绝不能同他们生活在一起，无论如何也不能！"

他依然努力从"粗暴的娘儿们"——从自己荒谬的生活中创造传奇神话。然而，这个娘儿们掌控得非常严密。

在彼得堡最后几个冬天中的一个，我们曾在一起迎接新年。

"我祝福您什么呢？"我问道。

"让一切都保留现在这个样子。愿一切都不要改变。"

原来，这位怪人是幸福的！但立刻就让人想到——他恐惧，并有不祥的预感。

> 何等地好哇，蜜蜂飞舞①，
> 福玻斯手中握有金弓……

是的，福玻斯拿的总是金弓，但……

> 福玻斯的马奔驰，
> 驶下斜坡……

荒诞的岁月轰隆隆地到来。"红光满面的胖大女人"侮弄面色苍白的

---

① 收入《红罂粟》（1917）一书中同名诗歌。不准确。

死亡骑士。切博塔廖夫斯卡娅拼命抓住生命不放。她向所有、所有、所有的人求救："救命啊！救命啊！"

革命年代才刚刚开始，她就成了一位真正的神经病患者。我记得，在艺术研究院的一次会议上，她在没有任何明显理由的情况下，突然大喊大叫，并用力跺脚。

1920 年，当我患伤寒卧病于巴黎的时候，有人转交给我一张字条。一张撕下来的纸片，叠成中学生应考时夹带的小抄模样，上面用潦草的缩写词匆忙写就：

"恳求帮助搞到护照，我们快要死了。请一如既往，作我们最好的朋友。索，切。"

字条显然是被什么人放在手套里，或缝在衣服里，带出来的。是索洛古勃和切博塔廖夫斯卡娅写的。由谁带来的，没能搞清楚。

我病愈之后，人们告诉我，索洛古勃和他妻子的护照早就办好了。但后来得知，布尔什维克久久不肯放他们出来。忽而答应放行，忽而又重新阻挠。切博塔廖夫斯卡娅经受不住这种煎熬，自杀身亡。她跳河了。有个传说，似乎她的遗体夏天被海浪吹到了索洛古勃所居住的别墅的岸边。

她死以后，索洛古勃也开始死去。他死得很慢，拖了好几年。命运女神写完了他的生命之歌，仿佛在如何画最后的句号时费了寻思。

"白昼向晚分外美……"他曾经写道。

不，他生命的傍晚并不美好。

关于他的精神状态，有某些诗句传到了我们这里。

> 人，或者凶恶的鬼
> 如同探囊，钻进心室，
> 在那里又吐，又拉，
> 毁掉了、破坏了一切

便嘿嘿冷笑着消失。

"傻瓜,你谁也不要相信,"

最卑鄙的野兽悄悄提示,——

即便盘子上端来的是狗屎,

送来的人深深鞠躬,

那就吃吧,牙都别向他们一龇。

他走得沉重,满腹怨恨。

你活在世上,人们熙熙攘攘——

却如同在森林,黑压压的森林,

魔鬼在那里同魔鬼倾轧,——

野兽与同样的野兽死拼。

他就是这样接受它的。野兽的王国,他,堂·吉诃德,已不能将它化为理想,化为美好的杜尔西内娅了,就像他曾把生活,这个"红光满面的胖大女人",变为杜尔西内娅那样。

他走得沉重,满腹怨恨。其实,他早已经死了,只不过还处于半生存状态,既不死,也不活,就像在《死灵的妖术》中他的那些安静的男孩子……"按名你是活的,其实是死的。"(《启示录》三章一节)而我们在侨居中得到消息的他那个死,似乎仅仅是个简单的形式。

也许,这个死亡,他的诗神为之找到的那么怪诞、那么异常温柔的话语——也许她,期待已久、呼唤已久的她,那么安详地来到自己骑士身边,把他亲切地带走了。

阿列克谢·托尔斯泰^①

老作家卓娅·雅科夫列娃^②家的晚会。

现在,当然,只有为数不多的人还记得她,但是,因为我要回忆的一些事情正是发生在她家的沙龙里,所以不妨也对她说上几句。

这是一位可爱的老作家,在各个文学圈子里都非常有名,但主要不是因为她的作品,而是因为她殷勤好客,和对自己朋友们的友好态度。她总是在庇护什么人,介绍谁同需要的人认识,提出建议和完成请托。有某人曾这样写她:

> 因好事也罢,坏事也罢——
> 我们都匆匆把大步甩开,
> 奔向卓娅,她身材虽矮,
> 却拥有宽宏博大的胸怀。

① 最初发表于《新俄罗斯言论报》,1948 年 11 月 7 日。
② 卓娅·尤利安诺夫娜·雅科夫列娃(娘家姓罗塞特),散文作家,剧作家,剧本《晚了》上演于众多帝国舞台;1906—1908 年为一些幽默杂志撰稿,笔名为斯卡布利奥扎。

她写中短篇小说,她的话剧在一些私立剧院上演。我记得她怎样抱怨不肯接受她短篇小说的《欧洲通报》①的编辑:

"他认为我很少描写心理活动。然而有三个地方我指出了,地主阿尔达诺夫面色从内心里变得苍白。难道这不是心理描写?我说了,我还可以继续补充。"

我记得,善良的卓娅主动要插手我的一件棘手的事:

"我介绍你认识一位官员,一个非常重要的人物。我来同他谈,您应该装成什么都不懂的样子。"

她同重要的人物约好,把她自己的香水在我身上洒了一些,就带我去了。要人正在生病,穿着睡袍和带褶花边的衬衣接见我们。用茶水与糖果款待。

"请记住,您应当什么都不懂,"我的庇护人悄悄提示我,然后就开始说我的事。我完全进入了自己的角色,对卓娅说的那些什么确实一窍不通,只是利用傻瓜的特权,默默地吃了半盒糖果。

尽管如此,卓娅的张罗还是一无所获。

那么,还是回到可爱的卓娅的晚会上来吧。

我的第一批短篇小说刚刚发表在《交易所新闻》报上。我崇敬地望着明斯基②、他的妻子女诗人威尔金娜③、《田地》杂志主编助理艾森与其他的伟人们。

我迟到了一点点。一位不认识的女士④已经读完了自己一部长长的作

---

① 《欧洲通报》,月刊,1866 年开始出版,主编为自由主义教授 М. И. 斯塔休列维奇。1918 年杂志不复存在。

② 尼古拉·马克西莫维奇·明斯基(原姓维连金;1855—1937),作家,哲学家,象征主义理论家;1907 年后居住于国外。

③ 柳德米拉·尼古拉耶夫娜·威尔金娜(1873—1920),诗人,翻译家。明斯基的妻子。

④ 指的是阿列克谢·托尔斯泰的母亲 А. Л. 博斯特罗姆(1854—1906):散文作家,剧作家,特写作家。

品,似乎是一部话剧。我静静地坐在角落里,生怕有人询问我的看法。迟到真让人难为情。

一位高大健壮的大学生坐到了我身旁。他肩上有某种标记,是理工学院的学生吧。他有一张敦厚的脸,额头上垂着一绺淡褐色的长发。

"您为什么这么老实地坐着呀?"他问。

"这位女士读了些什么,我没听到。不好意思。"

"我也没听到。这我在家里都听腻了。"

"这是怎么回事呀?"

"这位女士正好是我母亲。"

上帝保佑,让我还未来得及对朗诵话剧的女士们说些什么不敬的话。

大学生说了些有关他日常生活的事。原来他已经结婚,有一个儿子。

"是个机灵的小家伙,"大学生夸奖自己的儿子道,"我昨天白天睡着了,他拿起棍子,照着我额头就是一家伙。"

"这个机灵鬼几岁啦?"

"三岁多了。"

我们又谈了一会儿,后来大学生就坐到穆拉维约娃伯爵夫人的漂亮妹妹身边去了。

女主人走到我跟前:

"您看,阿廖沙·托尔斯泰多么会讨女士欢心啊!这可以理解。她那么像他的妻子,还更漂亮一些。也就是说,他所爱的人有一定的类型。这很好。"

一个人爱的不是妻子,而是类型,这我并不觉得有多么好,但我从来不跟长者争论。或许作家们的规矩就是如此——我怎么会知道呢。

几天之后,我又听到了关于托尔斯泰的消息。有人朗诵他关于林妖的诗。林妖的脸写得很成功:"满脸都是嘴唇"。

人们说:"这个年轻人很有才气。"

后来,我得到了他的第一个短篇小说,关于农村生活的,写如何痛打盗马贼。是的,阿列克谢·托尔斯泰的确有才能。

他的作品开始见诸报刊,他迅速赢得了声誉。

他初期短篇小说的主人公们,不知为什么,总是傻瓜和索涅奇卡。我甚至还问过他,为什么这样。

"难道真的这样吗?"他颇感惊讶,"我为什么会这样呢? 啊?"

我们已经不是在卓娅的沙龙里见面了。她的沙龙业已关闭(似乎她已经去世,我记不清了),而是在索洛古勃家。

有一次在索洛古勃家举办大型化妆晚会。托尔斯泰偕同自己的新妻子索尼娅·迪姆希茨①来了。他的着装令人难忘。他打扮成了澡堂脱衣间的女人模样。女人的麻布衬衫只到膝盖下面一点,光脚穿一双拖鞋,手里拿着笤帚和带把手的木水盆。

在这次舞会上发生了有名的狐狸尾巴风波。某位弗拉德金医生恰好在舞会前带来几张狐狸皮,给索洛古勃的妻子切博塔廖夫斯卡娅看。托尔斯泰夫妇拿起一张皮子,弄断了它的尾巴,而尾巴又是列米佐夫②为自己的魔幻假面舞会准备的。弄断后给列米佐夫别上了。弗拉德金医生很生气,便给切博塔廖夫斯卡娅写了一封怒气冲冲的信。切博塔廖夫斯卡娅则给托尔斯泰写了一封怒气冲冲的信。托尔斯泰愤怒而傲慢地回答切博塔廖夫斯卡娅:

"切博塔廖夫斯卡娅夫人!

我的妻子,托尔斯泰娅伯爵夫人(其实她既不姓托尔斯泰娅,也不是伯爵夫人,仅仅是迪姆希茨)……"

信的落款是:"阿列克谢·托尔斯泰伯爵"。

---

① 索菲娅·伊萨科夫娜·托尔斯泰娅(迪姆希茨;1889—1963),画家,阿·托尔斯泰的第二任妻子(1907—1914)。

② 阿列克谢·米哈伊洛维奇·列米佐夫(1877—1957),散文作家,回忆录作者。1921 年起侨居国外。列米佐夫喜爱各种形式的比赛、抽采,创建了猴子陈列馆,把自己的朋友熟人都发展为该馆的卫士。他将各种兽皮和萨满教的崇拜物用于形形色色的宗教仪式。

索洛古勃为切博塔廖夫斯卡娅火了,于是开始了激烈的无理性的通信,把许多不相干的人也卷了进去,相互争吵不休。尾巴未触及我。在这个时期,正如法国人所说的,我有别的操心事①。

这件事过后不久,托尔斯泰便去了莫斯科,同迪姆希茨分了手,并打算同年轻的芭蕾舞女演员结婚。一位可敬的将军得知这桩婚姻后,一定要拜访这对新婚夫妇,因为这位芭蕾舞演员还是小姑娘的时候他便认识她。

他找到托尔斯泰,表达了自己对他妻子的几乎是父爱般的情感。这时候娜塔莎出来了。她娘家姓克兰季耶夫斯卡娅,随第一个丈夫姓沃尔肯施泰因。老头子把双手一摊:

"奥列奇卡,三年间你变成什么样啦!完全认不出你来啦!你的身材,你那双黑眼睛,都哪里去啦?你把自己的鼻子藏到哪儿去啦,它原来那么长啊?"

勉强才搞清楚,才让老头子安静下来。他们给他解释,托尔斯泰与原先同居的女人分手了,以便同芭蕾舞演员结为合法夫妻,可是,却同这位女诗人结合在一起了。这其中没有任何了不起的东西。

我与阿列克谢·托尔斯泰成为朋友已经是在侨居之中了。他是带着妻子一起出国的。她是一位可爱、美丽而又才华卓异的诗人。他们已经有了一个三岁的儿子尼基塔。他们还带来了娜塔莎上次婚姻所生的儿子费法·沃尔肯施泰因。整整一家子人。为了养活这么一家子人,托尔斯泰需要施出浑身解数。这个可怜的人像鸟围着巢一样团团转。

日子过得很苦。

"为了夜里醒来不吓出一身冷汗,"他说,"每月挣的钱必须不少于三千。"

在那些岁月里,这对于我们是个艰难的任务。必须想出种种计谋来才

---

① 原文为法语。

行。他想出来一个主意：组织文学晚会，由作家发表收费演说，使作家和学者协会获益。我们大家在这个晚会上都挣到了一些钱，协会也一样。

托尔斯泰的妻子娜塔莎是天赋很高的诗人，但托尔斯泰鲜明的个性完全把她压住了。她本来已经开始搞音乐，作曲，谱写了一个小赋格曲和牧歌《溪流》。后来，因为缺钱，她开始做帽子，缝衣服。她甚至还买了一个人体模型，人们在他们的小客厅里经常被它绊住。

我们大家都喜欢托尔斯泰。他是一个风趣的谈伴，不错的朋友，总之，是个非常好的人。在苏俄，把这样的人习惯称作"地道的自己的小伙子"。

他那罕见的、精力充沛的、真正俄罗斯的天才，体现在他的每一句话、每一个手势之中。他张开大嘴走在巴黎街头，就像童话中的傻子伊万努什卡漫步在沙皇宫殿之中一样，无论是他对于巴黎，还是巴黎对于他，也无论从哪个方面来说，都不合适。一直到自己生命的最后一天，他也未能学会法语，在画家舒哈耶夫①的帮助下找到了俄式澡堂和薄荷蜜糖饼干。就这样，宛如完整的未经触动过的独块巨石，他又回到了祖国。

他的缺点是那么鲜明而突出，简直不可能视而不见。人们也就接受了这样的"阿廖努什卡"。原谅了他的一些不很得体的言行举止。即便是像M. 阿尔达诺夫②那样罕见的绅士（我不是无缘无故就称他为"微服私访的亲王"的），也与他交好，经常见面。托尔斯泰离开巴黎后，我们痛感失去了他。生活黯然失色，被从中剔除了盐和辣椒。

那时候，我们的文学中心是玛丽娅·萨莫伊洛夫娜·采特林③。我们经常在她家见面，聚会，朗诵自己的新作。生活虽然贫困、缺钱，却也有声有色，兴味盎然。

---

① 瓦西里·伊万诺维奇·舒哈耶夫（1887—1973），画家，舞台美工师，回忆录作家，教育家。1920 年起侨居国外，1935 年回到苏联。

② 马克·亚历山德罗维奇·阿尔达诺夫（原姓兰道；1886—1957），散文作家，剧作家，政论作家；多部著名历史长篇小说的作者。

③ 玛丽娅·萨莫伊洛夫娜·采特林（娘家姓图马尔金娜；1882—1976），出版家，社会活动家。O. M. 采特林的妻子。1919 年 4 月起侨居国外。慷慨救助在法国的穷困作家与学者。

　　我们这些文学侨民,对巴黎人来说是新人,是很有意思的客人。到处都邀请我们,招待我们,让我们开心,向我们表达敬意,带我们游览巴黎市容。

　　许多有趣的人加入了我们这个圈子,其中有 B. 维鲁博夫①,李沃夫公爵②,斯塔霍维奇③,巴拉温斯基,画家冈察洛娃④、拉里奥诺夫⑤、萨沙·雅科夫列夫与舒哈耶夫。不久布宁夫妇也来了。⑥

　　我与托尔斯泰友谊甚笃,甚至以"你"相称。

　　我特别喜欢他的笑。如果谁说了点什么机智的话,他先是仿佛傻了。瞪大眼睛,张开大嘴,然后骤然发出浑厚的鸭子般的男低音:"呱—呱—呱——"

　　"他听明白啦!"我喊道,"懂啦,他懂啦!"

　　是的,他是一个不错的伙伴,但喜欢戏弄朋友。他用旧报纸把皮包塞满,就去找朋友当中一位忌妒心重的人。

　　"看,"他拍着皮包说,"收到了美国寄来的合同。明天我就签字。预付款不多,也就是一万。哎,你皱眉头干什么? 我自己知道,这不多,可是我并不贪。而且这仅仅是预付款,等开始出版时,那才叫真正的钱呐。而且还享誉全球。到那时候所有报纸都将响应。你怎么不高兴啦? 或许,也给你寄来了合同,可是你不想承认,怕别人嫉妒? 你怎么这样啊! 瞒着自己

――――――――――

　　① 瓦西里·瓦西里耶维奇·维鲁博夫,社会活动家,全俄地方自治联合会领导人之一。

　　② 格奥尔吉·叶夫根尼耶维奇·李沃夫公爵(1861—1925),地方自治活动家,立宪民主党人。第一届国家杜马代表。全俄地方自治联合会主席(1914—　)。1917 年 3 月—7 月临时政府首脑,内务部长。1918 年起为侨民,先居住于美国,后来是法国。

　　③ 米哈伊尔·亚历山德罗维奇·斯塔霍维奇(1861—1928),第一、第二届国家杜马代表,国务会议成员。

　　④ 娜塔莉娅·谢尔盖耶夫娜·冈察洛娃(1881—1962),画家,舞台美工师和实用艺术家;M. Ф. 拉里奥诺夫的妻子。1915 年起常住国外,1918 年起——在巴黎。

　　⑤ 米哈伊尔·费奥多罗维奇·拉里奥诺夫(1881—1964),画家,舞台美工师,艺术理论家。1915 年起常住国外。

　　⑥ И. A. 布宁和 B. H. 穆罗姆采娃-布宁娜于 1920 年 3 月到达巴黎。

人可不好。可耻！真的,可耻。啊？承认吧,是签字了吧？啊？"

等到把朋友弄到怒不可遏的地步,这才张开大嘴,发自丹田地大笑:

"呱—呱—呱——"

鸭叫般的笑声。呱—呱—呱——

因为我的香水他还闹了一场笑话。

布宁夫妇,托尔斯泰夫妇,还有其他一些人,在我家像亲密伙伴那样聚在一起。一开始,照规矩,先骂了一通出版商,然后娜塔莎唱了自己的《溪流》。阿廖沙坐到我跟前,伸出鼻子闻了闻。

"你的香水很好,"他说。

"是,"我说,"这是我心爱的娇兰的'蝴蝶夫人'香水。"

"热尔连？它可是贵得吓人哪!"

"是有点贵,别人送的。"

然后又是泛泛的交谈。忽然我看见阿廖沙站起来,到我的卧室里去了。在那里寻找什么,碰得叮当响,也不开灯。不知谁喊了一声:

"阿廖沙!"

他出来了。大家都"啊呀"一声:

"怎么啦?! 什么这么吓人啊？"

他从肩到膝盖都洒满了墨水。

他看了看自己,两手一摊,陡然向我扑过来。

"哪个白痴,"他吼道,"把墨水瓶摆在梳妆台上啊!"

"看来,你这是要把我一整瓶香水都浇到自己身上呀？真机灵。"

"是,"他悻悻地说,"想洒点香水。现在因为你,这件衣服报废了! 这是你搞的可恶的恶作剧!"

他可真气坏了。

托尔斯泰是个讲求实际的人。

有一次,在什么地方喝茶的时候,我坐在他身边,著名的社会活动家阿尔玛·波利亚科娃走到我们面前,异常亲切地同我们交谈,邀请我们一定去她家喝茶。我们答应了。可是,半小时以后,托尔斯泰走过来,干练地说:

"不,咱们不去她那儿。她那茶咱们还没见识过。我咨询过了,她现在不在职,对咱们没有一点用。"

有一次,他完全出乎预料地邀请我跟他一起去饭店吃早饭。

"你怎么啦,亲爱的?"我备感惊讶,"难道你宰了一位商人?"

"这不关你的事。明天十二点,我来接你。"

的确,在十二点他来了。

"咱们在哪儿吃早饭呀?"我问。

这一切太不寻常啦。

"在阿尔达诺夫住的公寓里。"

"为什么呀?公寓里从来就没有什么好吃的。"

"别作声。你会看到的,一切都将非常出色。"

我们进了公寓。托尔斯泰打听阿尔达诺夫在哪儿。

"不在。今天他不在这儿吃早饭。"

托尔斯泰面露难色:

"真没想到!他这是让风刮到哪儿去啦?不过你别着急。咱们能找到他。我知道他常去的一个小餐馆。"

找到了那家小餐馆,可是那里也没有阿尔达诺夫。

托尔斯泰彻底不知所措了:

"现在咱们还到哪儿去找他呢?"

"你为什么一定要找阿尔达诺夫呀?"我惊讶地问,"你并没有同他约好嘛。咱们俩一块吃算啦。"

"你说得倒轻松,"他吞吞吐吐地说,"我一分钱也没有。"

"这就是说,你邀请我,打的却是阿尔达诺夫的主意呀?"

他瞪大眼睛,张开大嘴,以鸭子般的嗓门发出来自丹田的最敦厚的大笑声。

"那么,你有钱吗?"他问道。

我打开提兜:

"不够两个人的。"

"等一等。咱们来看看菜单。"

我们开始看右面的价目表。我选了一个嫩煮鸡蛋,他嘛——点了一道怪菜,好像是大粗筋,非常便宜,但无论如何也没办法割断它。他便开始嚼一头儿,另一头儿则在盘子里扭来扭去。老侍者像女人那样闷闷不乐地看着他。总的说来,早餐吃得非常愉快,虽然阿列克谢痛骂阿尔达诺夫,因为他无缘无故就不在家里吃早饭:

"真不像话。"

在受邀喝早茶的时候,他喜欢以俏皮的腔调说:

"娜塔莎,要一张纸,盒子也行。需要给费法包一点火腿面包,上学当早点。"

女主人只得作出一副认为这很好玩的模样,给他包三明治和馅饼。而托尔斯泰还帮助挑选、摆放。

"阿廖沙,"我偷偷对他说,"见好就收吧! 你搂得已经够四个费法吃啦。多难为情啊。"

"呱—呱—呱——"他哈哈大笑。

托尔斯泰还闹了一个有关打字机的笑话。

这台打字机是他从玛丽娅·萨莫伊洛夫娜那儿借的,说好用两个星期,但一直未还。玛丽娅·萨莫伊洛夫娜为人十分讲究礼貌,等了一年多,终于下决心问他:

"您能不能把打字机还给我呀? 现在我急需用它。"

托尔斯泰一本正经地皱起了眉头:

"什么打字机呀?"

"就是您从我那儿借的那台嘛。"

"我完全不明白。当我正在打字机上写作的时候,为什么我必须把它还给您呢?"

玛丽娅·萨莫伊洛夫娜有点不知所措:

"问题是,我现在急需用它。这可是我的打字机呀。"

"您的吗? 为什么它是您的呢?"托尔斯泰严厉地问道,"因为您为它付了款,您就认为它是您的啦? 很遗憾,我不能放纵您的恣意妄为。现在我本人还需要它。"

说完就转过身去,大摇大摆地走了。

谁都没有表示愤慨——这件事太好玩了。只有阿廖沙能干出这样的勾当来。

梅列日科夫斯基夫妇不喜欢托尔斯泰。

"庸人。卑贱货。"

他们在文学上相距太远了。

托尔斯泰的人物全都是肉体凡胎,充满生命力。

在梅列日科夫斯基那里则不是人,而是思想。写的不是事件,而是代数习题。展开括弧,检验计算结果,揭露敌基督。

假如托尔斯泰要写萨伏那洛拉①,他一定要先在他那儿蘸蒜末吃一条鲨鱼,并且他还将散发着一股带哈喇味儿的素油味儿。一股活体味儿扑面而来。人嘛。

在梅列日科夫斯基笔下则是:

---

① 吉罗拉摩·萨伏那洛拉(1452—1498),意大利宗教政治活动家,诗人;佛罗伦萨多明我会隐修院院长。号召教会实行苦行主义,揭露教廷,谴责人文主义文化,主持焚毁艺术作品。1497 年被革除教籍,被市政厅判处死刑。隐修士—宗教狂萨伏那洛拉是梅列日科夫斯基长篇小说《诸神复活(列奥纳多·达·芬奇传)》(1901)的主人公之一。

天空在上面,天空在下面,

如果你能理解,——幸运连连。

在托尔斯泰那里,无论在上面还是在下面,你都找不到天空。但是,通过靠作者的才能提供的土地,可以得到许多他本人都不敢奢望的东西。

显然,梅列日科夫斯基与托尔斯泰是相互截然对立的两极,所以互相反感。

有人模仿雨果长篇小说的标题来调侃托尔斯泰,将《巴黎圣母院(Notre-Dame de Paris)》说成《巴黎的我们的小人(Нотр хам де Пари)》。*这让梅列日科夫斯基夫妇很痛快。

托尔斯泰知道他们对他的态度。有一次,他在大街上遇到了季娜伊达·吉皮乌斯。他走到她面前,脱掉帽子,恭恭敬敬地说:

"请您原谅我的存在。"

关于这个场面,季娜伊达·尼古拉耶夫娜本人这样说:

"我简直不知道该如何回答他。就让他存在下去吧。这事也不取决于我。"

原来,假如这事取决于她,结果可就在两可之间了……

生活越来越艰苦。搞钱越来越困难。

"生活捉襟见肘,"阿列克谢说,"可是,只要睡够,吃饱,喝足——似乎觉得还过得去。"

他勤奋写作。但是,同出版商很难打交道。同翻译家相处更难。

我有一次顺便去他们家,看见娜塔莎正忙于工作:把一件上衣穿到人体模特身上去。在隔壁房间里,那台著名的打字机被敲得噼噼啪啪响。

"他正在工作吗?"

"在工作。"娜塔莎叹了口气,"结束不了。编辑部在催稿,可是结尾他总是写不出来。"

---

* "圣母院"在法语中字面意义即是"我们的圣母"。

门猛然敞开,阿廖沙出现在门口。

他的模样生猛。头用湿毛巾缠着,脸浮肿,眼睛红肿。他站在门口,喃喃地说:

"女人必须淹死,可她不肯自溺。这个傻女人不肯自己投水而死。"

接着又盯着人体模特看:

"这是什么玩意儿?!为什么没有脑袋?"

从床上抓起枕头,对着模特就砸:

"见鬼——去吧!"

把门"砰"的一关,打字机又噼噼啪啪地响了起来。

娜塔莎继续干自己的事,同时哭得泪水滂沱:

"完全昏了头。他很快就会像公鸡那样放声啼叫。他们还催他赶快结束。这样生活下去真不行。"

"确实不行,"我表示同意,"放弃这种生活吧,咱们去喝可可。"

就在我们喝可可的时候,阿廖沙淹死了自己的女人。一部中篇小说按时交稿。

可怜的阿廖什卡啊。

有一次,我在广场上遇上了他。不知何故,他握着一只手杖,边走边同自己大声对话。面部表情十分凶狠。显然,他完全被一部未来小说中的人物吞没了。他对什么都视而不见,充耳不闻。周围马达轰鸣,司机们斥骂,他则站在广场当中,抡起手杖愤怒地威胁,像将军那样,在心里怒斥什么人。是不是未来的彼得大帝在使用自己的大棒呢?他没有被轧死真是奇迹。

当我在见面时给他讲,他如何走在广场上。他瞪大了眼睛:

"这都是你胡编。我从来没有干过这样的事。"

在巴黎居住的最后一年,他越来越垂头丧气:

"是离开这里的时候了。我要去柏林。"①

---

① 阿·托尔斯泰携全家于 1921 年 10 月去了柏林。

他坦诚地告诉朋友们：

"这里再也没有什么可做的啦。无论从什么人，从哪儿，都弄不到一文钱。单靠文学无法生存。柏林在召唤我。我去试一试。"

临行前最后一件可笑的事是卖茶壶。是沏茶用的，大、矮、胖的极美的白色瓷壶。

"喂，不要错过良机呀，"他对我说，"我只卖十法郎。它值二十法郎。我走的时候给你，现在我自己还要用。现在就得交钱，否则你会忘掉，我也会忘。"

我就付了款。

托尔斯泰夫妇走后人们发现，想得到这把壶的有二十多人，全都提前付了款。而那把瓷茶壶嘛，当然，也已经去了柏林。

据说，在柏林火车站，他们的难民行李卸了好长时间，然而，却未能找到缝纫机。娜塔莎惊恐地大叫："我的缝纫机在哪儿?"

在柏林，随即发生了大家都未曾料到的"路标转换"事件。*

我那时候想，假如报刊不那么拼命地攻击他，他或许还不会回俄罗斯。然而，他受到了无情的责骂，以致几乎没有可能再侨居国外了。剩下的只有一条路——返回俄罗斯。

阿尔达诺夫不知道激烈的"转换"事件，他来到柏林，拜访了托尔斯泰夫妇。在他们家坐着一位陌生的先生。在交谈之中突然发现，这位先生是最最货真价实的布尔什维克，而且还位居显赫。托尔斯泰后来说，阿尔达诺夫似乎跳起来就跑，连帽子都忘记拿了。托尔斯泰在大街上一边追他一边喊："马克，拿帽子! 帽子!"可那一位却越跑越快。

后来发现，在这件事上，托尔斯泰大大地撒了谎。

我在柏林见到了托尔斯泰夫妇。他已经做好准备，要装出理直气壮的

---

* 二十世纪二十年代，俄国侨民中出现了"路标转换派"，一些知识分子从敌视苏维埃政权转向承认苏维埃政权。

样子来自卫。但我并没有攻击他,他一下子就沉静下来了,开始抱怨侨民报纸对他的围攻:

"他们像一群狗似的扑上来就咬。不管怎样,最好还是走。你明白,我离开俄罗斯无法生活。我的才能枯竭了。我没有什么可写的。我需要俄罗斯人和俄罗斯大地。我还能做很多很多,可在这里我就完了。我已无路可走。"

而娜塔莎一直在买中国绸,她把它们叠好,放进皮箱里,还叹息着说:

"我要回去,同俄罗斯人民好好谈一谈。"

临行之前,他们的儿子米佳降生了。他们请我认他为教子。我不知道,他们是否为他行过洗礼。

在俄罗斯,在自己新的长篇小说中,他把自己过去的朋友描写得很不好,而当年在许多方面,他是应当感谢他们的。他这样做并不让任何人吃惊与难过。他们理解他,并一如既往地原谅他,为他的文学成就感到高兴。《彼得大帝》①让他们读得入迷。

我最后一次见到托尔斯泰是在巴黎作家代表大会②上。他老了,脸变得比较长,发紫,谢了顶,留着鬈发。

看到我,他很高兴。

"我听说,你曾得过重病,"我问道,"这是真的吗?"

"小事一桩,"他回答,并有意一字一顿地大声说道,"只不过是尚贝坦葡萄酒喝得太多了。而你,大概,还住在小饭店里吧?"

他胜利地望着我。他在炫耀。自吹自擂。

"哎呀,阿廖沙,阿廖沙。你一丁点也没变呀。"

---

①　阿·托尔斯泰的长篇小说《彼得大帝》1930 年首先出版于列宁格勒,第二版——1938 年。

②　指的是 1935 年 6 月 21 日开幕的第一次世界作家保卫文化大会。

关于梅列日科夫斯基夫妇^①

> 对死者无法奉承。
>
> ——拉季谢夫^②

　　熟知梅列日科夫斯基夫妇的人,在自己的回忆录中谈及他们的时候,都不十分亲切。

　　①　首次发表于《新俄罗斯言论报》,1950 年 1 月 29 日,第 13792 期。

　　关于梅列日科夫斯基夫妇的回忆录,苔菲开始写于 1949 年秋。1949 年 9 月,她在写给安德烈·谢德赫(雅科夫·莫伊谢耶维奇·茨维巴克的笔名,当时在纽约)的信中说道:"开始为 H. P. 斯洛夫写梅列日科夫斯基夫妇。尽管我有世界规模的爱,写得还是很凶。他们是在任何情况下都没有剩下任何温暖和光明的人。不过,也是有趣的人物。"(谢德赫,《空中之路·通信中的苔菲》,1963 年第 3 期,页 185)

　　在 12 月 16 日写给谢德赫的信中说:"我的生病,过错在梅列日科夫斯基夫妇。关于他们的文章,我几乎写完了大部分(工作不是很甜蜜的)。我梦见了吉皮乌斯,她拉着我的手喊道:苔菲和我们在一起! 苔菲和我们在一起! 我醒来便病了。我病好之后就把文章写完。我写得诚实。"(同上,页 201)

　　在侨民界,对发表的关于梅列日科夫斯基夫妇的回忆,态度不一。1950 年 2 月 10 日,苔菲给谢德赫写道:"加利奇(列昂尼德·加利奇,批评家,诗人。——编者注)给潘捷列伊蒙诺夫写信,似乎 H. H.(指尼娜·尼古拉耶夫娜·别尔别罗娃——编者注)被我关于梅列日科夫斯基的文章气疯了,大喊大叫,说您,雅沙,收买了我,因为您恨梅列日科夫斯基夫妇,他们对您态度傲慢。可是我对这个交易一无所知,静静地坐着,写季·吉皮乌斯。"(同上,页 201—202)

　　②　苔菲的题词引自 A. H. 拉季谢夫(1749—1802)的一封信,但不够准确。拉季谢夫说:"死者不能奉承。"

安德烈·别雷(见《史诗·第二部》)说,梅列日科夫斯基穿的拖鞋上带着绣球,这些绣球决定了梅列日科夫斯基整个的一生。他说话也带着绣球,思考也带着绣球。

这个裁定不准确,而且,至少不够友善。其实,安德烈·别雷本人也是"带着绣球的"。

阿·列米佐夫称梅列日科夫斯基为会走路的棺材。"季·尼·吉皮乌斯全身都是骨头与弹簧,构造复杂——但绝不能说是人。它们以咬人的凶狠否定了全部生命。"

吉皮乌斯的复杂构造远比"骨头和弹簧"更复杂。

我经常读到关于"朋友"的非常刻毒的文学回忆录。有点类似尘世间的最终审判。它们从人身上撕下他的全部覆盖物与装饰品,拖出赤裸裸的尸体来,供人们嘲弄。

既残酷,也不公道。绝不能忘记,作一个人非常不容易。

前不久,一位作家读了这样的回忆录之后,说道:"您知道吗,我平生第一次想到,死亡是可怕的。"

而我则想起来一位可爱的彼得堡太太。谈起自己的女友来,她说道:"这个女人,只要对她有利,在任何卑鄙勾当面前也决不会止步的。您可以相信我——我是她最好的朋友。"

要讲述梅列日科夫斯基夫妇很难。

他们二人完全是特殊人物,完全不一般,用通常的尺度不能理解他们。他们每一个人,德米特里·谢尔盖耶维奇也好,季娜伊达·尼古拉耶夫娜·吉皮乌斯也好,都能成为一大部心理长篇小说的中心人物。甚至,如果完全不考虑他们的文学才能,而只是作为以前曾经存在过的人来看待他们,也是如此。

他们非同凡响的,几乎是悲剧性的个人主义,如果能找到它的钥匙的话,是可以理解的。这个钥匙就是——将自己与其他所有的人完全隔离开。这个隔离好像是器质性的,而在其中他们并不感到自己有任何过错。他们是果戈理笔下给自己画圈子的霍马·布鲁特[①]。嗥叫的魔鬼,飞翔的装着死女巫的棺材,都与他无关。他冷,他孤独,除了把他隔离开来的圆圈,把梅列日科夫斯基夫妇与人们与生活隔离开来的圆圈,别的一无所有。当他们害怕的时候,他们就一本正经地寻求神圣的庇护者,用鲜花装点圣德兰[②]的小雕像,嘟嘟囔囔地没有信仰没有神启地祈祷。德米特里·谢尔盖耶维奇死后,季娜伊达·尼古拉耶夫娜非常生圣捷列扎的气,因为她竟做出了这般坏事,便用头巾把她的雕像包起来,扔到一边去了。就像一个野蛮人,当事情顺遂的时候,就用脂油涂抹自己的小神像;遇到挫折,便用树条抽它。季娜伊达·吉皮乌斯,这位聪明、机敏和天赋极高的女诗人,就是这样的人。一个不可复制的人。

当梅列日科夫斯基被告知:"德米特里·谢尔盖耶维奇,宣战了",他完全平静地说道:"那有什么,列车还将照样行驶嘛。"

列车还将行驶,也就是说,还将可以逃往更远点的地方,以便他画的那个圆圈不崩溃,以便困难恶劣的生活不触及他,梅列日科夫斯基。至于在神圣的圈子外面怎么样,寒冷、饥饿、横死——这都是他人的事,与他不相干。

梅列日科夫斯基夫妇生活得分外怪,对现实生活不理解到了这种地步,甚至从梅列日科夫斯基口中听到这样一些平常词语,如"煤"呀,"开水"呀,"通心粉"呀,都会感到惊讶。"墨水"这个词倒还比较容易忍受,——这个词毕竟还与书写有关,与思想有关……他们两个生活在思想世界,他们既看不到人,又看不到生活,也完全不理解。在他们的作品中您找不到一个活人。季·吉皮乌斯公开承认,我的看法是对的:在她的短篇小说中行动着的不是人,而是思想。

———————

① 指果戈理中篇小说《维》中的一个情节。

② 阿维拉的圣德兰(1515—1582;纪念日10月15日)。梅列日科夫斯基写有关于她的书《圣德兰的一生》(《西班牙的神秘主义者》第二部)。

因为我不打算讨论他们的文学作品，而只是简单地讲一讲，在生活中我遇到的他们是什么样子的，于是，就有可能觉得，他们这个特点并没有意义。然而，它在他们对待人和对待生活的态度中，却发挥着巨大作用。

在他们周围活动着一些勉强能识别出来的影子、幻象、幽灵。这些影子有名有姓，也说一些没有任何意义的话。梅列日科夫斯基自己从来不与人交谈。对话对于他不起作用。甚至这个人或那个人与自己的关系他们也不能确定，而且也不想确定。他们有时候注意到一些有用的面孔（他有时甚至对人奉承到难以置信的程度），而并不特别想知道，这是什么人，这个有用是由何引起的。

他们是否在什么时候，用朴实的人类之爱爱过什么人……——我想，没有。

他们一度与德·菲洛索福夫①很要好。在很长一段时间里，这是一个不可分开的三人帮。

当菲洛索福夫的死讯传到比亚里茨的时候，我想："这件事总得通知梅列日科夫斯基夫妇吧。"

就在当天，我在大街上遇到了他们。

"你们知道关于菲洛索福夫的噩耗吗？"

"怎么回事呀？死啦？"梅列日科夫斯基问道。

"是的。"

"不知道。什么病？"他问道。还没有等到回答，就说："咱们走吧，季娜。否则，咱们又要迟到，所有的好菜都会被买光的。我们今天在饭店吃午饭，"他对我解释道。

---

① 德米特里·弗拉基米罗维奇·菲洛索福夫（1872—1940），批评家，政论作家。1897 年起作品开始被刊印：在《北方通报》月刊，《教育》《司法部杂志》《劳动援助》等杂志发表文章；参与组建《艺术世界》杂志（1899—1904），主编该杂志的文学部。在这个时期结识德·梅列日科夫斯基和季·吉皮乌斯，开始他们多年的积极合作。1920 年起侨居华沙；合作主编《为自由》报（1921—1932），《传闻》报（1932—1934）和《剑》报（1934—1939）。

这就完了。

在彼得堡,我很少遇到梅列日科夫斯基夫妇。我们的密切结识已经是在比亚里茨①时期了。在那里我们经常见面,曾多次交谈。

梅列日科夫斯基夫妇在比亚里茨生活得不好。不过,我们大家都是如此。可是,也许他们感到特别沉重,因为任何生活上的混乱失序他们都看作是个人的屈辱。

安排我们这些难民住在高档宾馆巴斯克小楼。每人都有一个布置得很好的带浴室的房间,一天收十个法郎。可是,他们不付这点款。认为这不公道。他们的事务由秘书弗拉基米尔·兹洛宾②管理,这位朋友对他们的忠诚十分感人。作为天赋甚高的诗人,他完全放弃了文学,全力以赴地关照梅列日科夫斯基夫妇。

钱当然紧张,只好设法摆脱困境。他们组织了德米特里·谢尔盖耶维奇的生日晚会。③

在我们宾馆的一座大凉台上,在Γ伯爵夫人的主持下,聚集了一批人,其中还闪现着德国制服。梅列日科夫斯基发表了长篇讲话,有许多地方很

---

① 指的是德国军队于 1940 年 6 月 5 日进入巴黎之后,他们从巴黎移居比亚里茨,在比斯开湾岸边。1939 年梅列日科夫斯基夫妇就在这座城市居住过。从 1940 年 6 月 5 日到 1941 年 9 月 9 日,梅列日科夫斯基夫妇居住于比亚里茨,后来回到巴黎。关于这段时间,B. A. 兹洛宾这样说:"在比亚里茨痛苦开始了。城市里挤满了人。他们住的大都会饭店几天后被征用……梅列日科夫斯基夫妇流落街头。他们在市郊的一座别墅里给自己找到了可留宿一夜的地方,法国作家乔治·杜阿梅尔已经交了定金……第二夜,他们住在一位认识的女士的别墅里,上次他们来时曾在这里下榻。第三夜——巴斯克小楼,从前这曾是很好的饭店,现在成了难民寄宿处。在这里,他们要滞留许久……在巴斯克小楼房间不贵——每周七十法郎。万不得已时可以不交,也不会被赶走。"(兹洛宾,《沉重的心灵》,华盛顿,1970,页 121—122)

② 弗拉基米尔·阿纳尼耶维奇·兹洛宾(1894—1967),诗人,散文作家,回忆录作者,梅列日科夫斯基夫妇的朋友和文学秘书。在他们死后,他是他们档案的保存者,是关于季·吉皮乌斯的书《沉重的心灵》的作者。

③ 1940 年 8 月 14 日,梅列日科夫斯基年满七十五岁。弗·兹洛宾写道:"梅列日科夫斯基夫妇的处境确实不太好……最后,为了帮助他们,在克劳德·法雷尔的支持下,朋友们举办了梅列日科夫斯基七十五岁寿辰庆祝会。寿庆会获得了成功,带来近七千法郎的纯收入。"(《沉重的心灵》,页 122)

使宾馆里的俄国顾客感到难堪。讲话的锋芒针对的是布尔什维克和德国人。他期盼噩梦快点结束,折磨俄罗斯的和此刻正在扼杀法兰西的敌基督分子完蛋,陀思妥耶夫斯基的俄国将把手递给帕斯卡*与贞德**的法兰西。

"唉,现在德国人要把我们从宾馆赶出去了,"吓坏了的俄国人小声说道。

可是,在场的德国人似乎没听明白这个预言,他们平和地同其他人一起鼓掌。并没有把我们从宾馆赶出去,但我们也没在那里住多久,因为宾馆被变成了军营。只得寻找私家住宅作栖身之地。

梅列日科夫斯基夫妇成功地安置在了一个漂亮的花园别墅里,他们当然无力为它付款。德米特里·谢尔盖耶维奇生着病,怀疑他患了胃溃疡。季娜伊达·尼古拉耶夫娜精心地护理他。

"我今天夜里给他换了十七次暖水袋,"她说道,"后来,我老年糊涂一时发作,第十八次我把热水浇在了自己的肚子上。"

尽管他有病,他们依然继续每逢星期日接待熟人。这些熟人坐在大餐厅里的空饭桌周围,和平地开着玩笑。在大厅的另一头,梅列日科夫斯基躺在折叠椅上发脾气。他用大声喊叫迎接客人:

"没有茶叶了。我们什么茶都没有了。"

"看,Д夫人拿来的饼干,"季娜伊达·尼古拉耶夫娜说道。

"就让他们拿吧。让他们都拿!"梅列日科夫斯基阴沉地下达命令。

"喂,怎么样,德米特里·谢尔盖耶维奇,"我想起了他经常说的话,便问道,"磨难能使人变得高尚,是真的吗?"

"是变高尚,"他短吼一声作为回答,就扭过脸去了。我觉得,他容不下我。在同我说话的时候从来不看我。而且,在谈到我的时候,如果我在场,他只是称我为"她"。这十分可笑。

---

* 帕斯卡(另译巴斯噶;1623—1662),法国宗教哲学家、作家、数学家和物理学家。

** 贞德(约1412—1431),法国女民族英雄。

在从宾馆搬往私人住宅的时候,东西已经准备好了,我下楼到梅列日科夫斯基夫妇那儿去,向季娜伊达·尼古拉耶夫娜借一本书,读一个晚上。他们总有一堆乱七八糟的法国警探小说,每天晚间他们都努力阅读。

"季娜,"梅列日科夫斯基说,"从书堆里给她一本,让她明天早上还回来。"

我回答季娜伊达·尼古拉耶夫娜道:

"不,'她'挑一本好点的,等有时间再还。'她'还不打算急急忙忙地读。"

他生气地扭过脸去了。

季·吉皮乌斯很殷勤地找到了一本有趣的书。

还是当我们住在宾馆的时候,我在自己房间的门缝下面,发现一封信。信中邀请我和梅列日科夫斯基夫妇设法到自由地带去,那里等待我们的有签证,以及去美国的免费旅行。请求我立即告知梅列日科夫斯基夫妇。我便去见他们。

作为对建议的回答,梅列日科夫斯基大发雷霆。

"让她回答他们,让他们别来打扰我。她本人也不去。"

"'她'为什么要如此粗暴地答复人家呀,人家这样关心咱们,对咱们这样彬彬有礼?"我问道。

"他们根本不是有礼貌,也不是关心。他们需要咱们的名字。就是这么回事。我宁愿去西班牙。他们那里有一位圣女,几乎还没人写她。我将写一本关于她的书,他们将发给我签证。而'她',就蹲在这里吧。"

"又要写圣者吗?"我说,"您,德米特里·谢尔盖耶维奇,就像地道的魔鬼,总要围绕着圣者盘旋。"

奇怪的是,尽管他恨"她"(这个恨,是罪有应得,因为我总情不自禁地要挑逗他),不知为什么,他们还是计划安排与我一起住在同一座住宅里。这个计划在俄国侨民当中引起了莫大的兴趣与快乐。大家都好奇,想知道,这样共居一宅将引起什么后果。

　　在这一时期,他们表现出了对德国人的强烈反感。当我们要一起上街的时候,季娜伊达·尼古拉耶夫娜总爱四下张望——看有没有德国人。如果有,她立刻就啪地关上篱笆门,等待德国人先过去。她甚至还画了几张讽刺他们的漫画,画得还不错。

　　梅列日科夫斯基夫妇生活得很有规律。一早上他都在工作,早饭后——休息,然后,一定是散步。

　　"散步是光明,不散步是黑暗,"他说。*

　　他的背弯曲得很严重,我觉得,如果不扶着或依靠着墙,他甚至站立都很困难,所以他总是重重地瘫在季娜伊达·尼古拉耶夫娜的手上。她则坚定地扯着他走。她已经非常习惯于感觉到自己右手上的这份重量,以至于,当我们二人一起走的时候,她总要我抓住她的手,用力依靠着她。

　　德国人开始慢慢地接近他们,一些年轻的大学生来向作家致意。他们是通过翻译作品知道他的。他们虔敬地请他题词。梅列日科夫斯基不同他们交谈,只是偶尔用俄语喊叫:"告诉他们,让他们带些香烟来。"或者:"你说,没有鸡蛋了。"吉皮乌斯有时候与他们聊一聊,但总是说一些不愉快的东西。

　　"你们都像机器。长官在指挥你们,而你们则听从。"

　　"我们是士兵嘛。我们有纪律。我们别无选择。"

　　"你们反正就是一些机器。"

　　我开玩笑地说道:

　　"你们大概很想让他们也成立士兵代表苏维埃,并打出标语:'打倒军官!'"

　　"反正他们都是些机器。"

　　要她改变观点很不容易。

　　德国人在比亚里茨的举止不很得体。对阿谀奉承他们的人过分彬彬

* 这是对俄谚"学则明,不学则暗"的戏拟。

有礼,殷勤周到。对其余的人则简直视而不见。在他们看来,我们似乎都是一些透明的人。透过我们看到的是房屋、人群和景色。做一个透明的生物——有一种分外怪异的感觉。

在德国人当中,有一个职位很高的先生。他穿的是军装,但在战前他似乎只是一位银行家。作为占领者的代表他发挥什么作用,我现在不记得了。但根据他周围那些谄媚的人来判断,他的作用举足轻重。只要他一进咖啡厅,比亚里茨的贵族小姐太太们便全都站起来,向他迎面扑去——"德某某公爵夫人/女公爵","德某某伯爵夫人/女伯爵",甚至带上两个 de(德)。一张张面孔都很狂喜而钟情,简直是眼含热泪。不过,这位德国高官已过中年,很不俊美。仿佛他是按照果戈理的索巴凯维奇*的图纸制造出来的,大自然在他身上未多加思索,抢起斧头,啪啪几下,就成啦。这位骑士宛如是雕刻出来的,不,是用硬木头砍出来的,而且,砍得还不很精心——一个鼻孔大,另一个鼻孔小;一个眼睛圆,另一个眼睛细长。是的,看样子,他并不太考虑自己的相貌。然而,比亚里茨女士们过度的狂热崇拜,显然开始使他稍有激动。为梅列日科夫斯基组织生日晚会的老伯爵夫人 Г 说,这位德国人的非凡外貌简直使她震撼。

"您很像丢勒**肖像画上的骑士,"她惊叹道。

可怜的德国人被宠坏了,他开始扭捏作态,卖弄风情。人们在城市广场上见过他。他在逗弄小狗,要给它一块糖。他微笑,弯腰,把手伸出来缩回去,想法子逗弄小狗。这是受经纪人宠爱的芭蕾舞演员的做派,一个被惯坏了的任性而为的芭蕾舞演员的做派。

冬天,妻子找德国人来了。她已经听说,她丈夫被法国上流社会一位著名的伯爵夫人深深吸引住了。

"她好像已经不年轻啦?"她问道。

---

* 索巴凯维奇,果戈理《死魂灵》中的人物,外貌粗犷,性格贪婪、残忍,讲究实用。

** 丢勒(1471—1528),德国画家。

"哦,是的,"德国人回答道,"她可能已经六十开外了。"

"对,您说得对,"在场的一个法国人说,"看起来她六十多岁。可她整整八十七岁了。"

德国人甚至吓坏了。他眨了眨眼睛,请求为他把这个数字翻译成德语。给他翻译了。他把头摇了好长时间,最后说:

"这种现象只能出现在法国。"

伯爵夫人确实能把任何人搞得神魂颠倒。她忽闪着自己的黑色眸子,用纤细的手指头做出吓唬人的手势,激情地跺着小脚。她的脚趾头像老年人那样向上翘起,扁平的脚掌像火铲子,然而,伯爵夫人却以最年轻的方式支配它。她感到自己既年轻,又迷人。有人当着她的面赞赏簇拥在她周围的一位年轻太太美丽,她难过得几乎要死。她的家庭女伴差点哭了:

"她一夜不断喊醒我,高声喊叫:'难道可以当着我的面,在我面前,发现她是美丽的吗?'"

我问吉皮乌斯:

"您怎么看,她不是个巫婆吗?"

"啊,她当然是巫婆。"

"那您怎么看——她夜里会从烟筒里飞进飞出吧?"

"啊,那自然,会飞的。"

"骑着烟筒掸子?"

"不然还会怎么着呢。"

在其余的令人惊讶的人物当中,在比亚里茨还奔走着一个大忙人。一个比利时女人。她与红十字会有某种关系。至少她是这样说的,在她那用灰绸布包裹着的饱涨欲裂的强大胸脯上,凸显着一枚胸章。这位太太非常能喝酒,经常给老伯爵夫人写一些亲切的求助信。她请求物质援助,并以这样的称呼开始:"您美丽的阁下!"①

———————————

① 原文为法语。

伯爵夫人不拒绝给予物质援助,可是她对朋友们说:"真的,我害怕单独和她在一起。她用充满欲望的眼睛那样看我。"

就是这位出色的伯爵夫人将德米特里·谢尔盖耶维奇置于自己的庇护之下。对季娜伊达·尼古拉耶夫娜她不感兴趣。伯爵夫人肯容忍她,只是因为她是作家的妻子。她一般不爱女士。女士永远是竞争对手。有良好教养的人对女士们彬彬有礼,而伯爵夫人则希望独自称霸。她介绍梅列日科夫斯基同德国人——"丢勒手笔"——认识,举办早餐会,策划即将召开的讲演会、报告会、短期旅行。恰好在这时候发生了德国人与布尔什维克决裂①,梅列日科夫斯基大胆地推出了自己的口号——"只要是反对布尔什维克,哪怕是同魔鬼结盟"。魔鬼的角色派给了德国人。

前途光明。但是,钱依然没有。

我记得,有一次我走进咖啡馆。在靠近窗户的桌子旁边,坐着梅列日科夫斯基夫妇。他们没看见我,还在继续交谈。季娜伊达·尼古拉耶夫娜听力很不好,梅列日科夫斯基的声音于是响彻整个房间:

"他们给咱们断了电。沃洛佳跑遍全城,寻找蜡烛。没能找到。只得在黑暗中坐着啦。"

他很焦急。勺子在手中颤抖,碰得茶碗叮当响。苍白的脸上出现了红斑。我也知道,在比亚里茨找不到蜡烛。

必须按账单付款,这总是让他们恼火,甚至惊讶,引起他们真诚的愤怒。季娜伊达·尼古拉耶夫娜气愤地讲述,一个人如何来讨账。他们在他那儿租赁床单。

"这个恶棍不断地来。昨天人们告诉他,我们没在家,他就坐在花园里等。我们便因为这个恶棍没能去散步。"

在她的恼怒中有那么多孩子气的幼稚,我甚至感觉到了对她的同情,

---

① 指 1941 年 6 月 22 日法西斯德国进攻苏联;德苏互不侵犯条约被撕毁,伟大的卫国战争开始。

而不是同情不能收回他们欠款的那个人。

在伯爵夫人的帮助下，梅列日科夫斯基获准作讲演，借到了礼堂。人来得不多。坐着几个显然是奉命而来的德国军官，梅列日科夫斯基念的声音那么低，我在第一排也几乎什么都听不到。休息的时候我告诉了他。

"反正都一样，"他很生气，"我就是不大声读。那样会抹杀情绪转换。我的情绪转换很美。我是特意加工过的。"

第二部分就完全成了说悄悄话。德国人走了。在最近一段时间里，伯爵夫人对梅列日科夫斯基有点冷淡。她忙于从事更重要的活动。她在制定拯救法国的计划。这件事对于她并非什么新鲜事。按她的说法，她曾平衡过一次国家预算。您知道她是如何做到的吗？她想出来组织赛狗，这给国家带来了数十亿的收入。

在伯爵夫人的影响下，梅列日科夫斯基对德国人变得宽厚些了。（这是一些为反对布尔什维克而工作的魔鬼。）甚至在希特勒身上开始看到拿破仑的影子。

"季娜伊达·尼古拉耶夫娜！他这是怎么啦？"我问吉皮乌斯。

"这都是因为他屈从俯首惯了。他是宫廷服务人员的儿子①，所以他在毕苏斯基②面前低首下心，在墨索里尼面前也是这样。屈从俯首。"

残酷，但是，或许确实如此。

梅列日科夫斯基的外貌特殊。矮小，瘦削，最近几年弯曲得完全走了形。但是，引人注目的不是这个——而是他的脸。一张死人般苍白的脸，一个鲜红鲜红的嘴，他一说话，则又看到同样鲜红的齿龈。这其中有某种恐怖的东西。简直就是吸血僵尸。

他从来不笑。一般来讲，他们两个绝对不懂幽默。梅列日科夫斯基甚

---

① 其实，梅列日科夫斯基的父亲是皇宫里的科长，官衔是二等文官（与军队里的上将平级），出身于乌克兰的贵族家族。

② 约瑟夫·毕苏斯基(1867—1935)，波兰独裁者，元帅，波兰社会党活动家。

至还有点恶狠狠地不懂。有时候想故意给他们讲一个非常可笑的故事,就是要看一看,结果将会如何。绝对不理解。

"可他这是答非所问呀,"他们说。

"问题就在于答非所问嘛。假如他回答正确,那就没什么可讲的了。"

"对,可是,他为什么要这样回答呢?"

"因为他没有猜到嘛。"

"是这样,也就是说,他就是愚蠢。这其中有什么有趣的东西呢?"

季娜伊达·尼古拉耶夫娜认清了堂-阿米纳多①诗歌中几行诗的价值,他的确是一位有非常才能的和机智的人。

> 必须八次量体,
>
> 才能最后裁衣,——

她朗诵道。

梅列日科夫斯基对此态度阴郁。不支持。

В. 兹洛宾为梅列日科夫斯基辩解道:

"不,他还是懂得幽默的。他自己甚至还说过一句语义双关的俏皮话。"

在他们二十年的密切交往期间,说过一句俏皮话。可以说,是一个相当有节制的俏皮人。

季娜伊达·尼古拉耶夫娜对我有点好奇。她看待我有点像看某种奇怪的变种,经常说:

---

① 堂-阿米纳多(真名阿米纳德·彼得罗维奇·什波良斯基;1888—1957),诗人,散文作家,剧作家,回忆录作者。1920 年 1 月从敖德萨经君士坦丁堡到巴黎侨居。下列诗集与书的作者:《没有祖国的炊烟》(1921),《披上雨衣》(1928),《不乏味的花园》(1935),《在那些神话般的岁月里》(1951),短篇小说集《我们小小的生命》(1927)和回忆录《第三条线上的列车》(1954)。《最新新闻》报(巴黎)的撰稿人。

"我一定要写您。到现在为止，还没有一个人认真写过您。"

"晚啦，"我回答道，"让我按您的指示办，已经来不及了，而读者对我的看法也早已经定型，您无法改变它。"

不知怎么搞的，有一次，我的《女巫》一书落到了他们手中，不知为什么，还让他们两个都喜欢。

"在这本书中，您是在与永恒对话，"吉皮乌斯说道。

"这是什么语言啊！"梅列日科夫斯基一再夸奖，"我陶醉了！我陶醉了！"

他立刻又补充道：

"您一点也不像您的作品。季娜就像自己的作品，可是您不像。这本书简直好极啦。"

"我的上帝呀！"我惊呼道，"您这是想说，我本人是极端恶劣的。这很可怕。可是，又没有任何办法。"

"顺便说一下，在自己的作品中，您为什么要给滑稽留下位置呢？我不喜欢滑稽，"他有一次对我说。

他用"滑稽"一词代替"幽默"，大概是由于鄙视吧。

于是，我就向他指出果戈理对待幽默①的态度。

"您请听好：'笑声比人们想象的更强大，更深刻。在它的底层隐藏着永世喷涌不竭的源泉，它能深化描写的对象。甚至在世界上无所畏惧的人，也害怕嘲笑。有那么一些人，他们听不出笑的强大力量。许多人说，可笑的——也就是卑鄙的，只有那样的东西才能赋予高尚的称呼，就是那些必须用严肃的紧张的声音讲出来的事物。'"

梅列日科夫斯基感到极端委屈：

"我的嗓音从来不是紧张的。"

"啊，那当然。大家都知道，您有情绪转换。这里写的不是您。"

---

① 引自果戈理的《戏剧巡礼》。

季·吉皮乌斯经常引用自己的诗句。她最近的诗梅列日科夫斯基不喜欢。

"季娜,这不是诗。"

"不,是诗,"她固执地说。

"不,不是诗,"他喊道。

"我让你们和解,"我加入了谈话,"这当然是诗。一切外在因素都具备。有诗格,有脚韵。这是诗,但没有诗意。是只有诗歌形式的散文议论。"

他们俩都同意。读过《女巫》①之后,我不再是"她"了。我成了"苔菲"。

有一次,我病了。躺了将近一个月。梅列日科夫斯基夫妇经常来看我。有一次,大家颇感诧异,德米特里·谢尔盖耶维奇拿来了一纸袋樱桃。他在路上买的。大家对视了一下,脸上共同的表情是:"看哪,还说人家是一段'干巴木头'哩。"

梅列日科夫斯基威严地索要盘子,吩咐将樱桃洗一洗。

"德米特里·谢尔盖耶维奇,"我开始奉承他,"您不必担心。我不怕。现在没有霍乱。"

"是的,"他板着脸说道,"可是,我怕。"

他在角落里坐下来,吃掉了全部的樱桃,连一个都没剩下,只是不断洪亮地吐樱桃核儿。这太好玩啦,以致在场的人都不敢相互看一眼,生怕哈哈大笑起来。

我长期注意观察这位怪人。一直想在其身上找到点什么,但找不到。我想起了《释迦摩尼》*。佛陀本人在乞丐小偷的苦难面前,将自己戴着花冠的头一直叩到地上,因为这个小偷对他说:"世尊啊,你错了。"要知道,梅

---

① 苔菲短篇小说集《女巫》1936 年出版于柏林。

* 梅列日科夫斯基作品。

列日科夫斯基也有这样的思想啊！

有这么一件事，这是在他死前不久，他们已经回到了巴黎，对德国庇护人也失望了，没有钱——甚至只得卖掉在墨索里尼时期意大利作家们赠送的金笔。我们三个人一起坐着，在谈及某个人时，季娜伊达·吉皮乌斯说道："是的，人们很爱他。"

"胡说八道！"梅列日科夫斯基打断了她的话，"真正的胡说八道！谁都不爱任何人。谁都不爱任何人。"

在这些话中有某些激情奔涌的东西。这些话说出来很不简单。他的脸整个都变黑了。天哪！这个人在一个什么样的黑坑中承受煎熬啊……替他感到可怕，也感到痛苦。

"德米特里·谢尔盖耶维奇！您为什么这样想呢？您不过是看不到，也发现不了人。"

"胡说。我既看到，也了解。"

或许，是我搞错了，但是，我似乎觉得，在这些话中既有苦恼，也有绝望。我想起了他最后的诗作，《噢，孤独，噢，贫穷》。也想起了霍马·布鲁特。装着死女巫的棺材紧贴着头顶飞过。恐怖……

"德米特里·谢尔盖耶维奇！您看不到人。您看，我一直在嘲笑您，可是，实际上我是爱您的呀。"

我说完，还认真地画了个十字。

他疑惑地看了我一眼，像是突然捕捉住了一个念头：

"哦，是的，您不过是爱我的作品，而不是我。"

"不，我出于人性，爱的就是您，德米特里·谢尔盖耶维奇。"

他沉默了一会儿，转过身，慢慢向自己的房间走去。回来之后，他把一张自己的肖像递给我，上面有亲切的题词。

这帧肖像我一直保存着。

季娜伊达·吉皮乌斯①

在彼得堡,我和季娜伊达·吉皮乌斯并不怎么认识。在各式各样的会议上匆匆见过几次面。近距离而且非常不愉快的相遇是发生在《言论报》②的版面上。

我受委托写一篇关于别雷刚出版的诗集的评论。它似乎叫作《灰烬》③。我不喜欢这本书。

这是一本某种预料之外的涅克拉索夫式的东西。充满公民的哀怨,公民的愤怒。这不是别雷一贯的风格,某些地方简直就是戏拟。我记得一幅社会不公的"可怕的"画面:在火车站上,警察狼吞虎咽地猛吃煎肉排,一个饥民则透过窗户看着这场"伯沙撒狂宴"④。现在我是凭记忆讲述,再重

---

① 首次发表于《新俄罗斯言论报》,1950 年 3 月 12 日,第 13834 期;再版于《复兴》杂志,1955 年第 43 期。

② 《言论报》,彼得堡日报,立宪民主党的机关报(1906—1917)。

③ 安德烈·别雷(原名鲍里斯·尼古拉耶维奇·布加耶夫;1880—1934),散文作家,诗人,回忆录作者,象征主义理论家和这个流派的哲学—美学文化的典型表达者。《灰烬》(1909),纪念 H. A. 涅克拉索夫的诗集。

④ 伯沙撒,巴比伦王国最后一个国王那波尼德的儿子。公元前 539 年波斯人攻占巴比伦时被杀。圣经中说,当他酗酒狂欢的时候,宫墙上出现了火光题词,预告巴比伦将在当夜毁灭。从此,成语"伯沙撒狂宴"便获得了象征意义,指在灾难面前漫不经心,无忧无虑。

读这本书一遍我永远没有兴趣。我对该书的评论①与这种印象相符。

几天之后,《言论报》给我打来了电话。

季·吉皮乌斯寄来了关于我那篇评论的文章,对我非常不满。帕·尼·米留可夫②建议立刻将文章转给我,以便使我能在同期报纸上给予答复。这是米留可夫对我的特殊善意。

我表示感谢,读了吉皮乌斯的文章,并在那天的报纸上给予了答复。回答得相当尖刻,这在我是少有的。不过这次冲突,无论给她还是给我,都没有留下怨恨的印象。

我们的密切交往发生在寄寓比亚里茨市期间。在那里我们见面的机会非常多,经常聊天。后来,在巴黎,在梅列日科夫斯基去世后,我们形成了某种类似友谊的关系。季娜伊达·尼古拉耶夫娜给我写道:"我总想找借口到您那儿去。"有时候我们以诗歌的形式通信。

季娜伊达·吉皮乌斯曾经很俊秀。我没有赶上那个时候。她非常瘦,几乎皮包骨。浓密的,曾经是红褐色的头发,怪异地卷起来,用发网罩着。两腮用吸墨纸染成鲜艳的玫瑰红。两只绿色的吊梢眼视力欠佳。

她穿戴得很怪。在青年时代就与众不同:穿男子服装,晚装连衣裙带有白色的翅膀,头上系着一条带子,额头上别着一个胸针。随着年事渐高,这种标新立异成了某种胡闹。她脖子上缠着粉红色的带子,一只耳朵上搭着一条细绳,细绳上紧贴着脸悠荡着一只单眼镜。

冬天她穿着几个坎肩、短披肩,一下子穿几件,一件压一件。当有谁给她递香烟时,从这堆毛茸茸的封套中探出一只瘦骨嶙峋的手来,犹如食蚁

---

①　苔菲的评论发表在 1908 年 12 月 22 日的《言论报》上。

②　帕维尔·尼古拉耶维奇·米留可夫(1858—1943),历史学家,政论作家,政治活动家;立宪民主党创始人之一,中央委员会主席,中央机关报《言论报》(至 1917 年)编辑,第一届临时政府的外交部长。在巴黎——俄罗斯作家新闻记者联合会主席(1922—1943),有影响的侨民报纸《最新新闻报》的编辑。

兽的舌头,迅速抓住香烟,又重新缩了进去。

我们从"梅宗·巴斯克"饭店被赶出来以后,梅列日科夫斯基夫妇交了好运。他们找到了一座绝妙的别墅。有洗澡间,有集中供暖。我则被迫住在没有任何取暖设备的住宅里。这是一个非常寒冷的冬季。由于严寒,我洗脸间里的水管裂了,整整一夜我用海绵收集刺骨的冷水,我周围是漂游的鞋子、盒子、手稿,我放声大哭。而门口里站着一位法国傻女人,她建议要永远住在有暖气的住宅里。我自然感冒了,躺倒了。季娜伊达·吉皮乌斯来看望我的时候,总带着强烈的施虐狂式的满足,讲她如何每天早晨洗热水澡,他们的别墅里如何阳光灿烂,她,季娜伊达·尼古拉耶夫娜,如何伴随着阳光从这个房间走到那个房间,因为他们还有空闲的房间。

人们生活在饥饿之中。小铺里除了芜菁甘蓝外一无所有。季娜伊达·尼古拉耶夫娜依然带着那种施虐狂式的快活说,兹洛宾搞到一只猪那么大的家兔。说了许多次。我听得很动情。我明白,这是怎么回事。她就是想让我嫉妒。

人们一度给她取了个绰号——"白发女魔"。这让她非常喜欢。她正是想作恶人。想把什么人置于尴尬境地,凌辱他,与他吵架。

我问道:

"您为什么要这样做呢?"

"不为什么。我喜欢看这会引起什么样的反应。"

她在自己的一首诗中谈到自己喜欢玩游戏。如果天堂里不能玩游戏,她便不进天堂。她这种种不漂亮的行为显然也是她的一种"玩"吧。

在比里亚茨,他们家经常来一位相当忠厚的傻乎乎的女士。必要时,她会用法语说"谢谢";必要时——则说"对不起"。有人读诗时,她总是意味深长地说:"这很美。"吉皮乌斯于是就盯上了这位不幸的女人:

"请告许我,您的形而上学是什么?"

那一位惶恐地眨了眨眼睛。

"比如说,我知道德米特里·谢尔盖耶维奇的形而上学是怎样的,苔菲的形而上学是怎样的。现在告诉我吧,您的是怎样的呢?"

"这个……这个……一下子难说清楚。"

"可这有什么困难的呢?照直说就行嘛。"

我赶紧转移季娜伊达的注意力。

离开的时候,那位女士同我一起出来。

"请问,您家有《拉鲁斯百科全书》①吗?"

"有。"

"可以送送您吗?"

"请吧。"

到了我家。

"可以看您的《拉鲁斯百科全书》一眼吗?"

我早就明白怎么回事了:

"您是需要 M 卷吗?"

"好。就拿 M 卷吧。"

可怜的人浏览了一遍"形而上学"词条。不过,她觉得下个星期日还是躲过去为妙。而我在这期间却使季娜伊达·吉皮乌斯安静下来了。

"折磨 E.П.,就如同揪苍蝇的腿。"

吉皮乌斯不屑地说:

"您说到哪儿去啦!善良的人!"

被他人当成弱智总是件委屈的事。于是我辩解说:

"假如您拿着猎矛去猎熊,我或许可以理解。可是您揪苍蝇的腿——让我恶心。这不美。"

梅列日科夫斯基夫妇对于妖魔鬼怪的态度很有趣。鬼魂,会变化的

---

① 法国《拉鲁斯百科全书》,是一本百科详解词典,十五卷,1865—1876 年在巴黎出版,并再版多次。还有一卷本和两卷本版。

人，这一套他们统统无条件地接受。我想起来一次与此有关的谈话。它很短，却需要一个长长的前言。

在一个静静的雾蒙蒙的日子里。海滨浴场上阒无一人。只有几个德国兵[①]在徘徊。我本来想洗洗澡，不料稠稠的黑色油泥一下子就裹住了我的双腿，怎么也洗不掉。沿整个海岸线都围着一圈涨潮冲来的波浪状黑油泥。士兵们也发现了，正在自己人中间议论。

"这是什么东西？"我问道。

"一艘轮船失事了！"他们用德语回答，又互相交换了一下眼色，便再也不吱声了。

我知道，他们和我想的一样。是的，这是从失事轮船上流出来的重油。轮船爆炸了。假如仅仅是沉没，重油就流不出来。

谁的轮船？自己国家的？别的国家的？大洋从什么遥远的地方带来了这个不幸的消息，轮船的黑色血液，把它泼洒在了整个海岸线上？

晚上，我一个人去了海滨浴场。我坐在长凳子上。在离我不远的地方坐着三个德国人。他们谈得很愉快，这从谈话声可以判断出来。他们说的是什么，却听不清楚。几乎是一片漆黑，看不到星星。雾蒙蒙的夜色笼罩着天空，也笼罩着大海。只有在水下礁石露出边缘的地方，岸边浪花激起不太高的泡沫，仿佛在摇晃灰白色的手帕。这时候我觉得，好像在远远的石头旁边，急速扬起了一双大大张开的手臂。就像有什么人被从黑幽幽的海水中推了出来。刚一露头，就立刻消失了。在左边一点另一块石头旁边，露出来同样的一双手臂，大大地伸展开来，就不见了。又出现在了原来的地方。又离岸边近了一点。这一切出现得那么快，动作刚刚能捕捉到，几乎看不清形状。

快活的士兵们蓦然沉默了。一下子全都缄口。仿佛被斩断了似的。全都静了下来，一动也不动。让人觉得，他们也在看，也都看到了。在这个缓缓降临的昏暗的夜色里，在这些栗然噤声的人当中，有某种难以言表的

---

① 德国军队于 1941 年 6 月 28 日进入比亚里茨。

恐怖的忧伤。他们似乎觉得，当然，也只能是觉得，从大海向他们传来了绝望的呼唤。所有这一切有一个称呼，它已经折磨我一整天了。它是我上午听到的，——就是用德语说的"一艘轮船失事了"。

就是这么回事："一艘轮船失事了。"德国人都站起来，一声不吱，不断加快脚步，迅速离去。

那时候我们还住在巴斯克小楼。在回自己房间时，我从梅列日科夫斯基夫妇的房间旁边经过。德米特里·梅列日科夫斯基的大嗓门全走廊都听得见：

"季娜，她的房门你都敲过三遍啦。她就是不想让你进去罢了。这么晚了，她还能去哪里呢？"

我明白了，正在谈论我。我敲了敲门，走了进去。

梅列日科夫斯基正捧着一部写警察的长篇小说坐着。吉皮乌斯在梳理自己那美人鱼似的长发。

我激动地讲述了夜色、大海，讲述了海边泡沫似乎像正在发出召唤的手臂，和不再发出声响的士兵。

梅列日科夫斯基暂时停止了阅读：

"这有什么可惊讶的呢？这不过是死人而已。"

"那当然，"季娜伊达·尼古拉耶夫娜平静地认定道，"他们都溺水而死嘛。这就是淹死鬼。"

"使她感到惊讶——死人还能伸手！"

他不解地把双肩一耸，便埋头继续读写警察的长篇小说。

梅列日科夫斯基夫妇在自己漂亮的别墅里住了一冬天。最后房主给他们来了一封信，说不要求他们交房钱，却恳请他们搬家，因为他有机会以高价出租别墅。只好搬到公寓里去住。

"那里可是很贵呀，"我很惊讶。

季娜伊达摆了摆手。

"女房东说,不要求立刻交钱。然后么……"

她又摆了摆手。

他们的资金状况很糟糕。从巴黎传来消息说,因为欠费,想查封他们的住宅。这可真是的,谁也不敢说,梅列日科夫斯基夫妇"卖身投靠"了德国人。他们怎样一文不名地待在比亚里茨,也就又怎样一文不名地回到了巴黎。梅列日科夫斯基对德国人的迁就只能有一种解释——"只要是反对布尔什维克,哪怕是同魔鬼结盟"。认准希特勒是拿破仑,这一点在迫害犹太人之前遮蔽了梅列日科夫斯基的双眼。梅列日科夫斯基任何时候都不是仇犹分子。我记得,坐在他家的一位老朋友对希特勒的兽行表达了非常宽厚的意见。梅列日科夫斯基气愤地说:

"您同 Φ 是朋友。① 那么,假如他作为犹太人被抓起来,送进集中营,您也会满意呀?"

"如果这认为是必须的,我将不提出抗议。"

梅列日科夫斯基默默地站起来,走出了房间。当来人召唤他去喝茶的时候,他答道:

"只要这个恶棍还在饭厅,我就不到那里去。"

梅列日科夫斯基去世后,这位亲希特勒分子请求吉皮乌斯允许他去向她表示同情。她回答说:

"这完全没有必要。"

比亚里茨有一座不错的俄罗斯教堂,但梅列日科夫斯基夫妇没有进去过。他们去天主教教堂。有一次我说服他们去做复活节晨祷。梅列日科夫斯基很喜欢神父主持的祈祷仪式:

---

① Φ指的是伊利亚·伊西多罗维奇·丰达明斯基(笔名布纳科夫;1880—1942),政论作家,社会政治活动家,社会革命党人,1917 年为临时政府政治委员。1919 年起侨居国外,巴黎杂志《现代记事》和《正教事业》联合会(与别尔嘉耶夫、玛丽娅嬷嬷一起)的主要创办人之一。牺牲于法西斯奥斯维辛集中营。

"他在祭坛前的舞蹈跳得那么优美。"

我后悔不该带他去。

他对这句话非常满意,经常重复它。而我则总是想:"上帝啊,让他别再说这句话多好呀!"

他们热爱天主教的圣女,来自利雪的圣小德兰。在他们巴黎的住宅里有一座她的小雕像,他们时常给她献花。

德米特里·谢尔盖耶维奇去世以后,我和季娜伊达·尼古拉耶夫娜来往比较密切了。我与她在一起总感到有趣。最好是我和她单独在一起,或者是三个人在一起。第三个人是令人着迷的 И. Г. 洛里斯-梅利科夫①,一位老外交家,有着全面的出色教养的人。他精通世界古典文学,熟知新老哲学家,时常教吉皮乌斯莫里哀作诗法。

我珍视我们的友谊。吉皮乌斯每逢星期天接待客人,而更密切些的圈子——则悄悄地在星期三聚会。可以到她那儿去,毫无避讳地说出现在感兴趣的事,开始长时间的有趣的交谈。

她的朋友,诗人马姆琴科②有时候来参加她的"秘密"聚会。他为人很神经质,与吉皮乌斯经常发生激烈的,有时候是非常有趣的争论。她耳朵很背,马姆琴科发火,大喊大叫,她则平静而固执地坚持自己的意见,不听,准确地说是听不见他说的话。

"季娜伊达·尼古拉耶夫娜,您装假!……您听得很清楚!天哪!这不是克尔恺郭尔③,这是费奥多罗夫④的死人的哲学再生……您是故意的!"

"罗扎诺夫任何时候也没写过类似的话,"吉皮乌斯不慌不忙地说。

---

①　约瑟夫·格里戈里耶维奇·洛里斯-梅利科夫(1872—1948),俄国外交家,曾任驻挪威领事,在瑞士和泰国工作过。

②　维克多·安德烈耶维奇·马姆琴科(1901—1982),诗人,记者。从 1920 年起侨居国外。

③　指的是索伦·克尔恺郭尔(1813—1855),丹麦哲学家,被认为是存在主义的先驱。

④　尼古拉·费奥多罗维奇·费奥多罗夫(1828—1903),俄国空想主义宗教思想家,提出了使死者("先人")普遍复活,并用现代科学手段克服死亡的"方案"(见《共同事业的哲学》)。

"天呀！这里关罗扎诺夫什么事呀？"马姆琴科拼命喊叫，"您故意这么说！……我说话您听得清清楚楚。"

"罗扎诺夫从来没这么写过。"

"上帝啊！您居心叵测！您不过是不想听见而已。"

"罗扎诺夫任何时候……"

谁知道呢，或许她的确听懂了，却故意启用了自己白发女魔的"玩"法。

他们非常要好。

"这是我最好的朋友，"她说。他一直到她生命的最后几天也对她忠心耿耿。

有一次我们谈到共同的熟人，一位笃信宗教、极端恐惧末日审判的女士。

"可您呢？"我问季娜伊达·尼古拉耶夫娜，"您怕末日审判吗？"

"我？！"

她用表情和手势表达极端的不满。

"我吗？得了吧！这算什么话！用得着吗！"

对阴间的生活如此之不屑，我还从来没遇到过。她并不否定阴间的生活。然而让上帝有胆量审判季娜伊达·吉皮乌斯，她可是安东·克莱尼呀——连这么想都是荒唐的。*

理解这个心灵的关键何在？每次见面我都在探索，探索……

有某人给我寄来一张明信片。上面画着一张可爱的猫脸，那么动人的稚嫩、天真、坦诚……我拿给季娜伊达看。她的脸一下子变得开朗起来了，就跟读到美好的诗篇一样。她紧紧地抓住明信片：

"我要把它带走。"

"好吧，"我表示同意，"但不是永远给您，只能给您看一看。这样的小

---

* 安东·克莱尼是吉皮乌斯撰写批评文章时用的笔名。

脸我自己也需要。"

她拿走了,久久不肯还回来。

"是这样,"我想,"这里面有某种钥匙。咱们继续探索吧。"

有一次,在我的一首诗中,关于我还是小姑娘的时候梦见了小老虎的话吸引住了她。小老虎帮助我编辫子。

> 这样关心人,体贴入微……
> 毛茸茸的,亲切的兽,

就是这种"毛茸茸的、亲切的"感觉让她开怀一笑。后来,我在她的诗中发现了如下几行:

> 我想得到得不到的东西,
> 它也许根本就不存在,
> 我可爱的孩子啊,
> 我惟一的光明。
> 我感觉到,在梦中,
> 你的气息充满柔情,
> 那雪白雪白的床单,
> 对于我是那么舒适,温馨。①

也许,这就是钥匙。"我亲爱的孩子啊,我惟一的光明……"那种温情,对她来说,在世界上是并不存在的;有着白发女魔美誉的她羞于同我,同她的"善良的"谈伴谈起。从那时候起,我总能发现:一切朴实、可爱、温馨、亲切的东西总是使她激动,她又总是羞怯地掩饰自己的激动。

---

① 不确切地引自《雪花》。

我们经常谈文学。奇怪的是,我们的看法几乎总是相同。有一次我们议论当代作家,看他们当中谁有才能。结果发现,说老实话,他们都有才能。不料,第二天她来到我家后愉快地大声说:

"我找到啦！找到啦！"

"找到谁啦？找到什么啦？"

"找到没有才能的啦。毋庸置疑的。"

她说出了名字。确实,无可争辩。

"您是一位怪诗人,"我对她说,"您没有一首爱情诗。"

"不对,有。"

"哪首诗呢？"

> ——只有一次,泡沫泛起,
>
> 波涛碎成浪花。
>
> 心儿不能靠背叛生活,
>
> 惟独爱情……①

"这是议论爱情,而不是爱情诗。在自己的诗中您说没说过'我爱'？"

她沉默了,陷入了思索。她没有这样的诗。

我们经常长时间地谈论诗人。都认为最好的侨民诗人是格奥尔吉·伊万诺夫②。我们谈论诗歌的魅力,我把它称作放射性。它来自哪里？它的力量何在？

"您看,"作为例子,我引用名诗《春天,第一扇窗户打开……》。它是这样结尾的:

---

① 不确切地引自吉皮乌斯的诗《惟独爱情》。

② 格奥尔吉·弗拉基米罗维奇·伊万诺夫(1894—1958),诗人,散文作家,回忆录作者。1922 年起侨居国外。

　　　　　春在行进,撒一路鲜花。①

　　就是这句话,它无疑是具有放射性的。为什么呢? 也许是因为整个这首诗平淡无奇,谈的是普普通通的事物——车轮呀,窗户呀。然后,突然一个庄重的词,"行进",接着是"鲜花"。用词语和音韵把一切都带进了狂喜的世界。可是须知,这是学不到也想不出来的。这就是"魅力"、才能。

　　在分析诗歌的时候,我们的心总是相通的。于是我想:就是季娜伊达·吉皮乌斯心灵的这一部分,有这种存在,使得我乐意与她交往。习惯于与我相处之后,她不再"玩",不再耍花招,成了一位聪明的聊天伙伴,而且永远妙趣横生。她甚至抛弃了自己惯有的咄咄逼人的腔调。她用这个腔调让人明白,她与梅列日科夫斯基早已解决了所有问题,一切都估计到了,甚至都预见到了。应该指出,这些预见大部分都是后来做出并记录下来的。不过,这是可以原谅的。

　　有一次,我们谈起了白发女魔时代。
　　"我和我的小妹妹曾被您的诗歌所震撼:

　　　　　像爱上帝一样,我爱我自己。
　　　　　我的心被爱所拯救。②

　　这首诗我们喜欢死了。简直被它征服了。后来您再也没有让我们惊喜过。就是在那个时候您喜欢穿男人服装,额头上系一个带胸针的带子吗?"
　　"是的。那时候我喜欢这些把戏。"

————————————

①　这是 A. H. 迈科夫的诗(1854)。
②　引自季·吉皮乌斯的诗《献词》(1894)。

"啊,这是常有的事,"我叹了一口气,"我也曾经把手表戴在脚上,用扁平的紫晶来代替单目眼镜。"

"尼禄*戴过绿宝石。"

"紫晶好一些。这是心灵纯洁的石头。它是犹太大祭司的十二块古老宝石之一。而教皇在为咏祷司铎们祝福时戴的戒指上,镶的就是紫晶。

> 贤明的苦行僧的长明灯,
> 面容惨白的处女的欢乐,
> 心灵圣洁者的欣幸,
> 就是宝石紫晶。①

如果透过这块宝石来看,一些最庸俗的嘴脸就会发生某些变化。"

"也许,并不能发生变化,"白发女魔插话道。

B. 马姆琴科送给吉皮乌斯一只猫。这只猫很丑陋,拖着长长的秃尾巴,野性而凶恶。它不接受文明的训导。我们就叫它为科什卡。它总坐在吉皮乌斯膝盖上,一见到客人,便迅速窜出房间。吉皮乌斯与它处惯了,即将辞世时,眼睛都睁不开了,在半昏迷状态中,她还用手摸索,看她的科什卡在不在那里。

有一些德国人,大部分是从俄国迁出来的,给她写了许多表示尊敬的信。有一次她给我读道:"我独自想象,您如何在大部头的书册上俯下您那白发苍苍的头颅。"这个"白发苍苍的头颅"让我们快活了好长时间。

在自己生命的最后几个月,季娜伊达·尼古拉耶夫娜的工作量很大,

---

* 尼禄(37—68),古罗马朱里亚·克劳狄王朝皇帝。

① 不确切地引自苔菲的诗《七团火焰》。

一般都是在晚上。她写关于梅列日科夫斯基①的书。她用自己工细的书法写了一本又一本,要写成一大部书。这项工作,她认为是对自己的生活伴侣——这个"伟人"的纪念,是义务。她对梅列日科夫斯基的评价异常高,对于一位有着如此锐利冷静智慧的女作家,对人们又具有那种讥讽的态度,这甚至让人感到有一些怪异。可能是她确实非常爱他。当然,这种熬夜的工作使她疲惫不堪。当她感觉不好的时候,她不让任何人到她那儿去,谁也不想见。我很怜悯她,但不能经常去她那儿。她几乎完全失聪。必须跟她大声喊,这对我来说十分困难。

有个时期她自我感觉较好,甚至尝试着在自己家里成立一个诗人小组。后来发现这样做负担太重,而且,耳聋也影响她与客人交流。

在一个长期间歇以后,有一次我去她那儿,得知她下决心去找理发师做了卷发②,这对她的健康产生了很不好的影响。她的右臂不能动了。

"这是因为,德米特里·谢尔盖耶维奇散步的时候总爱依着我这条胳膊,"她说。

于是我觉得,这个想法让她喜欢,因为它能提供理想的意义,还似乎能使她的痛苦圣洁化。

在最后几天里,她脸朝墙默默地躺着,不想见任何人。那只狂野的猫并排卧在她身边。

B.A.兹洛宾说,她的心情非常沉重。

我不禁想起她很早很早以前写的一首奇妙的诗。她讲述自己的心灵:

> ……如果尘世间的痛苦折磨她,
> 她应当默默忍受。
> 自己的晚霞将教会她,

---

① 关于梅列日科夫斯基的回忆录吉皮乌斯死后才发表,先是在《新杂志》,后来在单行本《德米特里·梅列日科夫斯基》中(季·娜·吉皮乌斯-梅列日科夫斯卡娅,巴黎,1951)。

② 原文为法语。

应当如何面对死亡。①

啊,假如这样就好了!晚霞什么也没教会我们,永远也教不会……

最后一次我见到她时,她已躺在了鲜花丛中。

她的手乖乖地让人们摆好,头发理成她平时的发型。双颊涂上了淡淡的红粉。一切都跟从前一样。不过她的额头,以前那里曾系着一个颓废派的布带,上面别着一个胸针,现在却谦卑而明智地戴着一个白色的缎带,上面写有尘世间最后的祈祷。

"我的短暂的朋友,"我悄悄地说,"您不曾是一位温和的人。您想成为一个强悍的人。这样更能给人以深刻的印象,是这样吧?那个您内心暗自喜欢的亲切而温柔的本性,您却羞怯地藏起来,不让他人看见。我记得您那首写电线的诗。其中既有肯定也有否定。

它们接通,融为一体……
它们的死亡将成就光明。②

我们了解什么呢,我短暂的朋友?也许,在您紧闭着的冷冷的眸子后面,已经闪耀着这种和解与永恒的静静的光……"
我俯下身子,吻了吻干枯的死去的手。

---

① 引自吉皮乌斯的诗《晚霞》(1904)。
② 引自吉皮乌斯的诗《电》(1901)。

巴尔蒙特①

　　我们对巴尔蒙特有特殊的感情。巴尔蒙特是我们的诗人,是我们这一代人的诗人。他属于我们这个时代。我们在中学时代就把目光从经典作家身上转向了他。他以自己水晶般"清澈和谐"的音韵使我们惊讶,使我们激赏,它们随着第一缕幸福的春光一同汇入了我们的心田。

　　现在某些人开始觉得,巴尔蒙特的才能对俄罗斯文学的贡献并不那么大。但这是常有的事。当爱的激情消散之后,人往往不解地问自己:"我为什么这样如痴如狂呢?"而俄罗斯确实曾钟情于巴尔蒙特。全体俄罗斯人,从上流社会沙龙中人,到莫吉廖夫省偏远小镇的居民,都知道巴尔蒙特。人们阅读他,朗诵他,在舞台上歌唱他。舞伴借用他的话同自己的女士窃窃私语,女中学生在自己的笔记本上抄写:

　　　　请为我打开幸福之门,

　　① 首次发表于《新俄罗斯言论报》,1950 年第 13281 期,9 月 5 日。再次刊登于《复兴》杂志,1955 年第 47 期,页 60—68。

请闭上你的双眼①……

自由派的演讲人在自己的讲话中插入一句：

今天我将心儿奉献给阳光……②

而唱和的旋律却在日梅林卡货运站的小站台上奏响，一位电报员对身着摩尔多瓦服装的小姐说*：

我会非常大胆——我非常渴望。

在老作家卓娅·雅科夫列娃自己家里有一个文学小组，当时还有一些愤世嫉俗的颓废派人士，他们不肯承认巴尔蒙特是卓越的诗人。于是女主人便请青年剧作家 H. 叶夫列伊诺夫读一点东西。叶夫列伊诺夫就朗诵巴尔蒙特的《芦苇》，不过未说明作者是谁。

芦苇沙沙，沙沙，为什么
渔火在芦苇中闪烁……③

他朗诵得很好，有动作，有手势。在场的人狂热地大声呼喊："这是谁的诗？谁的？"

"这是巴尔蒙特的诗歌，"雅科夫列娃隆重宣布。

---

① 这是 К. Д. 巴尔蒙特的诗集《我们将像太阳那样》（1903）中《你在这里》（1901）一诗的最后两行。

② 引自巴尔蒙特的诗《我想》（诗集《我们将像太阳那样》中的组诗《彩虹》）。

* 日梅林卡是乌克兰西南小城，靠近摩尔达维亚。

③ 不确切地引自巴尔蒙特的诗《芦苇》（1895）。

于是，大家都同意，巴尔蒙特是一位优秀诗人。

后来就开始了配乐朗诵时代。

> 我的花园里开满了玫瑰，
> 开满了白玫瑰，红玫瑰。
> 怯懦的理想在我的心房里激荡，
> 羞涩的理想，强烈的理想。[1]

韦德林斯卡娅朗诵过。霍多托夫和维利布舍维奇也表演过。[2]

霍多托夫狂热地想方设法抹杀脚韵。演员们向来以为，如果把诗歌视为散文，诗歌会获益匪浅。维利布舍维奇添加震音，搞出无数变音音节。大厅里响彻赞美声。

我也作出了自己的奉献。1916 年在莫斯科小剧院上演了我的话剧《撒旦的手摇风琴》。话剧的第一幕我是以巴尔蒙特的诗歌结束的。第二幕则以那首诗的续篇开始。那首诗就是《金鱼》[3]。我太喜欢它了。就是此刻我依然很喜欢它。

> 城堡里举办快活的舞会，
> 音乐家们都登台献艺。
> 花园里清风吹拂
> 秋千在灵巧地飘逸。

---

[1]　不确切地引自巴尔蒙特的诗《在我的花园里》(1900)。

[2]　玛丽娅·安德烈耶夫娜·韦德林斯卡娅(死于 1948 年)，В. Ф. 科米萨尔热夫斯卡娅剧院演员，后来是亚历山德拉剧院演员，导演与剧作家 Н. А. 波波夫(1871—1949)的妻子。

尼古拉·尼古拉耶维奇·霍多托夫(1878—1932)，亚历山德拉剧院演员，和钢琴家叶甫根尼·鲍里索维奇·维利布舍维奇(1874—1933)一起创造了配乐朗诵节目品种；首批产品之一为巴尔蒙特的《垂死的天鹅》。

[3]　巴尔蒙特诗《金鱼》收进了他的《仅仅爱情》(1903)一书(《梦的轮廓》系列)。

爱夜游的女士

个个为春天陶醉，

在月光下飘忽来去，

宛如画中的仙女。

繁星在池水中荡漾，

青青的草儿默默俯仰。

就在那幽静的池水中

小金鱼忽隐忽现。

舞会上的乐师

虽然看不到金鱼，

却是为了她，

倾心把音乐奉献……

话剧表现的是外省生活的黑暗王国，是麻木而凶狠的生活。然而，这个关于金鱼的神话却宛如可爱的轻盈而芬芳的风，使话剧变得那么清新，它必然能给观众以欢乐，凸显出那个环境的沉闷气氛。

经常有一些好诗，出色的诗，但只是从旁经过，很快就消失得无影无踪。而有一些诗歌，似乎平淡无奇，但其中却有某种放射性的东西，有特殊的魅力。这些诗歌会永生。巴尔蒙特的某些诗歌就是这样的。

我记得，有一位布尔什维克来找我——这事发生在革命前。这位布尔什维克一般不承认什么诗歌，更不要说颓废派诗歌了（巴尔蒙特是颓废派）。在俄罗斯的全部诗歌中，他就知道涅克拉索夫的：

让我远离寻欢作乐无所事事的人们，

远离双手沾满鲜血的人们……

把我送到即将死去者的营垒吧，①

读了这几句诗，还仿佛打了四个喷嚏。

他从我的书架上拿起一本巴尔蒙特的书，打开后读道：

铃兰花，毛茛，爱的温存，

虚幻的瞬间，幸福的瞬间。②

"这是什么胡言乱语呀，"他说道，"既然是虚幻的，它就不可能存在。否则它便是真实的。首要的是，要有意义。"

"好，那么请听，"我说道。于是开始读：

我发给你星球通行证，

让彩虹充当踏板。

我把你的闺房高高托起，

直到滚滚风雷之上的蓝天……③

"怎么样，"他问，"可以再来一次吗？"

我重读了一遍。

"下面呢？"

我读了该诗的第二节，然后是结尾：

我们将在阳光与欢歌声中，

---

① 引自 H. A. 涅克拉索夫的诗《一小时的骑士》（1862）。

② 引自巴尔蒙特的诗《没有歌词的歌》（《在北方的天空下》一书，1894）。

③ 不确切地引自巴尔蒙特的诗《星球通行证》（《霞光》一书，1912）。

在最后的瞬间，我们将

庄严地面向南方。

"可以再来一次吗？"他请求道，"知道吗，真怪！说实在的，很难捕捉到什么意义。至少我没有捕捉到。可是出现了某些形象。有意思——也许，它能为人民大众所理解？我希望，您能把这些诗句给我抄下来。"

后来，在革命期间，我的这位布尔什维克发达了，成了一位大人物，给了作家兄弟们许多庇护。这是那个难以理解的星球通行证的魔力对他发挥了作用。

人们时常拿巴尔蒙特与勃留索夫比较。并且总是得出结论：巴尔蒙特是真正富有灵感的诗人，而勃留索夫的诗是坐着挤出来的。巴尔蒙特是创作，勃留索夫是工作。我不认为这种意见无可指摘地正确。然而问题在于，人们爱巴尔蒙特，对勃留索夫则很冷淡。

我记得，在科米萨尔热夫斯卡娅剧院排演了勃留索夫翻译的《佩列阿斯与梅里桑达》[1]。勃留索夫出席了首演式。幕间休息时，他面向观众，站在舞台前栏杆旁边。他两手交叉，跟弗鲁别利[2]为他画的肖像一模一样。他姿态傲慢，完全不适合剧院这个场合，很招惹不认识勃留索夫者的目光。他们相视而笑，互相询问："这位翘鼻子先生是什么意思？"

期待喝彩的勃留索夫对彼得堡满腔怨恨。

---

① 比利时剧作家莫里斯·梅特林克（1862—1949）的话剧《佩列阿斯与梅里桑达》（1892），由В. Я.勃留索夫专门为科米萨热夫斯卡娅剧院翻译，以此开始了1907—1908年演季。勃留索夫出席了1907年10月10日的首演式。

② М. А.弗鲁别利为 В. Я.勃留索夫画的肖像（1906）现保存于莫斯科特列嘉柯夫美术馆。

我是如何同巴尔蒙特相遇的

我首先遇到的是他的诗歌。献给我的第一首诗歌，就是巴尔蒙特的诗。

> 我需要你，我的幸福。
> 我的天仙般的姑娘！
> 你是焦渴心灵的甘露，
> 你是连天阴雨后的太阳！①

献给我这首诗的不是巴尔蒙特本人，而是士官生科利亚·尼科利斯基，那时候我十四岁。然而，在打着格子的纸上抄着这首诗，还写着："献给娜嘉·洛赫维茨卡娅"。它被系在一束半枯萎的铃兰花上，从窗口飞进来，落在我的脚下。这束花显然是从科利亚姨妈的花瓶里偷的。这一切是那么美好。春光，铃兰，我的天仙般的美（梳着两条小辫子，鼻子上长着雀斑）。

诗人巴尔蒙特就这样走进了我的生活。

后来，已经是五年之后了，我在我姐姐玛莎（女诗人米拉·洛赫维茨卡娅）那儿认识了他。他的名字已经响彻整个俄罗斯。从阿尔汉格尔斯克到阿斯特拉罕，从里加到符拉迪沃斯托克，从南到北，从东到西，到处都在阅读、朗诵、歌唱、呼吼他的诗句。

"是这样一位金发、快活的小姑娘，这样一位女人②，"他欢迎我说。

---

① 引自巴尔蒙特《在一望无际中》(1895)一书(《爱情与爱情主题》系列)。

② 原文为法语。

"那么,您就是这样一位彬彬有礼的男人了①,"我姐姐说。

交往是短暂的。巴尔蒙特大概自己也未曾料到,他突然写了一首触犯国家君主政体的诗,匆匆到国外②去了。

下一次见面已经是在战争期间,是在"流浪狗"的地下室里。他的到来是一次真正的轰动性事件。人们是何等高兴啊!

"他来啦! 他来啦!"安娜·阿赫玛托娃高兴地叫道,"我看到他了,我给他读诗,他说,到现在为止他只承认两个女诗人——萨福③和米拉·洛赫维茨卡娅。现在他结识了第三位,这——就是我,安娜·阿赫玛托娃。"

人们期待着他,准备同他见面,于是他来了。

他走了进来,高高地扬起额头,仿佛戴着光荣的金冠。脖子上围着两圈黑色的类似莱蒙托夫式的领带。没有人系这样的领带。一双锐利的眼睛,长长的淡红褐色头发。跟在后面的是他忠实的影子,他的叶连娜④。一位瘦小的女士,她面色黝黑,只靠着浓茶与对诗人的爱活着。

人们欢迎他,把他团团围住,请他坐下,为他读诗。马上便形成了歇斯底里的女崇拜者的圈子——所谓"携香液女们"**。

---

① 原文为法语。

② 巴尔蒙特在 1901 年 3 月看到哥萨克士兵如何驱赶、殴打游行示威的大学生,很快便写了一首诗《小苏丹》,其开始部分为:

> 这是在土耳其,那里良心一钱不值,
>
> 统治天下的是拳头,皮鞭和大曲剑,
>
> 两三个卑微小人,四个混蛋,
>
> 还有一个愚蠢的小苏丹……

这首诗广为流传,侦探找到巴尔蒙特,进行了搜查。一个月后他被流放,两年内禁止进入首都和有大学的城市*。在流放中度过将近一年之后,巴尔蒙特获准出国。

* 大学指的是综合性大学,在当时的俄罗斯为数不多。

③ 萨福,古希腊女诗人(公元前 7—6 世纪),其抒情诗的中心主题是爱情。

④ 指的是叶连娜·康斯坦丁诺夫娜·茨维特科夫斯卡娅(1880—1943),巴尔蒙特的第三任妻子。

** 携香液女,即《福音书》中把耶稣从十字架上解下来然后给尸体涂圣油的女人。后指崇拜某教派领导人的女人。又泛指崇拜某个人的女人。

"您愿意吗,我马上就从窗口跳下去? 愿意吗? 只要您说一声愿意,我马上就跳,"一位立刻就爱上了他的女士一再重复道。

让对诗人的爱搞得丧失理智的女士忘记了,"流浪狗"坐落在地下室里,从窗户里无论如何也跳不出去。只能从那里爬出去,不过也很困难,而且对于生命也没有任何危险。

巴尔蒙特鄙夷地回答道:

"不必了。这里不够高。"

看来,他也未曾意识到,他此刻正坐在地下室里。

巴尔蒙特喜欢故作姿态。这是可以理解的。长期处于被崇拜之中,他认为自己的言谈举止应该,按他的意见,像一位伟大的诗人所表现的那样。他高仰着头,眉头紧皱。但他的笑出卖了他。他的笑是友善的,儿童般的,甚至是不设防的。他这种儿童般的笑可以解释他的许多荒唐举止。他有时像婴儿那样沉湎于瞬间的情绪,可以忘却做出过的允诺,可以草率行事,可以拒绝真理。比如说吧,在1914年的战争期间,许多波兰难民涌进了莫斯科和彼得堡。在某次集会上,他在自己的发言中表示愤慨:为什么我们大家还不说波兰话呢?

"他们来到我们中间已经几乎半年了,在此期间甚至都来得及学会中国话。"

已经是战后了,当他来到华沙,一伙俄国大学生在火车站迎接他的时候,当然说的是俄语。他表示很不高兴,不理解:

"我们是在波兰。你们为什么不跟我讲波兰语呢?"

大学生们(后来他们给我讲了这件事)非常懊恼:

"我们是俄罗斯人,欢迎的是俄罗斯作家,我们讲俄语是很自然的事情嘛。"

当人们近距离认识他之后,当然就原谅了他的一切。对于巴尔蒙特来说,在华沙自然就应该浸透波兰的一切。在日本他觉得自己是日本人,在墨西哥他觉得自己是墨西哥人。在华沙,他自然就是波兰人了。

一次偶然的机会,我与他和一位 E. 利亚茨基教授①共进早餐。他们二人相互在对方面前虚张声势,吹嘘自己的博学多识,主要是语言方面的知识。

巴尔蒙特的个性更强一些,利亚茨基很快就受到他的影响,开始装模作样地拖长声音说话。

"我听说,您能用所有的语言自由地交谈,是吗?"他问道。

"嗯,是的,"巴尔蒙特拖长声音说,"我未来得及研究的语言只有祖尔语(显然是祖鲁语)。您似乎也是通晓多种语言的人吧?"

"嗯,是的,我也不太懂祖尔语,不过其他语言对于我来说已经不再是什么困难了。"

这时候我以为,是我加入谈话的时候了。

"请问,"我一本正经地说,"芬兰语十四怎么说?"

接下来是尴尬的沉默。

"一个奇特的问题,"利亚茨基生气地嘟哝道。

"只有苔菲才能想出如此出乎意料的问题来,"巴尔蒙特不自然地笑着说。

他们谁都没有回答我的问题。虽然芬兰语的"十四"并不属于祖尔语。

巴尔蒙特生命的最后几年大量从事翻译工作。他翻译过亚述人的教

---

① 叶甫根尼·亚历山德罗维奇·利亚茨基(1868—1942),文艺学家,批评家,宗教诗歌出版人,《欧洲通报》《民族评论》《历史通报》《上帝的世界》《俄罗斯财富》等杂志的撰稿人。领导过"灯火"出版社。1904 年在《欧洲通报》杂志第 1、3 期上刊登了对巴尔蒙特和勃留索夫诗歌的评论。诗人以给《天平》杂志编辑部写信的形式作答复——《放下面具》(《天平》,1904 年第 3 期)。1909 年开始业务性通信,使他们逐渐接近。在布拉格,利亚茨基领导了"火焰"出版社,出版了巴尔蒙特的书《我的家在哪儿?》(1924)。最后一次见面是 1936 年,在贝尔格莱德,他们的交往在 1937 年以前一直未断。

堂赞美诗(大概是译自德语)。我曾研究过古代东方*的宗教,在巴尔蒙特的翻译中,我发现,他以诗歌形式非常准确地表达出了原作的内涵。

　　不知何故,他还翻译了不太有价值的捷克诗人维尔赫利茨基[①]的作品。可能仅仅是因为认识的缘故。

> 　　　　猫啊猫,你去哪里?
> 　　　　我去井里。
> 　　　　猫啊猫,你为什么去井里?
> 　　　　我去喝奶。

　　当他朗诵的时候,猫的回答总有一股委屈扭捏的腔调。我想,本来是可以不翻译的。

　　总的说来,巴尔蒙特的翻译是出色的。不能不提一下他译的奥斯卡·王尔德,或者爱伦·坡。

　　在侨居中,巴尔蒙特一家住在一座提供家具的小住宅里。饭厅里的窗户总挂着棕色的窗帘,因为诗人把窗玻璃打碎了。镶新玻璃没有任何意义,因为它还轻易就会被打碎的。所以房间里总是昏暗、寒冷。

　　"可怕的住宅,"他们说,"没有玻璃,风大。"

　　同他们一起住在"可怕的住宅"里的,还有他们年轻的女儿米拉(起这个名字是为了纪念米拉·洛赫维茨卡娅,被认可的三位女诗人之一),她为人十分奇特,经常以自己的怪诞行为让人们大吃一惊。童年时期她曾脱得精光,然后钻到桌子下面,无论如何劝说,也不能从那里把她拉出来。父母

---

　　*　在俄罗斯历史编纂学传统中,"古代东方"这个术语指古代近东、中东。

　　①　雅罗斯拉夫·维尔赫利茨基(真名为埃米尔·弗里达;1853—1912),捷克诗人,他的《诗选》由巴尔蒙特翻译,1928年在布拉格出版。叶·亚·利亚茨基对这个翻译持否定态度。巴尔蒙特写了《关于翻译》一文作答复(1932)。

以为她大概是得了某种疾病,于是请来了医生。

医生认真地看了看叶连娜,问道:

"您看来是她的母亲啦?"

"是。"

又更加认真地看了看巴尔蒙特:

"您是父亲?"

"嗯,是。"

医生把手一摊:

"那你们想要她怎样呢?"

同他们住在一起的还有妞申卡①,一位温柔可爱的女士。她长着一双带有惊叹神情的灰色大眼睛。年轻时她爱上了巴尔蒙特,于是至死也就留在他的身旁,总是一副惊讶、赞叹的神情。她曾经非常富有,但在侨居期间已经一贫如洗。她患有肺结核,一副病恹恹的模样。她总是在织着什么,涂抹着什么,以便用挣到的钱给巴尔蒙特买礼品。她比他们死得早。

爱情,像光环,你的光泽
在每个死者头上闪现。②

《信天翁》③这首诗对巴尔蒙特比对任何一位诗人都更合适。

高傲的大鸟,豪迈地展开强劲的双翼,在空中翱翔。整个轮船都崇敬地欣赏它那非凡的美。然而它被捉住了,割断了它的翅膀——于是滑稽、庞大而又笨拙的它,在水手们的狂笑与戏弄声中行走于甲板上。

巴尔蒙特是诗人。永远是诗人。所以他谈起最普通的生活琐事时,也

---

① 安娜·尼古拉耶夫娜·伊万诺娃(1877—1937),巴尔蒙特的情人,他的第二任妻子 E. A. 安德烈耶娃-巴尔蒙特的侄女。她在他们家生活多年。

② 不确切地引自 B. 勃留索夫的诗《阿纳托尼》(1905)。

③ 指的是 Ⅲ. 波德莱尔的诗《信天翁》(1842),但不够确切。苔菲转述了它的内容。

带有诗人的激情与诗的形象。他把不支付稿酬的出版商称作"屠杀天鹅的刽子手",把钱称作"叮当响的机会"。

"我太巴尔蒙特了,因而不能拒绝我的过失,"他对自己的叶连娜说。

有一次,他谈到某人一早就来到了他们家时,他说:

"叶连娜还维持着自己夜间的容颜。"

"叮当响的机会"不多,所以夜间的容颜表现为洗旧了的里绒布短上衣。令人忍俊不禁。于是,高傲的信天翁也就这样行走在甲板上。

但是,钟情于他的女人们已经看不见割断了的双翼。她们觉得这双翅膀永远在豪迈地展开,太阳则在她们上方祝福般地照耀着。使人神魂颠倒的诗人怎么会用普通的庸俗言语讲话呢?

身边的人们同他讲话或谈及他时也辞藻夸饰。叶连娜从不称他为"丈夫"。她说——"诗人"。

普普通通的一句话"丈夫想喝水",用他们的语言来说就成了"诗人意图用水分消解干渴"。

拿来香膏的女人们也竭尽全力与可能地这样讲话。可以设想,这成了什么样的场所。但这一切都是真诚的,这叫作最深沉、最真挚的爱。挚爱着的母亲同婴儿就这样用"他的"语言交谈。不说大便,而说"巴巴",不说撒尿,说"尿哗哗"。爱能把可怜的人心变成什么样子啊。

他对待我的态度很不稳定。有时候不知为什么气鼓鼓的,似乎在等待来自我这方面的伤害。有时候则极端地和蔼与亲切,

"您去过维希①啦?"

"是,去啦。刚回来。"

"去追逐失去的青春吗?"(这显然是"想作一个粗鲁的人!")

"嗬,看您说的。正相反。我一直在寻找幸福的晚年。"

---

① 维希,法国中部的矿泉浴疗养地。

巴尔蒙特的脸突然变得孩童般天真无邪，他笑了。

有时候，他又突然开始赞赏我的诗《黑轮船》①，因为它颁发给我赦罪符——免除我的罪过：

"因为写了这首诗，您有权杀死两个人。"

"还是两个呀？"我高兴了，"谢谢您。我一定享用。"

巴尔蒙特生动地讲述，莫斯科艺术剧院如何委托他同梅特林克就排演其《青鸟》②一事进行谈判。

"他久久不让我进门，仆人从我这儿跑去找他，在住宅深处的什么地方消失了。最后仆人才让我进入某个第十号房间，那里空空荡荡。椅子上蹲着一条胖狗。梅特林克在旁边站着。我陈述了艺术剧院的建议。梅特林克沉默不语。我又说了一遍，他还是沉默不语。这时候狗叫了起来，我便走了。"

在生命的最后几年他疾病缠身。物质状况也很糟。朋友们为他募捐，举办晚会，以便为贫困的诗人缴纳病床费。晚会上，叶连娜躲在最后一排的角落里，坐着哭泣。

我朗诵他的诗歌，在舞台上讲述当年这些诗行的魔力如何拯救了我。

这事发生在革命高潮时期。夜里，我坐在挤满半死不活的旅客的车厢里。人们相互坐在身上，像死尸那样站着摇晃，或者就横七竖八地躺在地板上。他们吼叫，在梦中哭号。一个老人死死地压在我的肩上。他张着嘴，翻着白眼，样子十分吓人。车厢里闷热、恶臭，我的心脏忽而怦怦乱跳，忽而静止不动。我觉得，我快要死了，拖不到早晨了，就闭上了眼睛。

猛然间，我心里奏响了诗歌。可爱的、天真的儿童诗：

---

① 诗歌《夜里他乘坐黑帆船来了……》的题目是《轮船》，发表于《未来的俄罗斯》杂志（1920年第 2 期），收入《Passiflora》（1923）一书。

② 《青鸟》的首演权（1908）梅特林克交给了莫斯科艺术剧院；该剧至今，几乎在百年之后，仍在舞台上演出。

城堡里举办欢乐的舞会，

音乐奏响了……

巴尔蒙特！

于是，臭烘烘的、人声嘈杂的车厢消失了。乐声悠扬，蝴蝶翻飞，神奇的金鱼在池塘里时隐时现。

歌声悠扬，歌声嘹亮，

歌声发自她，金鱼之口……

我默诵完一遍，又重新开始。宛如念咒语。

"亲爱的巴尔蒙特！"

黎明时分，我们的列车停了。可怕的老头被抬了出去。他浑身青紫，一动不动。看来，他已经死了。而诗歌的魔力拯救了我。

我一边讲述这个奇迹，一边望着叶连娜正在默默饮泣的那个角落。

四十五年^①

这发生在俄日战争之后不久。四十五年以前。这是一个令人惊叹的时代,在人们的回忆中,它往往是一些支离破碎的片段,仿佛有什么人把日记本的张页弄丢了,把记载着如此荒诞离奇事件的悲惨记录搞乱了,以致你只能把肩一耸:这一切难道都有过吗?难道事件,和人,和我们自己,都曾经是这样的吗?

是的,原来一切正就是如此。

俄罗斯突然一下子变左倾了。大学生风潮迭起,工人罢工,甚至老将军们都对可恶的秩序纷纷抱怨,严厉抨击皇上的为人。

有时候社会的左倾直接具备了滑稽可笑的性质:萨拉托夫的警察局长,同与百万富婆结婚的革命者托普利泽一起,开始出版合法的马克思主义的报纸。您得同意,已经无法更激进了。

---

① 首次发表于《新俄罗斯言论报》,1950 年第 13939 期,6 月 25 日;再次发表于《复兴》报 1956 年第 49 期。显然,标题是预先约定的,这与第一次发表有关,因为这一章讲的是发生于四十五年前的事件。很有可能,这一章的标题应该是《新生活报》,因为苔菲讲的是,她如何短时间参与社会民主党的出版工作。然而,《新俄罗斯言论报》和《复兴》报的报刊督查人觉得这样的题目没有吸引力。

彼得堡的知识分子热情而敏锐地体味着新情感。剧院里上演了《绿鹦鹉》①,这是法国革命时期的戏剧,在此之前一直禁演;政论家们撰写撼动制度的论文与讽刺作品;诗人们发表革命诗篇;演员们在舞台上,在观众狂热的掌声中,朗诵这些诗歌。

大学与工学院临时关闭,在其建筑物中召开群众大会。资产阶级的市民轻易就能溜进会场,接受当时还是新的、"正确"和"打倒"的口号的鼓舞,并将错误理解与错误表达的思想带给朋友们以及亲人们的家庭。

市场上出现了一些新的有插图的杂志,如舍布耶夫的《机枪》②等。我记得,在其中一个杂志的封面上,赫然画着一枚血淋淋的手掌。它们挤掉了笃信宗教的《田地》,被意料之外的公众抢购一空。

有一次,在我母亲家,我遇到了她的老友Л,她是一位高官的寡妇。这位高官曾是卡特科夫的朋友,总之,属于就是后来被称作"野牛"*的那帮人。

"我想读一读《其枪》,"高官寡妇说,不知为什么,她把"机枪"这个可怕的词说得那么怪。"可是,我下不了决心亲自去买,派叶戈尔去又不方便。我觉得,他不支持新潮流。"

叶戈尔是她的老仆人。

就在那里,我还遇到过自己的伯父,过去是一个属于宫廷圈子里的人。当我们还是孩子的时候,他有时从宫廷的餐桌上给我们带回来一些糖果(这是非常传统的做法)。糖果是宫廷糖点师的产品,用白色带花边的糖纸包着。我们吃着非常得意。妈妈指着我,告诉伯父说:

"她就同社会主义者们认识。"

---

① 《绿鹦鹉》,奥地利作家 A. 施尼茨勒(1862—1931)的剧本,写于 1899 年。

② 尼古拉·格奥尔吉耶维奇·舍布耶夫(1874—1937),记者,诗人,《机枪》杂志编辑,曾被判处一年监禁,杂志停刊。从 1908 年起舍布耶夫是《春天》杂志编辑,该杂志于 1914 年停刊。1908—1913 年在《蜻蜓》和《萨蒂利孔》等杂志上发表文章。革命后在苏联一些讽刺杂志上撰稿。

* 即极端保守分子,死硬派。

她说的时候带着那么一种语气，就像在说，一个野人在生吃带羽毛的山鹑。是一件既讨厌又惊人的事。

"噢，暴风雨即将开始啦！"我想。

可是，突然——什么事也没有。伯父调皮地笑了笑：

"好吧，朋友，青年应当跟着时代一道前进。"

这可是我真的没想到啊！原来，我开始跟着时代一道前进啦。

在我们的友好圈子里，有一位 К. П-夫[①]。他是一位参政员的儿子，但是，让自己父亲困惑不解的是，他同社会民主党人保持着密切联系。这是一个极度不安分的灵魂，它在列宁的小册子《进一步退两步》与巴尔蒙特的诗歌之间不停地折腾。

"您一定要去日内瓦见列宁，"他对我说。

"去见列宁？我去见列宁做什么？"

"什么做什么呀？去学习。这正是您所需要的。"

当时我刚开始发表作品。印发我东西的是《交易所新闻》报。这份报纸抨击的主要是"靠社会馅饼供养的城市父母官"。我也帮助抨击。恰好，这时的关注中心是市长列利亚诺夫的计划——填平叶卡捷琳娜运河。我写了一首寓言《列利亚诺夫与运河》。

列利亚诺夫一次正在遛早弯

突然看见一条河，

叶卡捷琳娜运河。

"什么无用的东西！"——他说。

"不能游，不能洗，更不能喝。

你是个样子货，不是什么运河。

---

① 指的是 К. 普拉托诺夫（苔菲把《蜜蜂》一诗献给了他），他是国务会议成员 С. Ф. 普拉托诺夫（1844—?）的儿子。

　　最好填平你,这是我的希望。"

　　皱紧阴沉的额头,脑袋这样想。

　　猛然,一个微生菌浮出水面,

　　它高声呐喊:"当心,列利亚诺夫,

　　赶紧放弃你这个宏图。"……

　　沙皇反对列利亚诺夫的方案,他非常喜欢这首寓言。报纸出版人普罗珀收获最高层的奖赏——圣上的微笑,他便多给了我两个戈比。在当时所有的报纸撰稿人中,只有涅米罗维奇-丹钦科①一个人得到过传奇般的报酬——十戈比。

　　一句话,我的前程似锦。列宁关我什么事?我又能向他学习什么呢?

　　可是 K.П-夫一直在进行宣传。作为开始,他介绍我同一位神秘人物认识——瓦列里娅·伊万诺夫娜。很快便搞清楚了,这是化名,她还有别的名字。看样子,她有三十多岁,一张疲惫的脸,鼻子上架着眼镜。她经常请求允许带一位有趣的熟人来。这样,她带来过加米涅夫②、波格丹诺夫③、曼德尔施塔姆④、芬-叶诺塔耶夫斯基⑤、柯伦泰⑥。

---

　　① 瓦西里·伊万诺维奇·涅米罗维奇-丹钦科(1844/45—1936),散文作家,诗人,政论作家,弗拉基米尔·伊万诺维奇·涅米罗维奇-丹钦科的哥哥。1865 年起发表作品,是多篇游记的作者,著名的军事记者。革命后侨居国外。

　　② 列夫·鲍里索维奇·加米涅夫(真姓罗森菲尔德;1883—1936),俄国社会民主工党早期积极活动家之一,政论作家,革命后经常作为反对派出现。1936 年作为阴谋家和暗杀基洛夫活动的组织者,受到不公正的审判,被处决。

　　③ 亚历山大·亚历山德罗维奇·波格丹诺夫(1873—1928),俄国革命运动活动家,医生,哲学家,经济学家,政论作家,作家;1896—1909 年俄国社会民主工党党员。后来离开了党务活动。1926 年组建输血协会。

　　④ M.H.曼德尔施塔姆(别名列多夫、利丁、马尔丁、马尔丁·尼古拉耶维奇、水妖等),俄国社会民主工党党员,政论作家。

　　⑤ 芬-叶诺塔耶夫斯基,俄国社会民主工党党员,经济学家,政论作家。

　　⑥ 亚历山德拉·米哈伊洛夫娜·柯伦泰(1872—1952),俄国革命运动参加者,革命后,1917—1918 年任国家救济人民委员;1923—1945 年从事外交工作:先后为驻挪威、墨西哥、瑞典大使。

她的朋友们很少注意到我,主要是进行自己的谈话,谈一些我完全不了解和不明白的话题。谈什么代表大会呀,决议呀,增补人员呀。经常重复一个词"坚如磐石的",经常骂一些孟什维克分子,经常引用恩格斯的话,他说过,在城市街道上进行武装斗争是不可能的。显然,他们之间十分友好,因为他们互相称同志。有一次带来一个纯粹的普通工人。他们同样也称他为同志。叶菲姆同志。那个人经常是沉默不语,后来消失了很长时间。他们顺便提到过,说他被捕了。

过了几个月,叶菲姆又出现了,可是完全变了模样:崭新的浅色制服,鲜黄色手套。叶菲姆坐着,举着双手,又开手指。

"您这是干什么?"

"我怕弄脏手套。他们把我打扮成了资本家,以免惹人注意。"

这个伪装很不成功。他这副模样是如此生动,绝对不能不多看他几眼。

"您坐牢啦?很难受吧?"

"不,不很难受。"

突然,他带着敦厚的微笑说:

"圣诞节还给吃鹅(说成了第四声'饿')了。"

我为叶菲姆的化妆感到惊讶有点多余。不久我便确信,这并不像幼稚的眼睛看到的那么蠢。瓦列里娅·伊万诺夫娜到国外去了两个月,穿着一件鲜红的短上衣回来了。

"为什么您打扮得这样漂亮啊?"

原来,她出国使用的是一个假护照,是发给一个没有文化的十六岁少女的。同志们认为,一个中年女人,尽管她有一张疲惫的知识分子的脸,戴着夹鼻眼镜,只要把她打扮一番,给她穿上鲜红的短上衣,立刻就能把她变成没有文化的女孩子。他们原来是对的。边防宪兵相信了,瓦列里娅穿着红色短上衣来到了彼得堡。

后来,《新生活报》①面世之后,列宁为躲避警察做得更巧妙了。从编辑部出来时,他只是简单地把大衣领子竖起来而已。他一次也没被特务认出来,尽管,当然啦,一直在监视他。

开始出现了一些从境外来的人。大部分来自瑞士。谈的还是那些话题。责骂孟什维克,经常提到普列汉诺夫,而且说成"普列康诺夫"。

"为什么呀?"

"在瑞士这样说习惯了。"

许多人骄傲地告诉我,普列汉诺夫出身于古老的贵族家庭。不知为什么,这使他们感到很得意。我觉得,因为什么事普列汉诺夫使他们不舒服,感到不安。他们很想设法说服他,担心他会离开他们。

在这伙人当中,最引人注目的是柯伦泰。她是一位上流社会人士,非常漂亮的年轻太太,穿着优雅得体,并时常卖弄地翕动小鼻子。记得是在召开妇女代表大会的时候,她用这样的话开始了自己的发言:

"我不知道用何种语言发言,以便使资产阶级女士们能听懂我说的话。"

她身着一袭豪华的天鹅绒连衣裙,金项链连同挂在上面的带小镜子的圆形饰物一直垂到膝盖处。我发现,同志们为柯伦泰的雅致感到骄傲。我不记得,因为什么和在什么时候,她被捕了。报纸上有报道,说她进监狱的时候随身带着十四双皮鞋。同志们以巨大的尊敬重复这个数字,甚至还压低了声音说。跟说"普列康诺夫"的贵族身份时完全一样。

有一次她让我们到她家去。瓦列里娅·伊万诺夫娜领着我们爬备用楼梯,直接便进入了厨房。非常惊讶的厨娘问道:

"你们这是找谁呀?"

---

① 《新生活报》,布尔什维克第一份合法报纸,从 1905 年 10 月 27 日至 12 月 3 日,在彼得堡共出版二十八期(其中十五期被没收),第 28 期非法出版,因为 1905 年 12 月 2 日报纸被查封,从第 9 期开始,列宁领导杂志。出版人为 М. Ф. 安德烈耶娃。

"找柯伦泰同……"

"那你们怎么走后门呀？请去书房吧。"

瓦列里娅·伊万诺夫娜显然没有料到，柯伦泰同志会住在正门楼梯旁边。

在陈设豪华的宽敞书房里，柯伦泰的朋友芬-叶诺塔耶夫斯基迎接我们。他高个子，尖下巴，黑头发，脑袋像奥地利灌木丛。根根头发独自盘旋上升，像一条条螺旋线*。让人不由地想：遇到刮风的时候，这些螺旋线肯定要呜呜呜响。

送来了茶水和饼干，一切都跟资本家家庭一样。可是还是那样的谈话：孟什维克分子……恩格斯说过……坚如磐石的……普列康诺夫……普列康诺夫……普列康诺夫……孟什维克分子……增补委员。

这一切都极其乏味。处理某些琐碎纠纷，某某人去了一趟国外，带回来一些紊乱的党内谣言，谁谁画了一些讽刺孟什维克的漫画，使某些蓄着大胡子的"坚如磐石的"马克思主义者像孩子那样开心。在他们中间舒适地游走着一些老到的奸细，关于他们的作用，时隔多年之后人们才开始知晓。

人们说，孟什维克指控列宁，说他"赖掉了指定给孟什维克的十法郎"。就是这样说的："赖掉了"。在国外，孟什维克破坏布尔什维克的报告，卢那察尔斯基发言时他们像猫那样喵喵叫，甚至试图拖走布尔什维克把守的进门亭，为此还动用了拳头。

所有这些谈话，对于一个外人来说，没有任何意思，也引不起对交谈者的敬重。他们从来不谈俄罗斯的命运。这个折磨老一代革命家的问题，为了这个问题人们曾慷慨赴死，却从来不能使他们激动。生活与他们擦肩而过。某些重要事件——大工厂的罢工，某场大规模暴动等——经常使他们

---

　　* 螺旋线，类似蚊香版的螺旋形状。这里似乎是在暗示芬-叶诺塔耶夫斯基的犹太族裔身份，因为犹太人的头发总是非常卷。

措手不及，其突发性让他们震惊。他们仓促派去"自己的"人，但这些人，当然，总是迟到。他们就这样错过了加邦运动①，还有许多其他的机会，然后便后悔莫及。

然而，生活很少使他们感兴趣。他们全身心地沉溺于代表大会、增补委员和决议之中。

在"同志"当中，有一位彼·彼·鲁缅采夫②，是位十足的资产阶级类型的人。他快活，机智，爱享口福和追逐女士，经常造访"维也纳"文学饭店，非常开心地讲述自己同志们的事。有一点不明白，他能起什么作用呢，也难以相信他的"坚如磐石"性。

"我们一条载有武器的轮船沉没了——有理由心情不好，"他精神抖擞地说。然后又叹了一口气，补充道："咱们去维也纳饭店吧，好好吃顿早餐。工人运动还需要我们的力量。"

有什么办法呢？既然需要我们的力量，那就去维持它吧。绝对不能拒不履行公民义务啊。

我很少遇到芬-叶诺塔耶夫斯基。可是，有一次，他完全意外地出现，并带来一个非常奇怪的新闻：

"指定明天举办无产阶级活动。我们要在工兵胡同的《生活问题》杂志③编辑部里安排一个接待点。届时将有女医士和物品，包扎伤者与死者。"

我有一点不知所措。将要包扎死者？

---

① 格奥尔吉·阿波洛诺维奇·加邦（1870—1906），神父，保安局密探。彼得堡工人1905年1月9日去冬宫向尼古拉二世请愿的发起人。1905年10月以前侨居国外。他试图潜入社会革命党的"战斗组织"，被揭露，被工人民兵绞死。加邦活动是沙皇俄国通过创建政府监控下的工人组织，引导工人脱离革命斗争的尝试。在暗探局的支持下，加邦1904年组织了"圣彼得堡工厂工人大会"。该组织于1905年1月9日后解散。

② 彼得·彼得罗维奇·鲁缅采夫（1870—1925），俄国社会民主工党党员，布尔什维克，政论作家，在1907—1909反动时期脱离党的工作。

③ 《生活问题》，文学—哲学杂志，1905年在彼得堡出版（取代被查封的《新路》），主编 H. O. 洛斯基，参与者有 H. A. 别尔嘉耶夫和 C. H. 布尔加科夫等。

但在芬看来,这是完全自然的事情。他在皮夹子里搜寻了一下,递给我十卢布:

"这是给您用的。请于三时整到点上。除此之外,委托您今天到铸造街五号,通知普龙金医生,让他一定于三时整,准时到达工兵胡同《生活问题》编辑部。不要忘记,也不要搞乱了。普龙金,铸造街,十,不,五号。普龙金大街……"

"给我十卢布做什么呀?"

"用于支出。"

"П-夫也去吗?"

"可能去。那么,不要忘记,也不要弄乱。请格外认真。需要纪律严明,否则事业就要失败。就这样,五号,医生,铸造街。不能记在纸上。要记住。"

螺旋线响了,他急速离去。

《生活问题》编辑部我很熟悉,甚至曾被邀请在这家杂志任职。根据我的记忆,编辑有尼·亚·别尔嘉耶夫①和谢·尼·布尔加科夫②(即后来的谢尔吉神父)。秘书是我们的朋友格奥尔吉·丘尔科夫,而负责总务部门的是阿列克谢·米哈依洛维奇·列米佐夫。他的妻子,谢拉菲玛·帕夫洛夫娜③,校对手稿。总之,人员全都认识。还记得,有一次在谈话中别尔嘉

---

① 尼古拉·亚历山德罗维奇·别尔嘉耶夫(1874—1948),俄国宗教哲学家。他试图把马克思主义与新康德主义结合起来,从合法的马克思主义走向寻神说,走向宗教存在主义精神中的个性与自由哲学、人格主义和基督教末世论。是马克思主义和共产主义的思想反对者。1922 年被驱逐到国外。创办了宗教哲学杂志《道路》(巴黎,1925—1940)。

② 谢尔盖·尼古拉耶维奇·布尔加科夫(1871—1944),俄国经济学家,宗教哲学家,神学家。1923 年起侨居国外,居住于巴黎。同别尔嘉耶夫一样,也是从合法的马克思主义与新康德主义走向宗教哲学,后来又走向东正教神学,接受了神父职位。

③ 谢拉菲玛·帕夫洛夫娜·列米佐娃-多夫格洛(1875—1943),古文字学家,1903 年起是 A.M.列米佐夫的妻子。作家把自己的大部书献给了她,在《黑色的田野里》(1922)、《奥莉娅》(1927)和《在玫瑰色的闪光中》(1952)中她是主人公(化名奥莉娅)。列米佐夫给妻子的信收入《在晚霞中》(罗马,1985)一书。

耶夫曾对我说过：

"您似乎与布尔什维克有来往？建议您离他们远一点。这伙人我全都非常认识——在一起流放过。决不能与他们有任何瓜葛。"

因为，说实话，我与他们没有过任何"瓜葛"，所以别尔嘉耶夫的告诫并不使我难堪。

现在，在这个编辑部里，有一个显然是布尔什维克指定的点，因为管事的是芬-叶诺塔耶夫斯基。也许，只是作为某个卫生部门的成员，负责包扎死人的工作？Π-夫将在那里面的念头使我放心了一些。这一切当然有点怪，但是不能退缩。我手中有十个卢布，良心上还有重要的委托。必须行动。我向铸造街走去。

无论是在五号房子，还是在十号房子里，都没有任何医生。我问过，也许有医生，但不是普龙金。或者有普龙金，但不是医生。什么人都没有。没有医生，也没有普龙金。我非常忐忑地回到家中。

无产阶级第一次交给我重要任务，但是，我什么也不能干。如果我的显要长者们知道了——啊，一定会蔑视我。有一点安慰——老相识 K. Π. 将在那个点上。他会庇护我的。

第二天一清早，我便侧耳细听，是否什么地方在射击。没有，一切都静悄悄的。在三点整（纪律，先生们，比什么都重要），我到达点上。在编辑部门口，我遇见了 K. Π.。

"怎么样？"

他把肩一耸：

"什么事、什么人都没有。"

来了位年轻姑娘，带来一包吸湿棉絮。她坐了五分钟便走了。也带走了棉絮。

芬第二天来了。

"您知道吗，"我说，"在铸造街，无论在五号还是十号，我都没有找到任何医生。"

"没找到吗?"他一点也不惊讶,"啊,这就是说,跟你一起搞不成革命。把十卢布还回来吧。"

"也就是说,假如我找到了医生,您就搞成革命啦?"

他把螺旋线一甩,飞快离去。

"您的朋友们使我厌烦了,"我对 Π-夫说道,"不能设法让他们不再来吗?"

"再稍等一下吧。列宁应该很快便到。不要跟任何人说这件事。他来是非法的。那时候大概就有趣了。等等吧。我请求您。"

我开始等待列宁。

《新生活报》①

马克西姆·高尔基向我求助：经常从外省得到各种他和他的朋友们感兴趣的信息，然而对旁人它们完全无用。

私人经常收到大量信件有可能引起警察的注意。信件将被截留和消失。可是，如果信件寄往某个编辑部的地址，则不会引起任何人的注意。在《交易所新闻》报中主管外省部的是某位非常左倾的利尼奥夫②。必须请利尼奥夫帮助。在外省来的信件中，如果日期下面有两根下划线的，就绝对不要印发，因为虽然这些信的内容毫无害处，但却是彻头彻尾的杜撰，只有高尔基和他的朋友们才会对这些信感兴趣。让利尼奥夫把这些信件收集起来，直接转交给我好了。因为我经常在编辑部。高尔基的朋友们再从我这儿把信件取走。一切既简单，又明了。

利尼奥夫愉快地答应了。

一般来说，他是一位极为热情的人。头发浓密蓬松，大胡子随风飘扬。

---

① 首次发表于《复兴》报，1956 年第 49、50 期。

这一章开始部分发表于第 49 期，题目为《新生活报》，结束部分发表于第 50 期，题目为《他与他们》，显然为编辑所改。

② Л. А. 利尼奥夫（笔名达林；1853—1920），记者，政论作家，杂文作家。

"我面对着果戈理的俄罗斯和陀思妥耶夫斯基的俄罗斯,向她们提出问题:我们在向何处去? 但是,我听不到回答。"

这两个俄罗斯都没有给他答复,这当然不好。但他并没有生气,仍不时地重复自己诡诈的问题。

就这样,他同意了,并答应将永远在各方面协助高尔基的朋友们。很快我就从他那儿收到两封日期被特殊标注过的信。来了一位先生,说是从高尔基那儿来的,取走了信。这两封信确实是荒唐。"库尔斯克州立师范学校的学生们对管家不满,给的肉不新鲜。""在塔甘罗格需要维修初级中学的建筑,但维修款得不到。"

但通信出乎意料地中断了。"从高尔基那儿来的先生"非常失望。他们知道,一周前寄出来一封重要的信,但利尼奥夫没有给信,信件开始丢失。怎么回事呢? 必须立即查清楚。

我走进编辑部。

"来过信吗?"

"当然来过,"利尼奥夫答道,"信件的内容竟然那么有意思,我作为外省生活的有经验的评论员,不能不将这些材料发表。"

"可是,事先告诉过您呀,这些都是胡编乱造,怎么能发表呢! 有人要开始辟谣的呀。"

"是的,已经开始了。然而,作为有经验的评论员……啊,顺便说一句,后来就没有来过。"

我往编辑筐里看了一眼,首先看到的便是一封日期打了下划线的信。

"这是什么? 这里还有一封。哦,还有。"

"哎呀,这几封啊!"他若无其事地说道,"这几封信可以取走,它们我已经用过了。"

这几封信我当天便交给了"从高尔基那儿来的先生"。他高兴坏了。更令我惊愕的是,他要了一支蜡烛,将其点燃,便开始在火上烤信。

"您这是干什么呀?"

"什么——干什么？显影啊。"

原来是这么回事。在字里行间开始出现黄色的文字。还是那些话。"增补委员……委任书……孟什维克……"

过了三天，清晨，利尼奥夫跑来找我。他的头发蓬乱，大衣敞着怀，脸上的表情犹如一个从悬崖上往海里跳的人。

他喊道：

"我有女儿呀！我十五年没见到她，然而我还是父亲。"

"您女儿发生什么事啦？"

"就是那么回事，都是你们在毁灭她惟一的父亲。是的，是的。就是这些信！高尔基把我往断头台上拖！"

"亲爱的，不要激动。咱们这儿没有断头台。断头台在法国。"

"都一样！请告诉高尔基，我有女儿……"

我答应告诉，他就匆匆忙忙地跑了，把皮包和手套忘在了我这儿。

我把他的拒绝转达给了"从高尔基那儿来的先生"，这件事就到此为止。

在文学圈子里早就议论，必须创办一份新报纸。诗人明斯基有许可证，但没有资金。偶然冒出来一位资本家，在自己家里开了个会，因为是熟人，我们的朋友 K·Π-夫便出席了会议。计划都是最善良的，然而警察突然出现，把人们都逮捕了。人们全都是无辜的，可是，在警察局里对待他们非常严厉。他们来到了警察局长巴罗奇面前，此人以杰日莫尔达脾气*著称。他大声咆哮，跺脚，允诺把他们都折磨死。于是，Π-夫平静地说：

"这一切都好极了，不过，我应该给父亲打个电话。"

"打，打！"警察局长吼道，"我正好也要告诉他，你是个什么玩意儿！我连他也不会放过的！"

在那时候，需要先把电话号码告诉话务员小姐，她再给你接线。当 K.

---

* 杰日莫尔达，果戈理的喜剧《钦差大臣》中的警察，其特征为脾气粗暴。

Π-夫说了号码之后,警察局长恐惧地警觉起来了。

"是参政员Π-夫的住宅吗?"K.Π-夫问。

警察局长跳了起来。

"叶戈尔,是你吗？告诉爸爸,我被捕啦,是警察局长巴罗奇干的蠢事。"

警察局长默默地把头缩进脖子里,从房间里走了出去。

Π-夫当天就被释放了。其他人拘留了三天。

在这件事之后,轻狂的资本家立刻变得无精打采。拟议中的报纸流产了。

但在这时候升起了另一片霞光。高尔基开始和明斯基谈判。办报许可证很难得到。利用明斯基现有的许可证便容易多了。高尔基搞到了资金。明斯基将出任编辑,在文学部工作的应该是高尔基、吉皮乌斯(作为诗人,和作为文学批评家安东·克莱尼)*和我。以列宁为首的社会民主党人应当决定报纸的政治倾向。编辑部的秘书预定为彼·鲁缅采夫,总务部负责人是绰号"老大爷"的李维诺夫①。

我们未来的秘书在涅瓦大街上为编辑部找到了非常好的房子。有正门,有守门人。大家既高兴又激动。

"全世界无产者,联合起来"的口号激发了明斯基的灵感,他从中捕捉到了严正的诗格,写出了这样的颂歌:

全世界各国的无产者,联合起来②,

---

* 吉皮乌斯用真名写诗,用笔名写评论。

① 马克西姆·马克西莫维奇·李维诺夫(真名为马克斯·瓦拉赫;1876—1951),从1898年起俄国社会民主工党党员,政论作家,革命后从事外交工作;从1921年起副外交人民委员,1930—1939年苏联外交人民委员,1941—1943年副外交人民委员兼驻美国大使。

② 这首《工人颂歌》获得了巨大声誉,也在诗人中间引发强烈批评。勃洛克称它为"乏味的、空洞的马赛曲";梅列日科夫斯基给明斯基的妻子写道:"《工人颂歌》让我难过:'从废墟中,从灰烬中'什么也不会产生,除了未来的小人** 。"

** 未来的小人,梅氏一大政治概念,有同名文章。

我们的力量,我们的意志,我们的权利。

像过节那样,准备行装,投入最后的战斗,

谁不跟我们在一起谁就是敌人,谁就该死去。

围绕着整个地球,我们形成一个铁链

认清标记,我们团结一致,奋勇向前。

敌人经受不起重创,他们溃不成军,

倒下去吧,敌人!欢呼吧,人民!

亲如兄弟的朋友,享受生活的幸福吧!

至今敌人霸占的一切都将属于我们。

全世界各国的无产者,联合起来,

天空的太阳,鲜红的太阳,就是我们的旗帜。

颂歌发表在报纸的创刊号上。这份报纸叫作《新生活报》。

《新生活报》引发了广泛的兴趣。创刊号到晚上已经卖到每份三卢布。人们争相购买。我们的政治领导人感到欢欣鼓舞。他们把成功记到了自己的账上。

"工人同志们支持我们。"

唉!工人们继续忠于《彼得堡小报》,因为它印在特别适合卷烟抽的专用纸上。知识分子当然对《新生活报》感兴趣。社会民主党人与颓废派(明斯基、吉皮乌斯)联盟的新颖,而且还有高尔基的加入,这大大激发了他们的好奇心。

一些怪人开始在我们豪华的编辑部里出现。他们在各个角落里交头接耳,意味深长地交换眼色。

新闻界谁都不认识他们。甚至我们的记者之王利沃夫-克利亚奇科,他认识世界上所有的人，知道所有的事，但望着这些人，也只能一再耸肩而已。邀请他们的似乎是鲁缅采夫。人们问他，他狡猾地微微一笑。

"过一段时间，你们就知道怎么回事了。"

其实，他们还没有着手工作，只是在商讨，作准备。

可是，老相识又出现了——叶菲姆同志，就是那位蹲过皇家牢房，过圣诞节吃烤鹅（说成第四声"饿"）的那位。

叶菲姆腼腆地笑着，宣称他想写一篇政论文章。

"眼下只想出来一个题目。《普列韦和他的莠草》*①。很想快点印出来。"

"文章在哪儿呀？"

"文章嘛，暂时还没有想好。"

出现了一位姓古科夫斯基的人。他张开有牙豁子的嘴，用指甲敲着牙根，骄傲地说：

"坏血病。"

谁都应当明白，他曾因为思想而受苦，被流放过。从国外回来的古谢夫②也来了。有人说，他"歌唱得好极了"。总的说来，他们彼此差不多。甚至说话也一样，都挖苦地噘起嘴唇，都不把话说透。

有人建议我写点讽刺性的东西。

当时人们关注的中心是特列波夫③。我现在搞不太清楚他的职位是什

---

　　*　文章题目原文为：Плеве и его плевелы。是用俄国内务大臣兼宪兵司令普列韦（1846—1904）的姓与плевел（意为"有害的杂草"）一词构词上接近来调侃。

　　①　维亚切斯拉夫·康斯坦丁诺维奇·普列韦（1846—1904），内务部长，宪兵头子（1902—1904），被社会革命党人 E. C. 索佐诺夫刺死。

　　②　谢尔盖·伊万诺维奇·古谢夫（真名为雅科夫·达维多维奇·德拉勃金；1874—1933），1896 年起俄国社会民主工党党员，在党内占据重要职位，1905—1907 年和 1917 年革命的参加者，政论作家；革命后为红军中的政治工作者；1923 年起中央监察委员会委员。

　　③　德米特里·费奥多罗维奇·特列波夫（1855—1906），莫斯科警察总监（1906 年起），彼得堡总督（1905 年起），领导镇压第一次俄国革命；以凶残粗暴著称。

么，但是他位高权重，被人们称作"老板"。在刚刚发生过的镇压骚乱的时候，这个"老板"给士兵们下令开枪，不要吝惜子弹。此后，他很快便被撤换了。

编辑部认为，我应当评论一下这个事件。

我写了一首寓言：《老板与子弹》。* 寓言以下面几行结尾：

> 特列波夫，您是否自愿
>
> 从显赫的职位上滚蛋，
>
> 您本人曾下达命令，
>
> "要不吝惜子弹。"

寓言匆匆排好了版，它应当在第二天见报。

但没有登出来。

问题何在呀？

从侧面房间里钻出来某个家伙，不知道是古谢夫还是古科夫斯基，说道：

"我要求等一等再说，因为我不能确定，可不可以押'自愿'和'滚蛋'的韵。必须在编辑部会议上讨论讨论。"

我去见鲁缅采夫。

"彼得·彼得罗维奇，绝对不能等。两天后，任何报纸都能想出这样的俏皮话来，那时候再刊登就晚了。"

鲁缅采夫当即跑向印刷厂，第二天寓言便问世了。傍晚，无论在什么地方，在街道上，在电车上，在俱乐部里，在旅店里，在大学生的集会上，到处都在重复关于《老板与子弹》的笑话。我很想把这件事告诉那位行家，他

---

* 俄语中，патрон 是多义词，既是"老板"也是"子弹"。所以，该寓言题目"Патрон и патроны"诙谐、隽永。

昨天还在阻挠我的寓言。可是,这些韵律行家们彼此都很相像,我担心伤害无辜。而且鲁缅采夫也说:

"算啦。他自己很清楚。他阻挠寓言,只是要显示一下,他也能起点作用,也有点价值。"

"怎么,他是作家吗? 他算什么韵律方面的行家呢? 而且,按照协议,'他们'应当只负责报纸的政治方面。如果您知道他是谁,请替我转告他,我想对他们的社论作某些修改。"

"如果这样做,肯定能让报纸大大活跃起来,"他笑着说,"近来对报纸的兴趣似乎正在降低。"

不,对报纸的兴趣还没有降低。莫斯科开始关注我们。瓦列里·勃留索夫给我们寄来了短篇小说。明斯基收到了安德烈·别雷的来信。报纸的文学版非常活跃。

社会上继续进行着关于新思潮的议论。很难捕捉到共同的走向。在沙龙里经常讨论政府的行为,层次低一点的人们说:

"工匠们在造反。无论给他们什么,他们总是嫌少。"

在理发店里,我旁边坐着一位红脸女人,是一位马车店的老板娘,正在烫发。她对理发师说:

"我现在,先生,简直不敢出家门。"

"为什么这样啊?"

"唉,听说,很快就要开始打杀知耻(识)分子。我怕得要死。"

在一位省长夫人家里,我遇到男爵夫人 O。季娜伊达·吉皮乌斯前不久刚把她从国外带回来。男爵夫人很生气,因为我们没有自己的《卡马尼奥拉》①。

---

① 《卡马尼奥拉》,法国大革命时期的民间歌舞,它充溢着迫切的政治内容。首先出现于巴黎街头,在攻占杜伊勒里宫之后(1792 年 8 月 10 日),在 1830 年和 1848 年革命的时候,在 1871 年巴黎公社的日子里,都唱响这首歌。

"革命怎么能没有《卡马尼奥拉》呢?《卡马尼奥拉》是快活的革命民歌,胜利的人民在这个歌曲的伴奏下翩翩起舞。我要谱个曲子,由你们诗人当中谁来填词。我喜欢写歌。我已经写了两首浪漫曲。一首写的是恋爱的总督,另一首——恋爱的女王。现在将写一首《卡马尼奥拉》。那么,不要忘记。请与诗人们谈一谈。"

在编辑部的昏暗角落里,人们在压低声音交谈,把一些神秘的纸片弄得沙沙响,成群的蟑螂舞动着自己的长须。

鲁缅采夫迈着马戏团驯兽员那样的大步,精神抖擞地走来走去。他对一切都很满意,正在焦急地等待列宁,以便显示显示,他把事业搞得多么漂亮。从蟑螂丛生的角落里,针对他发出了不怀好意的私语声。可是他似乎没有发现,只是不时狡猾地窃笑一下而已。看着他,总觉得他是在扮演布尔什维克,而且演得非常开心。然而,在他的履历表上却记载着流放(即使不是去西伯利亚,而是在奥廖尔市)。他翻译过马克思的著作,在布尔什维克当中被认为是一个卓越的文学人才。与这些叽叽喳喳的人他似乎从不交往,只是向他们眨巴眨巴眼睛。

可是编辑部里的气氛是紧张的,不太友好,不舒畅。明斯基很焦急。他是责任编辑,报纸是用他的名字注册的,可是政论文章甚至都不给他看一眼。高尔基不到编辑部里来,而且,这个时期他似乎也不在彼得堡。

"稍等一下吧,"鲁缅采夫安慰我道,"列宁很快要来,一切都会安排好的。"

我边走边唱:

"'老爷很快就到,老爷把一切都安排好。'"

鲁缅采夫没有骗人。

老爷来了。

把一切都安排好了。

鲁缅采夫与另外两个人坐在我们编辑部的接待室里。其中一个我已经认识,是叽叽喳喳者之一,另一个是新人。新人不漂亮,比较胖,下巴较宽,额头突出,有点秃顶,有一双细长的狡黠的眼睛,颧骨很大。他坐着,把一条腿架在另一条腿上,正有力地跟鲁缅采夫说什么。鲁缅采夫摊手、耸肩,显然在生气。叽叽喳喳者紧盯着新人,对他唯唯诺诺,由于卖力气,甚至在椅子上一颠一颠的。

我进来后,谈话中断了。鲁缅采夫叫出了我的名字,新人殷勤地说道:"知道,知道。"(虽然说实话,没什么可知道的。)

鲁缅采夫没有说他的名字。看来,我应当明白,我看到的是谁。

"弗拉基米尔·伊里奇对房子不满意,"鲁缅采夫说道。

啊哈,弗拉基米尔·伊里奇!也就是说,这就是"他"。

"房子很好,"列宁打断了他的话,"但对我们编辑部不适合。您怎么能想得起来,让咱们的报纸在涅瓦大街上出版呢。还安排了一个那样气派的守门人。没有一个工人敢从这样一位先生旁边走过。还有你们的新闻编辑!他们哪能行呀!新闻应当由工人自己提供。"

"我不知道……他们能写些什么,"鲁缅采夫嘟囔着说。

"无所谓。当然啦,这将都是些文理不通、杂乱无章的东西,这不要紧。咱们把这样的文章加加工,改一改,然后便发表。这样一来,工人们将知道,这是他们的报纸。"

我想起了叶菲姆和他的《普列韦和莠草》。

"文学批评,关于剧作和歌剧的综合报道,也将由工人们来写吗?"我问道。

"我们现在还用不着戏剧。任何音乐也不需要。任何关于艺术的文章和评述在我们的报纸上都不应该有。只有工人新闻编辑才能把我们和群众联系在一起。可你们的备受欢迎的利沃夫只给一些部里的谣言。我们绝对不需要他。"

可怜的鲁缅采夫啊!他曾经为成功地把记者之王克利亚奇科-利沃夫

吸引来而感到骄傲。

克利亚奇科是一位惊人的采访记者。关于他有许多传奇故事。好像，在开一个秘密会议的时候，他曾躲在内务部长书房的桌子下面，第二天，在他服务的报纸上，在《传闻》栏中，出现了关于这次会议的述评。这可把上层惊呆了。他从哪儿知道的呀？有谁说走嘴啦？或者，这其中有几千几万卢布的交易？这种推测是非常骇人听闻的。查了好长时间，当然，没有找到有过错的人。有过错的是一个仆人，他把克利亚奇科藏在了绿呢子台布下面，为此得到了不菲的报酬。

人们还说，他去采访一位高官。这位高官正在准备一个重要的方案。关于这件事，高官没有给克利亚奇科任何有用的答复，仅限于泛泛之谈，只是一再用手抚弄放在桌子上的手稿。高官急着去开会，克利亚奇科建议用车送他。临行前，彬彬有礼的记者把自己的皮包忘在书房里了。高官已经上车，坐好了，克利亚奇科也把一只脚放在了踏板上，却突然吓得大叫起来：

"皮包！我的天啊！把皮包忘啦！"

于是，慌忙进了大门。

在茫然失措的仆人眼皮子底下，他冲进书房，抓起自己的皮包，顺便也抓起了放在桌子上的手稿。

过了一小时，把手稿匆匆浏览一遍之后，他又回到高官的宅邸，对仆人说：

"老爷吩咐，让我亲手把这几张纸放在他的办公桌上。"

第二天，高官在报纸上看到了他那个方案的总体提纲，被惊得目瞪口呆。

"对那个记者的提问，我只作了模棱两可的答复。他的嗅觉太出色啦！"

就是这位克利亚奇科-利沃夫，各家报纸都想得到的记者之王，列宁却建议将其赶走，换上一个叶菲姆及其莠草。

"看来,整个文学部您觉得都是多余的吧?"我问道。

"坦率地说,是的。不过,请等一等。您继续工作吧,这一切我们会改组的。"

改组立刻开始。首先从房子做起。来了些木工,弄来些木板,把每个房间都分隔成好几部分。

结果,既有点像蜂房,又有点像豢养野兽的园囿。总之,是一些昏暗的角落,贮藏室,小牲口棚。有的像一个单马栏。有的则形成一个很小的,类似喂养小动物的兽笼,比如,养狐狸的。而内墙相距那么近,如果在游客面前放一道栅栏,则可以用伞去逗弄野兽,甚至,如果不害怕,还可以去抚摸它。在有些小单间里既没有桌子,也没有椅子。只有一个灯泡吊在电线上。

出现了大量的新人。全都是不认识的,全都彼此相似。其中比较惹人注目的是曼德尔施塔姆,一位聪明而有趣的交谈者;亚·波格丹诺夫比较枯燥,但受到大家的重视;加米涅夫喜欢文学,至少是承认文学。但他们几乎从来不到编辑部来,据我理解,只是从事党务工作。其余的人在各个单间里聚合成一个个小组,围成一圈,头朝里,宛如暴风雪中的羊。在圆圈的中心,总有拿在某个人手中的一张纸,大家的手指点着它,小声嘟哝着什么,也许是搞不清楚怎么回事,也许是依次说些什么。一个怪异的编辑部。

未受触动的仅有一个用于编辑部开会的大房间。

这些会议开得也相当荒唐。一些与报纸毫不相干的人来了,在靠墙的椅子旁边挤了一会儿,耸了一阵子肩,在那些简单明了不能引起任何嘲讽的地方,他们意味深长饱含讥讽地耷拉下了嘴角。就像是在用小号铅字和普通铅字来排死者的消息。

在这样的一次会议上,有人报告,说来了一位法列索夫(好像是一个民粹派成员),想参加报纸工作。

"没有人对法列索夫持反对意见吧?"列宁问道。

没有人。

"只是他在个性上让我不太喜欢,"我小声嘟囔道,"不过,这当然没有任何意义。"

"啊,是这样,"列宁说,"噢,如果他有点让娜杰日达·亚历山德罗夫娜不喜欢,那就拉倒吧。告诉他,就说我们现在正忙着。"

我的上帝,真够绅士啊!谁能想得到呢!

Π-夫小声对我说:

"看见了吗,他多么看重您啊。"

"可在我看来,这不过是一个摆脱法列索夫的借口,"我回答道。

列宁(他坐在我身边)也斜着看了我一眼,哈哈地笑了。

市里的生活按部就班地照常进行。

年轻的记者纷纷追求从国外归来的年轻女革命者们。

有那样一位女子(似乎姓格拉杜索娃,现在我记不清了),她把手榴弹塞在手笼里给人送,护送她的资产阶级的《交易所新闻》报工作人员兴奋异常。

"她穿得很不错,还经常去找理发师做头发,却突然,手笼里藏炸弹。不管您怎么看,这很不同寻常。这一切都进行得安详泰然。边走边笑。真是个宝贝儿!"

人们在募集资金,用来购买武器。

就是这样一些别具一格的宝贝儿们出入报章杂志的编辑部,去贵族的高档剧院,非常娇滴滴地募集购买武器的钱。一位富有的女演员对待问题很较真。她给了二十卢布,但索要收据。

"以防万一。如果革命者要抢劫我的住宅,那么,我就可以给他们看,证明我曾为他们做出过牺牲。他们就会放过我。"

古谢夫来找我。我拒绝去募捐。我不理解,也不会。正好在我这儿有一位英国记者,是《泰晤士报》的工作人员。他笑了,给了古谢夫十卢布的金币。古谢夫把收获放进一个大纸袋子里去了。它原来是装丘耶夫牌白糖的。袋子里已有了募捐所得——三卢布纸币和二十戈比银币。

在这之后不久,我与这位古谢夫有过一次有趣的会面。

从剧院出来后,我的资本家朋友们带我去一家昂贵的夜店吃晚饭。这里有音乐,有演员表演节目。这里的顾客都是有钱人,喝的是香槟酒。

我突然看见,在离我们不远的地方坐着一位姑娘,她对于这家高档卡巴莱酒吧的风格完全不合适。脸上的粉抹得很厚,穿得花枝招展——简直就是从干草市场来的索尼娅·马尔美拉多娃。在她旁边,在装着香槟酒瓶子的银桶后面,有一张熟悉的脸。这张脸向外看了一下,立刻便藏起来了。我甚至没能看清楚他是谁。然而,我的一位同伴说道:

"在第三张桌子上,有个家伙对您感兴趣。一直在张望。"

我猛一回头,便与古谢夫两眼相遇了。是他藏在瓶子后面躲着我。他又藏起来了,不过,显然明白,我已经认出他来了,便决定行动。他满脸通红,热汗淋淋,不知所措地走到我们桌子跟前。

"有时候只好躲到这样可怕的贼窝子里来啊,"他说道,嗓子有些嘶哑。

"真可怜啊,"我叹了口气说道,"我非常理解您!我们这伙人也决定藏到这里来。想一想啊,有时候必须忍耐些什么呀。音乐,芭蕾舞节目,那不勒斯民歌。简直吓人!"

他的脸更红了,吸了一下鼻子,就走开了。

安东·克莱尼(季·吉皮乌斯)有关文学的评论文章没有刊发。关于戏剧,关于新剧本的文章也没有登出来。

"为什么呢?"

"列宁说,这不可能吸引工人读者。工人对文学不感兴趣,他们也不常去戏院。"

我问列宁。

"对,正是如此。现在不是时候。"

"可是,读我们报纸的不仅仅是工人啊。"

"对,但让我们感兴趣的不是那些人。"

"您考虑过吗,如果您将报纸的文学部分完全排除掉,它将失去多少订户?这对您在物质上不划算。此外,如果报纸变成党报,它一定很快就被查封。只要在报纸上有文学家名字闪现,书报检查机构对它就不会过分注意。这些文学家的名字——是您的盾牌。没有它们,很快就会发现,这就是党报。那么,当然,对它就不再客气。"

"无所谓。这个事垮了,咱们再琢磨个别的。"

"好,这就是说,无论戏剧,还是音乐,都不需要了。"

谈话时在场的古科夫斯基一再赞同地点头。

我同鲁缅采夫谈了谈。

"彼得·彼得罗维奇,报纸将被查封啊。"

"您去与他谈谈吧。除此之外,对待文学团体上我们有责任。我们有合同。报纸是在明斯基名下注册的。我们没有权利把他从编辑部挤出去。这对整个文学界都是个极大的丑闻。"

离开编辑部时,我看见了古科夫斯基。他在整理邮件。

"这太好啦。歌剧票。妻子酷爱音乐。我们一定去。"

"不,我的朋友。您哪儿也不能去,"我拦住了他,"这就完全不是坚如磐石了。报纸工作人员无权利用赠票,如果不再刊登剧评的话。刚才您可是赞成弗拉基米尔·伊里奇的意见的呀,说文学和音乐现在都不需要。那就请始终如一吧。那么,咱们拿起来,一起撕掉这些讨厌的无原则的一道打发时光的邀请吧。"

我平静地把票折叠起来,十字交叉地撕成了四块。当然,半小时之后我就后悔了,我得罪了他。唉,该让他带着妻子去看看歌剧,听听《叶甫根尼·奥涅金》,让心灵休息一下。噢,当然,他崇敬列宁,害怕他,对他唯唯诺诺——这是肯定的。可是,他也是人呀。他也需要音乐。还有,他妻子也热爱……我发什么脾气啊!本应该得到票以后,以陌生人的名义送给他。听说您热爱音乐……他也许还要吓一跳。这样的流言从哪儿来的呀?

他根本不应该了解歌剧。这已经不是前进一步,而是从原地后退两步了。可是,心里还是那么不舒服。如果还有票送来,我一定给他塞到单间里去。

列宁秘密居住在彼得堡。他自然受着监视。不可能不监视。然而,他仍然每天自由地来到编辑部,走的时候,为了不被认出来,便把大衣领子竖起来。值班的特务一次也没有怀疑过:这位努力把自己的下巴藏起来的是位什么人啊?

那是牧歌式的时代,狮子在羊羔身边咀嚼着青草。

发现列宁在自己党员中间发挥着什么样的作用之后,我开始仔细观察他。

列宁举止异常朴实,从不装腔作势。装腔作势总是出自一种想招人喜欢的愿望,和对于美的渴望。这么说吧,卢那察尔斯基是位老爷和诗人。鲁缅采夫——是雄鹰。那些叽叽喳喳的人——都是些罗伯斯庇尔和马拉,虽然在列宁面前一个个都夹紧尾巴。全都装腔作势。

列宁同马拉们说话时的语调是友好的、和善的,耐心给他们讲解他们一时不能理解的东西。他们也衷心感谢列宁的教诲。

"我们怎么这样啊!这么简单嘛!好,谢谢。"

就这样,他保持着一个敦厚同志的姿态,逐渐带领大家沿着自己的路线走,在两点之间选择最近的距离。对于他来说,他们之中任何人都不亲近,都不珍贵。人人都是材料,伊里奇从中抽出丝线,用以编织自己的布。

人们谈到他时都说"他"。

"他还在这里吗?"

"他还来吗?他没有询问吗?"

其余的人是"他们"。

他从不突出他们之中的任何人。他用那双细长的眼睛敏锐地观察,看什么人可以干什么。这个人能用假护照机灵地渗透——就让他出国执行任务。另一个是不错的演说家——让他去参加群众大会。第三个去破译密码信。第四个善于激发群众的热情——便安排他高声呼喊，挥舞手臂。也有人善于把伊里奇的授意迅速撰写成文章。

有消息说，"俄罗斯民族茶馆"*的黑色百人团分子打算捣毁《新生活报》。列出了全体工作人员名单，搞到了他们的住址。已经选定了一个夜晚，届时将直接挨家挨户地收拾我们。

大家决定，这天夜里都不在家住。我也受到严厉的告诫，必须离开家。可结果是，晚上我去了剧院，从剧院出来后又去跟熟人一起吃晚饭，到家时已经快早晨五点了。我认为，如果黑色百人团想杀死我，他们有整整一夜可以利用，早晨就不再合适了。我问仆人，是否来过什么人。没有，他说，没来过。就这样，一切都平安无事。白天查清楚了，编辑部里无人受到惊扰。

尽管如此，编辑部里的情绪仍然不安宁，但已经是另有原因了。

鲁缅采夫说，列宁要求终止与明斯基的协议，把报纸完全掌握过来，将其变为真正的党的机关报。鲁缅采夫反对，认为这是不体面的。报纸是用明斯基的名字注册的，他是主编。文学界将会怎样看我们啊！

"对你们的文学圈子我嗤之以鼻，"列宁回答道，"咱们的沙皇宝座将被彻底推翻，而您还谈什么对某些作家的礼貌态度。"

"可是，合同是我签的呀，"鲁缅采夫还在自卫。

"而撕毁它的是我。"

然而，在撕毁这个不幸的合同之前，他在《新生活报》上刊登了一篇文章，它把大家都吓坏了。根据我的记忆，这是一篇谈土地国有化的文章。明斯基受到了警告。他来到编辑部时极为伤心。

"我是责任编辑，而你们发表文章竟让我完全不知情。再有一篇这样的文章，我就会被流放。"

---

* "俄罗斯民族茶馆"似乎是对"俄罗斯民族联盟"这一极右翼组织的谑称。

明斯基的妻子,诗人维尔金娜,也来了。

"我害怕,"她说道,"丈夫会突然被流放到西伯利亚去。他受不了,他肺不好。"

作为对这个合法合理的恐惧的回答,听到的是嘿嘿一笑。

"没什么,这不是什么灾难! 西伯利亚的气候有利于健康。这对他,嘿嘿,甚至有益。"

这样的结果既令人厌恶,又粗暴无礼。明斯基甚至没有料到会是这种态度。Π-夫救了他。

"您现在就出国吧。"

"可是,不会放我出去呀。"

"我把我的护照给您。不要耽误时间。"

几天之后,明斯基来编辑部告别。他让人们看他新的出国护照,其中在给英国看的那页上面写着:"绅士"。(Π-夫是贵族。)

"看哪,"明斯基笑了,"现在我有政府的证明,我——是真正的绅士。"

他很快便走了。我们文学部的全体人员也决定离开报社。我们请求从工作人员名单中删除我们的名字。在这张报纸中我们确实再也没有什么可做的了。

报纸没有存在多久,这是可以预见到的。

列宁把大衣领子竖起得更高了一点,就不被人察觉地到国外去了几年。

他再回来时,已是坐在铅封的车厢里了。①

---

① 三十二个侨民,其中包括列宁,得到允许乘火车从瑞士通过德国国境,条件是途中不与当地居民交往——只允许与陪伴这批人的瑞士社会党秘书弗里茨·普拉廷交往。由此出现了密封车厢的传说,并一直存在至今。列宁3月26日从瑞士抵达斯德哥尔摩,从那里再经芬兰,于1917年4月3日到达彼得格勒。

拉斯普京①

　　有一些人，他们以聪明、才干和在生活中的特殊地位著称。你经常遇到他们，跟他们很熟，能准确和正确地评价他们。但是，他们过后留下的印象模糊，好像没有进入过您心灵相机的焦点，对他们的回忆永远是黯淡的；关于他们没什么可说的，除非是那些人所共知的东西：个子高矮啦，结婚没有，彬彬有礼还是高傲自大，朴实还是爱慕虚荣，在哪儿住，与谁经常见面。像是摄影爱好者的模糊底片。你盯着看，却不知道这是位姑娘，还是头公羊……

　　现在我想讲述的这个人，我与他只有过两次短暂的会面。但是，他的面貌却像用尖利的刀剑镌刻，坚硬、鲜明、清晰地留在了我的记忆中。

　　这并非因为他多么有名气，——在自己的一生中，我曾有幸遇到过许多真正的当之无愧的名人。也不是因为在俄罗斯的命运中他起到过那么悲剧性的作用。不是。这个人是惟一的，不可复制的，完全像个杜撰出来的人。他在传奇中生活，在传奇中死去，对他的记忆也蒙上了一层传奇的

---

　　① 首次发表于《今日报》，1924 年第 179、181、182 期，8 月 10、13、14 日。标题为《巫师：选自回忆拉斯普京》。后来收入单行本《苔菲回忆录》（巴黎，1932）中。

色彩。

一个半文盲农夫,沙皇的谋士,好色鬼和祈祷者,嘴上不离上帝的变化多端的妖怪。

人们将他称作狡诈之徒。他拥有的仅仅是一个狡诈吗?

我要讲一讲我与他的两次短暂的会面。

一

彼得堡的解冻时期。神经衰弱。

早晨并不是新的一天的开始,而是昨天漫长的灰色夜晚的继续。

透过镜子般反光的大窗户,可以看到,大街上,士官在教新兵用刺刀刺杀干草人。新兵们个个都有一张瓦灰色的被湿气冻坏了的脸。拿着树皮袋子的女人闷闷不乐地盯着看。

苦闷。

电话响了。

"谁呀?"

"罗扎诺夫。"

我感到惊讶,又问了一遍。对,是罗扎诺夫①。

他说话有点神秘:

"伊斯梅洛夫给您说啦? 建议过啦? 您同意啦?"

"没有。我没见过伊斯梅洛夫,也不知道您说的是什么。"

---

① 瓦西里·瓦西里耶维奇·罗扎诺夫(1856—1919),社会革命党人,哲学家,文学批评家,《新时报》的长期撰稿人(1899—1917)。与拉斯普京见面的时间(显然是第二次)可以根据罗扎诺夫的《转瞬即逝的往事·1915 年》(莫斯科,1999)一书来推算。在 1915 年 4 月 15 日的札记中我们读到:"长老格里沙的话惊人地聪明、淡定,——在文学伙伴中,在没有主人的住宅里,在十至十二个人当中。"(页 56)罗扎诺夫在下一条,4 月 17 日的札记中回忆了这次见面。由此可见这次见面是在 4 月 14 日或 15 日。

"是这样啊,也就是说,他还会跟您谈的。在电话里我不能给您解释什么。只是非常恳切地请您答应——您一定要同意。如果您不去,我也就不去。"

"天呀,这到底是怎么回事啊?"

"他会解释的。在电话里不能谈。"

电话机叭的一响。挂断了。

这一切既意外,又奇怪。我与瓦·瓦·罗扎诺夫不常见面。同伊斯梅洛夫也一样。罗扎诺夫与伊斯梅洛夫的联合让我也感到非同一般。怎么回事?为什么罗扎诺夫不去什么个地方,如果我不去的话?

我给《交易所新闻》报编辑部打电话,伊斯梅洛夫在那里工作。原来还太早,编辑部里没有一个人。

不过,也没有等多久。两个小时后,他自己打来了电话。

"将会有一个非常有趣的结识机会……很遗憾,我在电话里不可能说……或许,您已经猜到啦?"

我绝对没办法猜到。我们谈妥,他来一趟,把一切解释清楚。

他来了。

"难道您不明白,说的是谁吗?"

伊斯梅洛夫——瘦削,穿一身黑衣服,戴一副黑眼镜,全身像用墨水画出来似的,说话声音低沉。我甚至感到恐怖了。

一般说来,伊斯梅洛夫有一点吓人:住在斯摩棱斯克墓地,其父曾在那里当过神父,他从事过巫术,喜欢讲一些怪诞的故事,懂得蛊术和降妖咒语。他本人精瘦,苍白,着黑衣,鲜红的嘴唇抿成一条缝,蛮像一个吸血妖尸。

"您就是不懂啊?"他笑了笑。"难道你不知道,关于谁在电话里绝对不能讲吗?"

"难道是说威廉皇帝①,对吗?"

————————

① 威廉二世(1859—1941),威廉一世的孙子,1888—1918 年为德国皇帝和普鲁士国王。被1918 年的"十一月革命"推翻。

伊斯梅洛夫透过自己的墨镜看了看我书房里的两个门,然后,又从眼镜的上方看了看我。

"说的是拉斯普京。"

"啊——啊!"

"在彼得堡住着某个 Φ,是位出版家,听说过他吗? 没有? 啊,那么——有这么一个人。拉斯普京经常去他家。在他家吃午饭。总之,不知为什么,跟他很要好。在文学界不无名气的 M - 奇①经常往 Φ 家跑。您知道吗?"

我见过 M - 奇。他是"鲫鱼"型的人*,经常追随在名作家名演员左右。有一个时期他崇拜库普林,后来转移到了列昂尼德·安德烈耶夫门下,再后来便沉寂了,似乎甚至完全消失了。现在又游了出来。

"就是这个 M - 奇,"伊斯梅洛夫说,"他建议 Φ 从乐意看一看拉斯普京的作家中邀请一位。人不很多,拟定名单时经过认真筛选,以避免外人涉足,或惹出什么麻烦来。就在前不久,我的一个熟人偶然与拉斯普京进入了一伙人当中,而有人偷偷给他们大家都照了相。这还不算,还把照片给了一家杂志。说这是拉斯普京在自己的朋友和崇拜者中间。而我的熟人是一位非常显赫的社会活动家,为人严肃,完全正派,不能忍受拉斯普京,认为把他和这伙漂亮的人放在一个画面上,是他终生的耻辱。于是,为避免任何的麻烦,我提出了一个前提条件,不能有一个多余的人。Φ 答应了。今天早晨 M - 奇跑到我那儿,给我看名单。作家中将有罗扎诺夫,他希望,无论如何您也要参加。没有您,他说,就不值得去。看来,他有个什么计划。"

"能有个什么计划呢?"我思忖起来。"也许,最好不要去? 虽然看一看拉斯普京也是蛮有意思的。"

---

① M - 奇指的是马内奇·彼得·德米特里耶维奇(死于 1918 年):记者,政论作家。

* 鲫鱼,生活在海洋中的一种鱼,背上长有吸盘,常吸附在其他大鱼身下或轮船底下,靠捡拾鱼或人的废弃物为生。鲫鱼型的人转意为纠缠不休的人,令人生厌的人。

　　"关键就在于有意思。很想亲自见证一下，这的确是一位有分量的人物，或者仅仅是他人手中的工具。咱们冒冒险，去一下。咱们将始终在一起，也不待多久。总归还是个历史性的人物吧。机会难得，时不再来呀。"

　　"只是不要让他以为，是我们非强求与他认识不可。"

　　"不，不会那么想。主人答应，甚至不告诉他我们要参加。还说，他自己并不喜欢什么作家。害怕。所以对他隐瞒了这个情节。让他不知道，这对咱们也有利。就让他举止随意，完全与在自己圈子里一样吧。如果一开始就扭捏作态，那就没有任何意思了。那么，就是说，咱们去？午餐定于明天，晚一点儿，不会早于晚上十点。拉斯普京总是那么晚才到。如果皇村有事，他不能脱身，Φ会用电话通知咱们大家。"

　　"这一切都有点怪。我可是连主人都不认识啊。"

　　"我们，我和罗扎诺夫，也都不认识。不过，一般说来，他是个名人。一个完全正派的人。那么，就这样定了：明天，十点。"

<h1 style="text-align:center">二</h1>

　　拉斯普京我已经顺便看到过一眼。是在车厢里。他显然要回西伯利亚自己的家，坐在一等包厢。不是一个人，有随从跟着：一个人像是秘书，还有个带着女儿的中年女人，以及著名的宫廷女官 B①。

　　天气非常热，包厢的门敞开着。拉斯普京在喝茶。使用的是铁皮茶壶，就着小面包，不时嚼一块糖。

　　他坐在那里，一件粉红色印花衬衫散放在裤子外面，不时用绣花毛巾

---

　　① 指的是阿伦·西马诺维奇，珠宝匠，拉斯普京的私人秘书；安娜·亚历山德罗夫娜·维鲁博娃（1884—1964?），宫廷女官和亚历山德拉·费多罗夫娜皇后的私人朋友，格里戈里·拉斯普京的狂热崇拜者。

擦去额头和脖子上的汗,说话快而乱,带点地方口音:

"亲爱的! 再烧点开水! 开水,我说,再烧一点。茶水沏得很酽,开水却没有。小茶网在哪儿? 安奴什卡,把小茶网塞到哪儿去啦? 安奴什卡! 我说,小茶网在哪儿? 这个马大哈!"

就在伊斯梅洛夫到我那儿去的那个晚上,也就是在认识拉斯普京的前一天,我在一位熟人那儿与很大一帮人共进午餐。

饭厅里,在壁炉上面的大镜子上,贴着一张醒目的启事:"此地莫谈拉斯普京。"

我已经在一些家庭里见过这样的启事。由于即将见面,我就是想谈谈拉斯普京,我便慢慢地大声念道:

"此地莫——谈——拉——斯——普——京。"

坐在我斜对面的一位纤细苗条而又敏感的小姐迅速转过身来,看了我一眼,又看了看题词,然后又看了看我。她似乎想说点什么。

"她是谁?"我问坐在旁边的人。

"她是 E,宫廷女官。是那位 E 的女儿。您知道吗?"接着便说出来一个当时非常有名气的名字。

"知道。"

午饭后,那位小姐坐到了我身边。我觉得,她很想跟我说说话。而且,就是在我大声读题词的时候开始想的。她闲扯了几句文学,既漫无目的,又没有条理,显然,她不知道怎么才能转到她感兴趣的话题上。

我决定帮帮她。

"您看到壁炉上的题词了吗? 是很有趣吧? 在布良恰尼诺夫家也有这样的题词。"

她立刻活跃起来了。

"是的,是的。不过,我不理解它的意思。为什么不能说呢?"

"大概是到处都在说,人们都厌烦了……"

"烦啦?"她甚至好像被吓着了。"怎么,烦啦?难道您以为,这个题目枯燥乏味吗?难道,拉斯普京枯燥乏味?"

"您见过他吗?"我问道。

"谁呀——他吗?拉斯普京?"

突然,她全身动了起来,不安起来,她喘不上气来了,苍白的瘦脸上出现了一块块红色的斑点。

"拉斯普京吗?是的……很少……不经常。他很想同我结识。据说,这非常、非常有趣。您知道吗,当他目不转睛地盯着看的时候,我总是感到心慌得吓人……真怪。在熟人那里我遇到过他三四次。最后一次,他突然走到我面前,离得很近很近。他说道:'你怎么样,你到我那儿去吧,小瘦孩儿,听见了吗?'我慌得要命,便回答说,我不知道,我不能……可是他,那时候就把手放到我的肩上,说:'你一定去。听见了吗?你到我那儿去!''你到'两个字说得那么威风,那么有力量,好像已经有人公开给他做了决定。您明白吗?好像我的命运他已一览无余。他看见了,他知道我的命运。您当然明白,我无论如何也不会到他那儿去的。可是,那位太太,我就是在她家遇到他的,她说应该去,说在他那儿有很多我们这个圈子里的女士,这其中没有任何不体面的东西。是的,然而……我……我不去。"

这个"我不去"她竟然是尖叫着说出来的。总的说来,她的模样变得似乎立刻就要歇斯底里地大哭大叫起来。

竟有这样的事!这位小姐文静、平庸,瘦瘦的,看样子不会小于三十五岁。竟突然,刚一提到拉斯普京的名字,就完全不顾体面地失去自控能力,而拉斯普京,就是那个穿粉红色印花布衬衣的男人,他强求"安奴什卡"去找"小茶网"……

房子的女主人到我们这儿来了,E没有回答她的问话,也许,甚至就没有听见她说话,便步履笨拙地急匆匆到镜子前面敷粉去了。

三

第二天一整天，我都不能摆脱那位焦躁的爱喊叫的女官给我产生的印象。

我开始感到不安和厌恶。

由于围绕着拉斯普京的名字产生的歇斯底里的氛围，我感觉到一种道义上的反感。

我明白，关于他，编造了许许多多庸俗愚蠢的谎言。不过，我也感觉到，总还有某种活生生的、非杜撰出来的源头，它让人不安、恐惧，它孕育了这些传闻。

白天，伊斯梅洛夫又打来电话，确认邀请，许诺拉斯普京一定到，并以罗扎诺夫的名义请我穿戴打扮得"更阔气些"，以便让拉斯普京根本想不到我是个作家，以为与他谈话的只是一位"贵妇"。

这个关于"阔气"的请求把我笑坏了。

"罗扎诺夫这是硬让我扮演某种圣经里犹滴或者大利拉①的角色。我一定会演砸的。我感觉自己没有当演员或奸细的才能。真的，我只能坏事。"

"哦，那就走着瞧吧，"伊斯梅洛夫安慰我说，"要去接您吗？"

我拒绝了。因为我要在熟人那儿吃午饭，他们应当从那儿送我。

晚上，穿衣服的时候我想，对于一个男人，"穿阔气点"意味着什么。

---

① 圣经中说，犹滴是犹太城市伯夙利亚的居民，为了不使自己的同乡遭受亚述将军和乐弗尼军队的屠杀，她进入敌人的军营，向和乐弗尼保证，帮助他占领伯利亚。使和乐弗尼放松警惕后，她割下了他的头。失掉统帅的亚述军队撤退了。犹滴被宣布为英雄。大利拉是参孙的情妇，为了从参孙的敌人非利士人那里得到大量的银子，她探知参孙力大无穷的秘密（力量就在他的头发中），趁参孙熟睡时割掉了他的头发，把参孙出卖给了非利士人。

我穿了镶金鞋,戴上了戒指和耳环。没敢过分花枝招展,太丢人了。总不能逢人便解释,说这是奉命摆"阔"吧!

在朋友处吃午饭的时候,谈话间涉及了拉斯普京。这一次,从我这方面来说,没有要任何花招。(这就是说,那些在自家壁炉上打出噼声告示的人是对的。)

一如既往,又交换了一些谣传。什么通过长老可以随便往谁的衣袋里塞钱啦,关于德国人如何如何行贿啦,关于特务活动啦,关于拉斯普京手中掌握着宫廷阴谋的线索啦。

甚至把"黑色汽车",不知为什么,也与拉斯普京的名字编织在了一起。

"黑色汽车"——这是至今尚未破解之谜。这辆汽车一连几夜急速驶过战神校场,飞跃皇宫桥,然后消失得无影无踪。有人从汽车中向行人开枪。有人受伤。

"这是拉斯普京干的勾当。这其中有他的手,"谈话人这样说道。

"这其中有他什么事啊?"

"一切黑暗的、凶恶的、莫名其妙的事情,都对他有利。一切制造混乱、恐惶的事都对他有利。在他需要的人面前,他善于把一切都解释成符合他利益。"

这些话是怪异的。但是,因为当时怪事总之是太多了,也没有人特别惊讶。很快发生的事件便把"黑色汽车"从记忆中卷走。顾不上它了。

可是那时候,在午餐桌上,这一切都谈到了。主要是对拉斯普京异乎寻常的厚颜无耻感到惊讶。H.拉祖莫夫当时是矿业司司长,他愤怒地说,他管辖的一个官员从外省来,请求调换工作,作为请托,带来一张纸片,与拉祖莫夫素不相识的拉斯普京在上面歪七扭八地写道:

"亲人,亲爱的,请照递条子的请求办,在我这儿不会欠账的。格里戈里。"

"想想看啊——放肆!何等放肆!还有很多部长说,他们也收到过类似的字条。而且有许多这样的请托已经照办(如果是这样,当然,就没有人讲了）。甚至有人对我说，您太不谨慎啦，您这样生气，有人会告诉他的。不，你们想想啊，多么卑鄙！'亲人，亲爱的！'那个人也真行，——拿着字条就来啦。哼，我让他看看'亲爱的'！据说，他一步下四阶楼梯，跑了。看外表，还是个很体面的先生，论职务嘛，也是个相当大的工程师。"

"是的，"一个在场的人说，"我已经多次听到关于'亲人，亲爱的'说情的事了。但是，说情被拒绝，这还是第一次遇到。许多人很气愤，然而却认为无法拒绝。拉斯普京，据说，是个睚眦必报的家伙。"

四

我到达 Φ 家时，已经十点多了。

主人在前厅迎接我。他亲切地告诉我，曾有人把他向我引荐过，然后就把我领进了书房。

"您的人早就在这里了。"

在一个不大的烟气弥漫的房间里，坐着六七个人。

罗扎诺夫，有一张苦闷的不满意的脸。伊斯梅洛夫，似乎有些紧张，好像是故意装样子，说是一切都安排好了，其实，某些事并不成功。

M - 奇紧挨着门框坐着，一副自家人模样。还有两三个陌生人，都静静地坐在沙发上。最后，是拉斯普京。他穿着一件黑呢子俄式长外衣，脚上是高勒漆皮靴。他不安地扭动身子，在椅子上晃来晃去，不断地调整姿势，抽动肩膀。

他的身材相当高，干巴巴的，青筋暴露，留着稀疏的胡须。脸很瘦，仿佛都被吸进又长又大的肉鼻子里去了。一绺油光光的头发下垂，下面是两只彼此离得很近的眼睛。他的眼睛很亮，像针似的锐利，不停地扫来扫去。他的眼睛似乎是灰色的，那么明亮，以致难以分辨清楚颜色。一双不安分的眼睛。他一说点什么，两只眼睛马上便都跑动了起来，见人就刺一下，好像在说：你对这个有什么想法，满意吗，对我感到惊讶吗？

在这最初的时刻，他给我的感觉是有些担心，有点不知所措，甚至惶恐不安。他努力说一些"门面"话。

"是的，是的。我想快点回家，回托博尔斯克。我想祈祷。在我的小村庄里祈祷很好。在那里祈祷，上帝听得到。"

说完以后，便又用锐利的眼睛，从油光光的头发下面，好奇地依次把所有的人都刺了一下。

"你们这里有的就是罪过。在你们这儿不能祈祷。很痛苦啊，当不能祈祷的时候。唉，痛苦啊。"

又不安地把所有的人都看一遍，径直对着脸，对着眼睛看。

给我们作了介绍（显然，像摇笔杆子的朋友们已经约定的那样），但没有给他说出我的名字。

他认真地看了看我，仿佛在想："她属于哪种人呢？"

情绪有些郁闷、紧张，这是谁都不需要的。在拉斯普京的做派中有某些不安，或者焦虑，想让人们喜欢他说的话。这表明，他似乎知道在与什么人交往。也许，有人出卖了我们，他感觉自己处于"记者敌人"的包围之中，将要拿出长老和祈祷者的姿态来。

据说，记者确实让他吃过许多苦头。报纸上经常出现带有形形色色的狡诈暗示的报道。人们写道，拉斯普京在密友的圈子里，喝过酒之后，讲了许多高层人士的生活趣闻。是确有其事，还仅仅是报纸制造的耸人听闻的消息，我就不知道了。然而，我知道，拉斯普京有双重保护。第一层，是他知道的，保护他免遭杀害。第二层对他保密，监视他，看他与谁交往，是否说不该说的东西，发现后向有关部门报告。这第二重警卫是如何安排的，确切的我不知道。我想，是一些想破坏拉斯普京在宫廷里声誉的人搞的。

他是敏感的，他以野兽的嗅觉察觉到，他身处包围之中，但不知道敌人在哪儿，便用眼睛搜寻，警觉地偷偷观察，全身都处于戒备状态……

朋友们的情绪也传给了我。开始感到无聊,觉得不方便坐在陌生人家里,听拉斯普京如何吃力地从嘴里挤出来一些谁都不需要的、拯救灵魂的话语。他犹如在接受考试,生怕遭受失败。

开始想回家了。

罗扎诺夫站起来,把我领到一旁,悄悄对我说:

"就指望午饭了。也许,他会再放松一点。我和主人谈妥了:安排您和拉斯普京坐在一起,我们坐在您旁边。您要让他开口讲话。他一般不会跟我们说什么——他喜欢女士。您一定要涉及情色话题。这样就会引起他的兴趣,那时就要听他说话了。可能将会有一场最引人入胜的谈话。"

罗扎诺夫不论同谁谈色情话题都认为是最引人入胜的,所以我完全理解他对同拉斯普京谈这个话题的强烈兴趣。关于拉斯普京,人们什么不说啊:是催眠疗法医生,又是催眠术家,是花花公子,又是酒色之徒,是圣者,又是精神病人。

"好,"我说道,"我谈谈试一试吧。"

我回过头去,看到两只像锥子那样锐利的眼睛。看样子,我与罗扎诺夫的秘密谈话惊动了拉斯普京。

他抽动了一只肩膀一下,就转过身去了。

人们被邀请入席。

安排我坐在餐桌角上,左面是罗扎诺夫和伊斯梅洛夫。右面——拉斯普京。除了我们,餐桌周围还坐着十二三位客人。一位举止傲慢的老太婆,有人偷偷告诉我:"她经常与他在一起。"某位心事重重的先生赶紧把一位年轻漂亮的女士安排在了拉斯普京的另一侧。这位太太浓妆艳抹("浑身都是阔气"),但脸上的表情却是悲伤的、无望的,跟她的化妆完全不相称。在桌子的一端坐着一些奇怪的音乐人——拿着吉他、手风琴和手鼓,就跟在乡村婚礼上一模一样。

主人为大家斟酒、布菜。我小声询问关于漂亮女士和乐师们的情况。

原来,乐师是必需的——格里沙喜欢有时候跳跳舞,而且,就是在他们的乐器伴奏下跳。这些乐师也在尤苏波夫①家演奏。

"非常优秀的乐师。是独特的乐师。您一听就知道了。"

关于漂亮女士,他说,她丈夫(那位心事重重的先生)在职务上遇到了很复杂很讨厌的事,只有通过拉斯普京才能将其化解为一般的可以接受的事。因此,这位先生带着自己的妻子走遍所有能遇到长老的地方,让她坐在长老身边,期望在某个时候能引起他的注意。

"已经努力两个月了,可是格里沙就好像没看到她一样。他可是既古怪又固执啊。"

拉斯普京喝得又快又多。突然,他弯下身子,小声对我说道:

"你怎么不喝这个呀?你喝吧。上帝会原谅的。你喝吧。"

"因为我不喜欢酒,所以不喝。"

他不信任地看了看我。

"没关系!你喝。我告诉你:上帝会原谅的。上帝会原谅。上帝会饶恕你许多许多。喝!"

"我不是给您说了嘛,我不想喝。我不能勉强喝吧?"

"他说什么啦?"罗扎诺夫从左边小声问道,"您要求他说话大声点。重复地问他,让他大点声,否则我听不到。"

"也没什么可听的。不过是劝我喝酒。"

"您把他往情色上引。天哪!难道您不会引导话题吗?"

我感到十分可笑。

"您不要折磨我吧!您算找到奸细阿泽夫＊啦。我为什么要为您这样效力呢?"

---

①　指的是费利克斯·费利克索维奇·尤苏波夫-苏马罗科夫-埃尔斯通(1887—1957),伯爵,俄国古老家族和最富有家庭之一的代表,与尼古拉二世的侄女结婚,在其彼得堡的宫廷里经常举办庆祝宴会。尤苏波夫是参与杀死拉斯普京的人之一。1917年后侨居国外。发表有回忆录。

＊　阿泽夫(1869—1918),奸细。社会革命党组织者之一,主持过许多恐怖活动,1892年为派往警察部门的秘密工作者,1901年后向警察部门供出许多党的成员,1918年被揭露。

我不再面对罗扎诺夫,刚一转身,就发现,拉斯普京两只锐利的眼睛一眨不眨地盯着我。

"你不想喝吗?哎呀,你真是任性啊。我劝你都不喝。"

他迅速地,看来是习惯性动作,轻轻碰了我的肩膀一下。仿佛是催眠术士常做的那样,想通过触及,来导引自己意念的电流。

这不是偶然的。

通过他整个脸上的紧张表情,我看到,他知道自己在做什么。我突然想起了女官 E,想起了她神经质的喃喃絮语:"他把手放在我的肩上,那样威严地说……"

原来是这么回事!格里沙一向按照既定程序办事。我惊讶地扬起眉毛,看了他一眼,又平静地冷冷一笑。

他猛然抽动了一下肩膀,轻轻地呻吟起来。他迅速转过身去,很生气的样子,似乎毅然决然地,但马上又重新弯下腰来。

"哦,"他说,"你在笑,而你的眼睛是这样子的——你知道吗?你的眼睛是忧伤的。喂,你告诉我——他折磨得你很难受吗?哎,你怎么不吱声呀?……唉,我们大家都喜欢眼泪,女人的眼泪。明白吗?我什么都知道。"

我为罗扎诺夫感到高兴。显然,色情话题开始了。

"您知道什么呀?"我特意大声问道,为的是让他也提高调门,正像许多人不由自主做的那样。

可是,他还是悄悄地说:

"就是因为爱,人才折磨人。受折磨是必须的——我全都知道。可我不想让你受折磨。你明白吗?"

"什么也听不见!"罗扎诺夫从左侧生气地嘟囔道。

"稍等一下,"我压低声音说。

拉斯普京又说了起来:

"你手上是什么戒指呀?那是什么石头?"

"紫晶。"

"啊,全都一样。偷偷地把它从桌子下面递给我。我对着它吹口气,使它暖一暖……由于我的灵性,你会变得轻松一些。"

我把戒指递给他。

"唉,你摘下它来做什么?我自己会取下来。你不明白……"

我非常明白。所以我才自己取下来。

他用餐巾遮住嘴,往戒指上吹了几口气,又悄悄地把它给我戴在手指上。

"等你到我那儿去的时候,我给你讲许多你不知道的东西。"

"可我不能去您那儿呀?"我说道,又再一次想起了女官 E。

这就是他,有自己一套做法的拉斯普京。这个矫揉造作的神秘的嗓音,紧张的面孔,威严的话语。就是说,这一切都是经过深思熟虑、反复试验过的手法。如果是这样,这一切就太幼稚、太简单了。或许,他作为巫师、占卜师、魔法师和深受沙皇宠幸的人,他的荣誉的光环给予了受试者以特殊强烈的好奇与恐惧的情绪,以及了解这个可怕秘密的愿望?我觉得,宛如我正在显微镜下面观察某个步行虫。我看到丑陋的毛茸茸的爪子,巨大的嘴。然而,我又清醒地意识到,其实,这只不过是一个小昆虫。

"你不去吗?不,你去。你一定要到我那儿去。"

他又一次偷偷地很快触及了我的肩一下。我平静地挪动了一下身体,说道:

"不,我不去。"

他又一次猛然抽动了一下肩,开始呻吟起来。显然,每当(后来我发现,确实如此)他发现,他的力量,他的意念电流,行不通,遭遇到了排斥,他便感受到生理上的痛苦。在这其中他没有装假,因为可以看到,他是多么乐意掩饰这个肩部的抽动,和自己奇怪的轻轻的呻吟啊。

不,这一切并不那么简单。神秘的野兽在他体内咆哮……咱们继续看吧……

五

"您问问他关于维鲁博娃的事，"罗扎诺夫悄悄提示道，"打听一下所有的人和事，让他把什么都说一说，重要的是，要大点声。"

拉斯普京透过一绺绺油光光的头发，乜斜着看了一眼罗扎诺夫。

"这个人在那儿嘀咕什么？"

罗扎诺夫把自己的高脚酒杯伸到他面前。

"我想跟你碰杯。"

伊斯梅洛夫也碰了一下。

拉斯普京戒备地看了他们一会儿，把眼睛移开，然后又重新看他们。

伊斯梅洛夫突然问道：

"请问，您从来没有尝试过写东西吗？"

除了作家，谁还能想到问这样的问题呢？

"有时候也想过，"拉斯普京答道，一点也没有惊讶，"有时候甚至很想。"

他用一根手指头招呼坐在桌子另一端的一个年轻人，说道：

"亲爱的！把写着我诗歌的那几张纸拿来，就是你昨天用打字机打出来的那些诗。"

"亲爱的"立刻跑着去拿那几张纸。

拉斯普京分发纸。大家都伸手。在打字机上打印出来的纸很多，——够大家的。人们都读了一遍。

原来是散文诗，《雅歌》风格的，是朦胧的爱情诗。我还记得一句：

"高山是美丽的。可是我的爱比它们还高还美，因为爱就是上帝。"

好像这是惟独能懂的一句。其余的都是辞藻的堆砌。

在我读的时候，作者非常不安地望着大家，关注他们的印象。

"非常好，"我说道。

他活跃起来了。

"亲爱的！给一张干净纸，我亲自给她写。"

他问：

"你的名字叫什么？"

我说了。

他把铅笔放在嘴里含了好长时间，然后用勉强可以辨认的歪歪扭扭的农夫笔体写道：

"给娜杰日达。

上帝就是爱。你爱吧。上帝会原谅。

格里戈里。"

就是说，拉斯普京魔力的基本主题很清楚：爱吧——上帝原谅。

可是，为什么他的女人们由于这样简单与可爱的公式，就纷纷坠入歇斯底里的亢奋呢？因为什么宫中女官 E 全身抽搐满脸绯红啊？在这其中事情并不简单。

六

我对着歪歪扭扭的字母，对着签名"格里戈里"（Григорий），看了好长时间……

在这个签名中有着多么可怕的力量啊。我知道一件事，这八个丑陋的字母拯救过一个人，他经法庭判决，就要被发配去做苦役了。

大概，这个签名也能把某个人弄到那里去……

"您保存好这个题词，"罗扎诺夫说，"这很有意思。"

它确实在我这儿保存了好久。在巴黎，六年前，我在一个旧皮包里找到了它，把它赠给了关于拉斯普京一本书的法国作者——B. 宾什托克。

拉斯普京书写有困难,完全是个文化程度很低的人。在我们乡村,从事春天流送木材和抓捕盗伐者的森林巡查员就这样写字。他这样写收据:"去别术*一个来回五卢"(五卢布)。

拉斯普京在外貌上与森林巡查员也惊人地相像。也许,正是因为这一点,我才没有因为他的言辞和手势感到任何莫名其妙的战栗。"上帝——就是爱,你来——吧",等等。我一直在回想"五卢",便打乱了那种情绪……主人突然不安地走向拉斯普京。

"皇村电话。"

拉斯普京出去了。

也就是说,皇村知道他现在在何处。也许,甚至总是知道,在哪里能找到他。

利用他不在的机会,罗扎诺夫开始给我下达指示,如何把谈话引向各种感兴趣的话题。

主要是让他讲一讲自己鞭身派跳神的事。问这是不是真的,如果是真的,那么,他是如何组织的,能否到那个场所去。

"让他邀请您,而您把我们也带上。"

我高兴地同意了。这确实很有意思。

但是,拉斯普京没有回到餐桌上来。主人说,皇村紧急把他叫走了(已经是午夜十二点),临走时,他请人告诉我,他一定回来。

"你不要放她走,"Φ 把他说的话重复了一遍,"就让她等着我。我一定回来。"

自然,谁也没有等他。至少是我们这伙人吃完饭就走了。

---

* 原文有拼写、语法错误,对于拉斯普京这种层次的人来说,"墅"这种字肯定是写不出来的,故汉译以"术"字代替。

七

所有听我讲述这次见面的熟人,都表现出了空前的兴趣,询问长老说过的每句话,请我详细描述他的外貌,最主要的是,"能否也去参加呢?"

"他给您留下了什么样的印象?"

我回答道:

"不十分强烈,但是相当讨厌。"

人们劝我不要藐视这个相识的机会。谁也不知道,未来等待他自己的是什么,而拉斯普京是一股不能不考虑的力量。他像洗牌那样撤换部长,重新安排廷臣。他的不赏识比沙皇的愤怒更可怕。

人们谈论,说德国的一些秘密通道就是经过拉斯普京接近亚历山德拉·费多罗夫娜①的。他借助自己的祈祷和训诫来指挥我们的前线。

"如果在某某号以前转入进攻——皇太子就会得病。"

作为一个执行某种严肃的政治路线的人,拉斯普京给我的感觉是不够严肃。抽动得太厉害,注意力太不集中。他本人有一些思维混乱。或许是顺从劝告与贿买,不太全面考虑与权衡。他想驾驭某种力量,却被这种力量裹挟到了某个方向。我不知道,在自己官运的初期他是什么样子,但是,在我遇到他的那个时期,他仿佛已经失去控制,随着旋风、龙卷风疾驶,失去了自我。不断重复那些呓语:"上帝……祈祷……酒"。他搅乱一切,不知道自己是什么人,折腾自己,痉挛,绝望地吼叫着狂跳,就像扑进燃烧的房子里,在寻找遗失的宝物。我后来见到过他这种撒旦式的舞蹈……

有人说,他把自己的女崇拜者,上流社会的太太们,集合起来,带到澡

---

① 亚历山德拉·费多罗夫娜(原名黑森-达姆施塔特公主阿历克丝;1872—1918),俄国皇后,尼古拉二世的妻子(1894年起)。

堂里去,"为了战胜骄傲鬼和学会恭顺",强迫她们为他洗脚。不知道这是不是真的,但有可能是真的。在这种歇斯底里的氛围中,最白痴的臆想也好像是真理。他是催眠术大师吗?

我曾经与一个人谈过拉斯普京。这个人曾认真研究过催眠术、致幻术及其对他人意志的影响。

我跟他讲了拉斯普京的诡异动作,他的迅速触及和抽动。每当他看到他的命令不被执行的时候,这种抽动都要折磨他。

"难道您不知道吗?"他惊讶地说,"要知道,触及——这是典型的催眠术动作。这是意念电能的传递。每一次,只要这个能量不被接收,它就要反射回去,打击催眠师。他发出来的冲击波越强劲,电流就越大。您说过,他坚持了好长时间,那就是说,他鼓足了自己的力量。所以,返回的电能打得他那么疼,以致他抽搐、呻吟。他肯定非常难受,才痛苦地绷紧身子,战胜反击。您讲的这一切,——这是催眠实验的典型案例。"

八

在Φ那儿午餐之后过了三四天,伊斯梅洛夫又打来了电话。

"Φ非常非常恳切地邀请我们再一次在他那儿吃午饭。他许诺,这次将更加有趣,说上次拉斯普京未来得及四处张望一下,便被迫离开了。"

他说,M-奇到他家去过,说服他一定要去(简直就是个戏班老板!),并给他看了受邀请人的名单:都是一些性情平和的人,属于正派人的圈子。可以放心地去。

"这是最后一次,"伊斯梅洛夫劝我道,"咱们跟他认真地谈一谈。也许能得到些有趣的东西。他是个与众不同的人嘛。咱们去。"

我同意了。

这一次我到得晚一些。大家已经在餐桌旁边坐很长时间了。

人比第一次多了许多。上一次的人都来了，乐师们也在。拉斯普京仍坐在原来的位子上。大家有节制地聊天，好像他们是普普通通的客人，是受邀来吃午饭的。谁也不看拉斯普京，似乎在这里与他毫无关系。而且还感觉到（也的确如此），大部分人彼此并不相识，来这里仅仅为了一件不大敢做的事：看一看，了解一下，同拉斯普京说几句话。

拉斯普京脱掉了自己的长外衣，坐在那里，只穿一件刺眼的卡那乌斯绸紫红衬衫，斜开的绣花领。衬衣散放在裤子外面。

他的脸发黑，紧张而疲劳，一双带刺的眼睛深深下陷。他扭转身子，几乎背对着坐在他旁边的那位打扮得最艳丽的女人，也就是上次来过的那位律师的妻子。

我的座位在长老的另一侧，还空着。

"啊——！她到啦，"他抖动了一下，"来，快坐下。我在等你。上次为什么走啦？我回来了，她走啦！喝！你怎么啦？我对你说，喝！上帝原谅你。"

罗扎诺夫和伊斯梅洛夫仍坐在上次的位子上。

拉斯普京对着我弯下了腰：

"我太想念你啦。"

"哦，这都是小事。您这样说是出自客气，"我大声回答道，"您最好跟我们讲一些有趣的东西。是真的吗，您经常举办一些鞭身派的跳神仪式？"

"狂跳？在这里，在彼得堡？"

"怎么，难道没有吗？"

"谁说的？"他不安地问，"谁说的？他说自己参加了，亲自见到了，还是听说的，还是怎么回事？"

"我不记得谁说的了。"

"不记——得啦？你嘛，聪明人，最好去我那儿，我给你讲许多你不知道的东西。你不会是英国人吧？"

"不，我是地道的俄国人。"

"你有一张英国人的脸。在莫斯科,我认识一个公爵夫人 Ш。她也有一张英国人的脸。不,我要放下一切,去莫斯科。"

"可是,维鲁博娃呢?"我这样说没有任何想法,仅仅是为了让罗扎诺夫满意。

"维鲁博娃? 不,维鲁博娃不是。她的脸是圆的,不是英国人的脸。维鲁博娃是我的孩子。在我那儿,我告诉你,是这样:有的是我的孩子,有的不是我的孩子。我不撒谎,是这样。"

"噢……皇后呢?"伊斯梅洛夫突然胆子大起来,用强忍着的嘶哑嗓音问道,"亚历山德拉·费多罗夫娜呢?"

我有点被这个问题的大胆吓怕了。然而,让我惊讶的是,拉斯普京非常平静地答道:

"皇后吗? 她有病。她的胸很疼。我把手放到她身上,便祈祷。好好祈祷。由于我的祈祷,她总能疼得轻一些。她有病。必须为她和为孩子们祈祷。不好……不好……"他开始嘟囔起来。

"什么不好呀?"

"不,没什么……必须祈祷。孩子们是好的……"

记得,在革命刚开始的时候,我曾在报纸上读到:发现了"长老与放荡的公主们的猥亵信件"。信件是属于那种内容的,因而"绝对不能发表"。然而,后来这些信件还是发表了。而它们的内容大致是这样的:"亲爱的格里沙,为我祈祷吧,让我好好学习","亲爱的格里沙,一个礼拜我都表现得很好,听爸爸妈妈的话……"

"必须祈祷,"拉斯普京嘟嘟哝哝地说。

"您认识女官 E 吗?"我问道。

"就是那个爱说俏皮话的吗? 好像见过。你去我那儿吧。我让你见见所有的人,把所有人的事都告诉你。"

"我去干什么呀? 人家还会生气的。"

"谁生气呀?"

"就是您的那些女士呀。她们不认识我,对于她们来说,我完全是个外人。她们肯定要不满意。"

"她们敢!"他用拳头捶了一下桌子。"在我那儿不会有这种事。在我那儿谁都心满意足,谁都幸福安宁。我一发话——就给我洗脚,连水都要喝!在我那儿什么事都按上帝的吩咐办。听话,安宁,谦恭和爱。"

"啊,您看,——还要洗脚。不,我最好不要去。"

"你去吧。我请你去。"

"您邀请的人,似乎,都去呀?"

"到现在为止,——都去。"

九

律师的妻子愁苦地坐在拉斯普京的右手,顽强而又贪婪地倾听我们的谈话。

偶尔,当她在自己身上捕捉到我的目光的时候,她便讨好地笑一笑。她丈夫不时对她悄悄地说点什么,并再三为我的健康干杯。

"您最好邀请您的邻座去您家,"我对拉斯普京说,"您看,她多么可爱呀。"

她听了我的话以后,抬起惊惶、感激的眼睛看我。她就这样等待着回答,甚至脸都变得苍白了。拉斯普京看了她一眼,便迅速转过脸来,大声说道:

"啊——! 一条傻母狗!"

大家都装作没有听到的样子。

我向罗扎诺夫转过脸去。

"看在上帝分上,"他说道,"把话题引到狂跳上去吧。请再尝试一次。"

可是我完全失去了与拉斯普京谈话的兴趣。我觉得他喝醉了。主人

一直不断地走过来给他斟酒,同时说:

"这是你的,格里沙,你爱喝的酒。"

拉斯普京不断地喝酒,摇晃脑袋,抽动身子,和嘟哝着说些什么。

"我现在很难跟他说什么,"我对罗扎诺夫说,"您现在自己试试看吧。一般说来,我们可以一起聊嘛!"

"办不到。话题是很私密的、秘密的。他已经信任您了……"

"他在那儿悄悄说什么呀?"拉斯普京打断了我们的谈话。"他悄悄说什么呀,这个人,在《新时报》上写东西吧?"

真想不到啊!我看你还匿名。

"为什么您认为他写东西呢?这是有人搞混了……有人还要对您说,我也写东西呢。"

"有人说,好像你是《俄罗斯言论报》的,"他平静地答道,"可我无所谓。"

"这是谁说的呀?"

"我没记住,"他特意重复我对他问题的答话。当时他问,是谁告诉我关于狂跳之事的。

他记住了,那时是我不想回答,所以现在照样奉还:"我也没记住!"

谁把我们出卖啦?大家保证严守机密的嘛。这非常奇怪。

这不是我们要攀附权贵、结交长老的呀。我们是受到邀请,建议我们结识,同时还劝我们不要讲我们是谁,因为"格里沙不喜欢记者",回避与他们交谈,千方百计躲着他们。

现在才知道,拉斯普京完全知道我们的名字,可是,他非但不躲着我们,相反,还要拉我们作更密切的交往。

这是谁玩的把戏?是M-奇为了某种目的安排了这一切——为什么,不知道?长老本人为了某些自己的阴谋诡计?或者,不知是谁,无意中透露了我们的姓名?

气氛很不正常。什么事情都有可能发生。

　　而对于我们的这些同桌共餐者,我又知道些什么呢?他们之中谁是暗探局的人?谁是后补苦役犯?谁是德国的秘密间谍呢?在这伙诚实的人当中,我们又是为了谁,作为有用力量,被吸收进来的呢?拉斯普京在这其中搅混,还是他本人被搅了进来呢?这是要出卖谁呀?

　　"咱们的名字他知道,"我悄悄对罗扎诺夫说道。

　　他惊讶地看了我一眼,就与伊斯梅洛夫低声谈了起来。

　　就在这个时刻,乐师们在自己的乐器上突然发作。手鼓砰砰,吉他叮当,手风琴奏响了民间舞曲。拉斯普京就在这一瞬间蹦了起来。他蹦起来得那么快,以致把椅子都撞翻了。他迅速离开原地,犹如有人在呼唤他,飞跑着离开餐桌(房间很大),骤然一跃而起,跳起舞来了。他把膝盖折向前,甩动着大胡子,转了一圈又一圈……他的脸上一片茫然,表情紧张,跳得不顾节拍,仿佛不是按着自己的意志,而是疯狂地跳,想停也停不下来……

　　大家都跳起来,围拢过来观看。那个"亲爱的",就是跑着去拿纸的那位,脸色变得苍白,眼睛瞪得鼓了出来,稍稍蹲下,拍着巴掌喊:

　　"跳!跳!跳!这样!这样!这样!"

　　周围没有一个人笑。全都看着,似乎是害怕了,至少是非常非常严肃。

　　场面是那样瘆人,那样野性,看着他,自己也想大声吼叫,也想冲进圈子里去,也那么蹦,那么转,一直到筋疲力尽。

　　而周围人的面色全都越来越苍白,精神越来越集中。出现了一种特殊的情绪,好像都在等待着什么……就这样,就这样……立刻就要……

　　"在这以后,还能有什么样的怀疑呢?"罗扎诺夫的声音在我背后说道,"这个鞭身派教徒!"

　　而那一位正在像公山羊那样蹦跳,样子吓人,下巴下垂,脸腮拉长,发绺摆动,抽打着凹陷的眼眶。刺眼的紫红色衬衫在后背上鼓起了一个大包。

　　"跳,跳,跳!"——"亲爱的"击打着手掌喊。

　　突然,拉斯普京停住了。戛然而止。音乐也在瞬间刹住,仿佛乐手们知道,就应当这样做。

他跌坐在扶手椅上,用已经不再是刺人的,而是茫然的眼睛,向周围打量。

"亲爱的"赶紧把一玻璃杯酒递给他。我走进客厅,对伊斯梅洛夫说,我想走。

"您坐一会儿,稍稍休息一下,"伊斯梅洛夫说道。

有一点窒息。由于气闷,心蹦蹦乱跳,双手颤抖。

"不,这里不气闷,"伊斯梅洛夫说,"您这是神经不好。"

"请不要走!"罗扎诺夫请求道,"现在很容易从他那儿得到参加狂跳仪式的邀请。"

客人们都来到客厅,沿墙根坐成一圈,好像在期待着某种余兴节目。漂亮太太也来了。丈夫用手搀扶着她。她用力低着头,我觉得,她是在哭。

我站了起来。

"不要走,"罗扎诺夫说。

我摇了摇头,向前厅方向走去。拉斯普京从饭厅里横向走出来。他走到我面前,抓住了我的臂肘。

"等一会儿,我有话跟你说。不过你要好好听着。你看,咱们周围有多少人啊?很多吧?很多,可是,一个人都没有。只有:我和你,再没有人啦。咱们就站在这里,我和你。我跟你说:你去我那儿!我非常想让你去我那儿。想得很难受,难受得想一头撞到地上!"

他一只肩抽搐了一下,开始呻吟。

这一切是那么荒唐,包括我们两个站在厅中央,也包括他这样痛苦而严肃地讲话……

必须打破这种情境。

罗扎诺夫走近前来,装作只是从我们旁边经过的样子,却竖起了耳朵。我大声笑了起来,指着罗扎诺夫对拉斯普京说道:

"他不让我去。"

"不要听那个老家伙的,你去吧。也不要带他去,我们不需要他。不要嫌弃我拉斯普京,这个庄稼汉。我爱上谁,我就能给谁建一座石头豪宅。难道没听见吗,你?"

"没听见,"我答道。

"你撒谎,聪明人,你听到了。我能做到。石头豪宅。你会看到的。我能做许多事情。只是你,为了上帝,快些去。咱们一块祈祷。还等什么呀。人们一直想杀死我。我只要一走到大街上,一定要往各个方向瞅一瞅,看是不是有什么可疑的嘴脸。是的。想杀我。那又怎么样!这些笨蛋,他们不懂我是什么人。是巫师吗?也许是巫师吧。巫师是要烧死的,那就烧死好啦。有一件事他们不明白:把我杀死,俄罗斯也就完了。记住吧,聪明人:杀死拉斯普京——俄罗斯就完了。将把我和她一起埋掉。"

他站在厅当中,既瘦又黑,像一段干枯的、烧焦了的、多节瘤的木头。

"俄罗斯就完了……俄罗斯的末日……"

他伸出来的一只弯曲的手臂哆嗦着,恰似在《水妖》*中夏里亚宾扮演的磨坊主。

在这时刻他是可怕的,完全没有理性。

"啊?啊?你要走吗?哦,你要走,那就走吧。只是,你会想起来的……会想起来的……"

在回家的路上,罗扎诺夫(我们在一起乘车)说,去拉斯普京那儿是值得的,我拒绝邀请,大概会让他觉得可疑,因为有多少人在争取得到他的邀请啊。

"咱们一起去,一起离开。"

我说,在这个拉斯普京的氛围中,有许多,对我来说,是无限反感和非常沉重的东西。阿谀奉承,狂喊乱叫,同时又从事一些我们所不知晓的黑暗的,最最黑暗的勾当。你一旦靠近,就会玷污自己,永远不能脱身。这一

---

* 指达尔戈梅日斯基根据普希金同名剧本改编的歌剧。

切都令人反感,不愉快,而对这类人各种"可怕的秘密"的全部兴趣,都将被这个嫌恶所吞没。

律师妻子那张可怜、紧张和不幸的脸,简直吓人。丈夫不顾廉耻地把她硬塞给一个醉酒的庄稼汉。——在睡梦中我会梦见,那将是一个噩梦。须知,在他那儿可能有许多这样的女人。关于这些女人,他用拳头敲着桌子大喊,"她们敢,她们对什么都满意。"

"太讨厌啦。讨厌得吓人!我害怕!而且——不觉得奇怪吗,他为什么这样死乞白赖地让我去呢?"

"他不习惯于受到抗拒。"

"可是我想,事情要简单许多。我认为,是因为《俄罗斯言论报》。他虽然摆出一副样子,不看重这个局面,然而,您也知道,他怕新闻界,总想讨好它。他也许决定,通过我,他为自己搞到一个新的携香液女。为了让我,在他的授意下,写他感兴趣的东西。须知,他的全部政策都是通过女人来贯彻的呀。您想一想,他手中会有一张什么样的王牌啊。在我看来,他算计得非常精到。他是很狡猾的。"

十

在这次午饭之后,又过了几天,一位熟悉的太太打来了电话。她指责我昨天为什么不出席她的晚会,这是我已经答应了的。

关于这个晚会,我完全忘记了。

"维鲁博娃来了,"太太说道,"她等您来。她非常想同您认识,我答应她了。您没能来,非常非常遗憾。"

"啊哈!"我想,"从'那个'世界开始来消息了。她想从我这儿得到什么呢?"

她就是来自"那个"世界的消息,这一点我毫不怀疑。又过了两天。

一位老女友非常激动地跑到我家：

"C将举办一个盛大的晚会。C亲自来过你家两次，你都没在家。她今天到我那儿去了，她让我保证：把你带到她们那儿去。"

C这方面如此执着，让我有些惊讶。我与她们并没有深交。她是否想迫使我读点或朗诵点什么呢？这正是我不能接受的。我说出了自己的担心。

"不是——不是，"女友安慰我说，"我保证，她们没有任何秘密打算。就是C非常爱你，想见见你。正好，晚会将非常有趣。人不会很多，全都是自己人，因为现在，在战争期间，C不能举办大型舞会。那样可能不合适。任何多余的人都不会有。她们善于把一切都搞得很有意思。"

一一

十一点多钟，我们到了。

人很多。在燕尾服和晚装中间，有几个人穿着同样的黑色多米诺大氅*，戴着淡蓝色假面罩。显然，他们是一伙的。除了他们，再没有化装的了。

"哎，给您她。看到了吗？给您带来啦，"我的女友说着，拉着手，把我送到了女主人面前。大厅里一个吉卜赛女人在唱歌。这是一个个头不高，不太丰满的女人，穿一件黑色闪光丝绸不袒胸式的连衣裙。她努力把红中透黑的脸向后仰。

分手的时候，她对我说：

"在异国他乡，不要忘记我……"

---

*　多米诺，一种化装跳舞穿的带风帽和袖子的大氅。

"稍等一下，"女主人悄悄对我说，"她马上结束。"

她继续站在我身边，用眼睛寻找什么人。

"现在咱们可以走了。"

她挽着我的手，引领着我在大厅里走，眼睛依然在寻找什么人。

我们穿过整个房间，走进一个小而昏暗的客厅。客厅里没有人。女主人让我坐在沙发上。

"我马上回来。您不要离开。"

她的确很快就回来了，但不是一个人。同她一起来的还有一个穿黑色多米诺大氅的人。

"就是这个神秘的伪装，"C笑着说道，"将让您快活一会儿。请在这里等我。"

黑色多米诺大氅在我旁边坐了下来，透过面罩上狭窄的缝隙看我。

"您不认识我，"最后她喃喃地说，"可是，我非常需要跟您谈一谈。"

声音是陌生的。可是，语调是熟悉的。女官E在与我谈话的时候就是这种不连贯的神经质的语调。她谈的是拉斯普京。

我看了看我的谈伴。不，这不是E。E个子矮。这个人很高。不太会发卷舌音，就跟我们上流社会的太太们一样。她们在童年会说俄语之前，首先说的是英语。

"我全都知道，"陌生女人继续冲动地说，"星期四您应当去一户人家。"

"不，"我惊讶地说，"我什么地方也不该去。"

她狂热地激动起来了：

"啊，为什么，您为什么不讲实话呢？我一切都知道嘛。"

"在您看来，我应该去哪儿呀？"我问道。

"去那儿。去他那儿。"

"我一点也不明白。"

"您想检验我吗？那好吧，我照直说。您星期四要去……拉斯普京那儿。"

"为什么您这样认为呢？没有人邀请我星期四去他那儿。"

太太沉默了。

"也许,您还没有收到这份邀请……但反正您应当收到它。这已经定下来了。"

"在这件事中,什么使您这样激动呢?"我问道。"也许,您可以告诉我您的名字?"

"我穿这身白痴伪装,并不是为了告诉您我的名字。而且,这对您并没有什么区别。问题不在这里。问题是,星期四您要到那儿去。"

"不,我不打算去拉斯普京那儿,"我平静地说道,"请您相信,我不会去他那儿。"

"哎呀!"

她全身猛地一挺,用自己戴着黑手套的双手抓住了我的手。

"不,您是故意这样说。您去! 为什么您不去呢?"

"因为我没有兴趣。"

"您不感兴趣吗?"

"不。"

她的双肩颤抖起来了。我觉得,她在哭泣。

"我想,您是真诚的,"她压低声音说道。

我完全不知所措了。

"您这样是想让我做什么呢? 因为我不去,您就不愉快? 我什么都不明白。"

她又握了握我的手。

"我用您拥有的一切神圣的东西恳求您:拒绝星期四去。必须让他取消这个晚会。他不该星期四离开皇村,应该阻止这件事,因为这将十分可怕。"

她肩膀抽搐着又说了些什么。

"我不明白,这关我什么事,"我说,"不过,如果这能使您放心,那么,请相信我：我向您保证，我不去。过三天我就去莫斯科。"

她的双肩又颤抖起来，我又觉得，她在哭泣。

"谢谢您，亲爱的，亲爱的……"

她迅速弯下腰，吻了吻我的手。

然后，她跳起来，走了。

"不，这不是维鲁博娃，"我想。我回忆起来了她在熟人那儿等我的事。"不，这不是她。维鲁博娃相当丰满，更主要的是，她腿瘸。这不是她。"

我找到了女主人。

"您塞给我的那个女人是谁呀，就是戴面罩的那位太太？"

女主人对这个问题似乎不太满意。

"既然她戴着面具，我又怎么能知道呢？"

吃晚饭的时候，黑色多米诺大氅们都消失了。或者，也许只是取下了伪装。

我长时间地察看这一张张不熟悉的脸，寻找吻过我手的那两片嘴唇……

在桌子的另一端坐着乐师们：吉他，手风琴，手鼓。仍然是那些人。拉斯普京的乐队。链条……线条。

<h1 style="text-align:center">一二</h1>

第二天，伊斯梅洛夫来到我家，异常可怕地沮丧。

"发生了一件恐怖的丑恶事件。读一读吧。"他递给我一张报纸。

报纸上报道说，拉斯普京开始经常出现在文学家圈子里，在推杯换盏的同时，讲一些有关最最上层人物的各种可笑的故事。

"这还不算完，"伊斯梅洛夫补充道，"今天 Φ 去过我那儿，他说，他出乎意料地被叫到了暗探局，追问他文学家中有谁在他那儿吃过午饭，拉斯普京讲了些什么。威胁要把他逐出彼得堡。但最可恶、最惊人的是,在审问他的那个密探的桌子上,Φ清清楚楚地看见了那张纸字条,——那是 M－奇亲手写的。"

"难道 M－奇在为暗探局工作吗?"

"不知道。是他,或者 Φ 的客人中的某个人。不管怎样,必须格外小心。即便不再审问我们,当然,也必定要监视我们。因此,如果拉斯普京写信或在电话里叫我们,不应该再答复他。不过,咱们的地址他不知道,而且,姓名也未必记住得那么好。"

"这就是长老的神秘主义的奥秘! 真可怜罗扎诺夫啊! 结局竟是如此缺乏诗意、琐细、卑俗……"

一三

"太太,有人在电话里两次特意询问您,"女仆笑着对我说。

"怎么——特意?"

"是啊。我问:这是谁呀? 他说:'拉斯普京。'也就是说,有人在开玩笑。"

"您听好,克休莎,如果他再开玩笑,您一定要回答,说我走了,要走好长时间。明白吗?"

一四

我很快就离开了彼得堡。拉斯普京我再也没有见过。

后来,当我在报纸上读到,他的尸体烧掉了,——我回忆起了他,那个黑黑的、蜷缩的和可怕的巫师:

“烧啦？那就烧吧。只是人们还有一件事不知道：杀死拉斯普京，俄罗斯也就要完了。

回忆吧！……回忆吧！……”

我回忆起来了。

阿尔卡季·阿韦尔琴科[①]

这大约开始于 1909 年。准确的我已不记得了。我记年份不是按数字（譬如，19＊＊年），而是按事件。

那是严酷的时代。嘻嘻哈哈无权存在。只允许所谓的"透过世人所看不见的泪"[②]、饱含着公民的痛苦和对人类缺憾的哀叹的笑。

这种"看不见的泪"使陀思妥耶夫斯基感到何等的刺痛啊！

"在罗斯大地上，还从未有人说过比这些关于'看不见的泪'更虚假的话语。"

须知，陀思妥耶夫斯基是何等珍视果戈理呀！果戈理是如何生活于他的潜意识之中啊！不知道是否有人发现过，拉斯柯尔尼科夫的母亲叫作普莉赫丽娅·伊万诺夫娜，在给儿子的信中她谈到一个与自己有交往的商

---

① 首次发表于《新俄罗斯言论报》，1949 年第 13407 期，1 月 9 日。现根据保存于俄罗斯国立文学和艺术档案馆的手稿发表。

② 指果戈理《死魂灵》的片段，它已成为十九世纪俄国美学经常引用的精华："可是，一股神奇的力量决定我要和我的古怪的主人公们携腾一起长久地走下去，去历览整个浩阔壮大、奔腾不息的人生，透过世人所能见到的笑和世人见不到的、没有品尝过的泪去历览人生！"（第一部第七章）

人，阿法纳西·伊万诺维奇①。这两个名字与父称现在已经是普通名词，陀思妥耶夫斯基让他们叫这样的名字绝不是另有深意。它们是一起从他的潜意识的心灵幽室里跳出来的。它们在那里已珍藏好久了。

然而，就是这些"看不见的泪"他却无法忍受。可是，在俄国文学中对它们的要求永远根深蒂固。

是的，对风俗习惯的挖苦讽刺——这请便；可是随意嘲笑，如斯宾诺莎②所说的，嘲笑是"乐趣，所以它本身就是好事"，——这是不能容许的。

安托沙·契洪杰*的令人着迷的幽默故事，只有当作者因自己天才的、高度艺术性的忧伤而驰名文坛之后，才获得人们的谅解。

《蜻蜓》和《萨蒂利孔》周刊③在不起眼的地方苟延残喘。列金粗俗的幽默难得博人一笑。在报纸的最末一版上例行刊登常见的笑话，以及对"靠社会馅饼供养的城市父母官"的尖刻影射。还配有图画。从人物的嘴里引出一个气泡，气泡上写着一些话语，那就是这个人说的话。幽默杂志拿老丈母娘开心，这是不受报刊检查官的铅笔约束的说不尽的自由话题。

这事是从何时开始的，确切时间我说不上来，但在当时，报纸每逢周一不出。于是，一位精明的记者想到办一份每逢周一出版的文学报纸。他就是瓦西列夫斯基·涅-布克瓦。想出这一怪诞的笔名，是因为记者的兄弟用瓦西列夫斯基·布克瓦的名字写作。报纸办得有声有色。我也加入到了该报之中，在那里发表我早期的短篇故事。正是在那时候，开始出现署

---

① 在陀思妥耶夫斯基的《罪与罚》中，主人公大学生拉斯柯尔尼科夫的母亲名叫普莉赫莉娅·伊万诺夫娜（实为亚历山德罗夫娜——译者注），在果戈理的《旧式地主》中主人公是阿法纳西·伊万诺维奇和普莉赫莉娅·伊万诺夫娜。

② 本尼迪克特·斯宾诺莎（原名巴鲁赫·斯宾诺莎；1632—1677），荷兰杰出的哲学家，对唯物主义哲学的发展产生过重要影响，他将自然与上帝等同起来。

* 安托沙·契洪杰是安东·契诃夫早期的笔名。

③ 《蜻蜓》周刊，俄国幽默文艺杂志（1875—1908，彼得堡）。1878 年契诃夫在这里发表处女作。

名为阿韦尔琴科的妙趣横生的杂文。

我们问涅-布克瓦,他是谁。

"这是外省的一位俏皮大王。他也打算来这里。"

后来,有一天女仆通报说:

"蜻蜓来了。"

蜻蜓①是一位矮个子黑发男子。他说,作为遗产,他接受了《蜻蜓》周刊,他打算将其完善,使它成为一份有趣味、受欢迎的文学刊物,并邀请我合作。我不喜欢我们的幽默杂志,因而回答得模棱两可:

"谢谢。很高兴,虽然,总的说来,我未必能行,也许,我不能撰稿。"

这事就这样了结。

两个星期之后,女仆又来通报:

"蜻蜓来了。"

这次来的蜻蜓是位高个子淡黄发男子。但我深知自己心不在焉的毛病,不善于记人的相貌,因而丝毫不感到惊讶,便以十足客套的社交口吻说:

"非常高兴,关于杂志的事咱们已经谈过了。"

"什么时候谈的呀?"他诧异地问道。

"两个星期以前嘛。您来过我这里呀。"

"不对,那是科恩菲尔德。"

"是吗? 我还以为你们是一个人呢。"

"这么说来,您认为我们长得很像啦?"

"问题就在于你们长得不一样。不过,既然人们对我说,您也是蜻蜓,我便以为是我没看清楚。这么说,您不是科恩菲尔德啦?"

---

① 指的是《蜻蜓》杂志的发行人,后来有一段时间是《萨蒂利孔》*周刊的发行人,米哈伊尔·格尔曼诺维奇·科恩菲尔德(1884—1973)。革命后他侨居国外,曾试图在巴黎恢复《萨蒂利孔》杂志(即《新萨蒂利孔》,1931),但没能成功。

＊　得名于佩特罗尼乌斯的小说。

"对，我是阿韦尔琴科。我将是编辑，杂志将叫作《萨蒂利孔》。"

接着便是陈述所有那些非凡的前景。这些前景科恩菲尔德都已经给我讲过了。

这就是我同阿韦尔琴科结识的过程。

我们不常见面。我不参加编辑部会议，因为在那时候我就不喜欢任何编辑部"厨房"。他们在那里做些什么，选择什么，淘汰什么，我一概不感兴趣。

阿韦尔琴科本人则给人以非常愉快的印象。他在自己的彼得堡活动之初有一点外省人的做派，披着一头蓬松的卷发。正像所有爱说俏皮话的人那样，他总是板着面孔。讲话也不一般，总是抑扬顿挫地说出每一个字来，仿佛在故意招惹谁似的。在他周围很快便聚集起来一伙人。他们都学他那样子说话，俏皮话不离口。

阿韦尔琴科来自哈尔科夫省某个偏远的地方。如果我没有弄混的话，是来自阿尔玛兹纳亚车站，在一家什么矿场的办事处里当会计助理。在那里他便打算创办一个幽默杂志，并开始将自己的短篇故事投寄给《星期一》。最后他决定来彼得堡碰碰运气。这一决定非常成功。来到彼得堡两三个月之后，他已经是他自己创办的《萨蒂利孔》周刊的编辑，并吸收了一些优秀的工作人员参加。插图画家是刚刚从美术学院毕业的萨沙·雅科夫列夫、列米佐夫、拉达科夫[1]、安年科夫[2]和优雅的蜜斯[*]。杂志立刻就引起了重视。后来，甚至国家杜马中也有人引用它的文章。

两年后，他在火车上偶然与自己原先的领导——会计相遇。这位会计对文学一窍不通，他一再指责阿韦尔琴科不该轻率地离开自己的职位：

---

[1]　阿列克谢·亚历山德罗维奇·拉达科夫（1879—1942），画家，诗人，《萨蒂利孔》和《新萨蒂利孔》周刊长期撰稿人。革命后给许多苏联杂志撰稿。

[2]　尤里·帕夫洛维奇·安年科夫（1889—1974），画家，舞台美术师，与《萨蒂利孔》《新萨蒂利孔》合作。1924年起侨居巴黎。1965—1966年出版两卷集回忆录作品《我的会见日记》。

[*]　蜜斯，画家安娜·列米佐娃-瓦西里耶娃（？—1928）的化名。

"您本来已经可以拿到一千五百卢布的年薪了,现在,我想,却只能拿有限的几个小钱。"

"不,还稍微多一些,"阿韦尔琴科谦恭地回答。

"呵,难道超过两千啦?不可能!我自己也挣不了那么多。"

"不,我就挣两千左右。只不过是一个月,而不是一年。"

会计只摆了摆手。他当然不相信。阿韦尔琴科本来就以爱开玩笑著称嘛……

阿韦尔琴科热爱自己的工作,热爱彼得堡紧张充实的生活,热爱"维也纳"饭店、快活的伙伴和风情万种的女演员。在每座大饭店的电话机旁边均可以看见在墙上刻划出来的他的电话号码。这是他的朋友们记录下来的,以备不时之需。他的朋友们每逢需要挑选一个合适伙伴的时候,头脑里时常会出现召唤他的念头。

阿韦尔琴科年轻帅气,风流倜傥,当然把不少时间献给了情感生活。他长期与标致女演员 Z 交好,不过,当然,对于自己才能的其他崇拜者也并非冷漠无情。她们当中有彼得堡半上流社会*的一位赫赫有名的代表,绰号为"法老的女儿",因为她的父亲是警察,而那时候我们的警察则被称为"法老"。这位"法老的女儿"经常出国,又博览群书,堪比优雅的贵妇人。

有一次,阿韦尔琴科与她约定共进早餐。他对自己的女演员说,他要参加一个异常重要的工作早餐。当他挽着"法老的女儿"的手臂走进饭店的时候,那位女演员恰好坐着出租马车从旁边经过,看了个正着。

"您不是说,您有一个工作上的约会吗?我看见您和什么样的业务伙伴进饭店啦!"Z 指责他说。

"看见啦?"阿韦尔琴科若无其事地问道,"这没有什么值得大惊小怪

---

* 半上流社会(демимонд),资本主义社会中委身于达官贵人的名妓、情妇阶层。

的。这位女士就是那位职场上的人士,我急需与她谈一谈。她可是……非常有名的……最最……她是南方几家剧场的老板……在哈尔科夫,罗斯托夫……我说服了她排演我的剧本。"

"剧院女老板?"女演员立刻活跃起来了。"看在上帝分上,介绍我同她认识一下吧。我渴望在哈尔科夫演一个演出季。"

"那当然,我很高兴。不过她今天一早就已经走了……"

女演员 Z 十分遗憾。

三个月以后是阿韦尔琴科的命名日,他总是在"维也纳"饭店大张旗鼓地庆寿。"维也纳"饭店的经理处每次都要为他献上一份生日大蛋糕,蛋糕上用巧克力写着"献给《萨蒂利孔》周刊的阿尔卡季"。

客人当中也有那位"法老的女儿"。她赠给寿星一只黄金烟盒,上面嵌着一只钻石苍蝇。这样的"天才崇拜者"怎么能不邀请呢。

然而,这时候发生了一个意外事件。女演员 Z 一进来,立刻便认出了南方所有剧院的那位女老板。当即坐在她跟前,开始大献殷勤。阿韦尔琴科是如何从这个事件中脱身的,他没有告诉我。不过,显然,他靠谎言得以全身而退,或者是某位朋友解救了他。

阿韦尔琴科为人十分镇静。难得有什么事情可以使他惊慌失措。

"我是果羹。用什么样的刀片也休想把我划伤。"

《萨蒂利孔》周刊解放了俄罗斯的幽默,使它摆脱了"看不见的泪"的束缚。俄罗斯开始开怀大笑了。人们开始组织幽默晚会:"我们的幽默大师是:果戈理、契诃夫、阿韦尔琴科、奥西普·德莫夫、О. Л. 多尔和苔菲。"

开始出版幽默故事集、小册子。需求量大,投稿者少。原来,以俄国之大,竟没有一个不认识的幽默作家。仅仅《萨蒂利孔》周刊这一小伙人是个例外。

《萨蒂利孔》的常任核心是由这些人组成的:天才的讽刺诗人萨沙·

乔尔内、奥西普·德莫夫、谢尔盖·戈尔内和阿尔卡季·布霍夫。① 偶尔有什么人寄来稿件并得以发表的情况很少。我更像是一个客串的作者,而不是固定的合伙人。并且很快就放弃了"卖笑"的生意。我非常喜欢有幽默感的作家,却完全不喜欢专门的、竭力使人发笑的作家。

我记得一家报纸的创意,其本身就是一个笑料。《交易所新闻》报的编辑兼发行人,本着时代精神,决定以幽默搞活自己的报纸。

"我自己动手写。"

于是——就印了下面几行在死者面前的对话:

小幽默

　　——你在什么地方拿香烟?

　　——您才拿哩。我总是买。*

这就完了。

同事们都很开心。

所有与阿韦尔琴科有关的回忆总是愉快有趣的。

一位年轻太太讲,他来不及送她从剧院回家,便把她介绍给了一位可敬的先生,某专科学校的学监。

"这位是我的朋友,阿列克谢耶夫,他送您。"

---

① 萨沙·乔尔内(原名亚历山大·米哈伊洛维奇·格利克伯格;1880—1932),诗人,散文作家,杂文家,《萨蒂利孔》周刊撰稿人,1920 年起侨居国外(德国,意大利,法国)。

奥西普·德莫夫(原名约瑟夫·伊西多罗维奇·佩雷尔曼;1878—1959),散文作家,剧作家,戏剧评论家,回忆录作者;1903—1908 年给《萨蒂利孔》周刊撰稿,1913 年起侨居美国。

谢尔盖·戈尔内,见《回忆录》中的注释。

阿尔卡季·谢尔盖耶维奇·布霍夫(1889—1944),诗人,散文作家,杂文家,《萨蒂利孔》《新萨蒂利孔》周刊撰稿人,革命后在国外居住了一段时间,然后回国,出版过几本书,1938 年被镇压,死后恢复名誉。

* 俄语中 брать 既可作"拿"解,也有"买"的意思。

一路上学监给她说的都是最最有趣的话,可是,当来到她家大门前的时候,却突然抓住她的双肩吻了她一下。匆忙中,她只来得及在他脸上啪地打了一巴掌,便打开汽车门跳了出去。那位有过失的人第二天让人给她送来整整一篮子银荆,还带有一张字条:"有过错但不值得您高抬贵手的人敬奉"。

那位太太非常生气,立刻给阿韦尔琴科打电话:

"您怎么敢给我介绍一个这样的贱货!"

"怎么啦?"

"他在汽车里吻了我一下!"

"真的吗?"阿韦尔琴科惊叹道,"这不可能! 我怎么会想到……他竟是位这样棒的小伙子。真是好样儿的。"

"尊敬的阿韦尔琴科先生阁下! 我向您,就像生活的学生向生活的教师呼吁。请帮助我分析分析我妻子复杂的心理变态吧! 我身陷绝境。只有您,作为生活的教师,能指导我,拯救我。请允许我今天给您打电话。

提前表示感谢。

А. Б.

又及:我四十六岁,但局面要求立刻缓解。

А. Б."

"您看,"阿韦尔琴科读完信之后说道,"大家大概都以为,读者只向托尔斯泰和陀思妥耶夫斯基敞开心扉,寻求指导。这样的信已经不是第一封了。"

"怎么,您打算接见这位 А. Б. 吗?"

"只好接见。给他提一些建议吧。"

"譬如,什么样的建议呀?"

"那要视情况而定了。也许,只不过建议他拿出一点钱来订《萨蒂利孔》周刊。"

"这件事总归应该严肃对待才好。"一位头脑迟钝的人说道。这类人即便在幽默杂志社里也会存在。"人家来向您坦露心迹,嘲笑人家可是罪过呀。"

"您从何处得知,我要嘲笑他呢?"阿韦尔琴科庄重地答道,"我正是打算十分严肃地对待。"

"这要是能听一听,该会多么有趣呀,"我说。

"好极了。四点以前来编辑部吧。谈话的时候您将在场,以后您将是我严肃对待这件事的见证人。"

"可是,他敞开自己心扉的时候可能不同意我在场啊。"

"这我负责安排。"

第二天,四点整,收发员把头探进编辑室,通报说:

"那位先生到了。"

我坐在角落里的写字台后面,"全神贯注地读稿件"。阿韦尔琴科坐在另一张写字台旁边的转椅上。

"让他进来吧。"

进来的是一位上了年纪的留有浅褐色胡须的男子。他手里拿着一顶带镶边的制帽——似乎是税务机关的人。

"给您写信的人就是我,"他带着哭腔说道。

"啊,啊,"阿韦尔琴科答道,"我准备好了,请讲吧。"

"可是,我……我想单独谈。"

"不必有顾虑,"阿韦尔琴科打断了他的话,"这位太太是我的秘书。"

"我不能啊,这是我的隐私。"

"唉,你这人真怪!她可是个聋哑人哪。难道您看不出来吗? 好,谈正事吧。您有什么烦心事?"他以内科医生的口气问道。

"哎呀,都怪我的妻子! 这是纯心理学上的病例。我同大司祭的小女儿结婚有两年了。可是这位女士竟忘记了自己父亲的身份,为人处事极为轻佻。一清早就唱啊,跳啊,甚至还,知道吗,还吹口哨。"

"一清早?"阿韦尔琴科阴郁地耸了耸眉。

"一清早。从早到晚。往电影院跑,往轻歌剧院跑,还总和小伙子们在一起,总和小伙子们在一起。总之一句话,败坏我的名声。"

"您怎么称呼?"阿韦尔琴科一本正经地问。

"巴柳斯特拉多夫。"*

"嗯……确实,是不应该败坏这个名字。"

"我是有事情干的人,我有职务。我请我的侄子,一个大学生,来照料她。可她却拖着他去溜冰场,而且两个人一直游逛到晚上!请告诉我,这里公道何在,出路又在哪里?"

"您说什么,——拖着侄子上溜冰场啦?"阿韦尔琴科摇了摇头,又问了一遍。"哎呀—呀—!哎呀—呀—!咱们到了何等田地啦!要知道,这用不了多久就会彻底动摇家庭结构,而这又是国之根本呀。这太恐怖啦。请告诉我,她漂亮吗,您妻子?或许,为了让您更明白些,——她是否具备外表的美感?"

"是呀!"公务员悲哀地证实道,"她完全具备这一事项。"**

"黑发女郎?"阿韦尔琴科非常严厉地问道。

"是呀!"

"芳龄几何?"

"二十二岁。"

"这真是太不像话了!那么,您打算怎么办呢?"

"全都指望您啦,阿韦尔琴科先生。您是生活的导师,您能洞察人的心灵,您无所不能。"

"好吧,我确实能做些什么。这样吧,亲爱的,您让她来找我。我好好

_____

　　* 这个姓意为"楼台栏杆",比较古怪,不太像真实人物可能有的姓氏,很可能有苔菲艺术发挥的成分。

　　** 在和巴柳斯特拉多夫的对话中,阿韦尔琴科其实一直在戏拟对方陈腐的公务员用语文体,而对方也上钩了。

收拾收拾她。真是的——这成何体统啊！咱们到了何等田地啦！这样子哪成！的确，情况很是严重！必须把她打发到我这来。也许，还不晚。"

巴柳斯特拉多夫胜利地跳了起来。

"我知道，我没有看错您！"他大声说，"明天，这项活动的主角，——不过，这算什么活动啊！——明天她就到您这里来。我强迫她来。谢谢，谢谢，永远感谢！我一躬到底。请告诉您的聋哑女秘书，不能对任何人说什么。"

几天之后，我遇到了阿韦尔琴科：

"怎么样，那个怪人把自己的老婆打发到您那儿去啦？"

一开始他装作不明白我说的是谁。后来不很情愿地答道：

"是的，是的。一位很正派的女士。而且很严肃。我对她成功地施加影响，她答应以后不再跟男孩子们一起往溜冰场跑了。"

"奇迹！那么说，是丈夫诽谤她啦？"

"那样的事曾经有过，但现在她变了。"

"她丈夫满意吗？"

"嗯……他，那个怪人，不知为什么，还是以为她跟以前一样，不待在家里。总之，这是一个很严重的病例，还必须做不少工作。"

"她漂亮吗？"

"不丑。主要是，她是一位完全令人敬重的女士。非常有爱心，重感情，而且始终不渝。她可以每天早晨吃羊肉丸子。不，您不要笑，这也是一种性情稳定的标志。总之，完全值得尊重。"

大约一个半星期之后，在某个周二——这是我接待朋友的日子，——我家来了一位有些腼腆然而颇热情的"才能崇拜者"。

这是一位服饰漂亮的矮个子女士，相当俊俏，然而两个大腮帮子却红得过分鲜艳了。

她献给我一束紫罗兰，嘟嘟囔囔地说了些赞扬我的话，之后便久久地呆坐不动，只是有时像猫那样舔一舔自己的嘴唇。她两手拿着一只大白鼬皮手筒,有什么物件不时从手筒里掉落出来——小香水瓶,小盒子,手帕,钱包,或者是铅笔什么的。每次她都举起双手,轻轻一拍,赶忙捡起来。总而言之,这位女士看起来很焦急。她不停地看表,坐立不安,而且答非所问。

"她为什么在这里坐着呢?"我很纳闷。我的客人中她谁都不认识,不能参与共同的谈话。可是就在那里坐着,坐着。这能说明什么呢?

客人们开始告辞。只剩下了两三位亲密的朋友。最后他们也开始告别了。可她还是那么坐着。怎么才能撵走她呢?

我到前厅去送最后的客人。

"这个女人是什么人?"他们问我。

"不知道。一个读者吧。"

"她为什么还不走呢?"

"不知道。"

"撵她走!"

"怎么撵呀?"

"这样办吧,"我的女友想出来一个办法,"你到客厅去,我来喊你。"

我刚到客厅,我的女伴立刻出现在门口,大声喊道:

"你赶快穿衣服呀,我们在康坦那儿等你。动作快一点呀。"

"好吧,好吧,"我答道。

我不幸的顽强的客人终于站了起来。

"再见,"她不知所措地喃喃地说。

"啊,我很抱歉,我必须抓紧时间,"我用社交腔调说,"希望以后有机会您能再来光临,太太……太太……"

"我姓巴柳斯特拉多娃,"客人提示道,又像猫那样添了舔嘴唇。

就在这个时刻,《彼得堡报》的记者气喘吁吁地跑进房间里来:

"看在上帝分上,我求您啦!就两句话,为了我们的报纸。我来过两次了,总碰不上您!我发誓,就两句话。"

就在他忙于表白的时候,巴柳斯特拉多娃走了。

女仆打断了我与记者的谈话,递给我一个大盒子和一封信。这是邮递员送来的。

盒子和信都是阿韦尔琴科寄来的。盒子里装的是伊万诺沃产的立窝尼亚樱桃;信中则有一则谜语:

"我绝望了,今天来不及去您那儿啦——印刷厂有事,无法脱身。"

这个前言让我莫名其妙。阿韦尔琴科从未参加过周二的聚会,我根本就没有等他。

我继续读:

"吻您的手,并以老朋友的名义,恳请您转告坐在您那里的人,就说我吻他们的手,并请他们尽快在电话中告诉我,他们如何看待这件事。"

"嗨!"我想,"这就是说,他与被他引上正路的巴柳斯特拉多娃有个约会。那就等着瞧吧。"

"这是阿韦尔琴科来的信,"我对记者说,"我承认,这封信很怪。它肯定也会使您感到惊讶。阿韦尔琴科请我转告您,说他吻您的手,并恳请您尽快打电话告诉他,您如何看待这件事。"

"这个……这个……"记者不知所措。"这是地地道道的颓废主义。我的天哪! 我的天哪! 现在我该怎么办呢?"

"那就是您的事情啦,"我冷冷地说。

我怀着责任已经尽到的心情开始吃糖果。他并没有指明给巴柳斯特拉多娃嘛,只是写着:"转告坐在您那里的人。"

在我这儿坐着的就是记者。

不知道这件事的结果如何,但至今我还认为,我做得对,够朋友。

革命时期阿韦尔琴科出现在了克里米亚。[①] 他写传单,飞行员将这些

_____

①　1919 年春至 1920 年秋,阿韦尔琴科住在塞瓦斯托波尔,给《南方报》和《俄罗斯南方报》撰稿,在文艺晚会上讲演。在塞瓦斯托波尔组建了"候鸟窝"剧院;侨居于君士坦丁堡时阿韦尔琴科开始领导在这个名字下的剧团,率领它在许多国家演出。

传单倾泻在饥饿的苏维埃士兵头上。

"我们今天吃得好极啦。第一道菜是红甜菜汤和奶渣饼,第二道菜是洋姜乳猪,第三道菜是鲟鱼肉馅饼,最后的甜食是蜂蜜饼。明天我们将吃白菜煎猪肉。"

这些传单很能打动士兵们。

阿韦尔琴科的下一个阶段——君士坦丁堡,他创办了"候鸟窝"剧院。然后是捷克和柏林之行。戏院老板拉他做一些乱七八糟的巡回演出,他在其中与其他演员一起演自己的短剧。这一切都妨碍他工作,使他筋疲力尽,对他已经受到损伤的身体非常有害。他的精力,不知怎么的,迅速燃烧殆尽。

他的《插到革命背上的十二把刀子》一书突然受到了列宁的赏识,并得以在苏联出版。①

命运女神亲自为阿韦尔琴科在其生命的终点上画上了这个可笑的句号。

---

① 该书的准确名称是《插到革命背上的一打刀子》。它于 1921 年在巴黎出版。很快,在当年11 月,《真理报》上发表了对它的评论《一本有才气的书》。评论的作者是列宁。

列昂尼德·安德烈耶夫[1]

    列昂尼德·安德烈耶夫在芬兰有自己的别墅,叫作"白夜"。他与自己人口众多的大家庭就住在那里。

    我不喜欢作这样的城市远郊游。总是很冷,总是很不舒服,也总是很乏味。

    列昂尼德·安德烈耶夫在晚上八点起床。喝完自己的"早咖啡",然后就去工作。在午夜一点吃早饭,在早晨六点吃午饭,在上午十一点躺下睡觉。

    他在自己狭长昏暗的书房里工作,书房里挂满了他自己的幻想画。他是一个不错的业余画家。这些画他总是用深色窗帘盖着,只是为经过挑选的人才把窗帘拉开。

    在夜间,他一面在自己的昏暗的书房里踱步,一面向女缮写员口授自己的作品。只在打字机旁边才亮着一盏小灯。这一切都促使他的神经衰弱症越来越严重。

---

    ① 首次发表于俄罗斯的《言论报》第 10 期(有删节,出版人为 E. 特鲁比洛娃)。这次按保存于俄罗斯国立文学和艺术档案馆里的手稿全文发表。

他喜欢待在自己芬兰的家里。很少能在彼得堡的纵酒团伙中看见他。所以，公众很乐意在剧院休息室或者餐厅里围着看他。也确实有什么可看的。在作家当中，他以自己的特殊外貌格外引人瞩目。茂密的头发，尖尖的鼻子，神经质的鼻孔，火辣辣的吉卜赛人的眼睛，再加上长外衣和侧开竖领衬衫。这样的人最好手里再有一把吉他，那就——滚开吧，我的马车，还有全部四个轮子！* 可是，竟然还有梅特林克情绪，黑色面罩，不祥的舞蹈。有个穿灰衣服的人，窃窃私语，躲在阴影中……"上帝呀，你不是绅士！你欺负了女士！"……这有理由让人忘乎所以，从围着他的人群中钻进去，站在那里，张开嘴，瞪大眼睛。

肆无忌惮地、愚钝地围观，只有孩子和狗才能这样子看。

似乎，人们甚至还大声交换意见。这让人恼火。主角做出没有察觉的样子，但不由自主，他的手势不自然了，声音也开始变假。产生的印象是，他在扭捏作态。

列昂尼德·安德烈耶夫平静地对待自己的声誉，在公众面前不装腔作势，保持自然。当人们像看长着两个脑袋的牛犊子那样看您的时候，这相当不容易。

这种关注使马克西姆·高尔基不安。他时刻牢记，他是伟人，并努力让自己表现得，依照他本人的意见，像伟人应该做的那样。他叹息，悲惨地沉思，痛苦地摇头。看得出来，可怕的无法解决的问题折磨着他那复杂的心灵。只有在午餐将近结束，他已经饮酒到量的时候，他才完全自然地用拳头捶打自己的胸膛，吮吻某个受庆贺的宴席的主角。

但是，高尔基有一次也忍不住了，他对围观的人群吼道：

"你们看我干什么？我既不是芭蕾舞星，也不是淹死鬼。"

但群众的崇拜就仅仅表现在这里。

欧洲为自己的英雄骄傲，俄罗斯喜欢的仅仅是"一饱眼福"。

————————

* 一首非常流行的茨冈（吉卜赛）歌曲的第一句歌词。

然而，一旦得到一些有关他的流言蜚语，那是何等的欣喜啊！什么他喜欢酗酒啦，酷爱赌牌啦，或者他背叛妻子啦："哼，比我们这些罪人也好不到哪儿去，还想充什么名流呢。"

英雄收到的信函大部分是谩骂的，或者，至少是训诫的。这么说吧，力图把他引上正确道路……

"我把他的信件藏起来，"列昂尼德·安德烈耶夫的母亲说，"他心脏不好，可他们总是骂了又骂——他们到底要干什么呀？"

他本人也一再抱怨：

"上帝呀！他们怎么都不知道羞耻，他们怎么都不嫌麻烦呢！哪个邮班都少不了谩骂的信。"

"没什么，亲爱的，你就高兴吧，这就是声望。没有人给平庸的人写信。"

是的，毫无办法。难怪普希金告诫说：

> 诗人！不要重视众人的爱好。
>
> 狂热的赞美不过是瞬息即逝的喧声；
>
> 你将会听到愚人的批评和冷淡的人群的嘲笑……①

然而，越是在英雄处于荣誉顶峰的时候，写来的信就越多。大概，是为了不让他骄傲自大吧。

"他把自己当作天才，这样子我不喜欢。"

然而，因高兴导致脱口而骂，也是符合俄罗斯人的天性的：

"嘀，让他见鬼去吧，可他真的有才啊！"

要求作家的不仅仅是才能，而且还要有高尚的道德生活。作家应该成为英明的导师。人们甚至来找快活的阿韦尔琴科寻求解决复杂的生存

---

① 引自普希金的诗《致诗人》（1830）。

问题：

"怎样生活啊？教教我们吧！"

如果导师不完全合乎标准，他就要大倒其霉了：

"他写一些动人的玩意儿，可自己呐，据说，把老婆抛弃了。"

唉，这一切真烦人啊！

"……你是帝王。你要独自生活下去……"①

可是，闻名遐迩的作家，在谩骂的信件之中，有时候也能收获到女士们歇斯底里的叫喊："我想跟您生一个天才的儿子，不要拖延时间啦。"

俄罗斯爱列昂尼德·安德烈耶夫。荣誉像洪流一样奔腾而来，所以来信也犹如暴雨，倾盆而至。

我至今也不明白，这伙著名的彼得堡作家何以都穿得如此怪诞。王尔德派作家②穿拜伦领衣服，露着脖子，这我还理解。这是浪漫，虽说蠢，但还漂亮。而这些人穿的是竖领侧开衬衫，呢绒短上衣，系宽皮带！既不美观，也不是因为某种特殊需要。高尔基穿短上衣，安德烈耶夫、斯基塔列茨、阿尔志跋绥夫③也穿。无名小卒不穿。不敢穿。（冒充什么名人呀！）

有一次，列昂尼德·安德烈耶夫带我去他自己的包厢，观看他话剧的首演式，话剧似乎叫作《伟大的阴影》④。它在剧目中保留的时间不长，不过还有意思。有一股陀思妥耶夫斯基的韵味，与他的人物接近，讲述的几乎就是他的生活。

---

① 引自普希金的《致诗人》（1930）。

② 王尔德派作家，指奥斯卡·王尔德的崇拜者。王尔德（1854—1900），英国著名作家，时装的倡领者。

③ 米哈伊尔·彼得罗维奇·阿尔志跋绥夫（1878—1927），散文作家，剧作家，随笔作家，以长篇小说《萨宁》（1907）名噪一时，1923年起侨居国外。

④ 可能指的是安德烈耶夫的剧本《可爱的幻影》，其首演式是1917年2月16日在亚历山德拉剧院（导演者为 Е. П. 卡尔波夫）。

作者坐在我身边，举止异常安详。这让我很喜欢。

作者们一般都很冲动，甚至跑过去同导演吵架。我非常喜欢他的自制力。

列昂尼德·安德烈耶夫非常注意倾听生活，并将其迅速而热情地反映在自己的创作之中。他的小说《七个被绞死的人的故事》①就是对现实的回答。《红笑》②是对俄日战争的回答。他写剧本的全部风格，都与当时主宰着我们文学圈子的梅特林克相近。《阿纳泰玛》和《人的一生》③全都散发着梅特林克气息。这些作品的成就是震撼性的。然而，俄罗斯文学的大河流过了这些堤岸，列昂尼德·安德烈耶夫留下来的"有特色的"作品，已经不再使当代读者感兴趣。那时候是好的、能抓住人心的东西，现在显得过分造作和独出心裁。就是梅特林克的命运也是如此。未必有哪座剧院还会有意上演他的《丹达吉勒》④。那时候对这类作品是非常喜欢的，安德烈耶夫的名字，作为剧作家，总是与高尔基相提并论，在当时是一流的。他的剧本《卡捷琳娜·伊万诺夫娜》《安菲萨》《我们生活的日子》⑤是日常生活剧，至今依然保留在我们剧院的剧目中。

列昂尼德·安德烈耶夫受到读者的高度重视，因而，也就受到出版界的高度重视。他是作家中的第一人，能用自己靠文学劳动挣来的钱，花六万在芬兰建起了私人别墅。

————————————

① 《七个被绞死的人的故事》（1908），同情革命者，抗议死刑。是在社会革命党人刺杀司法大臣 И. Г. 谢格洛维托夫未遂事件影响下写的。

② 短篇小说《红笑》（1905），揭露杀人的残酷，是对战争的愤怒抗议。

③ 《阿纳泰玛》（1909）和《人的一生》（1907），试验性剧本，安德烈耶夫在其中转向了创作现代神秘剧，将永恒的生命实质搬上舞台：人、劫数、饥饿、死亡、自然力、假面具等。

④ 指的是梅特林克的剧本《丹达吉勒之死》（1894）。

⑤ 《卡捷琳娜·伊万诺夫娜》（1912）、《安菲萨》（1909）、《我们生活的日子》（1907），在这些剧本中，深刻的心理描写、抒情与现实生活的状况结合在一起。

　　总的说来,他是在文学的繁荣期踏上文坛的,这时候开始承认作家有权过人的生活。在此之前则认为,如果出版家给予他用自己的语言服务于人民的可能,那么他就应该感到幸福。文学曾是贵族的事业,不是工作,只是消遣,无论如何也同生活的物质方面联系不起来。作家们都曾穷困潦倒。陀思妥耶夫斯基生前就被称为天才作家,可是他受到那样的折磨,读起来不感到可怕吗?

　　在当时那个不算很长但很动荡的时代,安德烈耶夫被认为是最有趣的俄国作家。人们一直期待他仍会有新作问世。

　　列夫·托尔斯泰说:"他吓唬我,可是我不害怕。"①托尔斯泰不感到害怕,可是,显然,并非所有的人都有如此坚强的神经。安德烈耶夫的《红笑》是可怕的。《人的一生》中跳舞的黑老太婆们是非常吓人的。正厅前排的某位观众换到稍远点的位子,不好意思地喃喃地说道:

　　"坐得这么近,有点不舒服……"

　　安德烈耶夫是我们俄国的梅特林克。很有趣的作家,在某种程度上是独一无二的。

　　他没有模仿者。

　　他崇拜自己的老太婆母亲。经常跟她开玩笑。他在她晚间穿的鞋子上系了一根长线,然后在门缝里偷看。只要老太婆准备穿鞋,他便拉线——鞋子便往屋外跑。或者,他把套鞋都集中到前厅,吊在挂帽子用的上层衣帽勾上。然后自己便问:

　　"套鞋都到哪儿去啦?"

　　老太太跑出来找。

————————

　　①　А. Б. 戈登魏泽尔在自己 1902 年 7 月 25 日的日记中,就安德烈耶夫的小说《深渊》记下了列夫·托尔斯泰说的相似的思想。这个思想在报纸上获得的就是这样的形式。托尔斯泰的秘书和传记作者 Н. Н. 古谢夫认为,这种表达比戈登魏泽尔日记写的更接近真实状况,因为它更符合托尔斯泰的风格。

"你看哪,这是怎么搞的!"他喊道,"抬起头来!"

老妈妈,当然,哎呀一声,很惊讶,很害怕。不过,也许不过是迎合他而已。他们互相热爱,非常感人。

对战争他有格外沉重的感受。每天迫不及待地等候看报纸。他的心脏不好,这样的激动要了他的命。他死后,老太婆妈妈带报纸到他墓地上去,大声给他读报。后来人们说,似乎她自缢身亡。我不知道……但这有可能是真的……

蓝色星期二^①

　　有过这样一位诗人——瓦西里·卡缅斯基^②。我不知道他是否还活着,作为一个诗人还是否存在。但是,侨居国外之后,我读到过关于他的文字——在彼得堡有过一个学术辩论会——"瓦西里·卡缅斯基是天才吗?"。这之后我再也没有遇到过他的名字,关于他也就一无所知了。他是天才的、独特的。

> 哎,灿烂吧,我的地毯,我的波斯,
>
> 嘴唇鲜红,珊瑚,酒杯——骆驼奶。
>
> 一切都将逝去,大家终究会死。
>
> 从黝黑裸露的腿上会掉落
>
> 绿松石,绿宝石……^③

---

　　① 首次发表于《新杂志》(纽约),1990 年第 180 期。

　　② 瓦西里·瓦西里耶维奇·卡缅斯基(1884—1961),俄国诗人,是俄国第一批飞行员之一;将"飞机"(самолет)一词引入了生活。在其早期创作中是未来主义的代表。写有浪漫主义的长诗《斯坚卡·拉辛》(1912—1920)、《叶美里扬·普加乔夫》(1930)和《伊万·博洛特尼科夫》(1934)。

　　③ 不确切地引自卡缅斯基的长诗《斯捷潘·拉辛》中《爱情像石头压在……》一章的片段。

他把小溪称作"潺潺水",把流水声与名称融合在一起。

他用声音传达闪电的锐利与曲折。

是他称呼我的星期二为蓝色的。他如此写已经是在布尔什维克时代了——"蓝色星期二"。

出席蓝色星期二的是作家、演员、画家,还有那些有兴趣看一看这一伙人的人。

我记得,从奥伦堡来了一位年老的哥萨克将军。他是我的读者,想认识一下。恰好赶上了蓝色星期二。

将军是个认真的人,随身带着一个笔记本。

"在门旁边的那位是谁?"他问道。

"他是古米廖夫。诗人。"

"他在和谁说话呀? 也是诗人吗?"

"不,他是画家,萨沙·雅科夫列夫。"

"在调试钢琴的那位是谁呢?"

"那是作曲家谢尼洛夫。不过,他不是在调试,而是在演奏自己的作品。"

"也就是说,就这样谱曲? 这样,就是说,自己谱曲,自己演奏。"

将军记在小本子上。

"那个坐在沙发上,瘦瘦的女士,是谁?"

"她是安娜·阿赫玛托娃,诗人。"

"他们这些人中谁是阿赫玛托夫呢?"

"古米廖夫就是阿赫玛托夫。"

"原来是这样组合的呀。那么,他夫人是谁呀,也就是古米廖娃?"

"阿赫玛托娃就是古米廖娃。"

将军摇了摇头,记在了小本子上。我想象,以后他在奥伦堡将会怎样讲这些事。

蓝色星期二的骄傲是萨洛梅娅·安德罗尼科娃①。她不是作家，不是诗人，不是演员，不是芭蕾舞演员，不是歌唱家——一连串"不是"。但是，她被认为是我们这个圈子里最有趣味的女人。是我们的雷卡米埃夫人②，大家都知道，雷卡米埃夫人只有一个才能——她善于听。萨洛梅娅有两个才能——她还善于，更确切地说，是喜欢讲话。有一次，她说出了一个愿望：她想灌一个片子，以便在她的葬礼上朋友们能听到她的声音。她将对朋友们出席她的葬礼表示感谢，也是死后对悲痛的朋友们的鼓励。

"我的天啊，"一个朋友喊了起来，"她死后还想说话哩！"

许多画家画过她的肖像。萨洛梅娅高大苗条。同样苗条的还有安娜·阿赫玛托娃。她们两个都能让两臂在后背交叉，绕过腰身，再让两只手的指尖在胸下相会。

这样高而苗条的还有尼姆法，谢尔盖·戈罗杰茨基的妻子。③

我喜欢让她们一起坐在沙发上，给她们每人一朵长在长茎上的玫瑰花。在蓝色沙发和蓝色墙壁的背景上，这非常漂亮。

我非常喜欢古米廖夫。他当然也有一点口齿不清，但不很厉害，主要是出于礼貌，不想与其他诗人差别过大。

阿赫玛托娃总是咳嗽，总是神经质，总是在因某种原因受折磨。

古米廖夫夫妇住在皇村一座寒冷得难以忍受的住宅里。

"全身骨头都酸疼，"阿赫玛托娃说。

他们家里总是那么昏暗，不舒适，不知为什么还总是不安宁。古米廖

---

① 萨洛梅娅·尼古拉耶夫娜·安德罗尼科娃（婚后姓哈尔贝恩；1888—1982），公爵夫人，在其彼得堡的沙龙里聚会的有诗人和画家。

② 朱丽叶·雷卡米埃（1777—1849），执政内阁、拿破仑一世和波旁王朝复辟时期巴黎一个沙龙的女主人，银行家的妻子。在她的沙龙里聚集有顶尖的政治家、文学家和画家。

③ 谢尔盖·米特罗法诺维奇·戈罗杰茨基（1884—1967），诗人，散文作家，剧作家，多部歌剧剧本的作者。先是与象征派人士接近，然后与阿克梅派；与他们都绝交后又寻找新的道路，以便接近人民。尼姆法是戈罗杰茨基的第一任妻子。

夫经常出门去某个地方,或者打算去某个地方,或者刚从某个地方回来。给人的感觉是,他们是"暂时"以自己这种生活方式过日子。

他们喜欢以好玩的游戏逗朋友们开心。他们翻开布雷姆的《动物生活》,给在场的人占卜,看每个人得到什么。某个唯美主义者摊上的是"这种动物的突出特点是邋遢"。这个"动物"很尴尬,大家都觉得很好玩(当然,他不这么觉得)。

尼·古米廖夫很少出席蓝色星期二。我喜欢在与他见面时静静地谈话。两个人坐在一起,读诗歌。

古米廖夫从来不装腔作势。他从不穿露脖子的拜伦式衣领和不系腰带的宽松上衣。亚历山大·勃洛克就喜欢这样穿,而他本来是可以不这样卖弄的。古米廖夫举止朴实无华。他长得不美,有点斜视,这使得他的目光带有一点特殊的野禽似的戒备意味。仿佛他担心有人要恐吓他。可以与他好好地直截了当地交谈。他从不摆出一副教师爷的架子。

我和他本来可以成为朋友,但是被什么东西干扰,有外因介入。在现代政治生活中,这被称作"看得见的莫斯科的手"。这只"莫斯科的手"过了几年之后才真相大白。在一次晚会后他送我回家的路上,他谈得高兴,承认有人挑唆我们。有人告诉他,在我的一个写旅游者的短篇小说中,我嘲笑的就是他。他生气了。就在出租马车上,我们把这事搞清楚了。小说当然与他没有任何关系。

我们两个都很遗憾,没能早一点说清楚。他开始经常来看我。但这并没有持续多久。战争来临,他上了前线。

我们的谈话很有趣,也相当不切实际。我们有意创建一个小组——"岛民"(Островитяне)。岛民不应当谈月亮。任何时候都不谈。没有月亮。月亮简直就是从存在中被勾销了。不应当知道纳德松[1]。不应当知道

· [1]　谢苗·雅科夫列维奇·纳德松(1862—1887),有强烈公民激情的诗人,在1880—1890年代空前受欢迎,后来他的诗歌开始被认为单调、公式化,不够形象生动。

《蓝色杂志》。现在我已不记得,它们相互间有什么联系,但使我们很感兴趣。

他把自己的荒诞诗歌《童话》①献给了我。在雷根斯堡发行的新版中,这个献词不知何故取消了。也许是认为,这没有什么意义。但是,我喜欢这个《童话》,对于我它意义重大。所以我不肯把它交出去。它是我的。

> 在悬崖,在峭壁的边缘,
> 伊丽莎白河从那儿流过。
> 一座城堡像龇着牙,把山石紧握。
>
> 一群小鸟飞来,个个都很孱弱,
> 落在它的雉堞与枪眼上,
> 喑哑鸣叫,声声预告,
>
> 在悬崖下面,在斜坡上
> 隐藏着一个龙的巢穴,
> 一条六只脚的红毛巨龙。
>
> 主人全身漆黑,宛如焦油,
> 它长着长长的长长的趾甲,
> 柔韧灵活的尾巴藏在斗篷下。
>
> 它活得谦恭,尽管不似黑熊,
> 可邻居们全都晓得,

---

① 尼古拉·斯捷潘诺维奇·古米廖夫(1886—1921)的诗《童话》写于 1912 年末,发表在《极北》杂志(1912 年第 3 期,12 月),后来收进诗集《箭囊》(1916),并题词献给苔菲。

它就是一个恶魔。

可它的邻居个个也不简单，
有可疑的毛色与嘴脸：
乌鸦，狼人，和鬣犬。

黎明前它们聚在一起，
在伊丽莎白河边狂叫，
然后就玩起了多米诺骨牌。

时间过得多么飞快，
一个普普通通的荨麻籽，
已经长成了一棵荨麻。

这事发生在亚当之前
在天上的不是上帝，而是梵天，
他对万事万物睁只眼闭只眼。

它们生活呀生活，生活得无忧无虑！
可是有一天夜里它们睡乱了套，
狼人和鬣犬睡在了一起。

它们降生了一只幼孩，
不知是雏鸟，还是猫崽，
它被高兴地放在了大伙一块。

它们又一次集合起来，如同以往，

在河水之上嚎了一阵,很是痛快,
然后又如往常,玩起了骨牌。

玩呀,玩呀,玩了又玩,
然而,往常未必这样玩过,
几乎玩到迷迷糊糊,喘不上气来。

只是小孩子赢走了一切:
赢走了无底的啤酒桶,
还有田野,还有耕地和城堡。

他大叫起来,膨胀得像个大乳房:
"你们都走,离开这里,
我无论同谁也不会分享!

只有善良的老妈妈
我把她送进那个大坑,
那里曾是龙的窝洞。"

晚上,沿着伊丽莎白河岸
移动着一辆黑色的马车,
马车上坐着年老的恶魔。

后面跟着一串串别的角色,
或忧心忡忡,疾病缠身,
或闷声咳嗽,或大声噪叫。

有的吹牛,有的呻吟,有的怒骂……

这时候亚当诞生了。

上帝呀,救救亚当和夏娃!

古米廖夫准备上战场。① 有时候安娜·阿赫玛托娃来看看,她是那样不安和忧伤。他一个人住在彼得堡。他们依然是那么不平静,但什么都不能问。有一种感觉是,不能说什么。阿赫玛托娃很快便走了。

"我要去看他。"

有某种病态的、揪心的东西,绝不能触动的东西。

后来,当我再见到古米廖夫时,他已经穿上了军装。一切都匆匆而过……

我躺在巴黎的医院里。我患上了伤寒。外国作家协会的书记宾什托克来探望我。

他总是非常激动,虽然他坐在远离我的地方,坐在门口,在为来访者预备的椅子上,但我觉得,由于他的激动,一切药瓶、处方、玻璃杯和玻璃罐,全都要从我的小桌子上飞向地面,而挂在墙上的温度计则把水银柱举到了四十度。

我感觉很不好受。我对宾什托克说:

"看在上帝分上,什么也不要对我说。什么都会打扰我,我病得很重。好事坏事我都不想知道。"

"我知道,我知道,"他急急忙忙地说道,"我不会打扰您。我只说一件事。新闻。古米廖夫被枪毙了。"②

----

① 1914年8月,古米廖夫以志愿兵身份赴前线,在骑兵侦察部队服役。获两枚乔治十字勋章。1917年5月他任职于远征军和盟军部队。

② 古米廖夫受控参与反革命阴谋(所谓"塔甘采夫案件"),于1921年8月25日被枪决。

"噢—噢—噢！我请求过您嘛。您为什么还……我那么爱古米廖夫！噢—噢—噢！"

我听到宾什托克颤抖的哀叫声：

"亲爱的！我就是想分散一下您的注意力呀……"

啊,上帝！

库兹明①

库兹明让人感到惊讶的,首先是在他的头、身材和风度之间怪异的不协调。

亚述人的大脑袋,古人在博物馆石棺的大理石中活了许多世纪的巨大的眼睛,又小又瘦的虚弱的身躯勉强支撑得住这个亚述人的头颅,外加在姿势与手势中的"做作"因素,保养不很好的干枯小手上伸出来的一根小拇指,手中像拿着稀世罕见的花朵那样拿着一个小茶碗。

发型是奇巧精致的——稀疏的头发强拉硬扯地垂到鬓角上,呈某种扁平的 B 字形。这全都是冥思苦想、精心制作的结果。嘴唇稍涂口红,两腮则公然抹了胭脂。

可以毫不客气地观察他,就像是欣赏谁杜撰出来的某部作品。有一种感觉:这一切都是做给人看的,让人欣赏和惊讶的。否则,这样的手工劳作有何意义?

您要知道,这一切合起来是多么迷人。

---

① 本文收入《苔菲的创作和二十世纪上半叶俄国文学进程》(莫斯科,1999)首次发表。其中包括苔菲较早写的回忆录《时间的河》(1936)中的材料。

当然,这一双非人的眼睛有点让人惊讶。当他轻微地咬舌,略显口吃地唱自己那些轻佻、轻率和装腔作势的牧歌诗的时候,这样的眼睛就显得格外不合适。

> 爱情不懂得怜悯,
>> 爱情那么凶狠。
> 哎呀,因为任何一点小事
>> 就要放箭伤人。

似乎,当着这样一双亚述人眼睛的面,真不应该唱"这样的"歌,让它们难堪。

> 哎呀,能否在爱神维纳斯的井旁,
>> 不用爱情的箭把自己射伤。

一双小手抚弄着琴键,瘦瘦的身躯做作地下弯。眼睛羞涩地垂下。是的,它们当然难为情。有一点害羞……

> 爱情为我们用丝线
>> 织就密密的网罗。
> 情人们宛如孩子,
>> 寻找自己的枷锁。

"什么时候孩子寻找过枷锁呀?怪事。"

但这并不使任何人惊讶,因为这很美。这很新颖。这超凡脱俗。难道曾经在某个时候,某个地方,有过某种类似的东西——就是这样的搭配,荒唐的,艺术上是矛盾的,然而却是迷人的。

假如深思熟虑地理智地去制造这种现象（不能有别的说法），那么，为了这样的亚述人的脑袋，需要塑造一个枯瘦然而有力的躯体，在膝盖处弯成直角的两条腿下面，放上一头鬣毛耸立、龇着獠牙的雄狮，或者，最好是两头雄狮，它们鼻子贴近鼻子，卷扬起来的尾巴则甩到不同方向。

……假如我是你的最后一名奴仆……①

我不记得了。是关于平底鞋的尘土的……这是适合亚述人的眼睛的。它们可以穿越奴役屈辱的灾难，而穿越牧歌嘛——就只能垂下睫毛了。

关于库兹明，人们说，有个时期他曾经"完全处于俄罗斯情调之中"，穿的是斜领衬衫，写的是爱国的俄罗斯诗歌。可是，在我们的圈子里谁也没见到过这些诗歌。他的沙龙生涯从维纳斯之井开始，并立刻为我们的唯美主义者们所接受，所传颂。

严肃的音乐家们夸赞他的音乐作品。他们微笑，他们晃荡脑袋。

"这当然是小事，然而，却是那么美好！"

您对于我是那么亲近，那么贴心，
　　似乎您并不那么可爱，
或许，在天堂，六翼天使们
相互间也同样冰冷。
　　而您的蓝色笔记本
写有诗歌的——却还是那么新颖。
于是我明白了——遭受折磨
　　就意味着爱上了另一个。

---

① 引自诗集《网》（1908）中《假如我是古代的统帅》一诗的最后一节。

后来,当我们进一步熟悉之后,我已经习惯了他个性中的不协调,我已经能够快活地与他聊天了。而在开始的时候,我是那样努力观察他,以至于甚至忘记谈到了哪里。

有时候,他来我这儿时带着自己的作曲本。里面记着他谱写的歌曲。《圣母的苦路》。他弹琴也有点磕巴,和他朗诵诗歌一样。我对这个也习惯了,所以,这也很迷人。

有一次他顺便提到,他爱我的诗歌。

"某些诗……"

我甚至不相信"某些"。我想:"他今天真是亲切可爱呀。"

可是,有一次,他坐在钢琴旁边,开始小声哼唱。我听着好像有点熟悉,但不知道他唱的是什么。

"您唱的是什么呀?"

他惊讶地扬起眉毛,但还是用一只手为自己伴奏着继续哼唱。我听到:

> 如果她歌唱爱情——请看,
> 她的嘴唇如何苍白,抖颤。
> 也许,在他们的塔希提岛,
> 爱情被认为是致命的毒药。

"这不可能!这可是我的呀!就是说,他确实喜欢我的诗歌啊。"

这是一首献给卡扎-罗扎*的短诗:

> 或许,她的故乡在塔希提岛,
> 或许,她永远只有十五岁……

---

* 贝拉·卡扎-罗扎(原姓申舍娃;1893—1929),歌舞表演者。卡扎-罗扎(西班牙语中意为"玫瑰屋")的艺名据信是在她演唱库兹明的组曲时,后者为她取的。

为此她才裸露着黝黑的脚，

脚上戴着细线捻成的金镯。

我很高兴。我并不爱慕虚荣。与其说我感到自己因被奉承而快乐，不如说是惊讶。但这惊讶是愉快的惊讶。

人们说，库兹明装腔作势，扭捏作态，装模作样。

在他沙龙生涯的初期，可以认为他扭扭捏捏，大概，只是因为腼腆。可是后来，因为他的做派没有变化，这便清楚了，这种做派是有意而为，它明显受到大家的赞许，再改掉它已经不切实际。但是，他口吃和咬舌已经完全是真诚的了。而且，当时我们许多诗人都是口齿不清的。当费奥多尔·索洛古勃邀请他们参与演出他的剧本的时候，就已经突出地显露出来。令人非常惊讶，似乎他们口中都含着什么。比如，谢尔盖·戈罗杰茨基怎样也说不出"神奇的"这个词来。他清清楚楚地把它说成"寻区的"。

库兹明从不一个人来。他有自己的扈从——都是些初出茅庐的诗人。是一些年轻人，几乎是些孩子，整整一群不安分的人，不知为什么都叫，或几乎都叫尤罗奇卡。他们之中有一些还没怎么写诗，但其余的都已经是诗人了。有一点装腔作势，有一点口齿不清，全都崇拜奥斯卡·王尔德。当然，并非全都读过他的作品，但全都坚定地认为，他爱上了年轻的道格拉斯勋爵。我们圈子里没有勋爵，但在尤罗奇卡们的理想与诗歌中有，他们都是一些留卷发，穿镶花边衣服，懒洋洋的和病态苍白的人。

大致就在那个时候，出现了一位天才的农夫克留耶夫①。他已不年轻，

---

① 尼古拉·阿列克谢耶维奇·克留耶夫（1884—1937），诗人；在第一本诗集《松林呼啸》（1912）出版之后成为首都文学圈子里的"自己人"，很快围绕着他形成了"民间诗人"的核心——A.希里亚耶韦茨，C.叶赛宁，C.克雷奇科夫。后来他欢迎"十月革命"。然而，1930年代开始前他对革命后的俄罗斯失望了，在自己的作品中反对苏联政权。1934年他被捕，1937年10月被处决。

也很不漂亮。写一些"俄罗斯的"诗歌。他写诗,像娘儿们哭自己的小儿子那样,抱着小白桦树絮叨,把小白桦称为万纽什卡。

下面的发现让我非常惊讶:有一次,在某个慈善晚会上,我有幸与克留耶夫一起朗诵。主持人问我:

"您认为什么样的照明比较好?"

"无所谓,"我回答道,"只要能照亮我要读的那本书就行。"

他摇了摇头。

"啊,您看,还是位女士哩。克留耶夫在您之前朗诵,晚会开始前半小时他就来了,带来一面镜子,排练照明。他说,我最适合光线来自下面,像舞台上那样,而你们的灯只来自上方。我不想让你们使我变形。这是不允许的。他非常激动、生气,要拒绝朗诵。"

这一切真令人惊讶!无论如何也想不到,这个农夫竟是这样一位唯美主义者和卖俏的人。咱们这里竟有这样自我欣赏的人。

后来我仔细观察过他。是的。嘴唇涂过唇膏,腮上敷过胭脂。他还是个新鲜农夫嘛,直接来自乡村,而且,既不年轻,也不漂亮。

他把叶赛宁也带来了。

在我们索洛古勃召集的聚会上,叶赛宁很少露面。在一些大型晚会上,诗人们穿着短上衣出场,从台上破口大骂,反击观众的骂詈。这样的晚会我没有参加过。我一向怕醉汉。我永远忘不了醉酒的浑身湿漉漉的赫列布尼科夫[①],他几乎像母牛那样哞哞地喊着什么。有位批评家这样写他:"赫列布尼科夫有一种对祖先的尊重。"

尽管尊重祖先,赫列布尼科夫还是发表了一些词语,甚至一些句子,它们都是他自己按照语音杜撰出来的。这些句子可以从左往右读,也可以从右往左读,结果都一样。

---

① 韦利米尔·赫列布尼科夫(真名维克多·弗拉基米罗维奇;1885—1922),诗人,散文作家,剧作家;俄国未来主义创始人之一。

我书面表达了自己的困惑。

赫列布尼科夫的一位批评家愤怒地答复我：

"您怎么能不懂呢？这就是回文诗嘛。您可以从两个方向读。这是天才。"

在童年，我们对这种回文诗产生过兴趣。写过："A роза упала на лапу Азора."或者："Уведи у вора корову и деву."我们觉得很好玩，因为从这个方向或反方向读意思都一样。*而赫列布尼科夫写的，无论从哪个方向读都什么意思也没有，因为这些句子是由不存在的词组成的。

但是，既然一个人尊重祖先，那对他就没有什么可挑剔的。这个人在世间毕竟还尊重点什么吧！从他这方面来说，这是很值得尊敬的。

这伙人——布尔柳克兄弟①、马雅可夫斯基、赫列布尼科夫——没到过索洛古勃那儿。在"流浪狗"我也没见过他们。他们不迁就时尚。卡尔萨温娜在那里跳舞，奥列奇卡·苏杰伊金娜跳过自己著名的波尔卡，库兹明在那里施过法术。②

库兹明唱歌嗓子不行，在言辞上磕巴，在琴键上手指磕巴。

> 春天不要采玫瑰，孩子啊，
>
> 摘玫瑰要等夏天来到。
>
> 人们早春去采堇菜花，

---

　　* 这两句回文诗从两个方向读，都分别是："而玫瑰花落在了阿佐尔的爪子上"；"请把母牛和姑娘从小偷身边带走"。

　　① 指达维德·达维多维奇·布尔柳克（1882—1967）：画家和文学家；他的妹妹柳德米拉（1886—1968）和弟弟弗拉基米尔（1886—1917）：两个人都是画家；小弟弟尼古拉（1890—1920）：诗人。

　　② "流浪狗"开张于1912年除夕之夜，迅速成了彼得堡诗人、画家、演员和追星族们热衷聚会的地点。塔玛拉·普拉东诺夫娜·卡尔萨温娜（1885—1978），俄国芭蕾舞演员。奥莉加·阿法纳西耶夫娜·苏杰伊金娜（娘家姓格列博娃；1885—1945），梅耶荷德剧院演员，阿赫玛托娃的女友，阿赫玛托娃把《记忆的召唤》（1913）和《痛苦的人，你做出预言，就垂下了手》（1921）两首诗献给了她。1924年侨居国外。

夏天董菜花你再也见不着。

现在你的嘴唇——是草莓果的浆，

你的双腮——艳若第戎的异域玫瑰。*

现在您的卷发是金色的丝绸，

你的吻,是椴树的蜜汁。

抓紧时间吧,孩子,抓紧吧,

要记住,夏天就不再有董菜花。

    我知道,是谁在推动他写这样的诗。在"流浪狗"里我见过他。这个孩子是玫瑰色的,浅色头发,金黄色的,穿着骠骑兵的服装。他姓克尼亚泽夫。他也是诗人,甚至还出过一本诗集。但他没听从库兹明的告诫,他向玫瑰伸出了手——爱上了奥列奇卡·苏杰伊金娜。奥列奇卡轻浮地对待他的感情,年轻诗人于是饮弹自尽。

    "要记住,夏天就不再有董菜花。"

    他非常俊美。苏杰伊金①(也是尤罗奇卡)曾把他画成天使。

    尤罗奇卡们在"流浪狗"里朗诵自己的诗作。从他们之中后来出现了著名的诗人——格奥尔基·阿达莫维奇②,格奥尔吉·伊万诺夫。

    与库兹明最亲近的尤罗奇卡是双料尤罗奇卡**——尤里·尤尔昆③。

---

  * 第戎,法国城市。该市于1850年代初从国外新引进一种玫瑰花,色彩艳丽。

  ① 苏杰伊金,大概指的是谢尔盖·尤里耶维奇·苏杰伊金(1882—1972),舞台美工师。

  ② 格奥尔基·维克多罗维奇·阿达莫维奇(1892—1972),诗人,随笔作者,文学批评家。革命后侨居国外。

  ** 尤罗奇卡是尤里的爱称,尤里·尤尔昆(Юрий Юркун)在名与姓中都有词素 юр,所以作者戏称他为双料尤罗奇卡。

  ③ 尤里·伊万诺维奇·尤尔昆(1895—1938),作家,革命后库兹明和尤尔昆在彼得堡蓄水池街一个公用住宅里住了几年。

我不知道,他是否写过什么,但他自认为是诗人。

格奥尔吉·伊万诺夫还穿着士官学校的军服便来到了"流浪狗",看起来还完全是个小孩子。

在库兹明的周围还活动着他的一位亲戚,奥斯伦德①,是一位瘦削贫血的男孩子。他有一个巨大的额头,写过许多故事,都不很好。他穿着中学生的宽松上衣,但不扎宽腰带。看着这样的奇怪服装,一位不熟悉文学界生活的人士问我:

"这是怎么回事? 或许,也是天才?"

"不,他是半天才。"

"这怎么理解?"

"一位聪明人说过,天才就是天赋加上勤奋的工作。那么,他有天才的一半。有勤奋的工作。"

库兹明得到了认可。也不仅仅是认可——他受到爱戴。在文学界他没有敌人。

"现在流行一个词,'迷人的',"费多尔·索洛古勃说,"提到库兹明,大家都说他'迷人'。"

无论怎样奇怪,费多尔·索洛古勃竟受到了库兹明的某些影响。出人意料的是,他也开始写牧歌了。我还记得他的一首写牧女的诗。这个牧女去洗澡,开始溺水,便大声呼救。一个牧童跑过来救她。

年轻人把年轻姑娘拖往浅滩。

牧歌被赋予了俄罗斯风格,这是库兹明所没有的。

---

① 谢尔盖·阿布拉莫维奇·奥斯伦德(1886—1943),散文作家,剧作家,批评家。他的母亲是库兹明的姐姐。内战期间一个时期在高尔察克的军队中作战。为年轻人写过历史小说。1937年被捕,死于监禁中。

恐惧驱赶着羞涩,羞涩驱赶着恐惧,

牧女流着滂沱热泪大声哭泣:

"看到的一切你要全都忘记。"

索洛古勃的牧歌就是这样的,它散发着库兹明民歌的气息。在此之前,索洛古勃没有写过牧歌。

年轻诗人彼·波将金[1]也开始写牧歌。

在一片勿忘草旁边,哗哗流过小溪

阿穆尔,淘气鬼,一连五个夏日

他耐心教我如何吹短笛。

我在其中找到了乐趣,

在他迷人的亭子中,

在他奇妙的短笛里,

还有勿忘草,和哗哗流淌的小溪。

充溢着的情趣是优雅,是顽皮。是凡尔赛情调。

库兹明不常来我这儿。他不在接待日来,一个人来,或跟我们共同的朋友Д.Щ-夫一起来。他赠给我一本"凡尔赛"纪念册。这个礼品很使我惊讶。那时候我对黑色的东方感兴趣——亚述,迦勒底,写关于萨穆-拉玛特王后[2]的剧本。她那样神圣纯洁地爱上了阿列伊的尸体,他是敌对的乌拉尔图部落的王子。于是,天神们把她变成了一只鸽子。临死前,她随着一群银色的鸟飞走了。可这与矫揉造作的凡尔赛有什么关系呢?这样的

---

① 彼得·彼得罗维奇·波将金(1886—1926),诗人,剧作家,散文作家。在《阿波罗》《俄罗斯言论报》《萨蒂利孔》和《新萨蒂利孔》等报刊发表作品,革命后侨居国外。

② 指的是剧本《佐哈拉的正午·巴比伦的传说》,收入《七团火焰》一书,是献给索洛古勃的。

礼物也让我的朋友们大感惊讶。

　　在革命的日子里我没见过他。

　　我得知他的倾向已经是在侨居国外了,他死前的诗作流传到了那里。
不知怎样,它落到了季娜伊达·吉皮乌斯手中,她把它转交给了我。

　　库兹明的死亡预兆并不像他的凡尔赛曲调。

寒冷的十二月,天空一片绯红,

未经取暖的房子里渐暗渐冷,

像缅希科夫在别廖佐夫*,

我们在等待,我们读着圣经。

等待什么? 我们自己知道吗:

是不是某只救命的手?

还是暴怒的手指一动,

绞刑架下的底座轰然倒地。

赐予我们坚定的忍耐吧,

还有稳固的精神和轻松的梦,

神圣的阅读,亲切的书,

和始终如一的天空。

如果空中的天使俯下身子

说——从此永别了,

就让罪恶的她变暗吧——

操控着我的星辰。

但是,只要我们还在流放中,

啊,我可怜的爱情。

----

　　* 缅希科夫(1673—1729),彼得大帝的近臣,陆军元帅。后被彼得二世流放到别廖佐夫(今
为别廖佐沃)。

亲爱的鲜血,请给予

柔情的和炽热的暖流。

把双腮染成了绯红——

最后时刻的房屋冰冷。

如同别廖佐夫的缅希科夫,

我们等待着,读着圣经。①

---

① 苔菲引用库兹明的诗,标明日期为 1920 年 12 月 8 日。不够确切。该诗首次发表在吉皮乌斯的文章《还是关于她》(《共同事业》,1921 年 11 月 20 日)中。

伊戈尔·谢维里亚宁①

    他是作为我姐姐——诗人米拉·洛赫维茨卡娅的崇拜者,出现在我身边的。他在一生中从未见过我姐姐,但是爱了她一生。

> 我害怕对自己讲实话,
> 我生活在这样的国家,
> 纳德松在中心活了二十五年,
> 而我和米拉却生活在边缘。②

    但是,关于米拉却绝对不能这样讲。她的才能生前曾三次获得普希金奖金,第四次则是在她死后。虽然,她的寿命并不长——去逝时年仅三十四岁。伊戈尔·谢维里亚宁把许多诗篇献给了她,并经常从她的诗歌中选几行诗用作题词。甚至还给我们的姓配上了可笑的脚韵:

---

    ①   首次发表于《苔菲的创作和二十世纪上半叶的俄国文学进程》一书中。现据保存于俄罗斯国立文学和艺术档案馆的手稿发表。

    ②   引自《额外的诗》(1912)第一节。

> 百花争艳的湖畔城堡属于米拉·洛赫维茨卡娅。
>
> 女诗人们的纤细腰身呈现着各种淡紫色。
>
> 湖面上听不到人们的叹息和城市的喧哗……①

伊戈尔身高,脸长,面部特征是黑眉毛又大又重。这首先吸引人的注意力,并留在记忆中。伊戈尔·谢维里亚宁——眉毛。他的声音高亢响亮,朗诵诗的时候像唱歌那样,把声音拖得很长。

他第一次在公众面前表演,好像是在工科大学生的晚会上。这个晚会是大学生们为我组织的,就是说,我应当朗诵些什么,他们则出售印有我的肖像和题词的节目单,以其收入帮助自己的困难同学。我带上了伊戈尔。

伊戈尔登上了舞台,骄傲地仰起头,用鹰一般的目光扫视了听众一番,便开始了:

> 多么好啊,躺在芦苇吊床上,
>
> 你们纵情地放飞理想,
>
> 在神秘的眸子上方——在没有水藻泥淖的湖面上!
>
> 就像理想——意外的小小的礼物
>
> 在梦幻的秋千之上
>
> 疲惫不堪地充当月亮吧:一会儿是魏尔伦,一会儿是普吕多姆*②……

年轻的听众,男女大学生们,先是相互对视,继而交头接耳,然后是嘻嘻哈哈大笑不止。他们不知道——这是好,还只是可笑。

我很严肃,聚精会神地听。必须尽力让公众接受伊戈尔。

而他已经开始朗诵新的诗歌了:

---

① 引自《诗歌晚会》(1911)第二节。

* 苏利·普吕多姆(1839—1907),法国诗人,首位诺贝尔文学奖获得者。

② 引自《梦幻的秋千》(1911)第一节。

身穿哗哗响的大理石裙装,大理石裙装——

您是如此雅美,您是真正的国色天香……

可是,您选谁作情郎啊? 您能否找到佳伴?

用毛毯把腿裹好吧,用珍贵的美洲豹毛毯……①*

　　他朗诵结束后,我走到舞台前面,郑重地把一束天蓝色的郁金香献给他。这样的郁金香刚上市,颇受我们的唯美主义者的赞赏,说它"超凡脱俗"。在这个晚会上我是特邀朗诵人,所以,我对谢维里亚宁天才的尊重极大地提高了他在公众心中的地位。这成了伊戈尔的洗礼。过了两年左右,他受到索洛古勃的钟爱,后者带他在整个俄罗斯作巡回演出,当他回来时已经是闻名遐迩的大诗人了。② 他在舞台上宣称,他自己是天才,他有"一座十二层的宫殿,每层宫殿里都有一位王妃"③,——这时候已经没有一个人感到震惊了。

我是天才的伊戈尔·谢维里亚宁,

我陶醉于自己的成功:

我在所有的城市都被搬上银幕!

我每天不断地得到肯定!

我,一年以前就说过:"我要成王!"

倏忽一年,现在我就是霸主!

在朋友中间我发现犹大,

但不是要与之绝交,而是要——复仇!

---

① 引自《十五行诗》(1911)。

* "十五行诗",Кэнзели,来自法语 quinze,"十五",谢维里亚宁发明的一种诗体。

② 据谢维里亚宁在《完美的基础》(1924)中回忆,在《沸腾的大酒杯》出版后,"我和索洛古勃与切博塔廖夫斯卡娅一起完成了在俄罗斯的第一次巡演,从明斯克开始,在库塔伊西结束。"

③ 引自《第十三个》(1909)。

> 从巴亚泽特[*]到亚瑟港^{**}
>
> 我画了一条连绵不断的线。
>
> 我已经征服了文学!
>
> 我威加四海,双眼盯住王位!①

他早期的诗歌在内容上有点过分琐碎。其中有许多谈的是波纹连衣裙,法国锦缎的活动空间,高档服装,高雅的香水,皮鞋和手套。一言以蔽之——花露水。

后来,某种程度上可能是在索洛古勃的监督下,花露水消失了。索洛古勃帮助他出了一本书,他用丘特切夫的话,将其题名为《沸腾的大酒杯》②。该书在读者中大受欢迎。受欢迎的恰恰是那些多余的看点,例如:"把香槟注入百合,把百合住进香槟③……"等等。或者,是这样的"唯美主义的诗行":

> 谁告诉我的,说我有丈夫
>
> 还有一个婴儿已春风三沐?
>
> 这是胡说! 这纯属无稽之谈!
>
> 我躺在草滩上,丢失了五把木梳。

这些诗歌被人们争相背诵,朗读时一半是开玩笑,一半是从中得到愉悦。

---

   * 巴亚泽特,俄土边境城市,1877—1920 年为俄国领土,1920 年后为土耳其领土,现名多乌巴亚泽特。

   ** 亚瑟港,即旅顺口。

   ① 引自《尾声》(1912),是《沸腾的大酒杯》中最后一首诗。

   ② 诗集《沸腾的大酒杯》是按照勃留索夫的建议编选,由莫斯科"兀鹫"出版社于 1913 年出版,索洛古勃为该书写了序言。1913—1918 年间该书出了十版。

   ③ 系不确切地引用《香槟酒的波洛涅兹》(1912)一诗。

　　　　　　我的荣耀饱受争议，

　　　　　　我的天才不容置疑。

他不久便摆出了天才被荣耀拖累的架势。

　　　　　　我累了，因为众人的阿谀奉承，

　　　　　　由于让人心力交瘁的捧场夸奖。

　　　　　　皇家的封号让我感到无聊，

　　　　　　是上帝把它扣到了我的头上。

　　　　　　周围尽是些多才多艺的懦夫，

　　　　　　还有厚颜无耻的平庸之徒。

　　　　　　惟有您，瓦列里·勃留索夫，

　　　　　　像某个平起平坐的帝王。①

　　他在战争初期写的那些滑稽可笑的爱国诗歌大家都记住了，其中他曾经说道，在战争失利的情况下：

　　　　　　那么我，您温柔的惟一的人，

　　　　　　我将亲自把您送到柏林。②

　　然而，应征入伍之后，却发现他不适合参与军事活动，原因是最为奇怪的——他无论如何也分不清左右腿。为他绞尽脑汁，冥思苦想，最终还是派他去了军队医院。

　　他敬重我是米拉·洛赫维茨卡娅的妹妹，在诗中称我为"鸢尾苔菲"，

---

　　① 引的是《告别诗》（1912）第一、二节。

　　② 不确切地引自《我的答复》（1914）最后两行。该诗显然是对讽刺刊物攻击的回答。第一次世界大战开始后，一些诗人因发表狂热的爱国言论受到批评。

不过,我们很少见面。

> 我们的会面就像维多利亚女王花*,
> 在花中十分,十分珍惜……①

批评界对他的书很冷淡。虽然书中有一些很好的诗作。我记得有一首诗被谱成了歌曲,好像是亚·格列恰尼诺夫②谱的曲子:

> 春日温暖又金光灿灿,——
> 整座城市都阳光耀眼!
> 我还是——我:我青春依旧!
> 我重又快活和坠入情网!
>
> 心儿在欢歌,渴望置身田野,
> 我与所有的他人以你相称……
> 多么辽阔! 多么自由!
> 歌声嘹亮,鲜花似海!
>
> 喧闹吧,春天的阔叶林!
> 成长吧,青草! 怒放吧,丁香!
> 所有的人都对,没有有过错的人,
> 在如此值得颂赞的时光!③

---

*　维多利亚女王花,即亚马逊王莲。王莲属在西语中被称作 Victoria,以纪念维多利亚女王。
①　不确切地引自《沸腾的大酒杯》中《维多利亚女王花》一诗开始部分。
②　亚历山大·吉洪诺维奇·格列恰尼诺夫(1864—1956),作曲家,1925 年起侨居国外。
③　《春日》(1911)一诗的开始部分。

但读者更看重的是:

> 皇后在古堡的塔楼上弹奏肖邦,
> 在倾听肖邦中,年轻的侍从把她爱上……

在他的书中,在王妃公主和波纹绸之间,我发现了一首美妙的诗,它奇怪地与因诺肯季·阿年斯基的诗歌协韵。

春天的苹果树

> 春天,残雪地上的苹果树,
> 看着它我便战栗不停:
> 像一位驼背姑娘,漂亮然而失语——
> 树瑟瑟摇动,我的天才蒙上阴影……
> 广阔的雪原宛如镜面,它凝望,
> 要尽力甩掉露水一般的泪珠,
> 它恐惧,它呻吟,像马车一样吱嘎响,
> 它注意到了不祥的驼背树身的镜像。
>
> 当钢铁的梦在湖面上飞翔,
> 我陪伴着苹果树,像陪伴生病的姑娘,
> 我充满着柔情与亲切的惆怅,
> 亲吻苹果树的花瓣,饱饮她的芳香。
> 它泪水涟涟,满怀信任
> 轻轻触摸我的发丝。
> 然后把我抱进圆圆的树荫,——

我便频频地吻它绽放着鲜花的脸……①

这其中，当然，"我的天才"的词语是可怕的。但这就是谢维里亚宁的苦恼。这个"天才"就是他该死的烙印。

革命把他赶到了爱沙尼亚。他生活得很艰苦。他曾短期到过巴黎。②是带着爱沙尼亚妻子一起来的，她"也写诗"。

为他举办了一个晚会。站在舞台上的他还是那个样子，只是稍稍清瘦了一些，但眉毛似乎更黑更粗重了。

我们知道，他在爱沙尼亚食不果腹，便想通过这个晚会帮帮他。

"我有一条蓝色的船，我有一个诗人妻子。"

他坐着自己蓝色的船整天整天地捕鱼，因为水光耀眼，他开始视力模糊。在他新创作的诗歌中已经没有了王妃，也没有了波纹绸。他的诗都是朴实的、忧伤的。最后一首诗的结尾是：

那么，在您残酷的国土上，
作一个诗人就是这样。③

他曾尝试过再出版一些小册子，然而，销售十分困难。

不久他便去世了。

---

① 《春天的苹果树》写于1910年，献给"И. И. 亚辛斯基之笔"。该诗收入《沸腾的大酒杯》，苔菲引用了全诗。

② 1930—1931年谢维里亚宁在南斯拉夫、保加利亚和捷克斯洛伐克巡演。1931年2月他在巴黎组织了两场文艺演出会。

③ 收入诗集《经典玫瑰》(1931)中《那里，在您的土地上》(1926)一诗的不确切引文。

洛　洛①

　　洛洛死了。他是一位著名讽刺诗人,许多诗体短剧的作者,《艺妓》②的译者,《舞台和生活》周刊的出版人,在莫斯科的文学界和报界曾经是一位非常著名的人物。

　　他的去世并不出乎预料。它是合乎逻辑的,如果可以这样表达的话。自从失去自己妻子之后③,他已经不是在活着了。他已经进入晚年,并等待着死亡。他们恩爱地共同生活了那么多年,他已经再不能独自生活下去了。觉得她好像就站在门外,等着他。

　　"你怎么回事呀,洛洛? 走快点。你总是迟到。"

　　他匆匆忙忙地收拾起自己离开生命的全部签证和通行证:疾病,老年,孤独和自己致命的苦闷,——便迅速追赶上了逝者。

　　即便是现在,当回忆洛洛的时候,无论如何也不能把他与薇拉·尼古

---

　　① 据保存在俄国立文学和艺术档案馆里的手稿发表。

　　② 指的是作曲家 C. 琼斯的轻歌剧(1896),1897 年在俄国舍拉普京剧院上演。洛洛为此次上演翻译了诗歌。

　　③ 薇拉·尼古拉耶夫娜·伊利纳尔斯卡娅(伊林斯卡娅)死于 1946 年,在洛洛死(1947 年)前不久。

拉耶夫娜分开。作为他的忠实女友,她充满了他的一生。

洛洛,就其性格来说,是相当阴郁的——机智并不就是快活。薇拉·尼古拉耶夫娜永远都是精神饱满、欢天喜地的。已过世的多罗舍维奇有一次对洛洛说及她:"当您身边有这样一个快活油门的时候,您能轻松地应对任何生活上的苦难。"

除了自己永不枯竭的欢乐,她还以无尽的能量来支撑他。她什么没干过呀。登台演出,创作滑稽短剧,缝制衣服,做帽子,甚至用纸牌占卜。她爱洛洛。她非常风趣地讲述,有一次他们如何一起去音乐会。他进音乐厅稍早一点,她不知道他在哪儿,便问检票员,刚才是不是进去了那样一个先生,"有一点黑,留着小胡子"。"没有,"检票员回答道,"倒是进去了一个秃顶小老头,有点黑的没有。"

"你想想看,洛洛,"她说道,"我看你还是一个有一点黑,留着小胡子的人,可原来你是个秃顶小老头呀。"

当薇拉·尼古拉耶夫娜开始染病的时候,洛洛变得完全不幸而且无助。我记得,有一次他从厨房端来一锅水,让妻子看:

"你看,薇拉·尼古拉耶夫娜,这水烧开了吗?"

我很了解洛洛。我们甚至还一起写了一部轻歌剧《叶卡捷琳娜二世》,在莫斯科上演,并获得了巨大成功。根据我的记忆,那是在 1918 年。观众非常喜欢洛洛的"米纳耶夫式"韵脚。[①] 他在这方面确实是位大家。在这部剧本中,有献给叶卡捷琳娜一位宠臣的幽默歌:

> 就让他穿彼得的袜子吧,
> 就让他戴彼得的假发吧,

---

① 德米特里·德米特里耶维奇·米纳耶夫(1835—1889),讽刺诗人,杂文作家,讽刺性模拟作品作者,翻译家。在《星火》《现代人》《闹钟》等杂志大量发表作品。他以自己的诗歌押超严韵著称。

但是,权杖,帝王的权杖,

他做梦也别想。

顺便说一句,在这部轻歌剧的首演式上,跟我们一起坐在"作者厢"的弗·伊·涅米罗维奇-丹钦科①,在幕间休息的时候说:

"知道吗,我刚才突然想到,应该搞轻歌剧。要知道,这是一种特殊的剧院艺术,它像讽刺作品那样,对观众具有影响力。"

后来,他确实对这种舞台艺术产生了兴趣。

给轻歌剧配的乐曲,为我们作出选择的是莫斯科著名的音乐家,一个捷克人。音乐并非独创,是从奥芬巴赫的轻歌剧中借用的,主要是选自《盖罗尔施泰因公爵夫人》②。谁知我们竟选了一位捷克人来做这件事,他按照自己本民族语言的特性,把我们所有的重音都点错了,全都放在了最后一个音节上。

他懊丧而不解,他相中的音乐怎么就不能用呢。

捷克人很努力,赶走他不忍心,可是,我们都倒下了,我是因为笑的,洛洛则是因为绝望。最后,问题还是解决了。捷克人同意遵从我们的"不正确的"重音。

几年前,我偶然在苏联报纸上读到一则短讯,说我们的轻歌剧,在"稍加翻新"后,打算重新上演。

顺便提一句,在这个轻歌剧中,扮演波将金的是著名演员莫纳霍夫③。

---

① 弗拉基米尔·伊万诺维奇·涅米罗维奇-丹钦科(1858—1943),导演,剧作家,戏剧批评家,莫斯科艺术剧院(1898)的创办人(与斯坦尼斯拉夫斯基一起)。对轻歌剧产生兴趣后,于1919年组建附属于莫斯科艺术剧院的音乐工作室(1926年起——以涅米罗维奇-丹钦科命名的音乐剧院,1941年起——以斯坦尼斯拉夫斯基和涅米罗维奇-丹钦科命名的音乐剧院);今天剧院在上演轻歌剧的同时,还上演歌剧和芭蕾舞剧。

② 法国作曲家奥芬巴赫(1819—1880)的轻歌剧(1867)。

③ 尼古拉·费奥多罗维奇·莫纳霍夫(1875—1936),戏剧、舞台文艺节目和轻歌剧演员。俄罗斯联邦人民艺术家。1919年成为彼得格勒/列宁格勒大剧院的组织者之一,后来是大剧院院长和主要演员。

涅米罗维奇当时对他格外关注,后来莫纳霍夫应聘进了话剧团。他成了一位卓越的演员。

洛洛罕见的近视有时候直接把他置于离奇可笑的境地。

他自己说:

"我从隔壁家的大门口经过时,看到一位先生,面容熟悉得吓人。我的故事很多,人们都生我的气,说我总也不认得他们。谢天谢地,这次我认出来了。我堆出满脸笑容,抓住他的手,一再摇晃:'您好,您好。喂,您怎么样?'可是,他却一直拒绝,他说:'我是这儿的看大门的。'我只得像傻瓜那样回答:'无所谓,我反正都一样。'结果,好像我就是想晃荡别人的手,至于谁的手——我全都无所谓。"

在大街上,他总是怕脑门儿撞到路灯杆子上。他在奥斯坦德就有过这样一档子事。"在他们那里,大海和天空都是那样子,灰蓝色的,路灯杆子也漆成了那种颜色。当然啦,近视的人没有法子分清,哪里是天空,哪里是路灯杆子。便砰的一下子,撞脑门儿啦。"他就是撞的脑门儿,而且还撞碎了眼镜。无论如何找——连碎片都没找到。于是,洛洛,作为一个病态多疑的人,便认定玻璃碎片扎进了他的眼睛。他去看眼科医师。医师听了他的诉说,看了他的眼睛,便摇了摇头,建议洛洛喝缬草酊,卧床躺两三天。夹鼻眼镜在薇拉·尼古拉耶夫娜的伞里出现了。第二天,她去散步,开始掉雨点,她打开雨伞,夹鼻眼镜落在了她的头上。这让洛洛非常窝火。他那样清楚地感觉到,玻璃碎片就在鼻子旁边的眼角里动弹嘛。

在基斯洛沃茨克,我和洛洛经常在公园和泉水边上见面。我总是匆匆忙忙的,而他则缓步踯躅。他终生都害怕路灯杆子。

有一次,薇拉·尼古拉耶夫娜遇上了我们,她说道:

"你们又在一起散步。孩子们都开始做游戏了。"

"哪些孩子呀?"

"在咱们宾馆旁边,有个小姑娘,一边走一边晃荡手杖,后面跟着一个男孩子。小姑娘说：'我没时间，我没时间。'而男孩子故意一边走一边绊脚，嘴里不断重复：'我就是要送您嘛，我就是要送您嘛。'我问：'你们这是做什么呀？'他们说道：'我们玩苔菲和洛洛的游戏呀。'我夸奖了他们。说，游戏嘛，当然非常快活，只是不应该绊跤，而应当，啪的一下子，脑袋直接撞到墙上。"

作为关怀备至的妻子，薇拉·尼古拉耶夫娜一向对丈夫的事情感兴趣，为他提供切合实际的建议。有一次，洛洛从剧院经理部回来。他是去向这家剧院推荐自己剧本的。

"你拿了预付款吗？"

"他们没接受剧本。"

"你问预付款的事了吗？"

"我给你说了嘛，剧本他们没有接受。"

"可是，预付款的事你问了没有？"

"唉，你明白吗，可怜的老婆，他们没有接受剧本。"

"我就知道，他一定忘记问。"

洛洛的工作习惯很怪。不知为什么，他总在冷屋子里写作，在桌子的一角上。桌子上堆满各种乱七八糟的东西。有旧报纸，有苹果，有《安娜·卡列宁娜》的下册，有《舞台》的校对稿，有薇拉·尼古拉耶夫娜的弹性宽腰带。他没有墨水瓶。有一个空瓶子，里面装着半瓶子浓浓的墨汁沉淀物和苍蝇，他就往那里面蘸笔。他每次都把瓶子举到鼻子前面，对着它眯起左眼，完全闭上右眼，长时间瞄准，才把笔插入瓶子的小口。

人们在周围走来走去，大声谈话，从这张桌子上拿走一些纸张或报纸。

"薇拉·尼古拉耶夫娜，"我说，"这样妨碍他呀，不能这样。"

她只是摆摆手。

"难道您以为，他能听到什么吗？他写东西的时候就跟坐进了墓穴一样。"

确实如此：管院子的人来了，带来个什么收条，从洛洛手中拿过笔去，签字之后又把笔重新放到他手里。看得出来,这是常有的事。洛洛也完全平静地把笔在手指中间转了几下,弄好了,便在纸片上吱吱嘎嘎地写了起来,就跟什么事也未发生过一样。看样子,他甚至就没有看见管院子的人。

在侨居中,洛洛继续自己的报业工作,写一些俏皮的诗体小品文,在巴利耶夫的"蝙蝠"剧院里任职,随同"面具"剧社①(也属于巴利耶夫风格的)在欧洲巡演。薇拉·尼古拉耶夫娜演他的短小喜剧,参加合唱。

"假如在莫斯科预先告诉我,说我将在比利时皇家歌剧院里唱歌,我非发疯不可,"她说道,"可是,我唱了,还领唱了——也就那么回事。"

在沦陷期的最后几年,他们生活得很艰苦。两个人都生病,当然,也很拮据。"七十岁是消费的年纪,"他写道,"仅仅药品就要花多少钱啊。"

薇拉·尼古拉耶夫娜去世后,洛洛完全沉寂,离开了生活。

他很少说话,很少阅读。近视的眼睛完全疲劳了。而且也不想读什么了。由于自己才能的特殊性,他习惯于些许讥讽地看待人生和人,用锐利的言辞给一切都打上嘲弄调侃的标记。微笑熄灭了,玩笑消失了。可以看到的主要就是眼睛的疲劳。他闭上眼睛,转脸对着墙。

这样退场很累吧,洛洛?

有什么办法呢? 必须为我们尘世生活的珍贵幸福支付高昂的代价。为长久的,一直到死都忠贞的爱情,支付高昂的代价。

洛洛啊,您已经不能再送我了。我一个人凑合着走完人生之路吧。

---

① 洛洛 1923 至 1925 年领导"面具"剧团,带剧团去过德国和意大利。

伊利亚·丰达明斯基[①]

　　我本不想写丰达明斯基。我难以像我所希望的那样谈一谈他。但某些因素迫使我这样做。这便是他说的关于精神上相互贴近的人的那些话："这样亲近的人死后，必须要回忆和聊一聊他。"他本人，在自己妻子死后，出版了关于她的一整本书，其中收录了她所有朋友们的回忆。

　　他复杂的心路历程我不能讲，也不敢着手这样做。我只想关注他的道路上的几个普通阶段，这就展现在我们眼前，我们大家都看到了，也都在自己精神力量的范围内给予了理解。

　　伊利亚·丰达明斯基是一位义人。

　　所有熟知他的人都这样说。大家的说法并不都完全相同，但在关于他的长时间的聊天中，这个词不可避免地一定会出现。

　　难以想象，在我们中间，在我们糟糕而凶险的生活之中，会有一位可以以此命名的人。就过着我们这样的俄国中等知识分子的生活，不传教，不教导，不癫狂，就是个义人。陀思妥耶夫斯基在讲述这样一个义人的时候，把他写成了一个癫痫患者，甚至称他为"白痴"。这样做是必须的，为的是

―――――――――――――

　　① 首次发表于《新俄罗斯言论报》，1951 年第 14248 期，4 月 29 日。

让这样的奇迹变成较为轻松的、可信的和可以接受的，——这就是我们中间的义人的生活。格·彼·费多托夫①在自己论说伊·丰达明斯基的出色文章中（《新杂志》十八卷），把他称作义人，并作了这样一个奇怪的说明："是的，他，作为一个犹太人和社会革命党人，被封圣的机会并不多……"

可是，难道基督教诞生初期的使徒和圣徒不几乎都是犹太人吗？难道在被封圣的信徒中，就没有这样的人吗？他们有最残暴的野兽般的过去，他们的言论不是比社会革命党人伊柳沙·丰达明斯基*的言论更可怕吗？

但是，在格·彼·费多托夫那篇出色文章中，这几行之所以非常重要，是因为他能够提出这样一个问题，尽管是以半否定答复的方式提出来的。

关于自己的青年时代，丰达明斯基谈得不多，而且还总是带着一丝讥笑。

几乎还在中学时期，他便开始作为党的演说家登上舞台，绰号是"拉萨尔"和"战无不胜者"②。他的演说总是慷慨激昂、引人入胜，但与其说其说服力强，不如说信念坚定。他仪表堂堂，友善可亲，招人喜欢。他出身于富有家庭，当然，他把可能的一切都交给了党。

我那时候还不认识他，而我想说的仅仅是我亲眼所见到的。我们在侨居中相遇，结交为朋友只是在战争即将开始的时候。那时他妻子已经过世。

许多人指责他，说在他的依恋中没有热烈的爱，说他"温吞吞的"，对所有人的爱都一样。而每个朋友，当然，都想成为特殊的和惟一的。

---

① 格奥尔吉·彼得罗维奇·费多托夫（1886—1951），哲学家，神学家。与丰达明斯基相识于1927年，在其支持下创办《新城》杂志。苔菲引用的文章《И.И.丰达明斯基在侨居中》发表于1948年。

* 伊柳沙是伊利亚的爱称。

② 拉萨尔（1825—1864），十九世纪中叶德国工人运动和社会民主运动的领袖与思想家之一，马克思主义的反对者。优秀演说家，在工人中享有巨大声望，因在各种辩论中获得胜利，赢得了"战无不胜者"的绰号。死于决斗。

他有一次甚至说过：

"说实在的，甚至不需要见自己的朋友。只要知道他们存在，爱他们，就够了。如果他们遭遇到了困难，就赶忙去帮助他们。"

我从来不因为温吞吞的爱而指责他。须知，这是全世界的爱，对人的忘我的爱。主要的是，因为人而承受磨难，这是他隐秘的潜在的星火，它的火焰我们看不见，却能感受到它的温暖。这便是理想的基督教的爱。就是那种爱，它"不寻找自己人"。僧侣克服种种困难，在自身培养的就是这种爱。

在我们中间他是怎样生活的呢？

他非常迷恋自己的工作——写作《俄罗斯的道路》①。然而，他的全部面向公众的生活，是非常积极的。他有着非凡的组织才能。我认为，他的这种才能，是由于他经常努力帮助他人，为他们寻找某种出路，而发展起来的。为了拯救《现代纪事》杂志②，他组织了一系列报告；创设了"俄罗斯知识分子骑士勋章"。骑士们四处奔走，卖票，组织比赛，使事情得以圆满成功。

为支持巴黎的诗人们，他创建了"圈子"小组，它的成员应当去卖新涌现出来的诗人的书，用得到的钱去印下一个诗人的书。一切都安排得既聪明，又谨慎，不会伤害自尊心。每个人的工作既是为了自己，也是为了他人，感觉不到慈善家的那只手，虽然那只手设置与引导着整个事业。

有一个年轻诗人，会画画，画得还不错。③ 他就建议诗人画美术明信

---

① 《俄罗斯的道路》，丰达明斯基的系列文章，发表于《现代纪事》杂志（1920 年第 2 期；1921年第 4、7 期；1922 年第 9、12 期；1923 年第 14 期；1924 年第 18、22 期；1927 年第 32 期；1932 年第48—50 期；1933 年第 52 期；1934 年第 54 期；1936 年第 62 期；1939 年第 68 期；1940 年第 70 期）。

② 《现代纪事》，俄国侨民最大的和比较有影响的杂志，1920—1940 年代出版于巴黎。共出版七十期。杂志发表文学艺术作品、政论与文学批评文章。其中有许多二十世纪俄罗斯文学经典作家的作品（布宁、И. C. 什梅廖夫、Б. К. 扎伊采夫、В. Ф. 霍达谢维奇），也有青年作家，现在他们已获得了经典作家的地位（В. В. 纳博科夫、Г. И. 加兹达诺夫）。因为出版杂志耗资巨大，杂志的编辑们提供资金的办法：组织慈善音乐会、报告会，等等。

③ 显然指的是尤里·帕夫洛维奇·奥达尔琴科（1903—1960）：诗人，画家。

片,他主动拿去卖。诗人自尊心很强,一般的金钱上的帮助会使他难堪。可是,出售他的明信片——这其中没有任何有损尊严的东西。自然啦,几乎所有明信片都让伊柳沙自己买下了,然后只送给了一些熟人。诗人从来没去过这些人的家,也不可能见到它们。

他为青年们组织了一些关于俄罗斯史和东正教的讲座,资助俄罗斯戏剧。

我记得,有一个剧团向他抱怨处境困难。有人建议他们去演出,待遇优渥,他们却无钱出行。伊柳沙从自己妻子的脖子上把珍珠摘了下来:

"马上拿去典当,开始工作。账我们以后再算。"

他的帮助总是那么简单,有点"自然而然"的意味,仿佛不可能还会有别的什么做法。

伊柳沙搜寻他人的苦难。他匆忙给予反应,似乎惟恐来不及,似乎有某个声音在呼唤他,催促他,于是他便边走边回答:

"我在这儿。"

神父 E 死了。伊柳沙与他并不熟识,也许,甚至完全不认识。但是,听说逝者的家庭极其困难,似乎还打算剥夺他们的住宅,他的未亡人陷于绝望之中。他立刻找到他们,跟往常一样,他的头几句话是急促而快活的:

"什么也不必担心。房款已经付完了。"

一下子就成了自己人,他带着孩子们去电影院,帮助孀妇筹办事务,不离开他们,仔细察看,一直到为他们妥善安排好正常的生活为止。

一个女人被丈夫抛弃了。伊柳沙也并不太认识她。不论在任何方面她都涉及不到他的利益。可是,得知她的绝望处境之后,他当即找个借口到了她那儿,开始千方百计地安慰她,让她开心,带她去音乐会,最后使她确信,她的生活并未终结,人们都需要她,珍视她。于是,她经受住了打击,又重新开始生活。

向伊柳沙借款是常事。他的一位女性老"客户"有一次跟我抱怨道:

"我告诉他,只借用到星期二以前,可是他笑着说:'您是从来不会还的。'既然您是圣徒,那就不要考虑我还钱还是不还。"

"他可是从不把自己当成什么圣徒呀。这是你们这样赏赐给他的嘛。"

"怎么会这样呢! 大家都喊嘛——圣徒,圣徒! 去你的吧,圣徒,并不比我们这些有罪孽的人好多少。"

尽管她有些愤懑,钱她当然还是拿了,也当然没有还。

有一次,一个巴黎的记者遇到一件大麻烦事——他花掉了托付给他的按当时来说的一大笔钱。一件大丑闻即将爆发,而对于这个记者来说,这完全就是毁灭。已经有某些文学界女士,出自高尚的正义感,准备对他关上自己的大门,不再把手递给他。伊柳沙说道:

"所有她们的这些手,当然,都是胡闹。主要是他现在如何……"

他很快就把一切都处理好了,也很简单: 他还上了全部花掉的钱,事情全部到此结束。人们很快也就把这件事彻底地忘记了。

伊柳沙是美男子,但他对自己的相貌一点也不在意,甚至很少对其采取什么额外措施,结果,甚至使朋友们都有些伤心。

"伊柳沙,亲爱的,看在上帝分上,刮刮脸吧。看呀,你邀请了尊贵的客人,就这个样子去见他们——这不礼貌。"

"是吗? 难道不礼貌呀?"

"那当然。他们会生气的。"

"既然是这样,那毫无办法。我刮脸。"

衣着,饮食,住房——在他的生活中,这一切全都无关紧要。

有时候他也向往,如果请一位善良的老保姆,让她来操办这一切,那就太好啦。不过,我很清楚,他需要保姆不是为了关心照料他。他反正还是不刮脸,不换衬领,也不按时去吃午饭。需要她是为了爱的氛围,精神上的舒适和温情。自然可以理解的是,不是保姆关心他,而是他关心保姆。

有一天,在战争即将爆发之前,有一位素不相识的年轻女子来找他。她非常痛苦,疲惫不堪,和无可挽回地不幸。他很动情地讲述,她筋疲力尽到了何等程度。他出去几分钟,打了个电话,回来时,发现她已经睡着了。她脱掉了皮鞋,蜷曲在沙发的一角,转瞬间便进入了梦乡。

她有一封某人写给弗·米·津济诺夫①的信,津济诺夫当时与伊柳沙住在一起。这个某人请津济诺夫关心一下这个女人。她是不久前在芬兰南部去世的著名布尔什维克 P-夫②的遗孀。弗拉基米尔·米哈伊洛维奇和伊柳沙决定劝她搬到他们这儿来。他们的住宅很大。

"我会给你们增添很多麻烦,"P-娃不安地说道,"我的孩子很快就要降生。我带着婴儿还能为你们做什么呢。"

"正是因为您带着孩子我们才需要啊,"伊柳沙劝她道,"没有孩子我们还不想要您哪。"

她就留在了他们那儿。

有一次,我去伊柳沙那儿。他给我开了门,一脸不知所措的样子。

"我不知道,我该怎么办才好。婴儿哭闹,可是 P-娃办事去了。我拿婴儿一点办法也没有。怎么办?"

他不会用襁褓裹婴儿,觉得自己罪大恶极。

我们两个人一起凑凑合合地援助了这位凶狠的布尔什维克的后代,把奶嘴塞到了他的嘴里。

"命运真是千奇百怪,"伊柳沙对我说道,"就是这位 P-夫,布尔什维克的海军政委,在我藏身的轮船上搜查。他见过我多次,很熟悉,当然是认出我来了。可是他把眼睛挪开了。是心疼了吗?让我逃脱了被枪毙的命运。于是,现在他的妻儿在我这儿得以栖身。"

在伊柳沙这儿,她迅速恢复了健康。开始寻找工作,似乎还真的找到

---

① 弗拉基米尔·米哈伊洛维奇·津济诺夫(1880—1953),"社会革命党战斗组织"成员,革命后侨居国外(巴黎,纽约)。

② 指的是费奥多尔·费奥多罗维奇·拉斯柯尔尼科夫(真姓伊利英;1892—1939),1910 年起为俄国社会民主工党党员,1917 年革命参加者,1918 年起为海军副人民委员,1930—1938 年任苏联驻爱沙尼亚、丹麦、保加利亚全权代表。1938 年奉命回莫斯科后,因担心遭受镇压出走法国。发表《致斯大林的公开信》,谈苏联的镇压问题;死于尼斯。被宣布为人民敌人,后平反。

了。她开始过正常生活。当德国人逼近巴黎的时候,伊柳沙让她带着孩子去了南方一个什么地方。他给我往比亚里茨写信,让我写信鼓励鼓励她,可是我马上就把她的地址弄丢了。我们的交往结束。后来她去了哪里,不得而知。我想,伊柳沙给她写过几封信,给她提供了生活线索。她大概再也没有落入像她去找伊柳沙时那样可怕的境地。

这些都是小小的功劳吗?是的。

伊柳沙用小小的砖块在建造自己巍峨的高塔。可是,从这些砖块中抛弃一块,我们尘世间的惨淡生活就要多一场难忍的痛苦,甚至是残酷的死亡。

"怎么样,伊柳沙,"我对他说道,"您还在让死人复生吗?知道吗,有人对我说过,按照教会的规矩,只有当确认某人成就了三项奇迹之后,才能将他封圣。最伟大的奇迹嘛,当然,是让死者复生。而您让几位死者复生啦?乐意吗,咱们数一数?我知道的就多于七个。其中第一个……我说的不是那样的死者,他们已经追荐完毕,埋进了墓地。而是另一些人,他们见证着《启示录》:'按名你是活的,其实是死的。'①您就是让这样的死灵魂复生,伊柳沙。"

伊柳沙有艺术天赋。他热爱并深刻理解音乐,对绘画与文学感兴趣。他读过许多艺术方面的书。喜欢作富有诗意的散步。他经常和自己的朋友,上校Л,去一个离巴黎不远的地方,在某个火车站下车,然后开始溜达。选一个偏僻的地方过夜,清晨在水井旁边洗脸。无论在哪儿,他都要去教堂。

"什么时候都要去教堂。在教堂里你永远能呼吸到祈祷的空气。"

他是一位虔诚的、笃信不疑的教徒。他经常去教堂。他有一次说:

"我非常痛苦,因为我不能领圣餐。"

---

① 见《启示录》三章一节。

"您是这样虔诚的信徒呀,却为什么不受洗呢?"

"我还没准备好。我还不配。可我已经给妻子说了,我将不和她葬在一个墓穴里。"

也许,他还不想让自己血缘上的近亲们痛苦。当他的妻子长期病痛濒临死亡的时候,他的一位女友笑着问他:

"喂,伊柳沙,你的正教上帝在帮助你吗?"

"啊,是呀!"他快活地回答,"啊,是呀! 他在帮助我。"

妻子死后,他在正教教堂里为她举办了追荐仪式。

德国人开始进攻之后,我遵从伊柳沙的劝告,去了比亚里茨。

伊柳沙本人也很快就走了。

他曾与一些朋友在波城附近某地方度过自己的最后一个夏天。他们告诉我,他曾处于精神上的激动不安,不知道怎么办好。朋友们召唤他去美国,为他做好了动身前的一切准备。几乎所有的朋友,以及与伊柳沙同属于一个文化中心的志同道合者都在那里。那里有条件生活和工作。然而,在法国仍留有一些不能走的人。还有他的好朋友,玛丽娅嬷嬷,以及许多默默的、看不见的与无名无姓的人,他们与他精神上联系在了一起。在他们面前,他羞于只保全自己。不,他不能走。已经有另一条道路展现在他面前。

于是,他回到了自己空荡荡的可怕的房子。他回来等待——也就等来了。

德国的胜利使伊柳沙的感受异常沉重。弗·米·津济诺夫去了芬兰。巨大的空荡荡的住宅里仅有伊柳沙一个人。他坐在昏暗的大书房里,那里甚至大白天也总得开着灯。

还是在我走之前,他便经常在某种歇斯底里的狂怒中对我说:

"苔菲! 苔菲! 不要垂头丧气! 民主必胜。他们最终应当胜利。请相信我。"

他有十分珍贵的藏书。许多人建议他,在民主战胜之前,把珍贵书籍分散藏到雅利安人朋友那里。他不听,对这样的劝告不感兴趣。朋友们为他感到害怕。他完完全全地独自一人留在这座阴森森的住宅里,处于某种自我抑制的绝望之中。

"伊柳沙,应该走啊。"

回到巴黎之后,他重新拾起中断了的工作。写自己的《俄罗斯的道路》。但未能写多久。

德国一个文化界人士对他的藏书产生了兴趣。他来了,看了看他的书,建议伊柳沙卖掉。伊柳沙解释说,为了他的重要工作,他需要书。德国人为他需要书感到遗憾,便走了。几天之后,趁伊柳沙不在的时候,他带着士兵和事先准备好的箱子来了,装箱运走了他的全部藏书。他那时候并没有撤走,甚至也没有藏起来,没有离开家。他驯顺地等着。

有时候他走进自己的大书房,看着破损的书架,洗劫一空的书柜,便惘然说道:

"没有书我还怎么工作呢?"

然而,他也没有伤悲多久。

"那么多书只供一个人使用,也有点不好吧。我可以平心静气地去国家图书馆嘛。"

他就这样做了。并没有中断工作。继续写自己的《俄罗斯的道路》。

周围的人们如何对待他呢?

我觉得,总的说来,人们对他要求得都很严格。如果他没有立即也没有全力以赴地回应某种需求,没有开始料理某件事,那么,利益相关的人士不仅失望,甚至还为这种行为所震惊。对他的评价距离那位离奇的"女客户"不会太远:

"你既然是圣徒,那就没什么可算计的。"

有人对伊柳沙的智力表示怀疑。这是可以理解的。

非常善良的人往往被认为愚蠢。要知道,聪明人应该首先熟知算术四则,透彻理解,加法和乘法对他有利,减法与除法于他有损。聪明人能损害自己吗?所以,伊柳沙在他们眼里经常表现为呆头呆脑。

不过,尽管爱人,伊柳沙并不瞎眼。他看得很清楚。他看到一切,明白一切,却不指责任何人。

自己妻子死后,有一次他对我说:

"人不应当显示他不幸。我有时候发现,在大街上遇到我的时候,有一些人走到另一侧去了。他们害怕。他们不乐意看到我,因为我是不幸的。一个人应当把自己的苦难隐藏起来。"

另一次,他苦笑着说,有一个事务性会议,竟完全没有招呼他参加。认为不需要,虽然事情与他的利益密切相关。

"他们甚至没有权利这样做嘛。这完全因为,我现在是不幸的,他们知道,就不再把我当人看。不,请相信我,必须对他人隐藏自己的不幸。绝对不能成为不幸的人。"

听完这些话之后,就很难怀疑伊柳沙是幼稚的人了。

我从比亚里茨回到巴黎的时候,法国已经被德国人占领,希特勒的野蛮镇压开始了。

伊柳沙已经进了集中营。至今我的记事本里依然还有他的地址。

他给我写过信。有时候是在写给玛丽娅嬷嬷的总的信中。他写道,他什么也不需要,说他找到了在心灵上相近的人,他在教堂合唱队里唱歌,还作报告。

然而,我们知道,他病得很重,几乎不能吃东西,最近几天之内就要拉走他。(那时候,"拉走"是个可怕的字眼。)

最后一封信我是和玛丽娅嬷嬷一起读的。

“请我的朋友们不要惦记我。请告诉大家,我很好。我很幸福。我从来没有想到过,在上帝身上会有这么多的欢乐。”

他已经成了基督教教徒。

我们两个边读边哭。并不是出自怜悯,而是由于某种悲伤的兴奋,就像聆听盛大音乐节目结尾部分最后的庄严的和弦那样。

“圣徒就是用这样的材料做成的,”玛丽娅嬷嬷小声说。

我想——伊柳沙喜欢各种会议,学术讨论,演讲,报告,去见青年俄罗斯党人,去见君主主义者,去见社会革命党人,去参加俄国贵族小组,他到处都感觉到自己是置身于朋友们中间,因为他就是用自己这种卑微的温暖的爱情爱着所有的人。在自己的讲话中,他经常重复提到关于燃烧的蜡烛的思想。这个永不熄灭的信念的形象始终鼓舞着他。他像孩子那样真诚地相信,只要大家都点燃起这样的蜡烛,勇敢前进,那时候铁幕就将轰然倒地,在爱中复生的苏维埃俄罗斯就要高呼着“和撒拿”*欢迎我们。

在听他说话的时候,我总是回忆起一位波兰老作家写的一部短篇小说:一个小姑娘听说,天使有一双闪闪发亮的眼睛。当酒醉后的父亲把她从母亲的葬礼上拉到森林的拐弯处时,竟没有发现她已被甩落在了雪地上。她站起来,吓得想哭,却发现,有两个闪光的点,正缓缓地向她逼近。“天使!”——她笑了,向狼伸出去一只小手。当然,狼吃掉了她,但关键不在这里。关键就在那个时刻,当一个人处于自己生命的最后节点上时,他向天使伸出了手。

在德国人的监狱里,伊柳沙也一定燃起了自己永不熄灭的蜡烛,并迎着天使走过去,向天使伸出了自己的手。

伊柳沙·丰达明斯基生命的尽头已为秘密所遮蔽。踪影全无。有传

---

* 和撒拿(Осанна),古希伯来语,原意为“求你施救”,古犹太教徒和今基督教徒用以表示颂扬、祈福、祝愿。

闻说,似乎他得以回归俄罗斯,甚至还有人从收音机里听到过他从那里发出来的声音。但这已经是神话了。谁都不知道任何消息,谁也不想得到一个普通的凶恶的实情。

我们大家用神话互相安慰,虽然他的实情高于我们正在逝去的臆想。他作为义人生活过,并自愿地、愉快地接受了蒙难者的死亡。

我的朋友鲍里斯·潘捷列伊蒙诺夫[①]

他的文学生涯不长。一共只有四年。

四年前,一个陌生声音在电话中对我说:

"请允许我去您那儿,谈一谈有关文学的问题吧。我姓潘捷列伊蒙诺夫。"[②]

我好像已经听说过这个姓。我们谈妥了。

来的是一位文雅的高个子先生,四十五岁左右,一头精心梳理过的银发。清秀俊丽的脸庞,紧闭着的嘴唇,一对蓝色的眼睛专注而严肃。

我们作家的眼睛是敏锐的。我立刻就明白了——他是英国人。

"我是潘捷列伊蒙诺夫,"英国人说道。

---

① 首次发表于《新俄罗斯言论报》,1950 年第 14044 期,10 月 8 日。

② 鲍里斯·格里戈里耶维奇·潘捷列伊蒙诺夫(1888—1950),著名化学家。作为在德国出席 1925 年国际科学家代表大会的苏联代表团团长,他成了叛逃者。根据合同,他去了巴勒斯坦,在三十年代末他移居法国,开辟了自己的实验室,同作家们接近(在此之前已经在与列米佐夫通信)。战后开始写散文作品,并连续出版了三本中短篇小说集:《绿色的喧哗》(1947)、《野兽的标志》(1948)和《金数字》(1949);死后出版了他自己编选的小说集《最后的书》(1952)。苔菲和布宁尽力用建议支持"年轻"作者,甚至在交付印刷前校订他的某些作品。批评界善意对待新作家的创作。列米佐夫在自己的《老鼠的笛子》(1953)中有一章,《玻璃匠》,献给潘捷列伊蒙诺夫。

他原来是地道的俄国人，西伯利亚人，五十八岁，化学家，教授，许多化学发现与专著的作者。

他策划出版一部文学书《俄罗斯集》。编辑该书的是伊·阿·布宁和格·阿达莫维奇。他请我写一部短篇小说。他本人也决定"试一试笔"。

他请我去他家做客。

"我是有家室的嘛。刚五年。[①] 可以说，还是新婚男子。"

"这已经不是第一任妻子了吧？"

他谦恭地垂下了眼睛：

"不是。才是第三任。"

在潘捷列伊蒙诺夫第一个短篇小说中，他与列米佐夫的长期友谊黯然失色。潘捷列伊蒙诺夫后来的创作中那样迷人的东西并未体现出来。总的说来，这更像是科幻小品，而不是艺术小说。

手稿送去排版了。

作者突然又把我叫到了电话机前面。他不好意思地说道：

"昨天我又写了一个短篇。可以把它寄给您吗？"

新的短篇小说非常迷人，是真正的潘捷列伊蒙诺夫式的，风格独特，鲜明生动。它就是《沃洛佳叔叔》[②]，它征服了读者的心，立刻为新的作者带来了荣誉。

我当即把小说转寄给了布宁，请他撤销第一个，换上《沃洛佳叔叔》。布宁支持我的意见。

---

① 1941 年潘捷列伊蒙诺夫与塔玛拉·伊万诺夫娜·克里斯京（1900—1979）结婚。妻子是画家、雕塑家，1920 年代从爱沙尼亚来到巴黎。她主要是画舞蹈，她的插图 1930 年代在巴黎许多报章杂志上发表。丈夫死后她在日内瓦的联合国机构做过几年技术工作人员。她死于巴黎，安葬在潘捷列伊蒙诺夫身边，在巴黎的俄国墓地上。

② 指的是短篇小说《圣徒弗拉基米尔》，《沃洛佳叔叔的奇遇》系列的第一篇，该系列后来收入小说集《绿色的喧哗》和《野兽的标志》中。《圣徒弗拉基米尔》第一次发表在《俄国集》（巴黎，1946）中。

作者来表示感谢,从此便开始了我们的友谊。

那个时期现在已经显得十分遥远——其实,不过才四年以前,——我当时几乎还是健康的,每逢周四,一些可爱、有趣的人就在我家聚会。潘捷列伊蒙诺夫的出现造成了轰动。

"这个有英国勋爵貌相的高个子先生是谁?"

大家一下子都爱上了他。喜欢他的外表,喜欢他对人认真、和蔼的态度。这种和蔼经常转化为热烈的爱恋!

"这个人有一颗什么样的心灵啊!"他针对某个人惊叹道,而在这个人身上,一般来说,难以推测还有心灵存在。

后来发现,这颗非凡的心灵只是来借钱的。而当一个人来要钱的时候,他往往唱高调。什么关于人类如何如何呀,什么为神圣的艺术服务呀,什么夜莺的歌唱呀。

全都无所谓。潘捷列伊蒙诺夫乐得爱这一位,爱任何一位,总之,就是爱——人。

文学似乎使潘捷列伊蒙诺夫失去了理性。他全身心投入其中,放弃了自己的化学大实验室。在四年中出了三本书,还正在准备出第四本。在死前的一天,他还在用勉强可以辨认的字母涂抹一部新的短篇小说的开头。

他的文学趣味是惊人的。当我们一起住在位于瑞昂-莱潘的俄罗斯宫的时候(布宁也住在那儿),潘捷列伊蒙诺夫随身带来几本苏联作家的新书,其中有天才的巴乌斯托夫斯基的作品和特瓦尔多夫斯基的《瓦西里·焦尔金》。在这些书的页边上,潘捷列伊蒙诺夫做了些记号,强调他喜欢的那些地方。我让布宁看这些标记,他是多么惊人准确地发现每一行天才的文字啊!

"对呀,对呀。"布宁说道,"我已经注意到了。他理解得确实非常精到。"

布宁爱潘捷列伊蒙诺夫。经常善意地拿他开玩笑。

每一部新作潘捷列伊蒙诺夫都抄写两份,一份寄给布宁,另一份寄给我。

布宁有时候在文稿的边页上写道:"这是什么拙嘴笨舌的玩意儿!"

潘捷列伊蒙诺夫又是笑又是伤心:

"看他把我骂的!"

我安慰不安的作者:

"布宁是经典作家。打破既有模式,对于他来说,就是亵渎。"

潘捷列伊蒙诺夫捍卫自己的新形式。他只听从多年经验所提示的:避免冗长、同音重复和赘词赘言,总之,是一些文学工作的技巧方面的问题。但他捍卫并神圣维护自己"主要的东西"。我尊重他的首先就是这些主要的东西。

我和他经常见面。有时候也在他家里聚会。

"他妻子会是什么样的人呢?"

我们作家的猜测是准确的:

"一定是高高的,说话算数的。"

原来,他妻子是个矮个子,卷发,温柔,像个中学生。而且还是个很有天赋的雕塑家。

"他很固执,"她抱怨丈夫道,"有一次,我甚至在他肩头上打了一拳。他竟然没有发觉。"

她让人们看她攥紧的拳头。不大一点,像个十岁孩子的拳头。

他醉心于文学,可是,在自己的潜意识里,他还继续是一位化学家。有时候,夜里,在睡意蒙眬中他呼唤妻子:

"快点,拿铅笔来!记下这个新公式。"

然而,化学离他越来越远了。

来了一些实业界人士,就他的新发现谈一些严肃的合同。他亲切地笑着,但此时他想的不是利润,而是《沃洛佳叔叔》的第三个片段。

尽管长着英国人的外貌,有的却是最最难以抑制的俄罗斯人的天性。如果喝酒,那就一定要一醉方休;如果钟情——那就结婚,因为他一旦爱上——就必然要爱到永恒。科学、化学、发现——这一切都是那么热烈,处于某种诗意的狂欢之中。

作为朋友,他也是火辣辣的。他会保卫自己的朋友,呵护他们。他崇拜布宁,对他充满了柔情,在他身上发现对于我们这位著名作家根本不是什么典型的特征。

"伊万·阿列克谢耶维奇说话有时候也粗暴,但这只是为了掩饰自己的敏感温情。"

他把布宁犀利、准确和大胆的言辞,用爱转化成了安详的林间蝴蝶梅。他经常动真情,直至热泪横流。

在我长期患重病的时候,他经常来探视,坐在靠脚的那头叹息。

"您真的乐意怜悯一个行将就木的老妖婆吗?"我惊讶地问。

然而,他非常怜悯。

他的才能一直在不断发展、巩固。他的短篇小说《故乡的路》[1],使我这个认真关注他每一行文字的人甚至都感到惊讶。而布宁却对作者说:

"不值当写这类东西。有谁会认真对待它们呢? 能有很多人吗?"

我们喜欢三个人聚在一起。[2] 布宁,他,和我。这样很好。布宁拿"青年作者"开玩笑。那位则因为这种交往高兴得容光焕发。是的,是很好。

---

① 短篇小说《故乡的路》收入小说集《绿色的喧哗》中。

② 1950 年 7 月 24 日苔菲给 A. 谢德赫写道:"伊万·阿列克谢耶维奇身体相当不好。我们仨(我们那时候,在三年以前,在遥远的青春时期,聚集在了一起),身体最差的是可怜的潘捷列伊蒙诺夫。"1950 年 9 月 7 日她又写道:"三年前我们三个人经常聚在一起,布宁、潘捷列伊蒙诺夫和我。总是很有趣。布宁爱潘捷列伊蒙诺夫。"

他们两个都称呼我为"老姐妹"……

　　他的第一本书出版了。《绿色的喧哗》。这本书是我的教子。报刊上对它的反应格外好。我们的某些"青年"作家,发表作品已经不少于二十年了,对这样热烈的反响很是生气,生一些赞赏潘捷列伊蒙诺夫语言的教授们的气,生我写的赞扬文章的气。这算什么"三周之内的好汉"呀? 气人。

　　潘捷列伊蒙诺夫感觉到了这种不友好的态度,但由于内心的纯朴,不理解它。有人给他解释——还不能相信。仍一如既往地动情,借钱给人。甚至还闹出来一个很有趣的笑话。

　　来了一个热情洋溢的人,并干练地说,他急需六千。整整六千。潘捷列伊蒙诺夫赶忙开支票,等那个人走后才突然想了起来,钱早就没有了。家里也没有。他跑出去,匆匆忙忙地找到某个人,借到钱,打进银行账户,以便兑现开出去的支票。

　　"这可是一颗惊人的童真的心啊! 我怎么能拒绝他,或者长时间地思考呢?"

　　还有一些很有分量的求助,他也慷慨解囊。而收据嘛,当然,也"不好意思要"。

　　他笑着说道:

　　"反正都存在了全社会的账号上。"

　　在自己的文学创作中,他关注各种各样的主题,有时候还写一些论文。可是我努力驱赶他深入到森林里去,到原始森林里去,到针叶林里去。

　　"在那里您可以奉献出别人不能给予的东西。"

　　他也博览群书,拼命地读。他努力用一切可能的知识快速充实自己,而我们吸收这样的知识,往往要用三十年,四十年,五十年。

　　至今他几乎还不了解圣经。只浏览过英文版的。当他读完了我的那本俄语的——受到了震撼。

"可不是嘛,亲爱的,"布宁说道,"圣经——这是人所共知的源泉。全世界的作家都从其中汲取营养。"

他一再重读老作家——屠格涅夫,冈察洛夫,格里戈罗维奇,斯列普佐夫。在每位作家那里都发现了使他惊讶或只是让他喜欢的地方。

他走得越来越远,越来越深入。在三年期间出版了三本书。他把第二本献给了我,可是,我请他取消这个献词。因为在这样的"贿赂"之后,我就不能随意评论他了。他在准备出版第四本书。在四年中他走过了漫长的道路。

我时常感到惊讶,为什么他这样晚,这样偶然地开始写作。在那么多年间,他怎么能感觉不到自己应该成为作家呢?

经常有年轻人去他家。他们讲如何与潘捷列伊蒙诺夫一道在法国抵抗阵线①工作。在他书房里的地板上,十二三个人横七竖八地躺下睡觉。

"那是美好的时光,"他说,"夜间,偷偷地,几乎在黑暗中,在自己的实验室里制造炸药。然后,年轻同事们秘密地将其带给抗德游击队——丛林部队。不,那并不可怕。那很有趣。"

他有许多陌生的读者朋友。他有一个很大的通信网。给他写信的有教授,有贵族太太,有在某些荒凉的岛上观察火山的人,有哲学博士,有横越大西洋轮船上的官员,所有的信件都很亲切和感恩。

他的小妻子热爱和理解文学。她有艺术嗅觉。有一次,她从瑞士给我写信,谈日内瓦湖:"它的湖水是那样清澈,甚至海鸥都显得黑了。"

我拿给他看。

"看,写得多好!"

"只是不要告诉她。否则,她会骄傲起来,我的日子便没法过了。"

---

①　潘捷列伊蒙诺夫与许多俄侨一样,在法国被德国占领期间参加了抵抗运动。

在青春早期,他曾遭遇过一次不幸。实验室里发生了爆炸。他的颈部被碎片击伤。普列特尼奥夫教授在缝合伤口的时候说过:

"请注意左侧扁桃腺。它说不定什么时候就能给您制造大麻烦。"

他一语成谶。扁桃腺上长了恶性肿瘤。肿瘤被切除,却已经不能挽救患者了。

在生命的最后一年,他把自己蓝色的眼睛对准了上苍:

"老姐妹,您什么时候祈祷过吗?"他问我。

他非常想写作,但没有力气。有一次,他拿着一串黑色的浆果,揉搓着它那芳香的叶子。

"看,这是一串浆果,——它已经是一大部短篇小说了。一个生命的完整故事。只是没有力量了。"

复活节我们是一起在大诺瓦西的休养所度过的。他几乎总是躺着,如果是坐着,就把头放在抱在一起的手臂上。

努阿泽有一座很好的小教堂。我曾参加过一次通宵祈祷。我看到人们都转身往门口看。我一看——是他。他来了。直挺挺地站着。他比谁都高。他挺直腰身站着,高高地仰起头。一双睁大的眼睛愣愣地望着供台上方的什么地方。仿佛在说:

"招呼我,我便来了。我将作出回答。"

然后走到了我跟前。

"我要忏悔。"

我们一起领圣餐。

"咱们去领吧,老姐妹。咱们从一个勺子里领。"

现在,他死了。

最后几天是某些痛苦的混乱堆积。他勉强能喃喃低语。常常处于半昏迷状态。

夜里,他苏醒了。从矮沙发上爬到地板上,爬到他自己床边的枕头上,他妻子就坐在那里。他亲切地吻了吻她的手。

"把神灯点亮吧,"他请求道。

"神灯一直亮着。"

"不,把它放到这里来,放在咱们这儿。"

她放好了神灯。

"圣像也放到这儿来。放到咱们跟前。"

他慢慢地把手放在自己娇小的妻子头上。就这样,一动不动。

"我想,我要死了。"

就闭上了眼睛。

伊利亚·列宾[1]

我遇到列宾的机会不多。他住在芬兰,只是偶尔来彼得堡。可是,《野蔷薇》的出版人卡普兰来找我,并带来了列宾的一封信。伊利亚·叶菲莫维奇很喜欢我的短篇小说《小狼》。[2]"喜欢得掉泪,"他写道。在这个印象的作用下,他想起来要给我画一幅肖像。

那好吧,列宾给画肖像——这是莫大的荣誉。约定了时间,卡普兰就领着我去了。

那是在冬天。严寒,暴风雪肆虐。很是烦闷。库奥卡拉以及被积雪覆盖的低矮的别墅都阴沉沉的。比大地还黑的天空低垂,散发着寒气。在彼得堡的汽笛声、喧闹声之后,这里显得静悄悄的。雪片是那么沉重,被暴风吹积的雪堆是那么高大陡峭,似乎在每个雪堆下面都有一只熊在冬眠,在睡觉,在舔自己的熊掌。

---

[1] 根据保存在俄罗斯国立文学和艺术档案馆里的手稿发表。

在这篇札记中记述的情节,之前苔菲已经在《记忆中》(《复兴》报,1931 年第 2399 期,12 月 27 日)谈到过,然而,这两个版本间有差别,可能现在这个版本中有些细节更醒目,更鲜明。

[2] 短篇小说《小狼》发表在《交易所新闻》报(早晨版,第 152901 期,12 月 25 日)。所以,去列宾那儿可能是在 1916 年初。

列宾亲切迎接。他带我们去工作室,给我们看他的新作品。然后围坐在著名的圆桌子旁边吃早饭。这张桌子有两层,上面一层能转动,上面摆满了各种盘子,您可以转动它,选择自己喜欢的饭菜。下面一层是放脏餐具的抽屉。这一切都很方便,也很好玩——就像是吃野餐。饭菜都是素食,形式多种多样。"喂我们干草吃,"我们那些讲究饮食的人嘟囔道。回家的时候,他们在火车站上要凉丸子吃。

吃完早饭,便开始工作。

列宾让我坐在台子上,他自己坐在近处,在下面,所以他是从低处看我。这很奇怪。我曾多次摆好姿势,让人给我画像,其中有萨沙·雅科夫列夫、索林、格里戈里耶夫、普列伊费尔①,还有一些知名度稍低些的人,但是,还没有谁让我这样怪怪地坐着。

列宾的画法,对他来讲,也很不一般——他用的是彩色铅笔。

"这将是巴黎风格,"他微笑着说。

他请一位在场的人大声朗诵我那篇他喜欢的《小狼》。我想起来了,库斯托季耶夫②在给皇帝画像的时候,沙皇本人一边摆着姿势,一边出声地朗读我描写乡村生活的短篇小说。他读得很好。后来他问,这位作者难道真的是女士吗。

列宾给我画的肖像结果是神奇地温柔,完全出乎预料,不像出自列宾之手的其他作品那样强劲有力。

他答应把它送给我。可是,它并没有落到我的手中。它被送去美国展

---

① 关于亚·雅科夫列夫见《回忆录》的诠注。萨韦利·阿布拉莫维奇·索林(1878—1953),画家,1920年起侨居国外,先是在巴黎,后在美国。他画的名人肖像(Ф.夏里亚宾,T.卡尔萨温娜,A.帕夫洛娃,埃莱奥诺拉·杜塞,苔菲,列夫·舍斯托夫,乔治·巴兰钦,A.H.伯努瓦等)保存在世界上许多博物馆里。

鲍里斯·德米特里耶维奇·格里戈里耶夫(1886—1939),画家,参加过《艺术世界》展览,1919年起侨居国外。

② 鲍里斯·米哈伊洛维奇·库斯托季耶夫(1878—1927),画家,戏剧舞美设计师,肖像画大师(《夏里亚宾》〔1922〕等)。

览,按照列宾的说法,被留在海关了。

我不方便询问和坚持索要。有人告诉我:

"他把它卖掉了,可是不想承认。"

反正都一样。革命期间它也要失踪的,就跟我所有的肖像与许许多多我所珍爱的物品一样,没有它们,似乎觉得都不值得再活下去了……

后来在巴黎再版出了我一本书,其中有《小狼》,我把这本书献给了列宾,并按原先的地址,把书寄到了芬兰。我收到一封非常亲切的回信。他请我把我由非专业人士拍摄的照片寄给他几张,要未经修饰过的,他要根据这些照片和记忆来复制我的肖像。他的女儿作了附言,说伊利亚·叶菲莫维奇非常虚弱,勉强能走动。

我深深为他的亲切关注所感动,可是并没有急于寄照片,等我终于把照片寄去了,第二天就在报纸上读到了他逝世的消息。

在记忆中留下了他矮小清癯的身影。他总是彬彬有礼,和蔼可亲,总是那样心平气和,平易近人,从不发火。整个一位"老式人物"。

有人说,有时候,面对着自己学生的很不成功的作品,他在指出缺点的时候,经常补充道:

"唉,如果能把您的手给我!"

也许,这是夸张,可是,这样的杜撰总能彰显一个人的性格。列宾为人非常谦逊。一切备受赞扬的人讲起话来都滔滔不绝,不肯倾听别人说话。就是讲话,不是交谈。夏里亚宾,多罗舍维奇,列昂尼德·安德烈耶夫——都是一边在屋里踱步一边讲话。列宾则是恭恭敬敬地听着对方。他是交谈。

他的妻子,诺德曼-谢韦罗娃①,是位顽强的素食者,并把这个理念灌输给了丈夫。由此便出现了圆餐桌。当诺德曼由于嫉妒离开他之后,他依然

---

① 娜塔莉亚·鲍里索夫娜·诺德曼(笔名谢韦罗娃;1863—1914),作家,列宾的第二任妻子。在芬兰,她在疗养小镇库奥卡拉有一座庄园,她死后列宾成了庄园的主人,将其命名为"故园"。列宾在这里一直生活到自己的最后一天。

忠于素食主张。去世前不久，虚弱得难以维持，才吃一点乳渣。这给他增添了力量。于是便决定吃鸡蛋。从这以后，他有了力量站起来，甚至开始工作了。

他给我的最后一张便条是："我等您的照片。一定要给你画一张肖像。"

字迹很乱。没有足够的力量画肖像了。

不过，我也未曾指望这个想法有什么结果。我什么也不善于搜集、保存和收藏。当手相术士对我说"张开您的手"，我便将手掌坦然亮出，他们摇着头说：

"哎，用这样的手您永远什么也把握不住。"

普列伊费尔给我画的肖像有一个可笑的故事。

他画的我穿着一件无袖芭蕾舞服，头上还给我披上了一条蓝色的罩单。

我的朋友 Щ 非常喜欢这帧画像。他是科夫诺省的地主，一个伟大的唯美主义者，库兹明的朋友。他从我这儿求得了这个画像，把它带到了自己的庄园。在那里，他把它放在很尊荣的地方，作为美学家，他总在画像前面摆上一瓶鲜花。

在革命期间，他得知农民洗劫了他的家，抢走了他的藏书和画。他赶忙去拯救自己的财产。

他找到了某些东西。也找到了我的画像：它与显灵者尼古拉和伊韦尔圣母像一起悬挂在红角里……感谢那件白色芭蕾服和蓝色罩单，还有已经干枯的鲜花，得到它的那个村妇把我当成了圣徒，还在我前面点燃了神灯。

这件事真是够陈腐的。

是的，手相术士是对的。我什么也未能留住。无论是画像，献给我的诗歌，赠给我的画，还是名人写给我的有趣的信——什么都没有留住。

　　有的只是一点点记忆。可是,就是这么一点点,甚至也在相当迅速地失去意义,变黯变淡,逐渐远去、枯萎和死亡。

　　在这个疲惫的记忆的墓地上徘徊是忧伤的。在这里,一切怨恨已经宽恕,所有罪过已经超量赎还,全部谜语的谜底已经揭晓,暮霭正在悄悄地把曾被哭悼过的坟墓上的业已倾斜的十字架遮蔽。

图书在版编目(CIP)数据

我的编年史：苔菲回忆录／(俄)苔菲著；谷兴亚译.—桂林：
广西师范大学出版社,2018.3
(文学纪念碑)
ISBN 978 – 7 – 5598 – 0137 – 1

Ⅰ.①我… Ⅱ.①苔… ②谷… Ⅲ.①苔菲(1872 – 1952) –
回忆录 Ⅳ.①K835.125.6

中国版本图书馆 CIP 数据核字(2018)第 014436 号

出 品 人：刘广汉
策　　划：米　卡
责任编辑：陈　维
装帧设计：赵　瑾

广西师范大学出版社出版发行

（广西桂林市五里店路9号　　　邮政编码：541004）
（网址：http://www.bbtpress.com　　　　　　　　　　）
出版人：张艺兵
全国新华书店经销
销售热线：021 – 65200318　021 – 31260822 – 898
山东鸿君杰文化发展有限公司印刷
(山东省淄博市桓台县寿济路 13188 号　邮政编码：256401)
开本：690mm×960mm　　1/16
印张：31.75　　插页：8　　字数：400 千字
2018 年 3 月第 1 版　　2018 年 3 月第 1 次印刷
定价：78.00 元

如发现印装质量问题，影响阅读，请与印刷单位联系调换。